Zu diesem Buch

Seit Ende des Zweiten Weltkriegs setzte sich Jean-Paul Sartre in Reden, Appellen, Demonstrationen und Artikeln unermüdlich gegen jede Form von Kolonialismus und Neokolonialismus ein. Aber sein Engagement blieb nicht bei moralischer Empörung über deren mörderische Folgen für die unterdrückten autochthonen Bevölkerungen stehen. In scharfsinnigen Analysen entlarvte er die Ideologie und das Herrschafts- und Ausbeutungssystem des Kolonialismus und Neokolonialismus als ein System, das in einem bestimmten Moment zwangsläufig zum totalen Krieg der Kolonialmacht gegen die Kolonisierten führt und sich damit selbst zerstört. Der Höhepunkt seines Engagements lag in seinem Protest gegen den Algerienkrieg von 1954 bis 1962, bei dem er sich schließlich denen anschloß, die zu der Überzeugung gelangt waren, daß die französische Demokratie nur noch durch eine direkte Unterstüzung der algerischen Befreiungsfront zu retten sei. Wie viele andere riskierte er dabei Strafverfolgung, ja sogar sein Leben: Zweimal entging er nur zufällig Bombenanschlägen der für die Erhaltung des Kolonialismus kämpfenden illegalen Organisation de l'Armée Secrète. Während des Vietnamkriegs übernahm er den Vorsitz des von Bertrand Russell einberufenen internationalen Tribunals über die Kriegsverbrechen der USA. Doch anders als andere Mitglieder des Russell-Tribunals setzte er sich nach Beendigung des Vietnamkriegs für eine Aufnahme der aus Vietnam flüchtenden Boat people durch Frankreich ein. Mit seinem Vorwort zu Frantz Fanons Buch «Die Verdammten dieser Erde» machte er dieses Manifest der Befreiungsbewegungen der kolonisierten Völker auf der ganzen Welt bekannt.

Jean-Paul Sartre wurde am 21. Juni 1905 in Paris geboren. Mit seinem 1943 erschienenen philosophischen Hauptwerk *Das Sein und das Nichts* wurde er zum wichtigsten Vertreter des Existentialismus und zu einem der einflußreichsten Denker des 20. Jahrhunderts. Seine Theaterstücke, Romane, Erzählungen und Essays machten ihn weltbekannt. Durch sein bedingungsloses humanitäres Engagement, besonders im französischen Algerienkrieg und im amerikanischen Vietnamkrieg, wurde er zu einer Art Weltgewissen. 1964 lehnte er die Annahme des Nobelpreises für Literatur ab. Er starb am 15. April 1980 in Paris.

Jean-Paul Sartre

Gesammelte Werke in Einzelausgaben

In Zusammenarbeit mit dem Autor
und Arlette El Kaim-Sartre
herausgegeben von Traugott König

Politische Schriften
Band 5

Romane und Erzählungen
Theaterstücke und Drehbücher
Philosophische Schriften
Schriften zur Literatur
Schriften zu Theater und Film
Schriften zur bildenden Kunst und Musik
Politische Schriften
Autobiographische Schriften
Reisen
Tagebücher
Briefe

Jean-Paul Sartre

Wir sind alle Mörder

Der Kolonialismus ist ein System

Artikel, Reden, Interviews
1947–1967

Herausgegeben
von Traugott König

Übersetzt von Monika Kind,
Traugott König und
Eva Moldenhauer

rororo

Rowohlt

Umschlaggestaltung Werner Rebhuhn

3. Auflage September 2023

Veröffentlicht im Rowohlt Taschenbuch Verlag,
Reinbek bei Hamburg, Oktober 1988

Quellennachweis siehe Seite 309
Satz aus der Aldus auf Linotron 202
Gesamtherstellung
CPI books GmbH, Leck
ISBN 978-3-499-12271-2

Die Rowohlt Verlage haben sich zu einer nachhaltigen Buchproduktion verpflichtet. Gemeinsam mit unseren Partnern und Lieferanten setzen wir uns für eine klimaneutrale Buchproduktion ein, die den Erwerb von Klimazertifikaten zur Kompensation des CO_2-Ausstoßes einschließt.
www.klimaneutralerverlag.de

FSC www.fsc.org MIX Papier | Fördert gute Waldnutzung FSC® C083411

Inhalt

Schwarze Präsenz

Alioune Diop hat recht daran getan, seine Zeitschrift *Présence africaine* zu nennen.[1] Viele Länder sind eines nach dem anderen in unseren Gedanken präsent gewesen: gestern Deutschland, heute die UdSSR und die Vereinigten Staaten. Afrika jedoch ist für viele von uns abwesend, und dieses große Loch in der Landkarte ermöglicht es uns, ein gutes Gewissen zu bewahren. Die wenigen Schwarzen, die hier bei uns leben, mögen wir gern, wir begegnen ihnen mit Hochachtung, wir behandeln sie wie unseresgleichen, und das genügt, damit wir Frankreich für das Land der Freiheit halten. Erzählt man uns etwas von Segregation, wie man es in den USA nennt, glühen wir in aufrichtiger Entrüstung; aber gerade, wenn wir uns am heftigsten entrüsten, sind wir am komischsten und am schuldigsten. Gewiß, die Menschen aus Martinique oder aus dem Senegal, die in Frankreich studieren, halten wir für unseresgleichen. Aber wie viele sind es? Weiß man, welcher argwöhnischen Siebung, welcher strengen Auslese sie unterzogen worden sind? Kennt man die Länge und die Hindernisse des Wegs, der aus den Dörfern des Kongo zu den Pariser Fakultäten führt? Immerhin akzeptiert man von Zeit zu Zeit auch im Vassar College, in der Nähe von New York, eine farbige Studentin. Diese wenigen Gäste, die eingelassen wurden, nachdem man ihnen sämtliche Initiationsriten abverlangt hatte, sind Geiseln und Symbole. Sie zeugen in unseren Augen von unserer zivilisatorischen Mission; indem wir sie ehren, haben wir das Gefühl, uns selbst zu ehren; jeder Händedruck, den wir *hier* einem Schwarzen geben, tilgt alle Gewalttätigkeiten, die wir *da unten* begangen haben. *Hier* sind die Schwarzen höfliche schöne Fremde, die mit unseren Frauen tanzen; *da unten* sind es «Eingeborene», die in den französischen Familien keine Aufnahme finden und nicht dieselben öffentlichen Orte aufsuchen. *Hier* gehen wir zu ihren Versammlungen, ihren Bällen; *da unten* würde die Anwesenheit eines Schwarzen in einem französischen

1 Begrüßungstext zur ersten Nummer der von Alioune Diop herausgegebenen Zeitschrift *Présence africaine.* Sartre war zusammen mit Albert Camus, André Gide, Michel Leiris, Emmanuel Mounier u. a. Mitglied des Förderungskomitees dieser Zeitschrift. *Anm. d. Hg.*

Café Ärgernis erregen. *Hier* gelten sie als begüterte Studenten, sie bereiten sich auf bürgerliche Berufe vor; *da unten* erhält ein eingeborener Arbeiter nicht selten nur 150 Francs im Monat.[1] *Da unten:* aber wir gehen nicht hin, um nachzusehen; wir ähneln jenem Puritaner, der bereit ist, Fleisch zu essen, vorausgesetzt, er kann sich vorstellen, daß es auf Bäumen wächst, und der es ablehnt, in die Schlachthöfe zu gehen, um die wahre Herkunft der Beefsteaks zu erfahren, die man ihm vorsetzt. Ich wünsche mir, daß *Présence africaine* uns ein unparteiisches Bild der Lage der Schwarzen im Kongo und im Senegal zeichnet. Unnötig, Zorn oder Revolte hineinzulegen: nur die Wahrheit. Das wird ausreichen, damit uns der sengende Wind Afrikas ins Gesicht bläst, der stechende Geruch der Unterdrückung und des Elends.

Aber es hängt vor allem von uns ab, ob Afrika uns präsent ist. Auch ein noch so schönes Buch nützt nichts, wenn man sich nicht darauf einläßt; und was man darin findet, ist genau das, was man darin sucht. Es gibt hunderterlei Arten, diese Zeitschrift unschädlich zu machen. Besonders fürchte ich, daß wir, im Bewußtsein unserer tausendjährigen Literatur, unserer Villon, Racine, Rimbaud, auf die Gedichte und Novellen unserer schwarzen Freunde mit jener entzückten Nachsicht blicken, die Eltern an ihrem Namenstag für den Glückwunsch ihrer Kinder an den Tag legen. Hüten wir uns, in diesen Werken eine Huldigung an die französiche Kultur zu sehen. Es geht um etwas ganz anderes. Die Kultur ist ein Instrument; glauben wir nicht, daß sie die unsere auserwählt haben; hätten nicht wir, sondern die Engländer den Senegal besetzt, so hätten die Senegalesen die englische Sprache angenommen. Die Wahrheit ist, daß die Schwarzen versuchen, über eine kulturelle Welt zueinanderzufinden, die man ihnen aufzwingt und die ihnen fremd ist; sie müssen dieses fertige Kleid umändern; alles drückt sie und zwängt sie ein, sogar die Syntax, und dennoch haben sie gelernt, mit diesem unzulänglichen Werkzeug umzugehen. Eine fremde Sprache lebt in ihnen und raubt ihnen ihr Denken; aber sie wenden sich in sich selbst gegen diesen Raub, sie bändigen dieses europäische Geplapper in ihnen, und indem sie sich damit abfinden, durch die Sprache verraten zu werden, drücken sie ihr letztlich ihren Stempel auf. Ich für meinen Teil bewundere die Anstrengung, die diese Autoren trotz ihren Lebensumständen gegen sich und

1 In einem Land, wo Fisch 25 und Fleisch 70 bis 80 Francs pro Kilo kostet.

gegen uns unternommen haben, um in und mittels der feindlichen Sprache der Kolonisatoren zu sich selbst zu kommen.[1]

Ich wünsche mir, daß wir lernen, diese Werke zu lesen, und daß wir den Schwarzen dafür dankbar sind, daß sie unsere alte zeremonielle Kultur bereichern; in ihren Traditionen und ihrer Etikette befangen, bedarf sie unbedingt einer Erneuerung; jeder Schwarze, der versucht, sich mit Hilfe unserer Wörter und unserer Mythen zu schildern, ist ein wenig frisches Blut, das in diesem alten Körper kreist. Die afrikanische Präsenz soll unter uns nicht die eines Kindes im Familienkreis sein, sondern die Präsenz eines Gewissensbisses und einer Hoffnung.

November–Dezember 1947

1 Siehe dazu *Schwarzer Orpheus* in: *Schwarze und weiße Literatur*, Rowohlt Taschenbuch Verlag, Reinbek 1984, rororo 5199. *Anm. d. Hg.*

Der Algerienkrieg

Nach der Landung amerikanischer Truppen in der französischen Kolonie Algerien erhofften sich die Algerier die Unabhängigkeit nach Beendigung des Zweiten Weltkriegs. Als die algerische Bevölkerung im Mai 1945 den Sieg der Alliierten in der Hoffnung auf die versprochene Unabhängigkeit mit Massendemonstrationen feierte, gingen die Franzosen gegen diese Demonstrationen vor: in Sétif und Guelma kam es zu bewaffneten Aufständen, bei denen 45 000 Algerier getötet wurden. Nachdem die französische Regierung die Beendigung der französischen Kolonialherschaft und die Gewährung der Unabhängigkeit Algeriens abgelehnt hatte, begann die Nationale Befreiungsfront (FLN) 1954 einen Guerrillakrieg gegen die Franzosen. Als die Franzosen 1958 eine einlenkende Politik ankündigten, kam es zum Aufstand der französischen Armee in Algerien unter General Massu. Er löste eine französische Staatskrise aus, an der die IV. Republik zugrunde ging und die de Gaulle als Staatspräsidenten der V. Republik an die Macht brachte. Obwohl die rechtsradikale Organisation der Geheimarmee (OAS) durch Terroranschläge – denen zum Beispiel Sartre 1961 und 1962 nur durch Zufall entging – Verhandlungen mit der seit 1958 bestehenden algerischen Exilregierung zu verhindern versuchte, erkannte Frankreich 1962 die Unabhängigkeit Algeriens an.

Als im Verlauf dieses Algerienkriegs in Frankreich bekannt wurde, daß die französische Armee mit Massenterror und Folter den Widerstand der algerischen Bevölkerung zu brechen versuchte, kam es seit 1955 zu einem zunehmenden Widerstand französischer Linker gegen den Algerienkrieg. Sartres Freund Francis Jeanson und andere gingen schließlich zur direkten Unterstützung der algerischen Nationalen Befreiungsfront über.

Der Kolonialismus ist ein System[1]

Ich möchte Sie warnen vor dem, was man die «neokolonialistische Mystifikation» nennen könnte.

Die Neokolonialisten meinen, es gäbe gute Kolonialherren und sehr böse Kolonialherren. Durch die Schuld der bösen Kolonialherren sei die Lage der Kolonien heruntergekommen.

Die Mystifikation besteht in folgendem: man führt Sie durch Algerien, man zeigt Ihnen bereitwillig das Elend des Volkes, das gräßlich ist, man erzählt Ihnen von den Demütigungen, die die bösen Kolonialherren den Moslems zufügen. Und dann, wenn Sie sehr entrüstet sind, fügt man hinzu: «Und deshalb haben die besten Algerier zu den Waffen gegriffen: sie konnten nicht mehr.» Wenn man es geschickt angestellt hat, kehren wir zurück mit der Überzeugung:

1. Daß das Algerienproblem *in erster Linie* ein ökonomisches ist. Es geht darum, durch wohlüberlegte Reformen neun Millionen Menschen Brot zu geben.

2. Daß es in zweiter Linie ein *soziales* ist: die Zahl der Ärzte und der Schulen muß vergrößert werden.

3. Daß es, schließlich, ein *psychologisches* ist: Sie werden an de Man erinnern und seinen «Minderwertigkeitskomplex» der Arbeiterklasse.[2] Mit diesem hatte er zugleich auch den Schlüssel zum «Eingeborenencharakter» gefunden: schlecht behandelt, schlecht ernährt, des Lesens und Schreibens unkundig, leidet der Algerier an einem Minderwertigkeitskomplex gegenüber seinen Herren. Wenn man diese drei Faktoren beeinflußt, kann man ihn abschwächen: wenn er genug zu essen, wenn er eine Arbeit hat und wenn er lesen kann, wird er sich nicht mehr schämen müssen, ein Untermensch zu sein, und wir werden zur alten französisch-arabischen Brüderlichkeit zurückfinden.

Vor allem aber wollen wir da nicht die *Politik* hineinmengen. Die Politik, das ist etwas Abstraktes. Was nützt einem das Wahlrecht, wenn man vor Hunger stirbt? Alle, die uns mit freien Wahlen kom-

1 Rede auf einer Versammlung gegen den Algerienkrieg vom 27. Januar 1956. *Anm. d. Hg.*

2 Henri de Man, *Zur Psychologie des Sozialismus*, 1926. *Anm. d. Hg.*

men, mit einer Verfassunggebenden Versammlung, mit der algerischen Unabhängigkeit, das sind Provokateure und Unruhestifter, die das Problem nur verwirren.

So wird argumentiert. Die Führer der FLN haben darauf erwidert: «Selbst wenn wir glücklich wären unter den französischen Bajonetten, würden wir kämpfen.» Sie haben recht. Und vor allem muß man weiter gehen als sie: unter den französischen Bajonetten kann man nur unglücklich sein. Es ist wahr, daß die Mehrheit der Algerier in unerträglichem Elend lebt; aber es ist ebenso wahr, daß die notwendigen Reformen weder von den guten Kolonialherren noch vom «Mutterland» selbst durchgeführt werden können, solange es seine Souveränität in Algerien zu wahren beabsichtigt. Diese Reformen werden Angelegenheit des algerischen Volkes selbst sein, wenn es seine Freiheit errungen hat.

Denn die Kolonialherrschaft ist weder ein Zusammenspiel von Zufällen noch das statistische Ergebnis Tausender individueller Unternehmen. Sie ist ein System, das um die Mitte des 19. Jahrhunderts errichtet wurde, gegen 1880 Früchte zu tragen begann, nach dem Ersten Weltkrieg in seine Verfallsphase geriet und sich heute gegen die kolonisierende Nation kehrt.

Das ist es, was ich Ihnen am Beispiel Algeriens zeigen möchte, dem leider deutlichsten und augenfälligsten Beispiel des Kolonialsystems. Ich möchte Ihnen die Härte des Kolonialismus, die ihm innewohnende Zwangsläufigkeit zeigen und erklären, wie er uns genau dahin führen mußte, wo wir sind, und wie die reinste Absicht, wird sie in diesem Teufelskreis geboren, auf der Stelle verkommt.

Denn es ist nicht wahr, daß es gute Kolonialherren gäbe und andere, die böse sind: es gibt Kolonialherren[1], das ist alles. Wenn wir das begriffen haben, werden wir verstehen, warum die Algerier recht haben, *zunächst politisch* den Kampf gegen dieses wirtschaftliche, soziale und politische System aufzunehmen, und warum ihre Befreiung und die *Befreiung Frankreichs* nur aus der Zerschlagung der Kolonialherrschaft hervorgehen kann.

Das System hat sich nicht selbst errichtet. Die Julimonarchie und die Zweite Republik wußten eigentlich mit dem eroberten Algerien wenig anzufangen.

1 Zu den Kolonialherren zähle ich nicht die kleinen Beamten und die europäischen Arbeiter, die zugleich Opfer wie schuldlose Nutznießer des Systems sind.

Man hatte vor, es in eine Ansiedlungskolonie zu verwandeln. Bugeaud plante eine Kolonisation nach dem Vorbild der Römer. Die entlassenen Soldaten der Afrika-Armee sollten große Ländereien bekommen. Sein Versuch wurde nicht weitergeführt.

Dann wollte man den Überschuß der europäischen Länder, die ärmsten Bauern Frankreichs und Spaniens nach Afrika abstoßen; man errichtete für dieses «Gesindel» einige Dörfer rund um Algier, Constantine und Oran. Die Mehrzahl wurde durch Krankheiten dahingerafft.

Nach dem Juni 1848 versuchte man, arbeitslose Arbeiter, deren Gegenwart die «Ordnungskräfte» beunruhigte, dort anzusiedeln – besser gesagt: hinzuzufügen. Von den 20000 Arbeitern, die nach Algerien transportiert wurden, kamen die meisten durch Fieber und Cholera um; die Überlebenden setzten ihre Rückführung nach Frankreich durch.

So stagnierte das koloniale Unternehmen: es nahm Gestalt an während des Zweiten Kaiserreichs, entsprechend der industriellen und wirtschaftlichen Expansion. Schlag auf Schlag entstehen die großen Gesellschaften:

1863: Société de Crédit Foncier Colonial et de Banque;
1865: Société Marseillaise de Crédit;
Compagnie des Minerais de fer de Mokta;
Société Générale des Transports maritimes à vapeur.

Diesmal ist es der Kapitalismus selbst, der kolonialistisch wird. Zum Theoretiker dieses neuen Kolonialismus wird Jules Ferry:

«Für Frankreich, das stets von Kapital überfloß und es in beträchtlichen Mengen ins Ausland exportierte, ist es von Interesse, die koloniale Frage unter diesem Blickwinkel zu betrachten. Sie ist für Länder, die wie das unsere durch die Natur ihrer Industrie auf einen großen Export angewiesen sind, die eigentliche, die Frage der Absatzmärkte... Wo eine politische Vorherrschaft besteht, besteht auch eine Vorherrschaft der Produkte, die ökonomische Vorherrschaft.»

Sie sehen, nicht Lenin ist es, der als erster den kolonialen Imperialismus definiert hat, sondern Jules Ferry, diese «große Gestalt» der Dritten Republik.

Und Sie sehen auch, daß dieser Minister mit den «Fellaghas» von 1956 übereinstimmt: er proklamiert jenes «Zuerst die Politik!», das sie ein Dreivierteljahrhundert später gegen die Kolonialherren aufgreifen.

Zuerst die Widerstände brechen, die Kader zerschlagen, unterwerfen, terrorisieren. Erst dann wird das Wirtschaftssystem etabliert.

Und worum geht es? Darum, Industrien in den unterworfenen Ländern zu schaffen? Keineswegs: das Kapital, von dem Frankreich «überfließt», wird nicht in unterentwickelten Ländern investiert; die Rentabilität wäre nicht gewährleistet, die Profite würden zu lange auf sich warten lassen; man müßte alles erst aufbauen, alles erst entwickeln. Und selbst wenn sich das machen ließe, wozu sollte es gut sein, eine Konkurrenz für die Produktion des Mutterlandes aus dem Boden zu stampfen? Ferry sagt es klipp und klar: das Kapital wird in Frankreich bleiben; es wird einfach in neue Industrien investiert, die ihre Fertigwaren dem kolonisierten Land verkaufen werden. Die unmittelbare Folge war die Zollunion von 1884. Diese Union besteht noch immer: sie sichert einer auf dem internationalen Markt durch ihre überhöhten Preise gehandikapten französischen Industrie auf dem algerischen Markt eine Monopolstellung.

Aber *wem denn* gedachte diese neue Industrie ihre Erzeugnisse zu verkaufen? Den Algeriern? Unmöglich: woher hätten die das Geld dafür nehmen sollen? In Ergänzung zu diesem Kolonialimperialismus muß in den Kolonien Kaufkraft geschaffen werden. Und natürlich sind es die Kolonisatoren, die sämtliche Vorteile genießen werden und die man zu potentiellen Käufern machen wird. Der Siedler ist zunächst ein künstlicher Käufer, aus dem Boden gestampft von einem Kapitalismus auf der Suche nach neuen Absatzmärkten.

Schon 1900 betonte Peyerimhoff diesen neuen Wesenszug der «offiziellen» Kolonialherrschaft:

«Das Eigentum des Kolonisators ist diesem, mittelbar oder unmittelbar, durch den Staat gratis zuteil geworden, oder er hat erlebt, wie täglich um ihn herum Konzessionen erteilt wurden; unter seinen Augen hat die Regierung den individuellen Interessen Opfer gebracht, die spürbar größer sind als jene, zu denen sie sich in älteren und wirtschaftlich voll erschlossenen Ländern bereit fände.»

Hier zeichnet sich in aller Schärfe die andere Seite des kolonialen Diptychons ab: um Käufer sein zu können, muß der Kolonisator Verkäufer sein. An wen wird er verkaufen? An die Franzosen im Mutterland. Und was kann er verkaufen, wenn es keine Industrie gibt? Nahrungsmittel und Rohstoffe. Jetzt wird unter der Ägide des Ministers Ferry und des Theoretikers Leroy-Beaulieu der koloniale Status konstituiert.

Und welches sind die «Opfer», die der Staat dem Kolonisator bringt, diesem Liebling der Götter und Exporteure? Die Antwort ist einfach: er opfert ihnen das Eigentum der Moslems.

Denn es trifft sich in der Tat, daß die Naturprodukte des kolonisierten Landes aus dem Boden wachsen und daß dieser Boden der «eingeborenen» Bevölkerung gehört. In manchen wenig bevölkerten Gebieten mit großen unbebauten Flächen ist der Raub weniger augenfällig: was man sieht, ist die militärische Okkupation, die Zwangsarbeit. Aber in Algerien war bei der Ankunft der französischen Truppen *aller fruchtbare Boden kultiviert*. Die angebliche «Erschließung» beruhte also auf einer Beraubung der Einwohner, die ein Jahrhundert währte: die Geschichte Algeriens ist die fortschreitende Konzentration des europäischen Grundbesitzes auf Kosten des algerischen Besitzes.

Alle Mittel waren recht.

Anfangs nutzt man den geringsten Ausbruch von Widerstand, um zu konfiszieren oder zu sequestrieren. Bugeaud pflegte zu sagen: Hauptsache, die Erde ist gut; wem sie gehört, ist gleichgültig.

Die Revolte von 1871 war von großem Nutzen: den Besiegten wurden Hunderttausende Hektar Land genommen.

Doch mußte man befürchten, damit nicht auszukommen. Da haben wir geruht, den Moslems ein schönes Geschenk zu machen: wir haben ihnen unseren Code civil beschert.

Und warum soviel Großzügigkeit? Weil das Stammeseigentum zumeist Kollektivbesitz war und man es zerstückeln wollte, um den Spekulanten Gelegenheit zu geben, es nach und nach aufzukaufen.

1873 beauftragte man Untersuchungskommissare, die großen Gemeinschaftsbesitzungen in ein Puzzle individueller Grundstücke umzuwandeln. Zu jedem Erbteil stellten sie Anteilscheine aus, die sie an jedermann abgaben. Manche dieser Anteilscheine waren fiktiv: in dem Duar Harrar hatte der Untersuchungskommissar 55 Anwärter auf 8 Hektar Land entdeckt.

Es genügte, einen dieser Anwärter zu bestechen, und er verlangte die Aufteilung. Der französische Rechtsgang, kompliziert und konfus, wie er war, ruinierte sämtliche Teilbesitzer, und die europäischen Spekulanten konnten das Ganze für ein Butterbrot aufkaufen.

Gewiß, es ist auch bei uns vorgekommen, daß arme Bauern, ruiniert durch die Konzentration der Ländereien und die Mechanisierung, ihre Äcker verkauften und sich dem städtischen Proletariat anschlossen: immerhin wirkte sich hier das unerbittliche Gesetz des Kapitalismus aus, ohne daß die Betroffenen buchstäblich beraubt worden wären. In Algerien hat man vorsätzlich, zynisch den Moslems ein fremdes Recht aufgezwungen, weil man wußte, daß dieses Recht ihnen nicht entsprach und daß es die inneren Strukturen der algerischen Gesellschaft vernichten mußte. Wenn sich die Operation im zwanzigsten Jahrhundert mit der blinden Zwangsläufigkeit eines ökonomischen Gesetzes fortgesetzt hat, so deshalb, weil der französische Staat künstlich und brutal in einem feudalen Agrarland die Lebensbedingungen des kapitalistischen Liberalismus geschaffen hatte. Doch hinderte das noch kürzlich einige Sprecher in der Nationalversammlung nicht, die erzwungene Übernahme unseres Rechts durch Algerien als «eine der Wohltaten der französischen Zivilisation» zu rühmen.

Hier die Resultate jener Operation:

1850 besaßen die Kolonisatoren 115 000 Hektar Land. 1900 waren es 1 600 000 Hektar, 1950 schließlich 2 703 000 Hektar.

Heute gehören 2 703 000 Hektar den europäischen Besitzern. Der französische Staat besitzt 11 Millionen Hektar, die als «Domänengüter» bezeichnet werden; 7 Millionen Hektar hat man den Algeriern gelassen. Kurz, ein Jahrhundert hat genügt, sie um zwei Drittel ihres Landes zu bringen. Das Gesetz der Konzentration hat sich übrigens teilweise auch gegen die kleinen europäischen Landbesitzer ausgewirkt. Heute haben 6000 Großgrundbesitzer ein Bruttoeinkommen von über 12 Millionen; einige erreichen die Milliardengrenze. Das Kolonialsystem hat sich eingerichtet: der französische Staat überläßt den Kolonisatoren das Land der Araber, um ihnen eine Kaufkraft zu schaffen, die es den Industriellen des Mutterlandes ermöglicht, ihnen ihre Erzeugnisse zu verkaufen, und die Kolonisatoren verkaufen an die Märkte des Mutterlandes die Früchte dieses geraubten Landes.

Von nun an kräftigt sich das System von selbst; es dreht sich im Kreis; wir werden alle seine Auswirkungen aufzeigen und es immer unerbittlicher werden sehen.

1. Indem man den Grundbesitz *französierte* und zerstückelte, zerbrach man die Struktur der alten Stammesgesellschaft, ohne irgend etwas an deren Stelle zu setzen. Diese Zerschlagung der Kader wurde systematisch gefördert: in erster Linie, weil sie die Widerstandskräfte beseitigte und die Kollektivkräfte durch einen Flugsand von Individuen ersetzte; dann, weil sie Arbeitskräfte freisetzte (wenigstens solange die Landwirtschaft nicht mechanisiert war): nur das Vorhandensein dieser Arbeitskräfte kann die Transportkosten aufwiegen; sie allein garantieren die Rentabilität der kolonialen Unternehmen gegenüber der Wirtschaft des Mutterlandes, deren Produktionskosten ständig sinken. So hat die Kolonialherrschaft die algerische Bevölkerung in ein riesiges Landproletariat verwandelt. Man hat von den

Algeriern sagen können: es sind die gleichen Menschen wie 1830, und sie arbeiten auf den gleichen Landgütern; nur sind sie, statt diese zu besitzen, die Sklaven derer, die sie besitzen.

2. Wenn wenigstens der anfängliche Raub keinen *kolonialen* Charakter gehabt hätte, so könnte man vielleicht hoffen, daß eine mechanisierte Agrarproduktion es den Algeriern selbst ermöglichen würde, die Erzeugnisse ihres Bodens zum niedrigstmöglichen Preis zu kaufen. Aber die Algerier sind nicht die Kunden der Kolonisatoren und können es nicht sein. Der Kolonisator muß exportieren, um seine Importe bezahlen zu können: er produziert für den französischen Markt. Er wird durch die Logik des Systems dazu gebracht, die Bedürfnisse der Eingeborenen denen der Franzosen in Frankreich zu opfern.

Zwischen 1927 und 1932 hat der Weinbau 173 000 Hektar dazugewonnen, wovon mehr als die Hälfte den Moslems weggenommen wurde. Die Moslems aber trinken keinen Wein. Auf den Feldern, die man ihnen stiehlt, haben sie Getreide für den algerischen Markt angebaut. Diesmal nimmt man ihnen nicht nur das Land weg: indem man dort Weinstöcke pflanzt, beraubt man die algerische Bevölkerung ihres Hauptnahrungsmittels. Eine halbe Million Hektar, aus den besten Ländereien herausgeschnitten und ausschließlich dem Weinbau vorbehalten, sind für die islamischen Massen unproduktiv und im Grunde verschwunden.

Und was soll man zu den Zitrusfrüchten sagen, die man in allen Lebensmittelläden der Moslems findet? Glauben Sie, die Fellachen essen Orangen zum Nachtisch.

Folglich weicht der Getreideanbau von Jahr zu Jahr weiter nach Süden, zur Sahara hin zurück. Man hat natürlich Leute gefunden, die bereit waren zu beweisen, daß dies eine Wohltat der Franzosen sei: wenn die Anbaugebiete sich verschieben, so deshalb, weil unsere Ingenieure das Land bis an die Grenzen der Wüste bewässert haben. Diese Lügen mögen die leichtgläubigen oder gleichgültigen Bewohner des Mutterlandes täuschen: aber der Fellache weiß sehr wohl, daß der Süden nicht bewässert ist; wenn er gezwungen ist, dort zu leben, so einfach deshalb, weil Frankreich, sein Wohltäter, ihn aus dem Norden verjagt hat. Der fruchtbare Boden liegt in der Ebene, rings um die Städte; den Kolonisierten hat man die Wüste überlassen.

Das Ergebnis ist eine fortwährende Verschlimmerung der Lage: der Getreideanbau hat seit siebzig Jahren nicht zugenommen. Während dieser Zeit hat sich die algerische Bevölkerung verdreifacht. Und wer diesen Geburtenüberschuß zu den Wohltaten Frankreichs zählen möchte, sei daran erinnert, daß es die ärmsten Völker sind, die die höchste Geburtenziffer haben. Sollen wir von den Algeriern verlangen, daß sie unserem Land dafür danken, daß es ihren Kindern erlaubt hat, im Elend zur Welt zu kommen, als Sklaven zu leben und Hungers zu sterben? Für diejenigen, die Zweifel an dieser Darstellung haben sollten, hier einige *amtliche* Zahlen:

Im Jahre 1871 verfügte jeder Einwohner über 5 Zentner Getreide;
1901 über 4 Zentner;
1940 über 2½ Zentner;
1945 über 2 Zentner.

Gleichzeitig hatte die Knappheit an Einzelbesitztümern zur Folge, daß die Gemeinschaftsweidegebiete und das Wegegeld abgeschafft wurden. Im Süden, am Rande der Sahara, wo die arabischen Viehzüchter untergebracht werden, kann sich das Vieh einigermaßen halten. Im Norden ist es verschwunden.

Vor 1914 besaß Algerien 9 Millionen Stück Vieh;
1950 hat es nur noch 4 Millionen.

Heute wird die landwirtschaftliche Produktion wie folgt geschätzt:
– die Moslems produzieren für 48 Milliarden Francs;
– die Europäer für 92 Milliarden.

Neun Millionen Menschen liefern ein Drittel der landwirtschaftlichen Produktion. Und vergessen wir nicht, daß nur dieses Drittel ihnen zur Verfügung steht; das übrige geht nach Frankreich. Sie müssen sich also mit ihren primitiven Geräten und ihrem schlechten Boden selbst ernähren. Vom Anteil der Moslems muß man – wenn man den Getreideverbrauch mit nur 2 Zentner pro Person ansetzt – 29 Milliarden für den Eigenverbrauch abziehen. Das äußert sich in den Budgets der meisten Familien durch die Unmöglichkeit, die Ausgaben für die Ernährung zu begrenzen. Die Lebensmittel verschlingen all ihr Geld; es bleibt nichts für Kleidung und Wohnung, für den Kauf von Saatgut oder Geräten.

Und der einzige Grund für diese fortschreitende Verelendung ist, daß die schöne koloniale Landwirtschaft sich wie ein Krebsgeschwür mitten im Land eingerichtet hat und alles zerfrißt.

3. Die Konzentration der Besitztümer zieht die Mechanisierung der Landwirtschaft nach sich. Das Mutterland ist hocherfreut, seine Traktoren an die Kolonisatoren verkaufen zu können. Während die Produktivität der auf schlechtem Boden angesiedelten Moslems sich um

ein Fünftel verringert hat, wird die der Kolonisatoren mit jedem Tag größer, und zwar ausschließlich zu ihrem eigenen Nutzen: die Weingüter von 1 bis 3 Hektar Größe, auf denen die Modernisierung des Anbaus schwierig, wenn nicht unmöglich ist, bringen 44 Hektoliter pro Hektar. Die Weingüter von über 100 Hektar bringen 60 Hektoliter pro Hektar.

Nun verursacht die Mechanisierung die technologische Arbeitslosigkeit: die Landarbeiter werden durch die Maschine ersetzt. Das hätte zwar auch beträchtliche, doch nur begrenzte Auswirkungen, wenn Algerien eine Industrie besäße. Aber das Kolonialsystem verbietet ihm das. Die Arbeitslosen strömen in die Städte, wo man sie für ein paar Tage bei Erschließungsarbeiten beschäftigt, und dann bleiben sie dort, da sie nicht wissen, wohin sie gehen sollen: dieses verzweifelte Subproletariat wächst von Jahr zu Jahr. 1953 gab es nur 143 000 amtlich registrierte Arbeitnehmer, die mehr als 90 Tage, das heißt an mehr als an einem von vier Tagen, gearbeitet hatten. Nichts zeigt besser die zunehmende Härte des Kolonialsystems: zuerst wird das Land besetzt, dann eignet man sich den Grundbesitz an und beutet die ehemaligen Besitzer zu Hungerlöhnen aus. Und endlich wird mit der Mechanisierung auch diese billige Arbeitskraft noch zu teuer; man nimmt zuletzt dem Eingeborenen auch noch das Recht auf Arbeit. Dem Algerier bleibt nur noch, *im eigenen Land*, einem Land, das in voller Blüte steht, zu verhungern.

Wissen denn die Franzosen, die darüber zu klagen wagen, daß Algerier Franzosen die Arbeitsplätze wegnehmen, wissen sie, daß 80 % dieser Algerier die Hälfte ihres Lohns ihrer Familie schicken und daß anderthalb Millionen Menschen, die in den Duars geblieben sind, ausschließlich von dem Geld leben, das ihnen diese 400 000 freiwillig ins Exil Gegangenen schicken? Und auch das ist eine der harten Konsequenzen des Systems: die Algerier sind gezwungen, in Frankreich die Arbeit zu suchen, die Frankreich ihnen in Algerien verweigert.

90 % der Algerier unterliegen einer methodischen und rigorosen kolonialen Ausbeutung: von ihrem Grund und Boden vertrieben, auf unfruchtbarem Land angesiedelt, gezwungen, für ein Spottgeld zu arbeiten, werden sie durch die Angst vor Arbeitslosigkeit vom Widerstand abgebracht; die Streikenden fürchten, daß man Arbeitslose als Streikbrecher einsetzen werde. Infolgedessen ist der Siedler König, er gesteht den Arbeitern nichts von dem zu, was in Frankreich der Druck der Massen den Arbeitgebern hat entreißen können: keine gleitende Lohnskala, keine Tarifverträge, keine Familienhilfen, keine Kantinen,

keine Arbeiterwohnungen. Vier Mauern aus getrocknetem Lehm, Brot, Feigen und zehn Arbeitsstunden pro Tag: hier ist der Lohn wirklich und offenkundig das zur Erhaltung und Reproduktion der Arbeitskraft notwendige Minimum.

So sieht es aus. Kann man wenigstens einen Ausgleich für dieses von den europäischen Usurpatoren systematisch herbeigeführte Elend in dem finden, was man die nicht direkt meßbaren Güter nennt – Erschließungsarbeiten und Bauarbeiten der öffentlichen Hand, Hygiene, Bildungswesen? Hätten wir diesen Trost, so könnte man vielleicht noch hoffen: vielleicht auf wohldurchdachte Reformen... Doch nein: das System ist unerbittlich. Da Frankreich vom ersten Tag an die Algerier enteignet und zurückgedrängt, da es sie als einen nicht assimilierbaren Block behandelt hat, ist alles, was Frankreich in Algerien getan hat, nur zum Vorteil der Kolonisatoren geschehen.

Ich spreche gar nicht von den Flugplätzen und Häfen: wozu nützen sie dem Fellachen, wenn er nicht in die Armutsviertel von Paris gehen will, um dort vor Hunger und Kälte zu krepieren?

Aber die Straßen? Sie verbinden die großen Städte mit den europäischen Besitzungen und den Militärstützpunkten. Nur sind sie nicht angelegt worden, damit die Algerier ihre Wohnstätten erreichen können.

Der Beweis?

In der Nacht vom 8. zum 9. September 1954 verwüstet ein Erdbeben Orléansville und Umgebung.

Die Zeitungen melden: 39 tote Europäer, 1370 tote französische Moslems.

400 dieser Toten aber wurden erst drei Tage nach der Katastrophe *entdeckt*. Manchen Duars ist erst sechs Tage später erste Hilfe geleistet worden. Die Entschuldigung der Rettungsmannschaften spricht den Leistungen der Franzosen das Urteil: «Was wollen Sie? Sie lagen zu weit ab von den Straßen.»

Die Hygiene wenigstens? Das öffentliche Gesundheitswesen?

Nach dem Erdbeben von Orléansville wollte die Verwaltung Untersuchungen über die Lebensbedingungen in den Duars anstellen. Die, die sie aufs Geratewohl auswählte, lagen 30 oder 40 Kilometer von der Stadt entfernt und wurden nur *zweimal im Jahr* von dem zuständigen Arzt besucht.

Was unsere berühmte Kultur betrifft –, wer weiß, ob die Algerier besonders begierig waren, sie zu erwerben? Fest steht jedenfalls, daß wir sie ihnen vorenthalten haben. Ich will nicht sagen, daß wir so zynisch verfuhren wie jener Südstaat der USA, wo ein bis zum Beginn des 19. Jahrhunderts gültiges Gesetz *bei Strafe* verbot, die schwarzen Sklaven lesen zu lehren. Aber schließlich ist es uns doch gelungen, aus unseren «islamischen Brüdern» ein Volk von Analphabeten zu machen. Noch heute zählt man 80 % des Lesens und Schreibens Unkundige in Algerien. Es ginge noch an, hätten wir ihnen nur den Gebrauch unserer Sprache verboten. Aber es gehört notwendigerweise zum Kolonialsystem, daß es den Kolonisierten den Zugang zur Geschichte zu versperren sucht; da nationale Forderungen sich in Europa stets auf die Einheit der Sprache gestützt haben, wurde den Moslems der Gebrauch ihrer eigenen Sprache verwehrt. Seit 1830 wird die arabische Sprache in Algerien als Fremdsprache angesehen; man spricht sie noch, doch ist sie nur mehr virtuell eine Schriftsprache. Das ist nicht alles: um die Araber in der Zersplitterung zu halten, hat die französische Verwaltung ihre Religion konfisziert; sie rekrutiert die Verweser des Islam aus von ihr bezahlten Kreaturen. Sie hat den primitivsten Aberglauben unterstützt, weil Aberglaube uneins macht. Die Trennung von Kirche und Staat ist ein republikanisches Privileg, ein nur dem Mutterland zustehender Luxus. In Algerien kann sich die französische Republik nicht erlauben, republikanisch zu sein. Sie konserviert die Unbildung und die Glaubensvorstellungen des Feudalismus, beseitigt aber gleichzeitig die Strukturen und Bräuche, durch die ein lebender Feudalismus *trotz allem* eine menschliche Gesellschaft ist; sie oktroyiert ein individualistisches und liberales Recht, um die Kader und die Dynamik der algerischen Kollektivität zu zerschlagen, aber sie behält Duodezfürsten bei, die ihre Macht nur von ihr beziehen und die für sie regieren. Mit einem Wort, sie *fabriziert* «Eingeborene», indem sie jene aus der archaischen Kollektivität herausreißt und in ihnen gleichzeitig *in der Vereinzelung des liberalen Individualismus* eine Mentalität herausbildet oder konserviert, deren Archaismus doch nur in Verbindung mit dem Archaismus der Gesellschaft fortleben kann. Sie schafft *Massen*, hindert sie aber, ein bewußtes Proletariat zu werden, indem sie sie durch die Karikatur ihrer eigenen Ideologie mystifiziert.

Und hier komme ich auf unseren Gesprächspartner vom Anfang zurück, auf unseren Realisten mit dem weichen Herzen, der uns umfassende Reformen vorschlug mit den Worten: «Zuerst die Wirtschaft!» Ich antworte ihm: Ja, der Fellache stirbt vor Hunger, ja, ihm fehlt es an allem, an Land, an Arbeit und an Wissen; ja, die Krankheiten setzen ihm hart zu; ja, der gegenwärtige Zustand in Algerien läßt sich mit dem schlimmsten Elend im Fernen Osten vergleichen. Und dennoch ist es nicht möglich, mit den wirtschaftlichen Veränderungen zu beginnen, weil das Elend und die Verzweiflung der Algerier das unmittelbare und zwangsläufige Ergebnis des Kolonialismus sind und man sie niemals bezwingen wird, solange der Kolonialismus andauert. Das wissen *alle* denkenden Algerier. Und alle stimmen überein mit diesem Wort eines Moslems: «Ein Schritt vorwärts, zwei Schritte zurück. Da habt ihr die Kolonialreform.»

Denn das System macht von selbst und mühelos alle Reformversuche zunichte: es kann sich nur erhalten, indem es mit jedem Tag härter, unmenschlicher wird.

Angenommen, das Mutterland will eine Reform durchführen. Dann gibt es drei Möglichkeiten:

1. Die Reform wirkt sich automatisch zum Vorteil des Kolonisators und *nur* des Kolonisators aus.

Um die Erträge zu steigern, hat man Talsperren und ein ganzes System von Bewässerungsanlagen gebaut. Aber natürlich kann das Wasser nur das Land in den Tälern bewässern. Nun ist aber dieses Land stets das fruchtbarste Algeriens gewesen, und die Europäer haben es an sich gerissen. In der Begründung der Lex Martin heißt es, daß drei Viertel des bewässerten Landes den Europäern gehören. Aber bewässern Sie mal den Süden am Rande der Sahara!

2. Man verfälscht sie derart, daß sie wirkungslos bleibt.

Der Status Algeriens ist in sich selbst monströs. Hoffte die französische Regierung, die islamischen Massen täuschen zu können, als sie ihnen jenes Zweikammersystem zubilligte? Jedenfalls hat man ihr nicht einmal die Zeit gelassen, ihre Täuschung zu Ende zu führen. Die Kolonisatoren wollten dem Eingeborenen nicht einmal die Chance geben, getäuscht werden zu können. Das war ihnen schon zuviel: sie zogen die offene Wahlfälschung vor. Und von ihrem Standpunkt aus hatten sie vollkommen recht: will man Leute ermorden, empfiehlt es sich, sie vorher zu knebeln. Es ist der Kolonialismus, der sich in ihnen gegen den Neokolonialismus wendet, um dessen gefährliche Konsequenzen zu verhindern.

3. Man legt sie mit dem stillen Einverständnis der Verwaltung auf Eis.

Die Lex Martin sah vor, daß die Kolonisatoren zum Ausgleich für den durch die Bewässerung entstandenen Wertzuwachs dem Staat einige Parzellen ihres Landes abtreten sollten. Der Staat sollte diese Parzellen an Algerier *verkaufen*, die innerhalb von fünfundzwanzig

Jahren ihre Schulden abzahlen sollten. Sie sehen: die Reform war bescheiden: es handelte sich schlicht und einfach darum, an einige auserwählte Eingeborene einen winzigen Teil der Ländereien, die man ihren Eltern geraubt hatte, zurückzuverkaufen. Die Kolonisatoren verloren bei diesem Handel nicht einen Sou.

Aber es geht ihnen nicht nur darum, nichts zu verlieren: sie wollen immer mehr gewinnen. Seit hundert Jahren an die «Opfer» gewöhnt, die das Mutterland *für sie* bringt, können sie es nicht dulden, daß solche Opfer Eingeborenen zugute kommen sollen. Ergebnis: die Lex Martin wurde auf Eis gelegt.

Man begreift die Haltung der Kolonisatoren, wenn man das Schicksal bedenkt, das sie den «Landwirtschaftsämtern zur technischen Ausbildung der islamischen Bauern» bereitet haben. Diese auf dem Papier und in Paris geschaffene Einrichtung hatte lediglich zum Ziel, die Produktivität des Fellachen ein wenig zu steigern: gerade genug, um ihn vor dem Verhungern zu bewahren. Doch die Neokolonialisten des Mutterlandes machten sich nicht klar, daß dies den Interessen des Systems direkt zuwiderlief: damit algerische Arbeitskräfte im Überfluß zur Verfügung standen, mußte der Fellache fortfahren, wenig und zu überhöhten Preisen zu produzieren. Würden nicht, wenn man technisches Wissen unter die Leute brächte, die Landarbeiter rarer werden und anspruchsvoller? Wäre nicht die Konkurrenz des islamischen Grundbesitzers zu fürchten? Und vor allem ist die Ausbildung, welcher Art sie auch sein und woher sie auch kommen mag, ein Werkzeug der Emanzipation. Die Regierung weiß das, wenn es eine Regierung der Rechten ist, so gut, daß sie sich weigert, unsere eigenen Bauern hier in Frankreich auszubilden. Also wird man doch nicht das technische Wissen unter die Eingeborenen tragen! Mißliebig, überall angegriffen – versteckt in Algerien, heftig in Marokko –, bleiben diese Ämter wirkungslos.

Von da an bleiben alle Reformen unwirksam. Vor allem sind sie teuer. Für das Mutterland sind sie zu kostspielig, und die Kolonisatoren haben weder die Mittel noch den Willen, sie zu finanzieren. Die allgemeine Schulpflicht – eine oft vorgeschlagene Reform – würde 500 Milliarden Franc kosten (wenn man die Aufwendungen für einen Schüler mit 32 000 Franc jährlich ansetzt). Nun belaufen sich die Gesamteinnahmen Algeriens auf 300 Milliarden. Die Schulreform kann nur durch ein industrialisiertes Algerien mit mindestens verdreifachten Einnahmen verwirklicht werden. Aber das Kolonialsystem widersetzt sich der Industrialisierung, wie wir gesehen haben. Da kann Frankreich Milliarden in große Unternehmungen stecken: man weiß genau, daß nichts davon bleibt.

Und wenn ich «Kolonialsystem» sage, dann verstehe man recht: es handelt sich nicht um einen abstrakten Mechanismus. Das System existiert, es funktioniert; der Teufelskreis des Kolonialismus ist eine Realität. Diese Realität ist verkörpert in einer Million Kolonisatoren, Söhnen und Enkeln von Kolonisatoren, die vom Kolonialismus geformt worden sind und die nach den Prinzipien des Kolonialsystems denken, sprechen und handeln.

Denn der Kolonisator ist wie der Eingeborene ein Fabrikat: seine Funktion und seine Interessen haben ihn zu dem gemacht, was er ist.

Durch den kolonialen Vertrag an das Mutterland gebunden, kam er, um für dieses mit großem Profit die Erzeugnisse des kolonisierten Landes zu kommerzialisieren. Er hat sogar neue Kulturen heimisch gemacht, die die Bedürfnisse des Mutterlandes weit mehr als die der Eingeborenen spiegeln. Er ist also ein zwiespältiges und widersprüchliches Wesen: er hat sein «Vaterland», Frankreich, und sein «Land», Algerien. In Algerien repräsentiert er Frankreich und will nur mit Frankreich in Beziehung stehen. Aber seine *wirtschaftlichen* Interessen bringen ihn dahin, sich den *politischen* Institutionen seines Vaterlandes zu widersetzen. Die französischen Institutionen sind die einer auf einem liberalen Kapitalismus basierenden bürgerlichen Demokratie. Sie schließen das Wahlrecht, das Vereinigungsrecht und die Pressefreiheit ein.

Aber der Kolonisator, dessen Interessen denen der Algerier genau entgegengesetzt sind und der die Überausbeutung nur auf die nackte Unterdrückung gründen kann, kann diese Rechte nur für sich selbst gelten lassen, um sich ihrer *in Frankreich* zu erfreuen, unter Franzosen. Dementsprechend verabscheut er die – wenigstens formale – Universalität der Institutionen des Mutterlandes. Eben weil sie für jedermann gelten, könnte der Algerier sie auch für sich in Anspruch nehmen. Eine der Funktionen des Rassismus besteht darin, den latenten Universalismus des bürgerlichen Liberalismus zu kompensieren: da alle Menschen die gleichen Rechte haben, macht man aus dem Algerier einen Untermenschen. Und daß der Kolonisator die Institutionen seines Vaterlandes ablehnt, wenn seine Mitbürger ihre Geltung auf «sein» Land ausdehnen wollen, hat bei ihm eine Tendenz zur Sezession zur Folge. Hat nicht der Präsident der algerischen Bürgermeister vor einigen Monaten wiederholt gesagt: «Wenn Frankreich versagt, werden wir an seine Stelle treten.»?

Aber der Widerspruch tritt voll in Erscheinung, wenn der Kolonisator erklärt, daß die Europäer unter den Moslems isoliert seien und daß das Kräfteverhältnis eins zu neun betrage. Eben weil sie isoliert sind, lehnen sie jede Verfassung ab, die die Mehrheit an die Macht bringen würde. Und aus dem gleichen Grund haben sie keine andere Möglichkeit, als sich durch Gewalt zu behaupten.

Aber aus ebendiesem Grund – und weil das Kräfteverhältnis selbst sich nur gegen sie auswirken kann – sind sie auf die Macht des Mutterlandes, das heißt der französischen Armee, angewiesen. So sind denn diese Separatisten zugleich Hyperpatrioten. Republikaner in Frankreich – soweit unsere politischen Institutionen ihnen erlauben, *bei uns* eine politische Macht zu bilden –, sind sie in Algerien Faschisten, die die Republik hassen und die republikanische Armee leidenschaftlich lieben.

Können sie anders sein? Nein. Nicht, solange sie Kolonisatoren sind. Es ist vorgekommen, daß Eindringlinge, die sich in einem Lande niedergelassen hatten, sich mit der autochthonen Bevölkerung vermischten und schließlich mit ihr eine Nation bildeten: in solchen Fällen sieht man – zumindest bei gewissen Klassen – gemeinsame nationale Interessen entstehen. Aber die Kolonisatoren sind Eindringlinge, die durch den kolonialen Vertrag völlig von den Überfallenen isoliert sind: seit über einem Jahrhundert hatten wir Algerien besetzt, und kaum je hört man von Mischehen oder französisch-arabischen Freundschaften. Als Kolonisatoren sehen die Algerienfranzosen ihre Aufgabe darin, Algerien zum Vorteil Frankreichs zu ruinieren. Als Algerier wären sie gezwungen, sich auf die eine oder andere Weise und *im eigenen Interesse* für die wirtschaftliche – und folglich auch die kulturelle – Entwicklung des Landes zu interessieren.

Inzwischen ist das Mutterland in der Falle des Kolonialismus gefangen. Solange es seine Souveränität über Algerien behauptet, wird es kompromittiert durch das System, das heißt durch Kolonisatoren, die seine Institutionen ablehnen; und der Kolonialismus zwingt das Mutterland, demokratische Franzosen in den Tod zu schicken, um die Tyrannei der antidemokratischen Kolonisatoren über die Algerier zu verteidigen. Aber auch dort funktioniert die Falle, und der Kreis wird enger: der Druck, den wir zu ihrem Vorteil ausüben, macht sie mit jedem Tag verhaßter; genau in dem Maße, in dem unsere Truppen sie beschützen, vergrößern sie die Gefahren, die ihnen drohen, was wiederum die Anwesenheit der Armee noch notwendiger macht. Der Krieg wird in diesem Jahr, wenn er weitergeht, über 300

Milliarden kosten, was den gesamten algerischen Einnahmen entspricht.

Wir kommen zu dem Punkt, an dem sich das System selbst zerstört: die Kolonien kosten mehr, als sie einbringen.

Als die Kolonisatoren, die das Gemeinwesen der Moslems zerstörten, die Assimilierung der Moslems ablehnten, handelten sie ganz folgerichtig; die Assimilierung hätte vorausgesetzt, daß man den Algeriern sämtliche Grundrechte garantierte, daß man sie von unseren Versicherungs- und Wohlfahrtseinrichtungen profitieren ließ, daß man in die Nationalversammlung des Mutterlandes hundert algerische Abgeordnete aufnahm, daß man den Moslems durch eine Bodenreform und die Industrialisierung des Landes denselben Lebensstandard verschaffte, wie ihn die Franzosen hatten. Eine wirkliche Assimilation hätte ganz schlicht die Abschaffung des Kolonialismus bedeutet: wie hätte man den Kolonialismus dazu bringen können? Aber da die Kolonisatoren den Kolonisierten nichts als das Elend zu bieten haben, da sie sie auf Distanz halten, da sie sie zu einem nicht assimilierbaren Block machen, muß diese radikal negative Haltung, als zwangsläufiges Pendant, das Bewußtsein der Massen wecken. Die Auflösung der feudalen Strukturen bewirkt, nachdem sie zunächst den arabischen Widerstand geschwächt hat, einen kollektiven Bewußtseinsprozeß: neue Strukturen entstehen. In der Reaktion auf die Segregation und im täglichen Kampf entdeckt sich und formt sich die algerische Persönlichkeit. Der algerische Nationalismus ist nicht einfach das Wiederaufleben alter Traditionen, alter Bindungen: er ist der einzige Ausweg, den die Algerier haben, wenn sie ihrer Ausbeutung ein Ende setzen wollen. Wir haben gesehen, daß Jules Ferry vor dem Abgeordnetenhaus erklärte: «Wo eine politische Vorherrschaft besteht, besteht auch eine ökonomische Vorherrschaft...» Die Algerier sterben an unserer wirtschaftlichen Vorherrschaft, aber sie machen sich diese Lehre zunutze: um unsere wirtschaftliche Vorherrschaft zu brechen, haben sie beschlossen, den Kampf gegen unsere politische Vorherrschaft aufzunehmen. So haben die Kolonialherren selbst ihre Gegner geformt; sie haben den Zögernden gezeigt, daß keine Lösung möglich war außer einer Gewaltlösung.

Die einzige Wohltat des Kolonialismus liegt darin, daß er sich unnachgiebig zeigen muß, um Bestand zu haben, und daß er durch seine Unnachgiebigkeit seinen eigenen Untergang vorbereitet.

Wir, die Franzosen des Mutterlandes, können aus diesen Tatsachen nur eine Lehre ziehen: der Kolonialismus ist dabei, sich selbst zu zerstören. Aber er verpestet noch die Atmosphäre: er ist unsere Schande, er spricht unseren Gesetzen hohn oder macht sie zu Karikaturen ihrer selbst; er infiziert uns mit seinem Rassismus, wie es neulich die Episode von Montpellier gezeigt hat, er zwingt unsere jungen Leute, *gegen ihren Willen* zu sterben für die Naziprinzipien, die wir vor zehn Jahren bekämpften; er sucht sich zu verteidigen, indem er den Faschismus nach Frankreich hineinträgt. Unsere Rolle ist es, ihm beim Sterben zu helfen. Nicht nur in Algerien, sondern überall, wo er auftritt. Jene Leute, die von Verzicht reden, sind schwachsinnig: wir können nicht auf etwas verzichten, was wir niemals besessen haben. Es handelt sich, ganz im Gegenteil, darum, mit den Algeriern neue Beziehungen zu schaffen zwischen einem freien Frankreich und einem befreiten Algerien. Aber lassen wir uns vor allem nicht durch die reformistische Mystifikation von unserer Aufgabe abbringen. Der Neokolonialist ist ein Schwachkopf, der noch glaubt, man könne das Kolonialsystem verbessern – oder ein Schlaumeier, der Reformen vorschlägt, weil er weiß, daß sie wirkungslos sind. Sie werden schon zur rechten Zeit kommen, diese Reformen: das algerische Volk wird sie durchführen. Das einzige, was wir versuchen können und müssen – aber das ist jetzt das Wesentliche –, ist, an seiner Seite zu kämpfen, um die Algerier und *zugleich* die Franzosen von der kolonialen Tyrannei zu befreien.

März–April 1956

«Der Kolonisator und der Kolonisierte» von Albert Memmi[1]

Nur der Südstaatler ist kompetent, über die Sklavenhaltung zu sprechen: er kennt den Neger; die Leute im Norden, abstrakt denkende Puritaner, kennen nur den Menschen an sich. Dieses schöne Argument zieht immer noch: in Houston, in der Presse von New Orleans und endlich, da man immer irgend jemandes Nordstaatler ist, im «französischen» Algerien; da werden die Zeitungen nicht müde, uns zu versichern, daß einzig der Kolonisator qualifiziert sei, über die Kolonie zu sprechen: wir, die Bewohner des Mutterlandes, verfügen nicht über seine Erfahrung; wir werden Afrikas brennende Erde mit seinen Augen sehen, oder wir werden gar nichts sehen.

Leuten, die sich von solcher Erpressung einschüchtern lassen, empfehle ich, *Der Kolonisator und der Kolonisierte* zu lesen. Hier steht Erfahrung gegen Erfahrung: der Autor, ein Tunesier, hat in der *Salzsäule* seine harte Jugend erzählt. Was ist er eigentlich? Kolonisator oder Kolonisierter? Er selbst würde sagen: weder das eine noch das andere; Sie vielleicht: sowohl das eine wie das andere; im Grunde kommt es auf dasselbe hinaus. Er gehört einer jener eingeborenen, aber nicht islamischen Gruppen an,[2] die, «mehr oder minder begünstigt im Verhältnis zu den kolonisierten Massen... sich ausgeschlossen sehen... von der kolonisierenden Gruppe», die ihren Bemühungen, sich in die europäische Gesellschaft zu integrieren, immerhin «nicht völlig ablehnend gegenübersteht». De facto mit dem Subproletariat solidarisch, durch magere Privilegien von ihm getrennt, leben ihre Mitglieder in einem ständigen Unbehagen. Memmi hat diese doppelte Solidarität und diese doppelte Zurückweisung erfahren: die

1 Albert Memmi, *Der Kolonisator und der Kolonisierte. Zwei Porträts.* Mit einem Vorwort von Jean-Paul Sartre und einem Nachwort des Autors zur deutschen Ausgabe. Aus dem Französischen von Udo Rennert, Syndikat, Frankfurt 1980. *Anm. d. Hg.*

Albert Memmi, geboren 1920 in Tunis, ist Dozent am Fachbereich Sozialwissenschaften der Universität Paris-Nanterre. Er schrieb die Romane *La statue de sel* (deutsch: *Die Salzsäule*), *Agar* und *Le désert* und die Essays *Portrait d'un juif* und *La dépendance. Anm. d. Hg.*

2 Albert Memmi ist Jude. *Anm. d. Hg.*

Spannung zwischen den Kolonisatoren und den Kolonisierten und die zwischen den «sich selbst verneinenden Kolonisatoren» und den «sich selbst bejahenden Kolonisatoren». Er hat sie so gut verstanden, weil er sie zuerst als seinen eigenen Widerspruch gespürt hat. Er erklärt in seinem Buch sehr gut, daß diese innere Zerrissenheit, als bloße Verinnerlichung der sozialen Konflikte einen nicht zum Handeln disponiert. Wer aber darunter leidet, kann, wenn er sich seiner selbst bewußt wird, wenn er sein Komplizentum, seine Versuchungen und seine Ausgeschlossenheit erkennt, andere aufklären, indem er von sich selbst spricht: als «belangloser Faktor innerhalb der Konfrontierung» *repräsentiert* dieser Verdächtige niemanden; da er aber zugleich alle Welt *ist*, spricht er als zuverlässigster Zeuge.

Aber Memmis Buch *erzählt* nicht; wenn es sich von Erinnerungen nährt, so hat es sie alle assimiliert: es ist *formgewordene* Erfahrung: zwischen der rassistischen Usurpation der Kolonisatoren und der künftigen Nation, die die Kolonisierten aufbauen werden und von der «er vermutet, daß er in ihr keinen Platz haben wird», versucht er, seine Partikularität zu leben, indem er sie auf das Universale hin überschreitet. Nicht auf den Menschen hin, der noch nicht existiert, sondern auf eine strenge Vernunft hin, die sich für alle als zwingend erweist. Dieses nüchterne und klare Werk reiht sich ein unter die «leidenschaftlichen Geometrien»; seine gelassene Objektivität ist überschrittenes Leiden und Aufbegehren.

Deshalb wohl auch kann man ihm einen Anflug von Idealismus zum Vorwurf machen: gewiß wird alles gesagt, doch kann man die Reihenfolge bekritteln. So wäre es vielleicht besser gewesen, zu zeigen, wie der Kolonialist und sein Opfer gleichermaßen vom kolonialen *Apparat* erdrückt werden, jener schweren Maschine, die gegen Ende des Zweiten Kaiserreichs und in der Dritten Republik konstruiert wurde und sich nun, nachdem sie die Kolonialherren voll zufriedengestellt hat, gegen sie kehrt und sie zu zermalmen droht. Tatsächlich ist der Rassismus dem System immanent: die Kolonie verkauft Lebensmittel und Rohstoffe billig ans Mutterland und kauft dafür teure Fertigprodukte. Dieser merkwürdige Handel ist nur dann für beide Teile profitabel, wenn der Eingeborene für nichts oder fast nichts arbeitet. Das ländliche Subproletariat kann nicht einmal auf die Benachteiligtesten unter den Europäern als Verbündete zählen: alle leben von ihm, selbst noch die «kleinen Kolonisatoren», die, obwohl von den Großgrundbesitzern ausgebeutet, im Vergleich zu den Algeriern noch Privilegierte sind: das Durchschnittseinkommen der Algerienfranzosen ist zehnmal so hoch wie das der Araber. Daher die Spannung. Damit Löhne und Lebenshaltungskosten möglichst niedrig bleiben, bedarf es einer heftigen Konkurrenz der eingeborenen Arbeiter untereinander, also einer Steigerung der Geburtenrate; da aber die Ressourcen des Landes durch die koloniale Usurpation begrenzt sind, sinkt bei *gleichbleibenden Löhnen* der Lebensstandard der Moslems unablässig, und die Bevölkerung lebt im Zustand permanenter Unterernährung. Die Eroberung geschah durch Gewalt; die Überausbeutung und die Unterdrückung erfordern die Aufrechterhaltung der Gewalt, also die Anwesenheit der Armee. Nun gäbe es da keinen Widerspruch, wenn überall auf der Welt der Terror herrschte: aber der Kolonisator erfreut sich drüben im Mutterland der demokratischen Rechte, die das Kolonialsystem den Kolonisierten verweigert: tatsächlich ist es das System, das das Anwachsen der Bevölkerung begünstigt, um den Preis der Arbeitskraft zu senken, und das System ist es auch, das die *Assimilierung der Eingeborenen* verbietet: hätten sie das Wahlrecht, würde ihre zahlenmäßige Überlegenheit das System augenblicklich sprengen. Der Kolonialismus verweigert Menschen, die er gewaltsam in Elend und Unwissenheit, also, wie Marx sagen würde, im Zustand des «Untermenschentums» hält, die *Menschenrechte*. Den Fakten selbst, den Institutionen, den Markt- und Produktionsverhältnissen ist der Rassismus immanent; der politische und der soziale Status stärken einander wechselseitig: da der Eingeborene ein Untermensch ist, betrifft die Erklärung der Menschenrechte ihn nicht; umgekehrt ist er, da er keine Rechte hat, schutzlos den unmenschlichen Kräften der Natur, den «ehernen Gesetzen» der Wirtschaft ausgesetzt. Der Rassismus ist *bereits da*, getragen von der kolonialistischen Praxis, in jedem Augenblick durch den kolonialen Apparat erzeugt und durch Produktionsverhältnisse unterhalten, die zwei Arten von Individuen unterscheiden: für die einen sind Privileg und Menschsein eins; sie machen sich zu Menschen durch den freien Gebrauch ihrer Rechte; bei den anderen wird durch die Rechtlosigkeit ihr Elend, ihr chronischer Hunger, ihre Unwissenheit, kurz, ihr Untermenschentum sanktioniert. Ich habe immer gedacht, daß die Ideen sich in den Dingen abzeichnen und daß sie schon im Menschen sind, wenn er sie weckt und äußert, um sich seine Situation zu erklären. Der «Konservatismus» des Kolonisators, sein «Rassismus», die ambivalenten Beziehungen zum Mutterland, all das ist *im voraus* gegeben, schon ehe er sie im «Nero-Komplex» aufleben läßt.

Memmi würde mir wahrscheinlich erwidern, er sage nichts anderes: ich weiß es[1]; im übrigen ist möglicherweise er es, der recht hat: indem er seine Ideen in der Reihenfolge ihrer Entdeckung, das heißt von den menschlichen Intentionen und gelebten Beziehungen her, darstellt, gewährleistet er die Authentizität seiner Erfahrungen: er hat zuerst in seinen Beziehungen zu den anderen, in seinen Beziehungen zu sich selbst gelitten; er ist, indem er den Widerspruch, der ihn zerriß, vertiefte, auf die objektive Struktur gestoßen; und er bietet sie uns unvermittelt dar, roh, noch ganz durchdrungen von seiner Subjektivität.

Doch lassen wir die Krittelei. Das Werk stellt einige zwingende Wahrheiten fest. Zunächst die, daß es weder gute noch böse Kolonisatoren gibt: es gibt Kolonialisten. Einige von ihnen verneinen ihre objektive Realität: vom kolonialen Apparat mitgerissen, führen sie täglich *in der Tat* aus, was sie *im Traum* verdammen, und jede ihrer Handlungen trägt dazu bei, die Unterdrückung aufrechtzuerhalten; sie werden nichts ändern, niemandem nutzen und im Unbehagen ihren moralischen Komfort finden, das ist alles.

Die anderen – und das ist die Mehrzahl – beginnen oder enden damit, sich selbst zu bejahen.

Memmi hat die Folge der Schritte, die zur «Selbst-Absolution» führen, hervorragend beschrieben. Der Konservatismus hat die Auslese der Mittelmäßigen zur Folge. Wie kann sie ihre Privilegien begründen, diese ihrer Mittelmäßigkeit bewußte Elite von Usurpatoren? Das einzige Mittel: den Kolonisierten erniedrigen, um sich selbst zu erhöhen, den Eingeborenen die Qualität von Menschen absprechen, sie als bloße *Privationen* definieren. Das wird nicht schwerfallen, da ja gerade das System ihnen alles vorenthält; die kolonialistische Praxis hat die koloniale Idee den Dingen selbst aufgeprägt; es ist die Bewegung der Dinge, die zugleich den Kolonisator und den Kolonisierten bezeichnet. So rechtfertigt sich die Unterdrückung durch sich selbst: die Übel, die *in den Augen der Unterdrücker* den Unterdrückten mehr und mehr zu dem machen, was er sein müßte, um sein Schicksal zu verdienen, schaffen und erhalten die Unterdrücker mit Gewalt. Der Kolonisator kann sich die Absolution nur erteilen, wenn er systematisch die «Entmenschlichung» des Kolonisierten fortsetzt, das heißt, wenn er sich

1 Schreibt er nicht: «... die koloniale Situation erzeugt ebenso Kolonialisten, wie sie Kolonisierte hervorbringt»? Der ganze Unterschied zwischen uns liegt vielleicht darin, daß er eine Situation sieht, wo ich ein System sehe.

jeden Tag etwas mehr mit dem Kolonialapparat identifiziert. Terror und Ausbeutung entmenschlichen, und der Ausbeuter ermächtigt sich selbst zu dieser Entmenschlichung, um stärker ausbeuten zu können. Die Maschine dreht sich im Kreis; unmöglich, die Idee von der Praxis und die Praxis von der objektiven Notwendigkeit zu unterscheiden. Diese Momente des Kolonialismus bedingen sich bald gegenseitig, bald gehen sie ineinander auf. Die Unterdrückung, das ist *zunächst* der Haß des Unterdrückers gegen den Unterdrückten. Nur eins steht dessen Ausrottung im Wege: der Kolonialismus selbst. Hier stößt der Kolonisator auf seine eigene Widersprüchlichkeit: mit dem Kolonisierten würde die Kolonialherrschaft verschwinden, der Kolonisator inbegriffen. Wo es kein Subproletariat mehr gibt, da gibt es keine Überausbeutung mehr: man würde in die gewöhnlichen Formen der kapitalistischen Ausbeutung zurückfallen; die Löhne und Preise würden sich nach denen des Mutterlandes richten; das wäre der Ruin. Das System erfordert gleichzeitig den Tod und die Vermehrung seiner Opfer; jede Veränderung träfe es tödlich: ob man die Eingeborenen assimiliert oder massakriert, der Preis der Arbeitskraft wird fortwährend ansteigen. Die schwerfällige Maschine hält diejenigen, die gezwungen werden, sie in Gang zu halten, zwischen Leben und Tod – immer näher am Tod als am Leben; eine versteinerte Ideologie bemüht sich, *Menschen* als sprechende Tiere zu betrachten: Vergeblich: um ihnen Befehle geben zu können, und seien sie noch so hart, noch so beleidigend, muß man sie zuerst *anerkennen*; und da man sie nicht ununterbrochen überwachen kann, muß man sich wohl oder übel entschließen, ihnen zu vertrauen: niemand kann einen Menschen «wie einen Hund» behandeln, wenn er ihn nicht zuerst für einen Menschen hält. Die unmögliche Entmenschlichung des Unterdrückten verkehrt sich in die Selbstentfremdung des Unterdrückers: er ist es, er selber, der durch seine geringste Geste das Menschsein wieder hervorruft, das er zerstören möchte; und da er es bei den anderen verneint, begegnet er ihm überall wieder als feindlicher Kraft. Um dem zu entgehen, muß er sich selbst versteinern, muß die opake Konsistenz und Undurchdringlichkeit eines Felsblocks annehmen, kurz, sich seinerseits «entmenschlichen».

Eine unerbittliche Wechselseitigkeit fesselt den Kolonisator an den Kolonisierten, sein Produkt und sein Los. Memmi hat das deutlich herausgestellt; wir entdecken mit ihm, daß das Kolonialsystem eine etwa Mitte des vorigen Jahrhunderts entstandene Bewegung ist, die von selbst ihre eigene Zerstörung hervorbringen wird: lange schon kostet sie die Mutterländer mehr, als sie ihnen einbringt; Frankreich wird erdrückt von der Last Algerien, und wir wissen jetzt, daß wir den Krieg aufgeben werden, ohne Sieg oder Niederlage, wenn wir zu arm sein werden, ihn bezahlen zu können. Aber vor allem ist es die mechanische Starre des Apparats, die diesen kaputtmacht: die alten Gesellschaftstrukturen sind pulverisiert, die Eingeborenen «atomisiert», und die koloniale Gesellschaft kann sie nicht integrieren, ohne sich selbst zu zerstören; sie werden also ihre Einheit *gegen sie* wiedergewinnen müssen. Diese Ausgeschlossenen werden ihren Ausschluß im Namen der nationalen Persönlichkeit fordern: es ist der Kolonialismus, der den Patriotismus der Kolonisierten hervorbringt. Diesen von einem Unterdrückungssystem auf dem Niveau von Tieren gehaltenen Menschen gewährt man keinerlei Recht, nicht einmal das Recht zu leben, und ihre Lebensbedingungen verschlechtern sich mit jedem Tag: wenn einem Volk nichts mehr bleibt als die Wahl seiner Todesart, wenn es von seinen Unterdrückern nur ein einziges Geschenk bekommen hat, die Verzweiflung, was hat es dann noch zu verlieren? Sein Unglück wird sein Mut werden; die ewige Zurückweisung, die die Kolonisation ihm entgegensetzt, wird es mit der absoluten Zurückweisung der Kolonisation erwidern. Das Geheimnis des Proletariats, hat Marx einmal gesagt, liegt darin, daß es die Zerstörung der bürgerlichen Gesellschaft in sich trägt. Man muß Memmi dankbar sein, daß er uns daran erinnert hat: auch der Kolonisierte hat sein Geheimnis, und wir erleben den abscheulichen Todeskampf des Kolonialismus.

Juli–August 1957

«Ihr seid fabelhaft»[1]

Soeben wurde eine Zusammenstellung von Aussagen und Dokumenten über unsere Befriedungsmethoden veröffentlicht: *Des rappelés témoignent* [Einberufene sagen aus].[2] Haben Sie sie gelesen? Diese Einberufenen sind Christen, Feldgeistliche, eingezogene Priester. Über die allgemeine Politik werden ihre Ansichten vermutlich auseinandergehen, daher lassen sie auch kein Wort darüber verlauten. Gemeinsam aber ist ihnen der Wille, jenen Krebsschaden – der zwar noch weit davon entfernt ist, sich auf die ganze Armee zu erstrecken, sich aber schon nicht mehr genau lokalisieren läßt –, die systematische und zynische Anwendung der absoluten Gewalt, aufzudecken. Plünderungen, Vergewaltigungen, Repressalien gegen die Zivilbevölkerung, standrechtliche Erschießungen, Folterungen zur Erpressung von Geständnissen oder Informationen, sie verschweigen nichts, sie zeigen alle Kriegsverbrechen auf, die unter ihren Augen begangen worden sind. Diese maßvollen, intelligenten Berichte, die allen gerecht werden wollen, selbst dem Schuldigsten, bilden ein erdrückendes Dossier. Die Lektüre ist vollkommen unerträglich; nach jeder Zeile muß man sich zum Weiterlesen zwingen. Trotzdem nehme ich es auf mich, die Broschüre allen, die sie noch nicht kennen, dringend zu empfehlen, und ich für mein Teil möchte, daß alle Franzosen sie lesen. Denn wir sind krank, schwer krank; fiebernd und entkräftet, verfolgt von seinen alten Träumen von Ruhm und der Ahnung seiner Schande, schlägt Frankreich um sich inmitten eines undeutlichen Alptraums, den es weder fliehen noch entschlüsseln kann. Entweder werden wir Klarheit gewinnen, oder wir werden krepieren.

Seit achtzehn Monaten ist unser Land das Opfer dessen, was im Code civil eine «Demoralisierungskampagne» genannt wird. Und man demoralisiert eine Nation nicht, indem man zunächst ihre «Mo-

1 Es scheint mir unerläßlich, der Broschüre, die ich hier bespreche, möglichst viele Leser zu verschaffen. Deshalb schrieb ich diesen Artikel: ich hatte ihn für eine große Tageszeitung gedacht. Da die große Tageszeitung ihn abgelehnt hat, veröffentliche ich ihn in *Les Temps Modernes*.

2 Herausgegeben vom Comité de Résistance Spirituelle, 14 *ter*, Rue du Landy, Clichy (Seine).

ral» untergräbt, sondern indem man ihre Moralität herabsetzt; das Verfahren ist allgemein bekannt: indem man uns in ein abscheuliches Abenteuer stürzt, verstrickt man uns von außen her in eine gesellschaftliche Schuld. Aber wir wählen ja, wir erteilen Mandate und können sie in gewisser Weise auch widerrufen, die Strömungen der öffentlichen Meinung können Ministerien stürzen: wir müssen schon persönlich Komplizen der Verbrechen sein, die in unserem Namen begangen werden, da es in unserer Macht steht, ihnen ein Ende zu setzen. Wir müssen diese Schuld, die fremd und inert in uns ruhte, schon auf uns nehmen und uns selbst erniedrigen, um sie ertragen zu können.

Dennoch sind wir nicht so tief gesunken, daß wir ohne Entsetzen die Schreie eines gefolterten Kindes hören könnten. Diese Schreie, wie wäre alles einfach, wie schnell wäre alles geregelt, wenn sie einmal, nur einmal, in unsere Ohren drängen, aber man tut uns den Gefallen, sie zu ersticken. Nicht der Zynismus, nicht der Haß demoralisieren uns; nein, uns demoralisiert nur die künstliche Unwissenheit, in der man uns hält und die wir selbst mit aufrechterhalten. Um unsere Ruhe zu gewährleisten, treiben unsere führenden Männer ihre Fürsorge so weit, heimlich die Freiheit der Meinungsäußerung auszuhöhlen: man verschleiert die Wahrheit oder trübt sie. Wenn die «Fellaghas» eine europäische Familie massakrieren, dann ersparen uns die großen Zeitungen nichts, nicht einmal die Aufnahmen der verstümmelten Leichen: aber wenn ein arabischer Rechtsanwalt seinen französischen Peinigern gegenüber keinen anderen Ausweg als den Selbstmord findet, so gibt man uns die Tatsache in drei Zeilen bekannt, um unsere Sensibilität zu schonen. Verschleiern, täuschen, lügen: das ist für die, die das Mutterland informieren sollten, Pflicht; das einzige Verbrechen wäre, uns zu *beunruhigen*. Das hat man Herrn Peyrega[1] deutlich zu spüren gegeben: niemand in Algerien denkt daran, die Ereignisse zu leugnen, über die er berichtet; man wirft ihm bloß vor, daß er sie uns berichtet hat. Wir sind Franzosen, französische Soldaten veranstalten in den Straßen von Algier vor den daran gewöhnten Augen der europäischen Bevölkerung willkürliche Massaker; aber das geht uns nichts an. Die Wahrheit über Afrika ist ein zu starker Wein für unsere empfindlichen Hirne: wo kämen die Kolonisatoren hin, wenn sich das Mutterland besaufen würde? Ruhe, das ist es, was wir brauchen, eine Ruhekur, ein paar Zerstreuungen:

1 Dekan der Juristischen Fakultät von Algier. *Anm. d. Hg.*

seit dem Tode Ludwigs XVI. ist jeder gute Franzose ein Waisenkind; die Regierung Mollet kennt und teilt die untröstliche Trauer unserer Bourgeoisie: sie schreckt vor keinem Opfer zurück, sie hat für drei Tage die Königin von England auf Frankreichs Thron gesetzt. Welch Entzücken! Welche Wonne! Wildfremde Leute sprachen einander an, faßten sich bei den Händen und tanzten die Farandole. In Algerien jedoch fuhren zähe Männer in ihrem *Job* fort: keine Feiertage für die Peiniger; der Rundfunk übermittelte ihnen schubweise unsere verzückten Seufzer, und sie sagten sich: «Jetzt, wo sie ihre Königin haben, werden sie uns vielleicht in Ruhe lassen.» Die Königin ist abgereist, sie ruht sich in Windsor aus; Frankreich hat sich von Liebe übermannt ins Bett gelegt; die Regierung geht auf Zehenspitzen: «*Bitte nicht stören!*» Wenn trotzdem einer von uns die Augen öffnet und seinen Krankenpflegern eine Frage stellt, greift man schnell zu einem anderen Trick: im Handumdrehen wird eine Untersuchungskommission gebildet, die keine andere Aufgabe hat, als uns der Verantwortung zu entheben. «Übergriffe? Hier oder da vielleicht. Im Krieg kommt so was immer mal vor. Aber worüber machen Sie sich Sorgen? Sie sind fern von Algier, Sie kennen das Problem nicht, vertrauen Sie der Untersuchungskommission. Wir werden sie aus wackeren Leuten bilden, wahren Spezialisten für Skrupel. Vertrauen Sie ihnen Ihre Besorgnisse an, sie werden sie mit an Ort und Stelle nehmen. Und schlafen Sie weiter.»

Könnten wir nur schlafen, alles ignorieren! Wären wir nur von Algerien durch eine Mauer des Schweigens getrennt! Wenn man uns nur *wirklich* täuschte! Das Ausland könnte wohl unsere Intelligenz, nicht aber unsere Arglosigkeit in Frage stellen.

Wir sind nicht arglos, wir sind dreckig. Unser Gewissen ist nicht beunruhigt worden, und dennoch ist es unruhig. Das wissen unsere Regierungen genau; genauso wollen sie uns haben: durch ihre sorgfältige Pflege und ihre so offenkundige Schonung wollen sie, unter dem Deckmantel einer künstlichen Unwissenheit unsere Komplizenschaft erreichen. *Jeder* hat von den Folterungen gehört, trotz allem ist etwas davon in die großen Zeitungen durchgesickert, ehrliche, aber weniger auflagenstarke Zeitungen haben Augenzeugenberichte veröffentlicht, Broschüren sind im Umlauf, Soldaten kehren zurück und sprechen. Aber genau das dient den Demoralisierern: denn alles verliert sich oder wird stumpf im Dickicht der Gesellschaft, man muß den mitgeteilten Nachrichten einen Weg bahnen, und dann bricht der Weg plötzlich ab, und die Nachrichten sterben. Jene Zeitungen, jene Broschüren hat die große Masse der Franzosen nicht gelesen und kann sie nicht lesen: sie kennen Leute, die sie lesen; viele von uns haben niemals den Augenzeugenbericht eines Einberufenen gehört, *man* hat ihnen erzählt, was gewisse Soldaten geäußert haben. Weitergegeben von Mund zu Mund, offiziell dementiert, verlieren diese Berichte aus der Ferne im Umlauf zunehmend an Glaubwürdigkeit. Genau so will uns «das Unternehmen» haben: so wollen wir uns leider auch selbst haben. Weshalb sollten wir diesen Skandalgeschichten denn Glauben schenken? Wo sind die Dokumente? Wo die Zeugen? Diejenigen, die sich für überzeugt erklären, waren es schon vorher. Gewiß, man kann ebensowenig von vornherein die Möglichkeit ausschließen... Aber man muß abwarten, man darf kein Urteil fällen, solange man sich nicht umfassend informiert hat. Also fällt man kein Urteil. Aber man informiert sich auch nicht: sobald man versucht, sich die Prozeßakten zu beschaffen, verwandelt sich unsere durchsichtige Gesellschaft in einen Urwald: man vernimmt irgendwo in weiter Ferne den Ton des Tamtams und läuft im Kreis herum, wenn man versucht, sich ihm zu nähern. Und dann haben wir schon genug, nicht wahr, an unseren persönlichen Sorgen, auch ohne daß wir uns die der anderen aufhalsen. Wer den ganzen Tag über gearbeitet und im Büro die tausend kleinen Aggressionen des Alltags über sich hat ergehen lassen, von dem kann man nicht verlangen, daß er den Feierabend damit verbringt, Informationen über die Araber zu sammeln.

Das ist unsere erste Lüge. Die Demoralisierer können die Hände in den Schoß legen: wir werden die Arbeit schon selber zu Ende bringen. Die Alltagssorgen machen uns nicht so dünnhäutig: sie haben niemals jemanden daran gehindert, nach dem Abendessen die Zeitung zu lesen; man lenkt sich vom Besonderen ab, indem über das Allgemeine befindet, man vergißt den Ärger vom Nachmittag, indem man Tränen der Rührung vergießt oder sich seinen Nachtischentrüstungen hingibt. Die Zeitungen hofieren uns: sie wollen uns weismachen, wir seien gut. Wenn der Rundfunk oder das Fernsehen uns um ein Almosen bitten, betiteln sie ihre Sendungen: «Ihr seid fabelhaft!», und schon rennen wir mitternachts von der Porte de Saint-Ouen zur Porte d'Italie.[1] Aber wir sind nicht fabelhaft. Ebensowenig wie wir arglos sind:

1 Populäre Radio- und Fernsehsendung von Jean Nohain, in der das Publikum aufgefordert wurde, Hilfsgüter für arme Familien an den Place de la Concorde oder andere Orte zu bringen. *Anm. d. Hg.*

die illusorische Gemeinschaft der anständigen Menschen, das ist ganz einfach die Leserschaft von *France-Soir*. Wenn wir uns weigern, uns selbst an die Erforschung der französischen Wahrheit zu machen, während wir fähig sind, unsere alten Matratzen auf den 4 CV zu stapeln, um sie irgendeinem Jean Nohain vor die Füße zu werfen, so tun wir das aus Angst. Angst, unser wahres Gesicht nackt zu sehen. Die Lüge ist da – und die Entschuldigung für die Lüge: ja, uns fehlen Beweise, also können wir nichts *glauben*; aber wir suchen sie nicht, diese Beweise, weil wir *trotz allem Bescheid wissen*. Was wollten sie, die Demoralisierer? Das und nichts anderes: eine entschuldbare und immer unverzeihlichere Unwissenheit, die uns zunehmend entwürdigt und uns mit jedem Tag denen näherbringt, die wir verurteilen müßten. Wenn wir ihnen völlig gleich sind, werden wir rufen: «Alle Menschen sind Brüder!» und uns in ihre Arme stürzen.

Unsere zweite Lüge hat man uns schon vorbereitet. Die Falle ist die Untersuchungskommission. Wenn wir ihr nur vertrauen könnten! Doch wollen wir das, woher sollten wir die Naivität dazu nehmen? Eine Kommission, während die Zahl der Verbrechen und Massaker in ganz Algerien ständig wächst? Wer wird sie in Algerien informieren über das, was bei den Kabylen geschieht? Und wer wird sie konsultieren? Worüber? Wird sie feierlich an die Menschenrechte erinnern? Jedermann kennt die Menschenrechte, auch Herr Lacoste. Es gilt, sie durchzusetzen: wie soll die Kommission das erreichen? Wenn der Algerienminister den illegalen Handlungen nicht Einhalt gebieten kann, glaubt man dann, ihm helfen zu können, indem man ihm ein paar Berater zur Seite stellt? Hat er sie nötig, wenn er die Übergriffe unterbinden kann und will? Und will er es nicht, warum sollte er auf ihren Rat hören? Ja was denn! Die Regierung hat eine Geste gemacht, Herr Mollet teilt mit, er sei «erschüttert» und wolle Klarheit. Wir glauben es und sind entschuldbar: das Wort des Menschen ist dazu da, geglaubt zu werden; wir glauben es nicht und sind noch entschuldbarer: das Wort des Herrn Mollet ist dazu da, angezweifelt zu werden. Wir wissen, daß sich die Kommission aus unbescholtenen Männern zusammensetzen wird, wir wissen auch, daß sie nichts ausrichten wird: ihre Ehrenhaftigkeit dient uns dazu, uns ihre Ohnmacht zu kaschieren. So verweigern wir der Regierung unser Vertrauen und hoffen doch, daß sie unseren Argwohn zerstreuen wird.

Schuldig. Doppelt schuldig. Schon fühlen wir uns als Opfer eines unbestimmten Unbehagens. Es sind noch nicht die Greuel selbst, aber das Vorgefühl, daß die Greuel ganz nahe sind, um so bedrohlicher, als wir ihnen nicht ins Gesicht blicken können und wollen. Und dann, plötzlich, ein Aufblitzen, das die Augen blendet: «Wenn das wahr wäre!» Ansonsten sind wir immer noch fabelhaft: aber schon verdächtig. Ja, jeder von uns findet den Nachbarn verdächtig und fürchtet dem Nachbarn verdächtig zu sein. Über die Lösung des Algerienproblems konnten Freunde verschiedener Meinung sein, sich aber weiterhin schätzen. Aber die standrechtlichen Erschießungen? Aber die Folterungen? Kann man mit jemandem, der sie billigt, noch befreundet sein? Jeder schweigt, jeder betrachtet seinen ebenfalls schweigenden Nachbarn, jeder fragt sich: «Was weiß er? Was glaubt er? Was hat er zu vergessen beschlossen?» Außer unter Leuten «aus demselben Lager» scheut man sich davor zu sprechen. Wenn ich nun eine verbrecherische Nachsicht bei demjenigen entdeckte, der mir eben die Hand gedrückt hat: er sagt nichts, dieser Mann; wer nichts sagt, ist einverstanden. Aber auch ich sage nichts. Sollte er es sein, der mir meine Laschheit vorwirft? Das Mißtrauen lehrt uns eine neue Einsamkeit kennen: wir sind von unseren Landsleuten getrennt durch die Furcht, verachten zu müssen oder verachtet zu werden. Das ist übrigens ein und dasselbe, da wir uns alle gleich sind, und man hat Angst, die Leute zu fragen, weil ihre Antwort uns leicht unsere eigene Verkommenheit enthüllen könnte. Wenn zum Beispiel einer, weil er seine Angst so schnell wie möglich loswerden will, uns zwischen den Zähnen zuraunt: «Und die Fellaghas, haben die etwa keine Greueltaten begangen?», dann wird uns schlagartig bewußt, daß die Furcht, die Ablehnung, das Schweigen uns in die barbarischen Zeiten der Blutrache haben zurückfallen lassen. Mit einem Wort, die Franzosen haben ein schlechtes Gewissen – mit Ausnahme vielleicht von Herrn Mollet. Und das eben ist es, was uns schuldig werden läßt: die Spaltung unseres Geistes, das Versteckspiel, das wir in uns selbst spielen, die Lampen, die wir kleinstellen, die peinigende Unaufrichtigkeit, wir dürfen darin nicht unser Heil sehen, sondern die Zeichen eines tiefen Zerfalls. Wir sinken. Schon sind wir wütend darüber, daß wir uns verurteilt wissen, und unsere Wut verstrickt uns noch gründlicher in die Komplizenschaft: «Amerika hat nicht das Recht, etwas zu sagen. Wenn wir mit unseren Schwarzen so umgingen wie die mit ihren! ...» Stimmt. Amerika hat nicht *das Recht*, etwas zu sagen. Auch Schweden nicht, das keine Kolonien hat. Niemand hat das Recht, etwas zu sagen: aber wir, wir haben die Pflicht dazu. Aber wir sagen nichts. Es gibt ehrliche, mutige Informanten, die sagen, was sie wissen, jeden

Tag oder jede Woche: man versucht sie fertig zu machen oder ins Gefängnis zu bringen, und ihre Zuhörerschaft wird nicht größer. Aber was ist aus den großen edlen Stimmen geworden, die im letzten November wie Orgeln dröhnten? Ach! Damals waren wir *auch schon* fabelhaft: wir fanden in unserer Unschuld Töne der Empörung gegen das sowjetische Eingreifen in Ungarn – *zu Recht*. Aber übernahmt ihr nicht, große Stimmen, mit eurem erhabenen Zorn die Verpflichtung, uns *alles* zu sagen, auch über *uns*? Denn *ihr* wißt Bescheid. Ihr habt nicht einmal die Entschuldigung der Unwissenheit. Ihr kennt die Dokumente, die Augenzeugenberichte. Heute geht es um uns, wir müssen wissen, wem wir glauben sollen. Uns könntet ihr jetzt von Alpträumen und Schande befreien. Ihr schweigt, aber die Rechnung geht nicht auf: seht zu, daß man euch nicht eher nach eurem Schweigen von heute als nach eurem Geschrei vom November beurteilt.

Warum? Weil der Kreis sich schließt, weil wir in eine scheußliche Falle getrieben werden und, zu unserem Unglück, in eine Haltung, die wir selbst verurteilt haben. Falsche Arglosigkeit, Flucht, Unaufrichtigkeit, Einsamkeit, Schweigen, eine Komplizenschaft, die man zurückweist und schließlich doch auf sich nimmt, das haben wir 1945 Kollektivschuld genannt. Damals durfte die deutsche Bevölkerung nicht behaupten, von den Konzentrationslagern nichts gewußt zu haben. «Von wegen!» sagten wir. «Sie wußten alles!» Wir hatten recht, sie wußten alles, und erst heute können wir es verstehen: denn auch wir wissen alles. Die meisten hatten Dachau oder Buchenwald niemals gesehen, aber sie kannten Leute, die wieder andere kannten, die den Stacheldraht gesehen oder in einem Ministerium Einblick in vertrauliche Notizen genommen hatten. Sie dachten wie wir, daß diese Informationen nicht zuverlässig seien, sie schwiegen, sie mißtrauten einander. Können wir sie heute noch verurteilen? Können wir uns noch die Hände in Unschuld waschen? Wie viele Matratzen müßten wir an der Place de la Concorde abgeben, um die Welt vergessen zu lassen, daß in unserem Namen Kinder gefoltert werden und daß wir dazu schweigen?

Noch ist es Zeit, den nationalen Abbruchunternehmern das Handwerk zu legen, noch ist es möglich, den Teufelskreis dieser nichtverantwortlichen Verantwortung, dieser schuldigen Unschuld und dieser wissenden Unwissenheit zu durchbrechen: blicken wir der Wahrheit ins Gesicht; sie wird jeden von uns zwingen, entweder die begangenen Verbrechen öffentlich zu verurteilen oder die Verantwortung dafür in voller Kenntnis der Tatsachen auf sich zu nehmen. Deswegen hielt ich es für notwendig, die Öffentlichkeit auf die Broschüre der Einberufenen hinzuweisen. Hier ist der Beweis, hier sind die Greuel, *unsere*: wir können sie nicht zur Kenntnis nehmen, ohne sie aus uns herauszureißen und zu vernichten.

Mai 1957

Wir sind alle Mörder

Im November 1956 deponiert Fernand Yveton, Mitglied der *Combattants de la Libération*, eine Bombe in den Räumen des Elektrizitätswerks von Hamma. Ein Sabotageversuch, den man unter keinem Vorwand als Terrorismus bezeichnen kann: das Gutachten hat bewiesen, daß es sich um einen Sprengkörper handelte, dessen Uhrwerk so minuziös eingestellt war, daß die Explosion nicht erfolgen konnte, bevor das Personal die Räume verlassen hatte. Es half nichts: Yveton wird gefaßt, man verurteilt ihn zum Tode, lehnt seine Begnadigung ab, richtet ihn hin. Es besteht nicht der geringste Zweifel: dieser Mann hat erklärt und bewiesen, daß er niemandes Tod wollte, wir aber, wir wollten den seinen, und wir haben ihn erhalten, ohne schwach zu werden. Man brauchte eine Abschreckung, nicht wahr, und mußte, wie kürzlich irgendein Idiot sagte, «das furchtbare Gesicht des erzürnten Frankreichs zeigen». Wie rein und seiner Reinheit gewiß muß man doch sein, wenn man wagt, sich wie ein Erzengel aufzuführen! Und wenn man ihnen einen Augenblick lang zubilligte, daß dieser absurde Krieg einen Sinn hat, sieht man dann nicht, was die französischen Militärs und die Zivilisten von sich selbst verlangen müßten, wenn sie die abscheuliche Härte dieses Urteils rechtfertigen wollten?

Wenig später kommt es zum Prozeß gegen die «Komplizen», gegen Jacqueline und Abdelkader Guerroudj. *Er* ist ein *politischer* Funktionär, der für die Verbindung zwischen den Freiheitskämpfern und der Führung des FLN verantwortlich war. *Sie* eine Kleinbürgerin aus dem «Mutterland», die ihren Teil der Risiken tragen wollte, weil sie das Unternehmen ihres Mannes billigte. Sie tritt der Bewegung lange nach ihm bei, und ihre unmittelbaren Vorgesetzten beauftragen sie im November 1956, Yveton die Geräte für seinen zukünftigen Sabotageakt zu überbringen. Sie gehorcht, weil man ihr versichert hat, die Explosion werde kein Menschenleben kosten.

Wer die Logik der Militärgerichte kennt, für den stand das Urteil fest: da man Yveton getötet hatte und die Guerroudjs seine Komplizen waren, mußte man das gefällte Urteil entweder zurücknehmen oder sie ebenfalls töten. Diese Vorhersagen haben sich inzwischen bestätigt: der Staatsanwalt forderte den Kopf der Angeklagten, fast beiläufig. Er bekam ihn. Die Mitschuld von Guerroudj in der Affäre Yveton konnte nicht nachgewiesen werden? Na und? In Algier setzt unsere Justiz die Welt lieber durch ihre harten Urteile als durch die Qualität der sie untermauernden Beweise in Erstaunen.

Wird man die Logik so weit treiben, das Paar Guerroudj hinzurichten und die Begnadigung durch den Präsidenten der Republik abzulehnen? Wäre es gestattet, das Wort an den höchsten Beamten der Vierten Repbublik zu richten, dann würde ich ihn eherbietig daran erinnern, daß wir nicht mehr in der schönen Zeit von 1956 leben. Seit dem Prozeß gegen Guerroudj hat ein Vorfall stattgefunden, eine bloße Widrigkeit zwar, die jedoch nicht ganz ohne Einfluß auf unsere Art der Rechtsprechung, insbesondere der Militärgerichtsbarkeit, bleiben sollte: Sakiet.[1] In Sakiet hat es Bomben gegeben; wie im Elektrizitätswerk von Hamma. Nur waren es keine Zeitbomben. Und die Verantwortlichen waren nicht so töricht, die Operation auf bloßen Materialschaden zu beschränken. *Auch* in Sakiet war der Zeitpunkt der Operation minuziös gewählt worden: nämlich der Markt. Yveton freilich hatte kein anderes Ziel, als eine Stadt in Dunkelheit versinken zu lassen. Das Ziel unserer Flugzeuge dagegen war es, ein Dorf in den Tod versinken zu lassen. Hätten wir unsere Erzengelstrenge bewahren wollen, hätten wir vielleicht nach den Schuldigen suchen und sie – wer weiß? – verurteilen müssen. Aber nein: Herr Gaillard[2] hat alles «gedeckt»! Mit welchem dichten Schleier oder welchem undurchdringlichen Nebel er die Ruinen von Sakiet zuzudecken hoffte, weiß ich nicht. Aber die Operation ist gescheitert: die ganze Welt sieht die in der Sonne rauchenden Steine. Nur: Herr Gaillard, das sind wir, das ist Frankreich: als er von seiner Tribüne herab hochoffiziell die erhabene Geste des Zudeckens machte, hat er uns alle in die Sache verwikkelt; unsere ausländischen Freunde – ihre Presse macht sich ein Vergnügen daraus, es uns jeden Tag zu erklären – beginnen sich sehr ernsthaft zu fragen, ob wir nicht tollwütige Hunde geworden sind. Und folgende Frage könnte man dem höchsten Beamten unserer großen Republik in aller Bescheidenheit stellen: Ist es wirklich opportun, das Paar Guerroudj hinzurichten? Sollten wir nicht Interesse daran

1 Am 8. Februar 1958 hatte die französische Luftwaffe als Vergeltung gegen die von Tunesien aus operierenden ALN das tunesische Dorf Sakiet Sidi Youssef bombardiert. *Anm. d. Hg.*

2 Félix Gaillard, Ministerpräsident vom 6. November 1957 bis 15. April 1958. *Anm. d. Hg.*

haben, unsere großartige Strenge ein wenig zu mildern? Ist ein Land, dessen Regierung stolz die Verantwortung übernimmt für das, was Herr Mauriac kürzlich so treffend ein Armeleutemassaker nannte, wirklich qualifiziert, daß seine Vertreter in seinem Namen die Todesstrafe verhängen über einen Mann, der keine andere Rolle spielte, als die politische Verbindung zwischen den kommunistischen Gruppen und der FLN zu gewährleisten, und eine Frau, die bei ihrer Beteiligung an einem Sabotageunternehmen alle nötigen Vorsichtsmaßnahmen getroffen hat, damit es dabei weder Tote noch Verletzte gibt? Jeden Tag muß man den Idioten, die das Universum dadurch erschrekken wollen, daß sie ihm «das furchtbare Gesicht Frankreichs» zeigen, von neuem sagen: Frankreich erschreckt niemanden, es hat nicht einmal mehr die Mittel, einzuschüchtern, es erregt einfach Abscheu, das ist alles. In der Hinrichtung der Guerroudjs, sollte sie je stattfinden,[1] würde niemand unsere erzengelhafte Unbeugsamkeit sehen oder bewundern, man würde einfach denken, daß wir ein weiteres Verbrechen begangen haben.

März 1958

1 Simone de Beauvoir hatte für Jacqueline Guerroudj, eine ihrer ehemaligen Schülerinnen, ein Leumundszeugnis abgegeben. Zusammen mit diesem Artikel von Sartre erschienen in derselben Nummer von *Les Temps Modernes* ein Artikel von Michel Bruguier, dem Anwalt des Paars Guerroudj, sowie die Erklärungen, die Abdelkader Guerroudj bei seinem Prozeß abgegeben hatte. Der Protest der Linken gegen die Verurteilung des Paars Guerroudj führte zu ihrer Begnadigung. Siehe dazu Simone de Beauvoir, *La force des choses*, Gallimard, Paris 1963, 405 (deutsch: *Der Lauf der Dinge*, Rowohlt Taschenbuch Verlag, Reinbek 1966, rororo 1250–1253, 367). *Anm. d. Hg.*

Ein Sieg

Über «Die Folter» von Henri Alleg

1943 schrien in der Rue Lauriston Franzosen vor Angst und Schmerz;[1] ganz Frankreich hörte sie. Der Ausgang des Krieges war ungewiß, und wir wollten nicht an die Zukunft denken; eines jedenfalls erschien uns unmöglich: daß jemals in unserem Namen Menschen zum Schreien gebracht werden könnten.

Unmöglich ist nicht französisch: 1958 wird in Algier regelmäßig und systematisch gefoltert; jeder weiß es, von Herrn Lacoste[2] bis zu den Bauern im Aveyron, und niemand spricht davon. Oder fast niemand: einzelne schwache Stimmen verlieren sich in der Stille. Unter der Okkupation war Frankreich kaum stummer: damals konnte es sich noch damit entschuldigen, daß ein Knebel ihm den Mund verschloß. Das Ausland hat seine Schlußfolgerung bereits gezogen: wir sind immer weiter heruntergekommen. Seit 1939 für die einen, für die anderen seit 1918. Das ist schnell gesagt: ich glaube nicht so leicht daran, daß ein Volk herunterkommen kann; ich glaube, daß ein Volk vorübergehend gelähmt und betäubt sein kann. Als während des Krieges der englische Rundfunk und die Untergrundpresse uns über Oradour[3] berichtet hatten, blickten wir auf die deutschen Soldaten, die mit harmloser Miene durch die Straßen schlenderten, und sagten uns: «Das sind doch Menschen, die uns ähneln. Wie können sie so etwas tun?» Und wir waren stolz auf uns, weil wir das nicht verstanden.

Heute wissen wir, daß es nichts zu verstehen gibt: alles hat sich unmerklich vollzogen, durch winzige Preisgaben, und als wir endlich den Kopf hoben, sahen wir im Spiegel ein fremdes, ein hassenswertes Gesicht: unser eigenes.

Wie vor den Kopf geschlagen, entdecken die Franzosen diese

1 In der Rue Lauriston wurden Nazigegner gefoltert. *Anm. d. Hg.*

2 Robert Lacoste (SFIO), von 1956 bis 1958 Ministre résident, das heißt Chef der französischen Zivilverwaltung in Algier. *Anm. d. Hg.*

3 Oradour-sur-Glane, Ort im Departement Haute-Vienne, der als angebliches Versteck von französischen Widerstandskämpfern am 10. Juni 1944 von der SS zerstört wurde, wobei 642 Männer, Frauen und Kinder erschossen oder in der Kirche lebendig verbrannt wurden. *Anm. d. Hg.*

furchtbare Wahrheit: wenn nichts ein Volk vor sich selbst schützt, weder seine Vergangenheit noch seine Prinzipien, noch seine eigenen Gesetze, wenn fünfzehn Jahre genügen, um die Opfer in Henker zu verwandeln, so ist offenbar allein die Gelegenheit entscheidend: je nach Gelegenheit kann jeder jederzeit Opfer oder Henker werden.

Glücklich, wer gestorben ist, ohne daß er sich jemals hätte fragen müssen: «Wenn man mir die Nägel ausreißt, werde ich sprechen?» Glücklicher noch, wer nie, kaum der Kindheit entwachsen, gezwungen war, sich die *andere* Frage zu stellen: «Wenn meine Freunde, meine Waffenbrüder, wenn meine Vorgesetzten vor meinen Augen einem Feind die Nägel ausreißen, was werde ich tun?»

Was wissen die jungen Männer, denen auf diese Weise die Pistole auf die Brust gesetzt ist, von sich selbst? Sie ahnen, daß die Beschlüsse, die sie hier fassen, ihnen abstrakt und leer erscheinen werden, wenn der Tag kommt, an dem sie durch eine unvorhersehbare Situation völlig in Frage gestellt werden und dort unten, allein, über Frankreich und über sich selbst entscheiden müssen. Sie ziehen in den Krieg; andere, die zurückkehren, haben das Ausmaß ihrer Ohnmacht erfahren und bewahren in der Mehrzahl ein verbissenes Schweigen. Angst kommt auf: Angst vor den anderen, Angst vor sich selbst; sie erfaßt alle Milieus. Opfer und Peiniger haben nur noch ein Gesicht: es ist unser Gesicht. In extremen Fällen kann man tatsächlich eine Rolle nur zurückweisen, indem man die andere annimmt.

Für die Franzosen in Frankreich ist diese Wahl nicht – oder noch nicht – unausweichlich; aber diese Unbestimmtheit belastet uns: ihretwegen sind wir «die Wunde und das Messer»[1]. Das Grauen davor, dieses zu sein, und die Furcht, jene zu werden, beherrschen und verstärken sich gegenseitig. Erinnerungen werden wach; vor fünfzehn Jahren fürchteten die besten Kämpfer der Résistance weniger den Schmerz als vielmehr, dem Schmerz zu erliegen; sie sagten: wenn das Opfer schweigt, hat es alles gerettet; wenn es redet, hat niemand das Recht, es zu verurteilen, nicht einmal die, die nicht geredet haben: aber es paart sich mit seinem Henker, es ist seine Frau, und dieses engumschlungene Paar versinkt in die Nacht der Verworfenheit. Die

1 Anspielung auf die Verszeile *Je suis la plaie et le couteau* (Ich bin die Wunde und das Messer) aus dem Gedicht *L'héautontimorouménos* von Charles Baudelaire. *Anm. d. Hg.*

Nacht der Verworfenheit ist wiedergekehrt: in El Biar[1] kommt sie jede Nacht; in Frankreich ist es der Ruß unserer Herzen. So gibt uns eine Flüsterpropaganda zu verstehen, daß «alle reden»; und schon sind die Folterungen durch die menschliche Schändlichkeit gerechtfertigt: da jeder einzelne von uns ein potentieller Verräter ist, brauchte der Peiniger, der in jedem von uns steckt, sich gar nicht zu genieren. Zumal Frankreichs Größe es erfordert: honigsüße Stimmen erklären es uns täglich. Und daß ein guter Patriot ein gutes Gewissen haben muß. Und daß er Defätist sein muß, wenn er ein schlechtes hat.

Schlagartig schlägt die Benommenheit in Verzweiflung um: wenn der Patriotismus uns nur in die Verworfenheit stürzt, wenn es nirgends und nie eine Schranke gibt, die verhindern könnte, daß die Völker, ja, daß die gesamte Menschheit unmenschlich wird, wozu sollen wir uns denn dann solche Mühe geben, Menschen zu werden oder zu bleiben: unsere Wahrheit ist das Unmenschliche. Aber wenn das die einzige Wahrheit ist, wenn man entweder terrorisieren oder durch Terror umkommen muß, wozu sollen wir uns dann die Mühe machen, zu leben und Patrioten zu bleiben?

Diese Gedanken hat man uns eingehämmert; sie leiten sich, obskur und falsch, wie sie sind, alle von dem gleichen Prinzip her: der Mensch ist unmenschlich. Ihr Ziel: uns von unserer Ohnmacht überzeugen. Das gelingt ihnen, solange man ihnen nicht ins Gesicht blickt. Das Ausland muß wissen: unser Schweigen ist nicht Zustimmung; es kommt aus eigens zu diesem Zweck verursachten, genährten und gelenkten Alpträumen. Das alles wußte ich schon, aber seit langem wartete ich auf einen unwiderlegbaren Beweis dafür.

Hier ist er.

Vor etwa vierzehn Tagen erschien in den Éditions de Minuit ein Buch: *La question*[2]. Sein Autor, Henri Alleg, der heute noch in einem Gefängnis von Algier sitzt, berichtet ohne überflüssige Kommentare mit einer erstaunlichen Präzision über die «Verhöre», die er zu erdulden hatte. Die Peiniger haben ihn, wie sie ihm selbst versprochen hatten, «behandelt»: Feldtelefon, Wasserfolter wie zur Zeit der

1 El Biar, ein Übergangsgefängnis, in dem Unabhängigkeitskämpfer gefoltert wurden. *Anm. d. Übers.*

2 Deutsch: *Die Folter*, Desch Verlag, Wien–München–Basel 1958. *Anm. d. Hg.*

Brinvilliers[1], aber mit der in unserem Zeitalter gebotenen technischen Perfektion, Feuerfolter, Durstfolter usw. Ein Buch, von dem man empfindsamen Seelen abraten muß. Trotzdem ist die erste Auflage – zwanzigtausend – bereits vergriffen; und obwohl in aller Eile eine zweite Auflage gedruckt wurde, kann die Nachfrage nicht befriedigt werden; manche Buchhändler verkaufen fünfzig bis hundert Exemplare am Tag.

Bis jetzt waren die, die zu sprechen wagten, Einberufene, vor allem Priester; sie hatten unter den Folterern, ihren Brüdern, unseren Brüdern, gelebt; von den Opfern kannten sie meistens nur die Schreie, die Wunden, die Leiden. Sie zeigten uns über geschundene Körper gebeugte Sadisten. Und was unterschied uns von diesen Sadisten? Nichts, da wir schweigen. Unsere Empörung erschien uns aufrichtig, aber wären wir bei unserer Empörung geblieben, wenn wir dort unten gelebt hätten? Hätte sie nicht einem allgemeinen Ekel, einer dumpfen Resignation Platz gemacht? Ich für mein Teil las die Berichte aus Pflichtgefühl, veröffentlichte selbst einige und verabscheute sie, da sie uns unerbittlich zu Mitschuldigen machten und uns keine Hoffnung ließen.

Mit *La question* hat sich alles geändert: Alleg erspart uns die Verzweiflung und die Schande, weil er ein Opfer ist und über die Folter gesiegt hat. Diese Umkehrung entbehrt nicht eines gewissen finsteren Humors; er ist in unserem Namen gequält worden, und wir gewinnen durch ihn endlich ein wenig von unserem Stolz zurück: wir sind stolz darauf, daß er Franzose ist. Die Leser identifizieren sich leidenschaftlich mit ihm, sie begleiten ihn bis zur äußersten Grenze des Leidens; mit ihm halten sie durch, nackt und allein. Wären sie, wären wir dessen *im Ernstfall* fähig? Das ist eine andere Sache. Entscheidend ist, daß das Opfer uns befreit, indem es uns entdecken läßt, was es selbst entdeckt, daß wir die Fähigkeit und die Pflicht haben, alles zu ertragen.

Wir starrten gebannt in den Abgrund des Unmenschlichen; aber es genügt ein Mensch, dem es mit eiserner Willenskraft gelingt, seine Menschenwürde zu bewahren, um uns dem Taumel zu entreißen: die «Folter» ist nicht unmenschlich, sie ist ganz einfach ein schändliches und abscheuliches Verbrechen, von Menschen an Menschen begangen, das andere Menschen aus der Welt schaffen können und müssen.

1 Marie-Madeleine d'Aubray, Marquise de Brinvilliers, berühmte Giftmischerin, die 1676 enthauptet und verbrannt wurde. *Anm. d. Hg.*

Unmenschliches gibt es nirgends, außer in den Alpträumen, die die Angst hervorruft. Und gerade der stille Mut eines Opfers, seine Bescheidenheit, seine Klarsicht rütteln uns auf und entmystifizieren uns: Alleg hat die Folter der Nacht, die sie verhüllte, entrissen; treten wir näher, um sie bei Tageslicht zu betrachten.

Zunächst die Folterer, was sind sie? Sadisten? Erzürnte Erzengel? Kriegsherren mit entsetzlichen Launen? Nach ihren eigenen Äußerungen müßten sie das alles auf einmal sein. Aber Alleg glaubt ihnen eben nicht. Aus den Äußerungen, die er mitteilt, geht hervor, daß sie sich selbst und das Opfer von ihrer vollkommenen Überlegenheit überzeugen wollen: bald sind sie Übermenschen, denen Menschen auf Gnade und Ungnade ausgeliefert sind, bald sind sie strenge und starke Männer, die beauftragt sind, das obszönste, wildeste, feigste aller Tiere, das Menschentier abzurichten. Man kann sich vorstellen, daß sie es nicht so genau nehmen: Hauptsache, der Gefangene spürt, daß er nicht zu ihrer Rasse gehört; er wird ausgezogen, gefesselt, verhöhnt; Soldaten kommen und gehen und stoßen Beleidigungen und Drohungen aus mit einer Nonchalance, die Grauen erregen soll.

Doch Alleg, nackt, vor Kälte zitternd, an ein Brett gefesselt, das von alter Kotze noch schwarz und klebrig ist, entlarvt die erbärmliche Wahrheit dieses Affentheaters: es ist eine von Kretins gespielte Komödie. Komödie die faschistische Brutalität ihrer Äußerungen, der Schwur, «die Republik zum Teufel zu jagen». Komödie der Auftritt des «Adjutanten von General M.», der mit den Worten schließt: «Jetzt bleibt Ihnen nur noch der Selbstmord.» Immer dieselbe Schmierenkomödie, die ohne Überzeugung jede Nacht für jeden Gefangenen neu begonnen und aus Zeitmangel sehr schnell wieder abgebrochen wird. Denn diese grausigen Arbeiter sind überlastet. Überarbeitet: die Gefangenen stehen vor dem Folterbrett Schlange, man bindet die Opfer fest, man bindet sie los, man bringt sie von einer Folterkammer in die andere. Betrachtet man diesen ekelhaften Bienenstock mit Allegs Augen, so wird deutlich, daß die Folterer durch ihre Tätigkeit überfordert sind.

Natürlich kommt es vor, daß sie sich gelassen geben und ganz entspannt über einem gemarterten Körper Bier trinken, um dann plötzlich aufzuspringen, wie wild herumzurennen, zu fluchen und vor Wut zu brüllen; Nervenbündel, die vorzügliche Opfer abgeben würden: beim ersten Blut würden sie reden.

Bösartig, tollwütig, gewiß; sadistisch, nein; nicht einmal das: dafür haben sie es zu eilig. Das ist übrigens ihre Rettung: sie halten aus durch gebotene Eile, sie müssen ständig rennen, oder sie brechen zusammen.

Dennoch schätzen sie gute Arbeit; sie sind gewissenhaft genug, um im Notfall auch zu töten. Was an dem Bericht Allegs frappiert: diese verstörten und schwächlichen Chirurgen leiden unter einer Unerbittlichkeit, die sie selbst und sogar ihre Vorgesetzten überfordert.

Es wäre zu bequem für uns, wenn diese Verbrechen das Werk einer Handvoll Tollwütiger wären: in Wirklichkeit bringt erst die Folter die Folterer hervor. Schließlich hatten sich diese Soldaten nicht zu einer Elitetruppe gemeldet, um den besiegten Feind zu foltern.

Alleg beschreibt uns in wenigen Zügen die, die er kennengelernt hat, und das genügt, die Etappen der Verwandlung zu kennzeichnen.

Da sind die Jüngsten, die ohnmächtig und fassungslos stammeln: «Das ist furchtbar», wenn der Schein ihrer Taschenlampe auf einen Gefolterten fällt; und dann die Hilfsfolterer, die noch nicht selbst Hand anlegen, die die Gefangenen nur halten und transportieren: einige sind abgebrüht, andere nicht, alle stecken im Räderwerk, alle sind schon unentschuldbar.

Da ist dieser blonde Junge aus dem Norden «mit dem sympathischen Gesicht, der von den Torturen, die (Alleg) erduldet hat, wie von einem Match sprechen kann, an den er sich erinnert, und der es fertigbringt, (ihn) ohne Verlegenheit zu beglückwünschen, wie er es bei dem Sieger eines Radrennens gemacht hätte...» Wenige Tage später sieht ihn Alleg «mit hochrotem, haßverzerrtem Gesicht auf der Treppe einen Araber schlagen...» Und dann die Spezialisten, die ganz Harten, die die eigentliche Arbeit besorgen, die an den Zuckungen eines Elektrisierten Spaß haben, seine Schreie aber nicht ertragen können, und dann die Wahnsinnigen, die im Wirbel ihrer eigenen Gewalttätigkeit kreisen wie ein totes Blatt.

Keiner dieser Männer existiert durch sich selbst, keiner bleibt, was er ist: sie stellen die Momente einer zwangsläufigen Verwandlung dar. Zwischen den Besten und den Schlimmsten besteht nur ein Unterschied: die einen sind noch grün, die anderen sind schon abgebrüht. Alle werden sie schließlich von hier fortgehen, und wenn der Krieg weitergeht, werden andere sie ersetzen, blonde Jungen aus dem Norden oder kleine Braune aus dem Süden, die dieselbe Lehre durchmachen und genauso gewalttätig, genauso nervös werden.

Bei diesem Prozeß gilt das Individuum nichts; eine Art wahlloser, anonymer Haß, ein radikaler Menschenhaß wütet sowohl gegen die Folterer wie gegen die Opfer und bringt sie dazu, sich gemeinsam und gegenseitig zu erniedrigen. Die Folter ist der zum System erhobene Haß, der sich seine Werkzeuge selbst schafft.

Wird das, ganz schüchtern, in der Nationalversammlung vorgebracht, dann tobt die Meute: «Sie beleidigen die Armee!» Man muß diese Kläffer doch einmal fragen: Was zum Teufel hat das mit der Armee zu tun? *In der Armee* wird gefoltert, das steht fest: die Untersuchungskommission hat das ja, wenn auch in einem harmlosen Bericht nicht verschwiegen. Ja und? Ist es denn die *Armee*, die foltert?

So ein Unsinn! Glaubt etwa jemand, den Zivilisten seien die geeigneten Methoden unbekannt? Wenn es um weiter nichts geht, können wir uns ruhig auf die Polizei von Algier verlassen. Und wenn schließlich ein Cheffolterer her muß, so hat ihn die gesamte Nationalversammlung ernannt: es ist nicht der General S., noch weniger der General E., und nicht einmal der immerhin von Alleg genannte General M.: es ist Herr Lacoste, der Mann mit der Generalvollmacht. Alles geschieht über ihn, durch ihn, in Bône wie in Oran: alle, die unter Qual und Entsetzen umkamen in dem Gebäude in El Biar, in der Villa S., sind durch seinen Willen umgekommen. Nicht ich sage das: die Abgeordneten sagen es, die Regierung sagt es. Und überdies breitet das Krebsgeschwür sich aus, es ist zu uns herübergekommen: es geht sogar das Gerücht um, daß auch in Zivilgefängnissen des «Mutterlandes» gefoltert wird. Ich weiß nicht, ob es begründet war, aber seine Hartnäckigkeit muß die Vertreter der öffentlichen Gewalt wohl getroffen haben, da der Staatsanwalt beim Ben Sadok-Prozeß den Angeklagten in aller Form fragte, ob er mißhandelt worden sei; natürlich stand die Antwort von vornherein fest.

Nein, die Folter ist weder eine zivile noch eine miltärische, noch eine speziell französische Angelegenheit: sie ist die Pest der ganzen Epoche. Im Osten wie im Westen ist gefoltert worden: es ist noch nicht lange her, daß Farkas die Ungarn foltern ließ; und die Polen verheimlichen nicht, daß ihre Polizei vor Posen sich gern der Folter bediente; für das, was in der Sowjetunion zu Stalins Lebzeiten geschah, hat Chruschtschow in seinem Bericht unwiderlegliche Beweise geliefert; gestern noch wurden in den Gefängnissen Nassers Politiker gefoltert, die inzwischen mit einigen Narben hervorragende Posten einnehmen. Aber genug: heute ist es Zypern, Algerien; kurz, Hitler war nur ein Vorläufer.

Die Folter, die hinter der Fassade demokratischer Legalität systematisch angewendet wird, obwohl man das – bisweilen ziemlich lasch – abstreitet, kann als eine halbillegale Einrichtung angesehen werden. Hat sie überall die gleichen Ursachen? Zweifellos nicht, aber sie ist überall Ausdruck des gleichen Unbehagens. Übrigens tut das wenig zur Sache: wir haben nicht unserem Zeitalter das Urteil zu sprechen. Kehren wir vor unserer eigenen Tür, und versuchen wir zu verstehen, was mit *uns*, den Franzosen, geschehen ist.

Sie wissen, was man hin und wieder zur Rechtfertigung der Folterer vorbringt: daß man sich wohl oder übel entschließen müsse, einen Menschen zu foltern, wenn durch sein Geständnis Hunderte von Menschenleben gerettet würden. Eine schöne Heuchelei! Alleg war ebensowenig ein Terrorist wie Audin[1]; Der Beweis dafür: er wird «der Staatsgefährdung und Geheimbündelei» beschuldigt.

Wollte man denn Menschenleben retten, als man Brustwarzen, als man Schamhaare versengte? Nein: man wollte die Adresse des Genossen, der ihn beherbergt hatte, aus ihm herauspressen. Hätte er gesprochen, so hätte man einen Kommunisten mehr hinter Schloß und Riegel gebracht, das ist alles.

Außerdem wird aufs Geratewohl verhaftet; jeder Moslem wird erst einmal «verhört»: die meisten der Gefolterten sagen nichts, weil sie gar nichts sagen können, es sei denn, sie machen, um die Schmerzen nicht länger aushalten zu müssen, falsche Aussagen oder klagen sich, weil sie sich Vorteile davon versprechen, eines fiktiven Verbrechens an. Was die betrifft, die reden könnten, so weiß man, daß sie schweigen. Alle oder fast alle. Weder Audin noch Alleg, noch Guerroudj haben den Mund aufgemacht. Darüber sind die Folterer von El Biar besser informiert als wir. Der eine stellt nach dem ersten Verhör Allegs fest: «Er hat aber eine Nacht gewonnen, damit seine Kumpane Zeit haben, sich aus dem Staub zu machen.» Und ein Offizier, ein paar Tage später: «Seit zehn, fünfzehn Jahren haben die sich in den Kopf

1 Maurice Audin, Hochschulassistent und Mitglied der KP Algeriens in Algier, im Juni 1957 verhaftet und zu Tode gefoltert. Ende 1957 wurde in Paris ein Comité Maurice Audin zur Aufklärung seines Falles und zur Durchsetzung eines Gerichtsverfahrens gegen die Schuldigen gegründet, dem sich Tausende Personen, meist Hochschullehrer, anschlossen. Am Beispiel Audin wollte man generell über die inzwischen zur festen Einrichtung gewordene Folter im Algerienkrieg aufklären und juristisch dagegen vorgehen. 1958 erschien in dem während der Résistance gegründeten Pariser Verlag Éditions de Minuit Pierre Vidal-Naquet: *L'affaire Audin. Anm. d. Hg.*

gesetzt, nichts zu sagen, falls sie gefaßt werden: und es gibt kein Mittel, ihnen das auszutreiben.»

Vielleicht meinte er nur die Kommunisten, aber glauben Sie, ALN-Kämpfer seien aus anderem Holz? Diese Gewalttätigkeiten zahlen sich nicht aus: selbst die Deutschen haben das 1944 schließlich eingesehen: sie kosten Menschenleben und retten niemanden.

Und doch ist das Argument nicht völlig falsch: auf jeden Fall klärt es uns über die Funktion der Folterungen auf: die illegale oder halbillegale Einrichtung der Folter ist an die Illegalität des Widerstands oder der Opposition gebunden.

In Algerien hat sich unsere Armee auf dem gesamten Territorium ausgebreitet: wir haben die Überzahl, das Geld, die Waffen; die Aufständischen haben nichts als das Vertrauen und die Unterstützung eines großen Teils der Bevölkerung: wir haben unbeabsichtigt den Charakter dieses Volkskrieges bestimmt; Attentate in den Städten, Hinterhalte auf dem Land. Die FLN hat sich diese Form des Kampfes nicht ausgesucht; sie kann gar nichts anderes tun, das ist alles; das Kräfteverhältnis zwingt sie zu Überraschungsangriffen: sie muß unsichtbar, ungreifbar sein, unerwartet zuschlagen und sofort wieder verschwinden, wenn sie nicht aufgerieben werden will. Daher unser Unbehagen: wir kämpfen gegen einen unsichtbaren Gegner; eine Hand wirft eine Bombe in eine Straße, ein Schuß verletzt einen unserer Soldaten auf der Landstraße; man stürzt herbei: niemand; später stößt man in der Umgebung auf Moslems, die nichts gesehen haben. Alles hängt zusammen, der Volkskrieg, der Krieg der Armen gegen die Reichen, ist durch die enge Zusammenarbeit der Aufständischen mit der Bevölkerung gekennzeichnet; damit wird für die reguläre Armee und die Zivilverwaltung dieses Heer von Armen der tägliche, der tausendköpfige Feind. Die Besatzungstruppen sind beunruhigt über die Stummheit, das sie selbst hervorgerufen haben; überall ist ein ungreifbarer Wille zu schweigen ein von Mund zu Mund weitergegebenes, allgegenwärtiges Geheimnis; die Reichen fühlen sich inmitten der Armen, die schweigen, verfolgt; die «Ordnungskräfte», gehandikapt durch ihre eigene Macht, können die Guerillas nicht anders bekämpfen als durch Razzien und Strafexpeditionen, den Terrorismus nicht anders als durch Terror. Irgend etwas wird überall und von allen verschwiegen: sie müssen *zum Sprechen gebracht werden.*

Die Folter ist eine sinnlose Raserei, ein Produkt der Angst: man will *einer* Kehle zwischen Schreien und Blutspucken das Geheimnis *aller* entreißen. Nutzlose Gewalttätigkeit: ob das Opfer spricht oder unter den Schlägen stirbt, das tausendköpfige Geheimnis ist woanders, immer woanders, außer Reichweite, der Folterer wird zum Sisyphus: wenn er die Folter anwendet, wird er immer wieder von neuem beginnen müssen.

Selbst dieses Schweigen aber, selbst diese Angst, selbst diese stets unsichtbaren und stets gegenwärtigen Gefahren können nicht restlos die Verbissenheit der Folterer erklären, den Willen, ihre Opfer in die tiefste Erniedrigung zu treiben, und endlich diesen Menschenhaß, der sich ihrer ohne ihren Willen bemächtigt und sie geprägt hat.

Daß man sich gegenseitig tötet, ist die Regel: schon immer hat man sich für kollektive oder partikuläre Interessen geschlagen. Aber in der Folter, diesem sonderbaren Match, scheint der Einsatz radikal: der Folterer kämpft mit dem Gefolterten um den Titel Mensch, und alles geschieht, als ob nicht beide gleichzeitig der Spezies Mensch angehören könnten.

Ziel der Folter ist nicht nur, zum Reden, zum Verrat zu zwingen: das Opfer soll sich durch sein Schreien und durch seine Unterwerfung selbst zum Tier machen. Für alle und für es selbst. Sein Verrat soll es brechen und es für immer erledigen. Wer der Folter erliegt, sollte nicht nur zum Sprechen gezwungen werden; ihm wurde für immer der Status eines Untermenschen aufgezwungen.

Diese Radikalisierung des Einsatzes ist ein Zug der Zeit. Denn der Mensch soll geschaffen werden. Zu keiner anderen Zeit war je der Wille zur Freiheit bewußter und mächtiger; zu keiner Zeit die Unterdrückung gewalttätiger und besser gerüstet.

In Algerien sind die Widersprüche unauflöslich: jede der beiden gegeneinander kämpfenden Gruppen verlangt die radikale Ausschaltung der anderen. Wir haben den Moslems alles genommen, und dann haben wir ihnen alles verboten, bis hin zum Gebrauch ihrer eigenen Sprache. Memmi hat deutlich gezeigt, wie die Kolonialherrschaft sich in der Annullierung der Kolonisierten verwirklicht. Sie besaßen nichts mehr, sie *waren niemand mehr*; wir haben ihre Zivilisation zerstört und ihnen zugleich unsere eigene verweigert. Sie hatten die Integration, die Assimilation gefordert, und wir haben nein gesagt: durch welches Wunder ließe sich die koloniale Überausbeutung aufrechterhalten, wenn die Kolonisierten die gleichen Rechte genössen wie die Kolonialherren? Unterernährt, ungebildet und arm, wurden sie durch das System unbarmherzig in die Grenzgebiete der Sahara, an die Grenzen des Menschseins abgedrängt. Unter dem

Druck des Bevölkerungszuwachses sank ihr Lebensstandard von Jahr zu Jahr. Als die Verzweiflung sie zur Revolte trieb, mußten diese Untermenschen entweder krepieren oder ihr Menschsein gegen uns durchsetzen: sie verwarfen all unsere Werte, unsere Kultur, unsere angebliche Überlegenheit, und es war für sie ein und dasselbe, den Menschenstatus zu fordern und die französische Staatsangehörigkeit abzulehnen.

Diese Rebellion begnügte sich nicht damit, den Kolonialherren die Macht streitig zu machen; sie fühlten sich in ihrer Existenz selbst in Frage gestellt. Für die Mehrzahl der Europäer in Algerien gibt es zwei sich ergänzende und unlöslich miteinander verknüpfte Wahrheiten: die Kolonialherren sind Menschen von Gottes Gnaden, die Eingeborenen sind Untermenschen. Das ist Mythisierung der einfachen Tatsache, daß der Reichtum der einen auf der Armut der anderen beruht.

So macht die Ausbeutung den Ausbeuter vom Ausgebeuteten abhängig. Und auf einer anderen Ebene findet sich diese Abhängigkeit im Kern des Rassismus wieder, ist sein tiefer Widerspruch und sein bitteres Unglück: ein Mensch sein heißt für den Europäer von Algier *in erster Linie* dem Moslem überlegen sein.

Aber wenn der Moslem seinerseits den Anspruch erhebt, ein Mensch, dem Kolonialherrn ebenbürtig zu sein? Dann ist der Kolonialherr in seinem Sein getroffen; er fühlt sich herabgesetzt, entwertet: er sieht nicht nur die wirtschaftlichen Folgen des Eintritts der «Kanaken» in die Welt der Menschen; ihm graust davor, weil er sich dadurch als *Person* in Frage gestellt fühlt. In seiner Raserei beginnt er von Ausrottung zu träumen. Aber das ist pure Phantasterei. Er weiß das, er weiß, daß er abhängig ist; was finge er an ohne ein eingeborenes Subproletariat, ohne überschüssige Arbeitskräfte, ohne eine chronische Arbeitslosigkeit, die es ihm erlaubt, die Löhne nach seinem Gutdünken festzusetzen? Außerdem: wenn die Moslems *jetzt schon* Menschen sind, ist alles verloren, dann hat es nicht einmal mehr Zweck, sie auszurotten. Nein, die vordringlichste Aufgabe ist, sofern noch Zeit dazu bleibt, sie zu demütigen, den Stolz in ihren Herzen zu brechen, sie auf die Stufe von Tieren herabzudrücken. Den Körper am Leben lassen, den Geist töten. Zähmen, abrichten, züchtigen, das sind die Wörter, von denen der Kolonialherr besessen ist: in Algerien gibt es nicht genügend Raum für zwei Arten von Menschen; man muß sich für die eine oder für die andere entscheiden.

Natürlich behaupte ich nicht, daß die Europäer von Algier die Folter erfunden haben, ja nicht einmal, daß sie die Zivil- und Militärbehörden veranlaßt hätten, sie anzuwenden; im Gegenteil, die Folter hat sich von selbst aufgezwungen, sie war schon Routine, bevor man es gemerkt hat. Aber der Menschenhaß, der sich in ihr manifestiert, ist ein Ausdruck des Rassismus. Denn es ist eben der Mensch, der zerstört werden soll, mit all seinen menschlichen Eigenschaften, dem Mut, dem Willen, der Intelligenz, der Treue – eben jenen, die der Kolonialherr für sich in Anspruch nimmt. Wenn aber der Europäer sich dazu hinreißen läßt, sein eigenes Bild zu verabscheuen, so deshalb, weil es von einem Araber widergespiegelt wird.

So ist von diesen beiden unzertrennlichen Paaren, dem Kolonialherrn und dem Kolonisierten, dem Folterer und seinem Opfer, der zweite hier nur eine Emanation des ersten. Ohne jeden Zweifel sind die Folterer keine Kolonialherren und die Kolonialherren keine Folterer. Diese sind häufig junge Leute, die aus Frankreich kommen und zwanzig Jahre ihres Lebens gelebt haben, ohne sich jemals um das Algerienproblem zu kümmern. Aber der Haß war ein magnetisches Feld: er hat sie durchdrungen, zerfressen, unterjocht.

Die nüchterne Klarsicht Allegs erlaubt, all das zu begreifen. Wenn man aus seinem Bericht sonst nichts lernen könnte, so müßte man ihm schon dafür zutiefst dankbar sein. Aber Alleg hat weit mehr getan: dadurch, daß er seine Folterer einschüchterte, hat er die Menschlichkeit der Opfer und der Kolonisierten über die maßlosen Gewalttätigkeiten einiger Militärs, über den Rassimus der Kolonialherren trimphieren lassen. Und damit das Wort «Opfer» nicht irgendeinen larmoyanten Humanismus auf den Plan ruft: unter diesen kleinen Caïds, die sich brüsten mit ihrer Jugend, ihrer Kraft, ihrer Zahl, ist Alleg der einzige, der hart, der einzige, der wirklich stark ist. Wir aber können sagen, daß er den höchsten Preis bezahlt hat nur für das Recht, ein Mensch unter Menschen zu bleiben. Doch daran denkt er nicht einmal. Deshalb fühlen wir uns auch so stark betroffen, wenn er einen Absatz mit den einfachen Worten schließt:

«Ich fühlte mich plötzlich stolz und glücklich, nicht nachgegeben zu haben. Ich war überzeugt davon, daß ich weiterhin standhalten würde, wenn sie wieder anfingen, daß ich kämpfen würde bis zum Ende, daß ich ihnen ihr Werk nicht durch einen Selbstmord erleichtern würde.»

Einer, der hart bleibt, also einer, der den zürnenden Erzengeln schließlich angst macht.

In manchen ihrer Äußerungen jedenfalls spürt man die vage Vorahnung einer für sie vernichtenden Entdeckung, die sie zu unterdrükken versuchen: wenn das Opfer die Partie gewinnt, ist es vorbei mit der Überlegenheit, dem Herrenrecht; die Flügel der Erzengel erlahmen, und die Burschen fragen sich betreten: und ich, würde ich durchhalten, wenn ich gefoltert würde? Im Augenblick des Sieges nämlich ist ein System von Werten durch ein anderes ersetzt worden; ein Nichts genügt, um die Folterer ihrerseits zum Taumeln zu bringen. Doch nein: ihr Kopf ist leer, und die Arbeit zermürbt sie, und außerdem nehmen sie das, was sie tun, kaum ernst.

Wozu übrigens das Gewissen der Folterer beunruhigen? Wenn einer von ihnen nicht mehr mitmachen will, lassen seine Vorgesetzten ihn ablösen: für einen, der ausschert, finden sich zehn neue. Tatsächlich macht der Bericht Allegs – und das ist vielleicht sein größtes Verdienst – unsere letzten Illusionen zunichte: nein, es genügt nicht, einige wenige zu bestrafen oder umzuerziehen; dadurch wird der Algerienkrieg nicht menschlicher. Die Folter ist von selbst zu einer stehenden Einrichtung geworden: sie wurde von den Umständen hervorgerufen und ist eine notwendige Folge des Rassenhasses. In gewisser Weise gehört sie, wie wir sahen, zum Wesen des Konflikts, und vielleicht ist sie dessen eigentliche Wahrheit. Wenn wir diesen ekelhaften und finsteren Grausamkeiten ein Ende setzen, Frankreich vor der Schande und die Algerier vor der Hölle retten wollen, so haben wir immer nur eine einzige Möglichkeit, die einzige, die wir je hatten, die einzige, die wir je haben werden: Verhandlungen aufnehmen, Frieden schließen.

6. März 1958

«Der Prätendent»

Anfangs ging alles gut. Zu gut. Wie immer. Antimilitaristisch und chauvinistisch wie Frankreich nun einmal ist, liebt es die Truppenparade des 14. Juli, aber seit General Boulanger[1] nicht mehr so sehr putschende Soldaten. Es hat jene Schreie auf dem Forum von Algier gegeben, die man im Radio hören konnte, der Gouverneurspalast wurde gestürmt, und auf den Straßen schrie man: «Es lebe Massu»; in Paris herrschte Einigkeit. Die Gewerkschaftszentralen beschlossen, gemeinsam Widerstand zu leisten. Man feuerte Pflimlin an:[2] der Ministerpräsident stürzte sich in die Zeremonien der Regierungsbildung mit der bekannten Angst des Diktatorlehrlings, der seinen Staatsstreich wagt. Er fand die Kraft, über die kommunistischen Stimmen zu mäkeln: jedoch nur, um sein Gewissen zu beruhigen. Kurz, ein angenehmer Abend, eine angenehme Brise: und jene köstliche Mischung aus Hoffnung und Besorgnis, die man bei allen Anfängen wiederfindet. Bloß gab es eine Falle: wir hatten nicht alles gesehen.

Ein großer Mann ohne Funktion ist für eine Nation gefährlich; auch wenn er sich in ein entlegenes Dorf zurückgezogen hat. Schweigt er, dann hört man seine Vergangenheit. General de Gaulle schwieg seit langem, aber seine Vergangenheit blieb unter uns. Als wir Massu und Salan allein gegenüberstanden, konnten wir standhalten. Aber man ist unseren Ministern in den Rücken gefallen: als sie mit den Generälen verhandelten, sahen sie plötzlich, daß sich ein endloser Schatten zu ihren Füßen und vor ihnen ausbreitete. Schon auf dem anderen

1 General Boulanger nahm 1856 an der Unterdrückung antifranzösischer Aufstände in Algerien und 1871 an der Niederschlagung der Pariser Kommune teil und versuchte 1889 erfolglos, eine Militärdiktatur zu errichten. *Anm. d. Hg.*

2 Pierre Pflimlin, letzter Ministerpräsident (MRP) der Vierten Republik vom 13. bis 28. Mai 1958. Am 13. Mai bemächtigten sich rechtsradikale Algerienfranzosen der Regierung in Algier. General Massu trat an die Spitze eines «Öffentlichen Wohlfahrtsausschusses». General Salan, Oberbefehlshaber der französischen Algerienarmee, forderte die Übernahme der Regierungsgewalt in Paris durch General de Gaulle. *Anm. d. Hg.*

Ufer rief Salan: «Es lebe de Gaulle», und alle Algerier riefen: «De Gaulle an die Macht.»

Mit einem Schlag schlug das Wetter um: wir entdeckten wieder die unerbittliche Logik der Katastrophen; was immer man in derlei Fällen tut, alles nützt dem Feind. Um sich zu retten, arbeitete die Regierung an ihrem Untergang: um de Gaulle zu entrinnen, warf sie sich Salan in die Arme. Die meisten Minister waren der Überzeugung, daß die Massaker in Algerien so schnell wie möglich beendet werden müßten; sie wollten es sagen; einige von ihnen hatten es zum erstenmal auch gesagt. Aber sollte Pflimlin eine Chance haben, seinen Posten zu behalten, dann mußte er de Gaulle noch überbieten. Er bot siebenundzwanzig Monate Militärdienst, 80 Milliarden neue Steuern, Gefälligkeiten für die putschenden Generäle. Umsonst: die Männer von Algier – Zivilisten wie Soldaten – wollten ihn nicht. Auch nicht sein Geld: sie wollten de Gaulle.

Um sich zu behaupten, beschloß die Regierungsmannschaft eine Durchhaltepolitik; Herrn Pflimlins gebrochenes Herz schluchzte in sämtliche Mikrophone: «Dramatischer Irrtum; tragisches Mißverständnis.» Aber seine unterwürfige Kriegsbegeisterung wurde sofort durch das bloße Schweigen seines Nachfolgers disqualifiziert. Um Salan zum Lächeln zu bringen, richtete sich die Regierung zugrunde: zuerst würde man den vollständigen Sieg erringen, den Feind vernichten; danach verhandeln. Salan traf keine Entscheidung, doch während der Ministerpräsident Algier um Vertrauen bat, fragte sich die französische Linke überrascht, was ihn denn von Bidault[1] unterschied und in welcher Geistesverwirrung sie ihm einstimmig unumschränkte Machtbefugnisse verliehen hatte, die er, wie er bereits ankündigte, gegen sie zu kehren wissen werde.

In den – in unserer Geschichte so häufigen – Zeiten des Niedergangs, die den Staatsstreichen vorausgehen, war den Beobachtern immer eines aufgefallen: die Verwirrung der Gefühle und Ideen. Aus der Ferne bildet man sich ein, daß es irgendwelche Gruppen gibt, die einander befehden, die Anhänger des künftigen Diktators und die Verteidiger des alten, und daß sie sich so lange schlagen, bis diese von jenen vernichtet werden. Aus der Nähe sieht es sehr enttäuschend aus: alle zaudern, alle haben Angst, die Putschisten ebenso wie die Regierung, alle sind gleichzeitig für und gegen alle. Man hat so

1 Georges Bidault, führende Persönlichkeit des MRP und entschiedener Gegner der algerischen Unabhängigkeit. *Anm. d. Hg.*

arge Todfeinde, daß man lieber Sklave ist oder tot, als sich mit ihnen zu verbünden, nicht einmal gegen einen noch ärgeren, aber neuen Feind. Staatsstreiche werden ungemein erleichtert, wenn sich jeder lieber bewußt dem Feind ausliefert, als eine Sache zu verlieren, die er über alles stellt, oder eine andere Sache herbeizuführen, die er besonders verabscheut. Schließlich lähmt jeder sich selbst und jeden anderen, und der am wenigstens Gelähmte macht aufs Geratewohl und zitternd den Staatsstreich.

Am dritten Tag habe ich begriffen, daß bei uns die Sozialisten eine Sache noch mehr verabscheuen als Knechtschaft, Tod und Erniedrigung des Landes, nämlich die Volksfront. Am ersten Tag beschlossen FO,CFTC und CGT, gemeinsam Widerstand zu leisten. Sofort ertönte in der Nationalversammlung ein einziger Schrei: «Sie kommt wieder, da ist sie schon!» An diesem Tag schleifte das «Gespenst der Volksfront» seine Ketten durch sämtliche Spalten des zu Tode erschrockenen *Monde*. Am nächsten Tag veröffentlichten CFTC und FO eine gemeinsame Warnung: wenn die Arbeiter kühles Blut und Ruhe bewahrten und von verfrühten Demonstrationen Abstand nähmen, würden sie die Republik retten. Alle Gewerkschaftszentralen außer der CGT, alle politischen Parteien außer der PC riefen: «Lieber soll das System untergehen!» Von einer Volksfront war keine Spur zu sehen. Es handelte sich lediglich um einige Absprachen, einige gemeinsam beschlossene, rein defensive Maßnahmen. Das genügte, daß Herr Guy Mollet[1], der Herrn Pflimlin beiseite drängte und ihm das Wort entriß, General de Gaulle anflehte, er möge doch geruhen, durch eine Mittelsperson die öffentliche Meinung ein wenig zu beruhigen.

Diese Operation kam allen zupaß: tags zuvor war eine etwas barsche Erklärung des Generals nicht besonders angekommen. Charles de Gaulle hatte die republikanischen Institutionen mit keinem Satz erwähnt; wenn er die Güte hätte, ganz nebenbei ein paar Worte über sie zu verlieren, etwa: «Ich werde sie nicht antasten» oder: «Ich will ihnen nicht schaden», dann würde Frankreich ihm zujubeln wie 1945, und Herr Mollet würde als Gegenleistung Mittel finden, Herrn Pflimlin zum Rücktritt zu bewegen: vielleicht konnte General de Gaulle den Sozialisten in einem Kabinett der Nationalen Einheit ein paar Ministersessel einräumen. Wenig später entdeckte Herr Pflimlin mit indignierter Verblüffung, daß die Kommunisten sich erfrecht hat-

1 Vorsitzender der SFIO. *Anm. d. Hg.*

ten, für ihn zu stimmen. Er zog ihre Stimmen heraus und warf sie in die Ecke. Und in wortreicher Beredsamkeit sprach er ihnen sogar das Recht ab, die individuellen Freiheiten zu verteidigen: sie seien dessen nicht würdig. Diese Überbietung an Antikommunismus in den «großen republikanischen Parteien» hatte zur Folge, jede von ihnen zur Ohnmacht und Isolierung zu verdammen. Die Wutanfälle von Rechtsanwalt Isorni[1] haben bewiesen, daß die pétainistische Rechte, trotz der einst versuchten Versöhnung, de Gaulle die Verurteilung Pétains nie verzeihen wird. Bei der Linken dagegen schöpften arglose Gemüter einigen Trost aus folgendem erhellendem Argument: kann der Retter der Republik diese Republik eigenhändig zerstören? (Dabei ist die Antwort ganz einfach: warum nicht?).

Bei den Kommunisten ließen einige hinter ihrer festen Haltung Verlegenheit durchblicken: sie sahen die große nationale Versöhnung voraus und konnten sich nicht verhehlen, daß das zu ihren Lasten ginge. Aber sie vergaßen weder Charles de Gaulles Reise nach Moskau noch den französisch-sowjetischen Pakt. Es gab auch den Slogan: Frankreich! Allein Frankreich! Vielleicht sollte das heißen: wir werden uns aus der NATO zurückziehen.

Aus den gleichen, jedoch umgekehrten Gründen zürnte die katholische Großbourgeoisie, die finanzielle Stütze des MRP, dem Retter der Republik: sie zweifelte nicht daran, daß er Ordnung schaffen werde; und gewiß schadet ein harter Besen in keinem Fall; aber sie hätte gern Algerien und das ganze Kolonialreich abgestoßen, um die angelsächsische Freundschaft zu bewahren.

Doch was eigentlich hatte er für Algerien beschlossen? Sollte man es halten? Sollte man es fallenlassen? Das kam ganz darauf an: auf die Tage und auf die Besucher. Auch nach seiner Erklärung blieb die Zweideutigkeit bestehen: manche wiesen darauf hin, daß er ja keineswegs die Worte *Algérie française* ausgesprochen, sondern immerhin mehrfach die «assoziierten Völker» erwähnt hatte. Diese Bemerkungen stürzten die Linke in eine masochistische Krise: da Minister Pflimlin unsere Freiheiten konfisziert, um die Befriedung bis zum Tod des letzten Fellagha zu treiben, wäre es da nicht besser, diese verlorenen Freiheiten de Gaulle zu übergeben, damit er sich ihrer bediene, um Frieden zu schließen? Denn er ist der einzige Mann in Frankreich, der die Militärs zur Vernunft bringen und den Europäern in Algerien

1 Rechtsanwalt Isorni, Hauptverteidiger Pétains im Prozeß gegen die Vichy-Regierung. *Anm. d. Hg.*

seinen Willen aufzwingen kann. Diese künftigen Märtyrer waren bereit, den Frieden in Algerien mit der Liquidierung unserer demokratischen Institutionen zu bezahlen. Im Gefängnis würden sie sich über die Unabhängigkeit der Moslems freuen.

So schien jeder – bei hunderterlei Aktivitäten, in antifaschistischen Komitees, ja sogar in den politischen Organisationen – einem gemächlichen und widersprüchlichen Traum nachzuhängen, als könne er, an der Republik bereits verzweifelnd, nicht umhin, seine nunmehr verfügbaren Hoffnungen in General de Gaulles Hände zu legen. Die Leute auf der Straße schwiegen: die Cafés waren voll, die Einnahmen der Theater verringerten sich kaum. Man hätte meinen können, sie interessierten sich einzig für ihr Privatleben; noch nie habe ich so viele Liebespaare gesehen.

«Na und? Sollen wir auf die Straße gehen, um Guy Mollet zu verteidigen? Den Guy Mollet von Algier? Den Guy Mollet von Suez?[1] Sollen wir für ihn die algerische Abspaltung riskieren? Oder den Bürgerkrieg? Wer von euch läßt sich denn für Herrn Max Lejeune, den Freund der Ultras, verprügeln?»

Diese Worte finden Anklang; die Leute schütteln den Kopf: wenn es in der Nationalversammlung doch nur einen Gerechten gäbe... Aber nein: das hätte sich herumgesprochen. Soll man diese Unglücklichen nicht ihrem Schicksal überlassen? Auf de Gaulle vertrauen? Immerhin, General de Gaulle hat auf seiner Pressekonferenz Mollet lächerlich gemacht. Ein leichter Erfolg: Aber ich wette, daß Herr Mollet

1 Guy Mollet war im Wahlkampf Anfang 1956 gegen eine Politik der Repression und für eine friedliche Beendigung des Algerienkriegs eingetreten. Als er am 6. Februar 1956, kurz nach seinem Amtsantritt als Ministerpräsident, Algier besuchte, um dort einen neuen, liberaleren Generalresidenten, General Catroux, einzusetzen, wurde er von den Algerienfranzosen mit Tomaten beworfen. Daraufhin verzichtete er auf seinen Kandidaten und setzte dafür Robert Lacoste ein, der mit diktatorischen Vollmachten ausgestattet war, nachdem die Nationalversammlung, einschließlich der Kommunisten, der Regierung Mollet am 12. März 1956 Sondervollmachten zur «Wiederherstellung der Ordnung» erteilt hatte.

Nach der Verstaatlichung des Suezkanals durch den ägyptischen Präsidenten Nasser am 26. Juli 1956 griffen israelische Truppen, unterstützt von englischen und französischen Truppen, am 29. Oktober 1956 Ägypten an. Die USA und die SU erzwangen einen Abbruch dieses Unternehmens. *Anm. d. Hg.*

es ihm nicht heimzahlen wird. Man braucht mit einem Wähler nicht lange zu plaudern, um zu erraten, welch verworrenen Zorn er wiederkäut: einen anarchistischen Zorn, einen *qualunquistischen*[1] Zorn, den Zorn eines getäuschten Sozialdemokraten. Hundertmal stärkere, jedoch gleichartige Motive, Ressentiments und Ekelgefühle haben einst den Widerstand der Arbeiter beim Staatsstreich vom 2. Dezember gelähmt.[2]

De Gaulle wartete. Dieser Berg des Schweigens schöpfte seine Kraft aus unserer Schwäche, er war der geometrische Ort all unserer Ohnmacht, all unserer Widersprüche: keine Abschußrampe mehr, aber auch keine Volksfront mehr; kein Algerienkrieg mehr, sondern eine gefestigte moralische Ordnung. Als im Radio bekanntgegeben wurde, daß er am Montag eine Pressekonferenz abhalten werde, sah es so aus, als sei alles zu Ende: er würde sanft sein, harmlos, loyalistisch, und die Leute wären gewonnen. Am Montag vormittag, gegen zwölf Uhr, spielte man die verlorene Republik.

Nach der Pressekonferenz steht die Republik noch fest auf den Beinen; unsere Institutionen scheinen solider zu sein, als wir dachten. Die Bedrohungen bleiben: vielleicht würde sie der Gewalt nicht standhalten. Aber es ist schon viel, daß sie der Sanftmut nicht nachgegeben hat.

Das Szenarium stand fest, wie wir sahen: man würde die öffentliche Meinung ein wenig beruhigen, und diese würde begeistert Herrn Pflimlin zum Rücktritt zwingen. Zur allgemeinen Überraschung traf das Gegenteil ein: die Freunde des Generals runzelten die Stirn; und die einzigen strahlenden Gesichter waren die seiner entschiedenen Gegner. Dabei hatte er doch sehr beruhigende Erklärungen abgegeben, an deren Aufrichtigkeit sich nicht zweifeln läßt: er will kein Verschwörer sein, noch weniger ein Diktator; er wird seine Machtbefugnisse vom Präsidenten der Republik und – so ungewöhnlich das Verfahren auch sein mag – seine Ernennung von der Nationalversammlung erhalten.

Aber schon war, was General de Gaulle dachte und sagte, nur noch für ihn selbst und seine nächste Umgebung von Bedeutung: als er in

1 Nach der italienischen Mittelstandsbewegung *L'Uomo qualunque* (Jedermann). *Anm. d. Hg.*

2 Gemeint ist der Staatsstreich von Louis Napoleon Bonaparte gegen die gesetzgebende Versammlung im Jahr 1851, mit dem er als Napoleon III. an die Macht kam. *Anm. d. Hg.*

aller Gutgläubigkeit versicherte, er denke nicht daran, mit siebenundsechzig Jahren die Diktatur zu errichten, blieb ihm nur die Alternative, entweder auf die Macht zu verzichten (oder nicht ersucht zu werden, sie zu ergreifen) oder Diktator zu werden. Denn die Situation entscheidet. Nicht über unsere einzelnen Handlungen, sondern über den Sinn, den sie gegen unseren Willen für die anderen Menschen und in unseren eignen Augen annehmen.

Als erstes müssen wir über jene hinkende Fiktion sprechen: die Schlichtung. Um der Grundfrage aus dem Weg zu gehen («Worauf wird sich die souveräne Autorität General de Gaulles gründen?»), hatte sich Herr Soustelle[1] folgende juristische Eulenspiegelei ausgedacht: zwischen den Algerienfranzosen (Zivilisten und Militärs) und der Regierung herrscht Streit. Man bittet Charles de Gaulle, er möge die Güte haben, ihn zu schlichten.

Aber kaum ist dieses merkwürdige Argument erwähnt, das der General auf seiner Pressekonferenz aufgegriffen hat, klingt es falsch in den Ohren, stört es. Wo hat es je eine Regierung gegeben, und sei sie noch so schwach gewesen, die bereit ist, einen Konflikt, der durch die Rebellion seiner Beamten verursacht wurde, durch eine Schlichtung zu lösen? De Gaulle wollte deutlich machen, daß die Generäle Salan und Massu keine Verschwörer sind; die Regierung, so fügte er hinzu, betrachtet sie nicht als solche. Formal stimmt das: aber die Regierung ist sich nicht sicher, mag sein, sie will Zeit gewinnen. Gleichviel: diese Generäle sind entweder Verschwörer, oder sie sind es nicht.

Im ersten Fall beschließt die Regierung Sanktionen, auch wenn ihre vorübergehende Schwäche sie zwingt, sie nicht anzuwenden; und dann heißt eine Schlichtung vorschlagen die Revolte privilegieren. Im zweiten Fall gehorchen sie ihren Vorgesetzten weiterhin (auch wenn der Notstand sie gezwungen hat, diese oder jene Maßnahme zu ergreifen, ohne darüber Rechenschaft zu geben), und dann gibt es nichts zu schlichten. Wie man sieht, wird dieser unglaubliche Vorschlag, kaum ist er formuliert, zu einer Beleidigung der souveränen Autorität des Staates und bewegt sich in die Illegalität.

1 Jacques Soustelle (RPF und UNR), 1955/56 Generalgouverneur von Algerien, nach anfänglicher Verhandlungsbereitschaft ein erbitterter Gegner der algerischen Unabhängigkeitsbewegung. Er war maßgeblich am Putsch vom 13. Mai 1958 gegen die Regierung der IV. Republik beteiligt. Nach einem Putschversuch im Jahr 1960 gegen de Gaulles Algerienpolitik ging er 1962 ins Exil. 1968 amnestiert. *Anm. d. Hg.*

Man versucht ihn zwar zu präzisieren: er platzt auf der Stelle. Der Konflikt bringt das «französische Algerien» in Gegensatz zur Regierung. Was tut der Schiedsrichter? Er will eine der Prozeßparteien schlucken und an ihre Stelle treten. Denn *um zu schlichten*, wird General de Gaulle Herrn Pflimlins Amt und Machtbefugnisse übernehmen. Wenn aber Herr Pflimlin sich in de Gaulle verwandelt, wie ist eine Schlichtung dann noch möglich? Zum einen ist der Schlichter Richter und Partei in einer Person; zum anderen gibt es nichts zu schlichten, weil zwischen dem Oberhaupt des freien Frankreichs und der Armee in Algerien kein Streit besteht; diese verlegenen Erklärungen lassen den Skandal hervortreten, den sie verschleiern wollen. Als General de Gaulle sich bereit erklärt, die Vollmachten der Republik zu übernehmen, hat er bereits den prätorianischen Auftrag zur Regierungsbildung erhalten, den einzigen, der für ihn zählt. Die europäischen Offiziere und Zivilisten haben ihn ernannt, damit er im Namen der Kolonialherren die unumschränkte Diktatur über die Eingeborenen des Mutterlandes ausübe. Das wird General de Gaulle ganz gewiß nicht tun: Seine Redlichkeit, sein Patriotismus und sein Stolz verbieten es ihm, Frankreich seinen Kolonien zu opfern: er will wirklich die *Einheit*. Und zwar im Interesse beider Parteien. Aber was zählt schon, was er will. Was zählt schon, was die Offiziere aus Übersee wollen. Kein Zweifel, daß sie ihm völlig ergeben sind; vielleicht hatten sie nur das Gefühl, ihn zu Hilfe rufen zu müssen, für sich selbst und für Frankreich, so wie er es sieht. Aber an dem Ergebnis läßt sich nicht deuteln: sie haben ihren Auserwählten der Nationalversammlung aufgezwungen oder aufzuzwingen versucht. Sie muß ihn unter der Drohung eines Bürgerkriegs akzeptieren oder ablehnen. Er wird immer dasein, selbst wenn er vorläufig ausgeschaltet ist, wie der Kaiser, den die römischen Legionen ernannt haben.

Bei der kleinsten Krise, morgen, in acht Tagen oder in einem Jahr, kann er wieder auftauchen. Auf Grund dieser unerträglichen Erpressung ist er der permanente Kandidat (falls nicht ein Gewaltstreich ihn zum amtierenden Imperator macht). Das Spiel der demokratischen Institutionen ist von Grund auf verfälscht. Und selbst wenn de Gaulle die Macht nicht ergreift, wird es durch die Gegenwart dieses *Prätendenten* dennoch verfälscht bleiben, bis er offiziell auf das falsche Recht verzichtet, das die Gewalt ihm verliehen hat.

Was zählt dann noch, ob die verfassungsmäßigen Formen gewahrt bleiben oder nicht. Wenn der Präsident der Republik den Prätendenten nicht beruft und dieser die Absicht hat, Gewalt anzuwenden, wird sich die Gewalt nackt zeigen. Wenn Herr Coty[1] Charles de Gaulle beruft, dann ist das eine zusätzliche Kapitulation. Eine Erklärung des Generals ist besonders bezeichnend: «Die Armee muß dem Staat gehorchen. Freilich muß es dazu einen Staat geben.» Vortrefflich: die Armee kann *Ihnen*, Herr Pflimlin, nicht gehorchen, weil Sie nicht der Staat sind, der Staat bin ich: deshalb wird sie mir gehorchen. Aber da der Souverän ein General ist, gehorcht die Armee nur sich selbst, und das Land gehorcht der Armee. Und es stimmt durchaus, daß unser Staat schwach ist. Doch wer ist daran schuld, wenn nicht die Generäle in Algerien und die Zivilisten, die sie unterstützen? Wenn nicht die Minister, die alle den Staat durch immer sträflichere und schlimmere Konzessionen geschwächt haben? Sakiet «decken», Herr Gaillard,[2] bedeutete nicht bloß munter die Verantwortung für ein Verbrechen auf sich nehmen: es bedeutete Ihren Nachfolger einem Militärputsch preisgeben.

Und wenn Charles de Gaulle diese Sondervollmachten hätte, was würde er mit ihnen tun? Was sind seine Pläne. Wie wird sein Schiedsspruch ausfallen? Diese Fragen bleiben offen, solange er die Macht nicht ergriffen hat, das heißt vielleicht für immer. Denn de Gaulle beendet sein Selbstbildnis, wie er es begonnen hat: durch Schweigen. Nicht, daß er keinen Plan hätte. Aber er wird ihn nicht bekanntgeben: denn – und das ist die größte Gefahr – er will, daß man nicht seinem Programm zustimmt, sondern seiner Person. Nicht dem, was er heute tut, sondern dem, was er vorgestern getan hat, als er den Alliierten gegenüber das freie Frankreich repräsentierte.[3]

1 René Coty, letzter Staatspräsident der IV. Republik von 1954 bis 1959. *Anm. d. Hg.*

2 Siehe Fußnoten 1 und 2 S. 47. *Anm. d. Hg.*

3 General Charles de Gaulle weigerte sich 1940, nach der französischen Kapitulation vor den deutschen Truppen von einer Dienstreise aus London nach Frankreich zurückzukehren, und wurde dafür wegen Fahnenflucht in Abwesenheit zum Tode verurteilt. Er lehnte die französische Kapitulation ab und führte von London aus mit den französischen Truppen der französischen Kolonien in Zentralafrika und im Pazifik, im Zusammenspiel mit der französischen Widerstandsbewegung gegen die deutsche Besatzung, den Kampf gegen Nazi-Deutschland fort. Nach der Landung der Alliierten in Nordafrika schlossen sich auch die dort stationierten französischen Truppen dem von ihm vertretenen *France libre* an. 1943 wurde er Präsident des Comité français de la libération nationale. Durch diese französische Beteiligung an der Befreiung

Unsere Zustimmung, falls er sie uns abverlangt, geben wir nicht *trotz*, sondern *wegen* unserer Unkenntnis seiner Absichten. Es geht nicht darum, ihn – mit allem wünschenswerten Respekt – zu fragen, was er zu tun gedenkt, sondern von vornherein alles zu billigen, was er nach Maßgabe dessen, was er getan hat, morgen tun wird. Jene fünf Jahre, in denen er unsere Geschichte gemacht hat – gemeinsam mit vielen anderen Menschen –, bürgen für alle seine künftigen Handlungen, wie immer sie aussehen mögen. Oder, besser gesagt, wir sollen glauben, daß, unabhängig von der morgigen Lage, seine heroischen Gesten von einst wiedererstehen werden, auf geheimnisvolle Weise den Erfordernissen der Situation angepaßt. Es ist die ewige Wiederkehr seiner vergangenen Geste, auf die wir warten sollen: alle seine verblichenen Taten nehmen plötzlich die Gegenwart ein und werden dadurch *heilig*. Dieses Band, das uns mit ihm vereinen soll – Ergebenheit, Treue, Ehre, religiöse Ehrfurcht –, hat einen Namen: es ist der Eid, der die Person an die Person bindet, oder, wenn man lieber will, das Band des Vasallentums.

Ich bestreite nicht, daß dieses Band einen menschlichen Wert hat: Aber gerade weil diese Beziehungen mit Tod und Vergangenheit belastet, mit Heiligkeit überfrachtet sind, sind sie die Antipoden einer wirklich demokratischen Beziehung, die darin besteht, die Menschen nach ihren Taten und nicht die Taten nach ihren Menschen zu beurteilen, über die gemeinsamen Unternehmen zu kommunizieren, die Verantwortung zu teilen und eine Handlung nach ihrem Ziel und ihrem Ergebnis zu bewerten. Genau das haben die Journalisten bei der Pressekonferenz und später die Rundfunkthörer gespürt: die Einsamkeit dieses in seiner Größe eingeschlossenen Mannes verbietet es ihm unter allen Umständen, das Oberhaupt eines republikanischen Staates zu werden. Oder, was auf dasselbe hinausläuft, verbietet es dem

Frankreichs von der deutschen Besatzung gelang es ihm, Frankreich noch kurz vor der bedingungslosen Kapitulation Nazi-Deutschlands in die alliierten Siegermächte einzureihen. Von 1944 bis 1946 Chef der Provisorischen Regierung, gründete de Gaulle 1947 das Rassemblement du Peuple Français (RPF), das den erfolglosen Versuch machte, seine Rückkehr an die Macht vorzubereiten, und 1953 von ihm aufgelöst wurde. Seitdem zog er sich ganz aus der Politik zurück, behielt aber als Retter der Nation ein großes Ansehen, das er sowohl bei den putschenden Algerienfranzosen und der französischen Algerienarmee als auch bei den gescheiterten Politikern der IV. Republik genoß. *Anm. d. Hg.*

Staat, dessen Oberhaupt er sein wird, eine Republik zu bleiben. Alle, die sich in letzter Zeit vom Katastrophentaumel mehr oder weniger angezogen fühlten, die ein bitteres Vergnügen daran fanden, Frankreich als ein Schicksal zu betrachten, und von einer, etwas makabren, aber lebendigen gaullistischen Demokratie träumten, haben schlagartig begriffen, was man ihnen da anbot, das einzige, was man ihnen anbieten konnte, nämlich diese einsame, düstere Größe. Nicht zufällig sammeln sich seit Montag abend die republikanischen Kräfte, ihre Zwietracht vergessend, um einen wirksameren Kampf zu führen; nicht zufällig fühlt sich die Regierung von Stunde zu Stunde ein wenig kräftiger, und nicht zufällig waren die Streiks der Metro, der Busse und des Telefons unbestreitbare Erfolge. Gewiß braucht Frankreich einen starken Staat; die durch zwölf Jahre Rückzieher und Kompromisse ruinierte Autorität der Regierung muß wiederhergestellt werden, aber der beste Weg, sie vollends zu ruinieren, wäre, sie *einem* «starken Mann» anzuvertrauen, der allen seine Regeln aufzwänge: wir müssen *diesen* hinfälligen Staat, *diese* verschriene Republik restaurieren mit eben den Menschen, allen Menschen, die für ihren halben Bankrott verantwortlich sind; wir werden ihr nur dann ihre institutionelle Stärke zurückgeben, wenn wir gleichzeitig, allen Träumen von toter Größe zum Trotz, die realen Rechte und Freiheiten der Bürger restaurieren.

22. Mai 1958

Die Verfassung der Verachtung

Man hat uns gesagt, daß wir abstimmen werden: man belügt uns. Reißen wir den Schleier der großen Worte weg, die ein Verbrechen verhüllen: der 28. September 1958[1] wird kein Tag der Abstimmung sein, sondern ein Tag der Gewalt. Und die Gewalt werden diesmal wir erdulden.

Wer eigentlich hat dieses Plebiszit vorgeschlagen? Niemand. Man zwingt es der souveränen Nation auf. Es wird uns überfallen wie ein Dieb. Und hoffen wir bloß nicht, wir könnten uns durch Schweigen aus der Affäre ziehen: wer sich der Stimme enthält, stimmt blind für die Mehrheit, für welche auch immer.

Ich weiß zwar, daß man, zumindest in Frankreich, nicht das Recht hat, sich unsere Stimmzettel anzusehen. Na und? Es gibt andere Zwänge, andere Tricks. Die Freiheit einer Abstimmung wäre prekär, wäre sie lediglich durch eine Wahlzelle geschützt. In Wirklichkeit sind es gewöhnlich die Institutionen, die sie garantieren. Und die Sitten. Die periodische Wiederkehr der Wählerbefragungen schützt den Bürger vor Ungewißheit und Überstürzung. Die Pluralität der Parteien zwingt jede einzelne von ihnen, unermüdlich ihr Programm zu erläutern. Kurz, der Wähler gibt in den allgemein anerkannten Formen seine Meinung ab, er hat seine Anhaltspunkte, seine Gewohnheiten, das Neue verunsichert ihn nicht, solange es sich im Rahmen der politischen Traditionen äußert. Unser Referendum jedoch besitzt den zweifelhaften Reiz des Unvorhergesehenen. Das Verhältnis des Neuen zum Alten hat sich umgekehrt. Zuerst tritt man unsere Institutionen mit Füßen, so daß nur noch Scherben von ihnen übrigbleiben; und dann bietet man uns den uralten Plunder einer königlichen Charta an.

1 Nachdem Staatspräsident Coty General de Gaulle mit der Regierungsbildung beauftragt hatte, wurde dieser am 1. Juni 1958 von der Nationalversammlung zum Ministerpräsidenten gewählt und damit beauftragt, eine neue Verfassung auszuarbeiten, über deren Annahme in einer Volksabstimmung entschieden werden sollte. Über diese neue Präsidialverfassung, die dem Staatspräsidenten erheblich größere Rechte gegenüber der Nationalversammlung einräumte, sollte am 28. September 1958 abgestimmt werden. *Anm. d. Hg.*

Der Wähler, in dem Niemandsland umherirrend, das die verstorbene Republik von der künftigen Monarchie trennt, muß allein und ohne Hilfe entscheiden. Alles oder nichts. Alles: König Charles XI. Nichts: Rückkehr zu jener Vierten Republik, die keiner mehr will. Entweder ich akzeptiere sämtliche Forderungen General de Gaulles, oder ich falle ins Nichts zurück. Gibt es keine andere Lösung? «Ich will es nicht wissen», antwortet der Prätendent. «Entweder nehmt ihr meine an, oder ich gehe.» Eine hinterhältige Propaganda führt uns durch Gleichsetzungen vorsätzlich in die Irre: die Figuren der verstorbenen Vierten Republik widern Sie an, *demnach* ist Ihnen die Demokratie ein Greuel, *demnach* wollen Sie die gaullistische Monarchie.

Man wird sagen, das System war verkommen, ein Stoß hat genügt, es zu Staub verfallen zu lassen, und unsere dringendste Aufgabe besteht darin, einen Staat zu konstituieren. Das bestreite ich gar nicht. Aber mit Hilfe einer vernünftigen Argumentation fordert man uns ganz einfach auf, einen Gewaltstreich zu legalisieren. Gewiß gibt es Fälle, wo es eine notwendige Vorsichtsmaßnahme ist, die Gewalt in Recht umzuwandeln: eine revolutionäre Regierung, die von den Massen an die Macht gebracht worden ist, artet in Tyrannei aus, wenn sie nicht so schnell wie mögich einer ordentlich gewählten verfassunggebenden Versammlung Platz macht. Wer aber spricht heute von einer verfassunggebenden Versammlung? General de Gaulle ist ja nichts Geringeres als der Erwählte der Massen. Kann man diesen Kandidaten, der auf seine Wahltournee verzichtet aus Furcht vor den Unruhen, die sie möglicherweise auslöst, einen Liebling des Volkes nennen? Der Beweis dafür wurde am 4. dieses Monats erbracht: er kann im Rundfunk, im Fernsehen, vor einer Versammlung sprechen, aber niemals auf einem öffentlichen Platz. Es sei denn, man macht sich nichts aus Toten und Verletzten.[1]

Nein: seine Regierung ist nicht aus einer Revolution hervorgegangen; höchstens aus einem Pronunciamiento. Weder das Schweigen einer Presse, die sich unterwürfig zeigte, bevor irgend etwas von ihr verlangt wurde, noch die vorübergehende Anbiederung der Offiziellen, noch die Umschreibungen der ausländischen Diplomaten können uns vergessen machen, daß General de Gaulle von den Obersten in Algier an die Macht gebracht wurde.

1 Bei dem brutalen Polizeieinsatz gegen Demonstranten gegen de Gaulles Verfassungsproklamation in Paris wurden 10 Leute teils schwer verletzt.

Er selbst vergißt es nicht. Leidet er darunter? Ich hoffe es. Jedenfalls beeilt er sich, uns die Illegalität sanktionieren zu lassen. Solange wir nicht ja gesagt haben, herrscht er, so groß sein Ansehen sein mag, durch Gewalt. Durch die Gewalt der anderen – das ist das Schlimmste. Und durch die Schwäche unserer gewählten Vertreter. Auch der Thron, den man im Louvre gestohlen hat, um ihn daraufzustzen, wird nichts nützen, solange wir ihm diesen nicht aus Liebe geschenkt haben werden.

Und genau darin liegt der Schwindel: die Macht, selbst wenn sie usurpiert ist, hat immer das Aussehen der Legalität; sobald die Unordnung *herrscht*, besonders wenn sie majestätisch ist, verwechselt man sie mit der Ordnung. Viele Franzosen lassen sich täuschen; der scheinheilige Patriarchalismus der Verfassung tut ein übriges, sie in die Irre zu führen. Sie meinen, daß sie für die sittliche Ordnung stimmen, wenn sie mit Ja stimmen, und daß ein Nein uns in die Anarchie stürzen würde. Und auch wenn es nur das bedeutete, wäre das Plebiszit ein Betrug: man verspricht uns die Rückkehr zur Ruhe, zur Disziplin, zur Tradition, damit wir unsere Stimmen den Verschwörern von Algier geben.

Lassen wir uns nicht hinters Licht führen: alle Plebiszite der Welt können die Tatsache nicht aus der Welt schaffen, daß ein Gewaltstreich Unordnung ist und bleibt. Der Hering stinkt nach Fisch: das gaullistische Regime wird bis zum Ende und in all seinen Äußerungen nach der Willkür und der Gewalt stinken, aus der es hervorgegangen ist.

Ich sagte, daß wir ohne Zwang abstimmen – aber das ist nur die halbe Wahrheit. Die Wählerschaft ist ein unteilbares Ganzes; wenn sie von einem Krebsgeschwür befallen ist, dehnt es sich augenblicklich auf alle Wähler aus. Wird nur eine einzige Stimme erzwungen, sind auch alle anderen erzwungen. Wer wagt gegenwärtig zu behaupten, daß die Moslems in Algerien frei abstimmen und ihre Unabhängigkeit fordern werden, wenn ihnen 500000 Soldaten gegenüberstehen, deren Aufgabe es ist, zu verhindern, daß sie sie sich nehmen?

Der Anteil der von den Moslems erzwungenen Stimmen verleiht jedem Ja im Mutterland eine zusätzliche Wirksamkeit und nimmt jedem Nein ein wenig von seiner Kraft. In dem Augenblick, wo sein Stimmzettel in die Urne fällt, wird der Opponent zu einem Bürger zweiter Klasse. Seine Ablehnung hat nicht denselben Wert wie die Zustimmung des Nachbarn.

Um die Karten vollends durcheinanderzubringen, werden zwei

verschiedene Plebiszite miteinander gekoppelt. Die Völker Afrikas scheren sich nämlich herzlich weng um das Verhältnis von Exekutive und Legislative in der neuen Verfassung. Der schwarze Wähler will die Unabhängigkeit, aber er fragt sich, ob die Ressourcen und die wirtschaftliche Entwicklung seines Landes ihm erlauben, auf unsere Unterstützung zu verzichten. Das ist seine einzige Frage, und seine Stimme wird von der Antwort abhängen, die er sich gibt...

Und so kommt es, daß ein Ja, das in Madagaskar der inneren Autonomie und dem Weg zur Freiheit gilt, in Paris die Bevormundung des französischen Volkes bedeutet und die Wirksamkeit der Nein-Stimmen noch weiter verringert. Diese heimtückische Gewalt sucht sich ihre Opfer aus: nur die Demokraten werden die Leidtragenden sein.

Die Aushöhlung der Stimmen geschieht im Mutterland selbst. Die Zweideutigkeit ist so groß, daß man nicht genau weiß, für oder gegen was oder wen man stimmt. Auf den ersten Blick ist diese Charta ein Porträt. Das Selbstbildnis des Künstlers. Wer ist dieser Fürstpräsident, der herrscht und nur Gott verantwortlich ist, wer ist er, wenn nicht de Gaulle in Person?

Kann man auch nur einen Augenblick glauben, daß er der Erwählte der Nation sein wird? Wird er seine Machtbefugnisse vom souveränen Volk erhalten? Nie im Leben. Er ist bereits im Amt und hat seine Anhänger zu seinen Wählern erkoren; das heißt, daß die Wahl nichts weiter ist als eine Zeremonie. Wer hebt ihn dann auf den Thron? Nun, Frankreich selbst – alle seine Einwohner natürlich abgerechnet. Diese starre und strenge, allen unsichtbare Entität verschmäht es nicht, ihm in ihrer Einsamkeit etwas ins Ohr zu flüstern. Der Beweis? Letzten Donnerstag war General de Gaulle noch nicht durch Plebiszit bestätigt. Allein die Intrige und die Angst hatten ihn zum Minister gemacht; dennoch konnten wir hören, daß er in einer überraschenden Rede die Franzosen ermahnte, *im Namen Frankreichs* für die Verfassung zu stimmen. Das ist der Punkt: Frankreich hat die gaullistische Wahl bereits gebilligt; unsere Pflicht ist vorgezeichnet. Wenn wir sie zurückweisen, wird Frankreich leiden, und wir werden Übeltäter sein. Wenn wir sie erfüllen, wird Frankreich lächeln, und man wird uns vielleicht zu den offiziellen Feierlichkeiten einladen.

Es heißt, allein Odysseus habe die Kraft gehabt, seinen Bogen zu spannen; so hat allein General de Gaulle den nötigen Hochmut, die Rolle eines Präsidenten der Vorsehung zu spielen. Ich glaube nicht an Gott, aber wenn ich bei diesem Plebiszit zwischen Ihm und dem derzeitigen Prätendenten wählen müßte, dann würde ich meine Stimme lieber Gott geben: Er ist bescheidener. Er verlangt all unsere Liebe und unendliche Achtung, aber ich habe mir von Priestern sagen lassen, daß Er unsere Liebe erwidere und die Freiheit auch des Ärmsten unendlich achte. Auch unser künftiger Monarch verlangt, daß man ihn achte, aber ich fürchte sehr, daß er uns nicht achtet. Mit einem Wort, Gott braucht die Menschen, und General de Gaulle braucht die Franzosen nicht.

Oder doch. Er hat gesagt: «Ich brauche Ihr Vertrauen.» Aber es genügt ihm, wenn wir ihm dieses Vertrauen am 28. September ein für allemal schenken. An diesem Tag werden wir uns, wenn alles so verläuft, wie er will, dem Mann anvertrauen, der uns mit dem unverhohlensten Mißtrauen begegnet und möchte, daß wir die Verfassung der Verachtung annehmen. Die Volksversammlung wird von einem reaktionären Senat flankiert. Sie ist der Möglichkeit beraubt, selbst und aus ihrer Mitte ihre Minister zu wählen. Und man verwehrt ihr nahezu die Möglichkeit, die Regierung, die ihr aufgezwungen wird, zu stürzen. Man verkürzt die Dauer ihrer Legislatur, man behält sich das Recht vor, sie aufzulösen oder unter vagen Vorwänden zu beurlauben. Franzosen, begreift ihr, daß wir es sind, wir alle, denen man alle diese Rechte abspricht? Das Referendum von 1958 erinnert mich an das, was Karl Marx vor hundert Jahren gesagt hat: das allgemeine Wahlrecht sei 1848 nur aufgetaucht, um alsbald abgeschafft zu werden.

Und genau darin liegt die Zweideutigkeit. Denn diese Verfassung erscheint auf den ersten Blick als das innere und übergroße Bild, das sich ein Mensch von sich selbst gemacht hat. Bei näherer Betrachtung jedoch stellt man fest, daß sie das Ergebnis eines Kompromisses zwischen den Kräften ist, die diesen Mann an die Macht gebracht haben: den Feudalherren von Algier und dem großen Finanzkapital. Um erstere zufriedenzustellen, gibt man dem bäuerlichen Frankreich den Vorrang in der Wählerschaft: der Bauer stimmt geschlossen; der Arbeiter nicht – aber man entschädigt ihn mit der Ehrenlegion. Um die Banken zufriedenzustellen, wird man die Minister außerhalb der Nationalversammlung wählen. Es konnte gar nicht anders sein: von den Großgrundbesitzern in Algier an die Macht gebracht, hat de Gaulle seine Ministerien mit Bankiers gespickt. Indem das Finanzkapital die Exekutive vom parlamentarischen Spiel befreit, hofft es, den Staat zu kontrollieren; seine Vertreter werden sich nicht mehr damit begnügen, Druck auf die Minister auszuüben, sie werden selber Minister sein. Durch die Bevorzugung der Bauernschaft, das heißt, trotz allem, des reaktionärsten Teils der Wählerschaft, jenes Teils, der seit zwölf Jahren die Ausgaben trägt, hoffen die Vertreter der Obersten, daß eine «unauffindbare»[1] Kammer gewählt wird, die, ohne mit der Wimper zu zucken, den höchsten Militärkrediten zustimmt.

Pariser Kapitalisten, algerische Grundbesitzer: ich behaupte nicht, daß diese Leute sich gut verstehen; ganz im Gegenteil, man muß in General de Gaulle ihr Schlachtfeld und in der Verfassung den geometrischen Ort ihrer Widersprüche sehen. In einem Punkt aber sind sie sich einig: das Volk mundtot machen.

Gegen diejenigen, die sich von ihren Lügen nicht hinters Licht führen lassen, fährt man schweres Geschütz auf. Ich sage Ihnen: diese Macht ist aus der Gewalt hervorgegangen, folglich wird sie sich durch Gewalt behaupten. Die Erpressung hat uns de Gaulle beschert, und die Erpressung wird ihn uns erhalten.

Ich gebe zu, daß man uns noch nicht mit Gewehrkolben zu den Urnen treibt. Aber ich sage, daß eine Wahl nicht frei ist, wenn der Wähler terrorisiert wird. Ohne diese Drohungen, ohne die berüchtigten algerischen Flugzeuge, die jederzeit bereit sind zu starten, um über Paris ihre Fracht an Fallschirmjägern abzuwerfen, ohne den Mann «mit dem Messer zwischen den Zähnen» würde die Charta mit schallendem Gelächter aufgenommen werden: sie ist so konfus, so töricht, so naiv reaktionär, daß niemand sie ernst nähme. Wenn die Vierte Republik tot ist, dann vor allem deshalb, weil sie sich vom Volk abgeschnitten hat. Glaubt man, besser davonzukommen, wenn man das Volk ganz und gar negiert? Die Zeremonie des 4. September war nach dem Bild des Frankreich gemacht, das man uns bescheren will: in der Mitte des Platzes der Fürst, um ihn herum der Chor der Erwählten; und hinter den Absperrungen der Polizei, sehr weit weg, das Murren des Volkes, das nein sagt.

Ich wende mich an diejenigen, die dem Mann vom Juni vertrauen, und frage sie: Wozu diese Charta? Sie sagen, General de Gaulle brauche ihr Vertrauen; das verstehe ich. Sie gehen davon aus, daß er sich den Obersten entgegenstellen wird und die Kraftprobe nicht bestehen

1 Die «unauffindbare» Kammer = *la Chambre introuvable* war die ironische Bezeichnung der Kammer der ultra-royalistischen Abgeordneten, die im Oktober 1815 nach der Niederlage und Verbannung Napoleons I. und der Wiederherstellung der Monarchie zusammentrat und im September 1816 aufgelöst wurde, nachdem sie in blinder Selbstgefälligkeit die reaktionärsten Maßnahmen verabschiedet hatte. *Anm. d. Hg.*

kann, wenn er das Land nicht hinter sich hat. Auch das kann ich noch verstehen. Wo aber sehen Sie, daß Ihre Stimme ein Mandat ist, die Ordnung und den Frieden in Algerien wiederherzustellen? Ihr Ja ist eine Billigung all dessen, was er seit dem 1. Juni getan hat. Also billigen Sie die Anwesenheit von Herrn Soustelle im Kabinett. Herr Soustelle aber vertritt quasi offiziell die Wohlfahrtsausschüsse. Sie billigen die Beförderung von General Massu. General Massu aber ist einer der Hauptverantwortlichen für den 13. Mai. Um gegen die Ultras zu stimmen, haben Sie also keine andere Möglichkeit gefunden, als Ihr Ja mit dem ihren zu vermischen. Denn sie alle werden ja sagen, zweifeln Sie nicht daran. Danach wird Gott die Seinen erkennen. Gott, aber nicht General de Gaulle. Wie soll er wissen, ob Sie der Integration zustimmen oder sie ablehnen, da ja Sie, die Sie dagegen sind, ihm dieselbe Antwort geben wie jene, die dafür sind?

Alles ist gefälscht. Hätte General de Gaulle Ihre Unterstützung gewünscht, um Reformen, eine konkrete Aktion in Angriff zu nehmen, den Kampf gegen bestimmte zivile und militärische Elemente zu führen, dann hätte er als erstes sein Programm verkündet. Angenommen, er hätte gesagt: «Ich möchte mit den Rebellen verhandeln» oder im Gegenteil: «Ich werde den Krieg bis zum Ende fortsetzen» – welche Klarheit! Jeder würde seine Verantwortung tragen. Statt dessen fordert er uns auf, über die jeweiligen Befugnisse des Präsidenten und einer Nationalversammlung nachzudenken, die den Bereich der Phantasie noch gar nicht verlassen haben. Frankreich versinkt in einem abscheulichen Krieg, die Preise schießen in die Höhe, die Industrie sucht Absatzmärkte. Und man schlägt uns eine Verfassung vor! Abgesehen davon: nichts, Schweigen oder doppeldeutige Worte, die Exegeten, jeder auf seine Art, eilfertig interpretieren.

Nein, nicht um unsere Unterstützung bittet uns der General, sondern um unseren Gehorsam, mehr nicht. Und warum sollten Sie ihm denn gehorchen? Seit hundertfünfzig Jahren ist Frankreich erwachsen. Was braucht es einen Vater? Passen Sie nur auf, es wird nicht lange dauern, und wir fallen in die Albernheiten der Kindheit zurück; die Erwachsenen neigen nur allzusehr dazu.

Sie werden antworten, daß Sie das alles wissen, aber daß man sich unter das Joch beugen muß, da General de Gaulle der einzige Mann ist, der die Rebellion in Algier niederwerfen kann. Er und sie niederwerfen? Wo Algier es doch war, das ihm die Macht gegeben hat und ihn an der Macht hält?

In Frankreich versteht es diese Regierung, autoritär zu sein: sie hat bereits gelernt, die Polizei auf die Menge schießen zu lassen und die Zeitungen der Opposition zu beschlagnahmen. Doch was Algerien betrifft, so würde man vergeblich herauszufinden suchen, was sie vom Kabinett Bourgès-Maunoury unterscheidet.[1]

Wenn Sie für de Gaulle stimmen, was geben Sie ihm dann, was er nicht schon hat? Er erfreut sich der Allmacht. Innerhalb von drei Monaten hätte er alles tun können, aber er hat nichts getan. Dagegen stärken Sie die Ultras. Sie können sicher sein, daß sie sich unter diesem großen Schatten vermehren werden. Und hoffentlich haben Sie dann nicht den Nagib irgendeines neuen Nasser gewählt, der plötzlich die Maske fallen läßt.[2]

Alles ist falsch. Lügen und Gewalt, Erpressung, Terror, Zweideutigkeit, alles an diesem Referendum ist so eingerichtet, daß es das Bewußtsein vergewaltigt und die Stimmen der Gegner abwertet.

Sollten die Jastimmen überwiegen, dann können Sie sich denken, was passiert. Aber selbst wenn man die Zukunft außer acht läßt, wäre es unwürdig, unter Drohung zu wählen. Da wir dieses gezinkte Plebiszit nicht verhindern konnten, bleibt uns nur eine einzige Antwort: Nein. Aber tappen wir nicht in die letzte Falle. Seien wir nicht «der Geist, der stets verneint». Absichtlich hat man uns in die Ecke der puren Ablehnung gedrängt: schließen wir uns zusammen und geben wir dieser Ablehnung einen Sinn. Unser Nein zur Monarchie muß «Verfassunggebende Versammlung» bedeuten. General de Gaulle und denen, die ihn umgeben, werden wir sagen: «In einem Punkt sind wir mit Ihnen einverstanden: die Vierte Republik ist tot, und wir gedenken nicht, sie wiederzuerwecken! Aber es ist nicht Ihre Sache, die Fünfte Republik zu schaffen. Das ist Sache des französischen Volkes selbst in seiner vollen und ganzen Souveränität.»

11. September 1958

1 Maurice Bourgès-Maunoury, Ministerpräsident vom 17. Juni bis zum 30. September 1957, Vertreter einer harten Politik gegenüber der algerischen FLN. *Anm. d. Hg.*

2 Am 23. Juli 1952 hatte in Ägypten die Gruppe der «Freien Offiziere» unter Nasser und Nagib die Monarchie gestürzt. Nagib wandte sich 1954 gegen Nassers sozialreformerischen Kurs. Er verlor daraufhin sein Amt als Staatspräsident und wurde von Nasser abgelöst. *Anm. d. Hg.*

Die Frösche, die einen König haben wollen

Es wird viele, sehr viele Jastimmen geben. Aber wozu sagt man ja? Zur Verfassung? Alle Welt pfeift darauf. Zu einem Programm? Vom Firmament, welches das Haupt des Generals streift, fällt allerhöchstens hin und wieder ein nicht zu enträtselndes Orakel. Nein: es ist der Mann, dem man seine Zustimmung geben will. In diesem parzellierten Land voller Schranken, Wände und Zwistigkeiten, in dem jeder seinem Nachbarn einen Knochen streitig macht, zeigt sich unversehens der Mann der Einmütigkeit. Sollte er am 28. September gewinnen, und sei es nur knapp, dann würde er sich, wie wir alle wissen, nicht für den Führer der Mehrheit halten, sondern in seiner Person die Vereinigung aller Franzosen zu verwirklichen meinen. Er hütet sich, irgend etwas anzubieten: und die Interessen auf der Erde bleiben zersplittert und widersprüchlich. Hebt der Wähler jedoch die Augen, dann entdeckt er über den Wolken die faszinierende Fata Morgana der Einheit. Wenn wir für ihn stimmen, werden Rechte und Linke vereint sein wie sein rechtes und sein linkes Ohr, das Großkapital und die Straßenarbeiter wie der Scheitel seines Hauptes mit der Sohle seiner Füße. Viele Franzosen hassen ihren Nächsten; in de Gaulle werden sie ihn lieben; alle werden sich eins fühlen in dieser großen Entität, deren organische Unauflöslichkeit den höchsten Grad gesellschaftlicher Integration symbolisieren will.

Warum sieht man denn nicht, nach so vielen Diktaturen, daß diese mystische Kommunion unsere Streitigkeiten nur verdecken, aber nicht schlichten würde? Warum weiß man denn nicht, daß ein Land sein schmerzliches Verlangen nach Einheit auf einen einzigen Mann projiziert, wenn die Widersprüche des Augenblicks diese Einheit unmöglich gemacht haben? Man könnte meinen, der Wähler schlummere. Sehen Sie sich doch um: die Jastimmen, die Neinstimmen breiten sich überall aus: auf den Mauern, in den Provinzzeitungen, im *Express*. Das Nein nennt seine Gründe, es erklärt seine Entscheidung, es ist leidenschaftliche Geometrie. Die Jastimmen sind Seufzer: sie überlassen sich den großen Träumen, den großen Gefühlen, den großen Worten, jenen Tränenströmen, die häufig der Errichtung von Diktaturen vorausgegangen sind. Eine finstere Begeisterung: gegen die Vernunft berufen sich die Jastimmen auf die

Gründe des Herzens, die sie nicht kennt – aber das Herz ist nicht dabei.

Man brauchte sich nicht zu wundern, wenn wir es lediglich mit den Gaullisten der ersten Stunde zu tun hätten, die dem Gefährten der heroischen Zeiten treu geblieben sind, dem Führer, dem sie stets Hochachtung entgegengebracht haben. Und andererseits ist es normal, daß eine gewisse Anzahl von Leuten, denen das Leben übel mitgespielt hat, es nötig haben, an Gott und vor allem an seine Inkarnation zu glauben. Wie viele einsame, hintergangene Frauen haben nicht ihren Groll auf die gesamte Gattung ausgedehnt: alles Menschliche ist ihnen ein Greuel, sie lieben Hunde und Übermenschen.

Aber es werden auch junge Leute dem künftigen Monarchen ihre Stimme geben: aktive, manchmal glückliche, intelligente Menschen, die sich aufrichtig für Republikaner halten. Viele von ihnen sind Techniker, arbeiten im Team, wissen, wie ein Problem auftritt und wie man es löst; allen Unfehlbarkeiten zum Trotz haben sie in der Praxis entdeckt, wie wichtig wechselseitige Kontrollen, gegenseitige Hilfe und Auseinandersetzungen sind: sie glauben nicht mehr an den Weihnachtsmann. Und? Was haben sie mit dem Großen Einen zu schaffen? Warum verlassen sie sich, wenn es um das Gemeinwohl geht, lieber auf jenen unfehlbaren Fürsten statt auf technische Organisationen, die sie kontrollieren könnten? Es muß wohl so sein, daß die *Person* General de Gaulles durch sich selbst und in aller Stille das etwas verschwommene Bild einer Politik zeigt. Und vor allem müssen diese Republikaner, um dieses Bild entziffern zu können, eine bestimmte Idee von Frankreich, der Republik, der Welt und sich selbst haben. Könnten wir im Vertrauen auf unzählige Untersuchungen, Zeugnisse und Privatgespräche die Züge und Gedanken dieser hochanständigen und grunddemokratischen Wähler bestimmen, die nächsten Sonntag mit Ja stimmen werden, dann würden wir, glaube ich, sehen, daß auch sie Opfer einer Fata Morgana sind. Und sollten sie diese Skizze zu Gesicht bekommen, dann werden vielleicht einige sich darin wiedererkennen, und vielleicht werden ihnen die Augen aufgehen.

Man muß von dieser unseligen Vierten Republik ausgehen, die sich aus Ekel vor sich selbst aufgelöst hat. Die Vorwürfe, die man ihr macht, sind nicht eben neu: man hat sie schon gegen die Dritte Republik erhoben, die am 6. Februar 1934[1] daran zu sterben meinte. Da-

1 Gemeint ist der faschistische Putschversuch vom 6. Februar 1934, der durch einen antifaschistischen Generalstreik vereitelt wurde. *Anm. d. Hg.*

mals waren sie weniger heftig und weniger einmütig: aber kaum weniger berechtigt. Tatsache ist, daß das Regime seit 1947 leerläuft, Tatsache ist, daß die Nationalversammlung vom Volk, das heißt von den Wählern, abgeschnitten war; Tatsache ist, daß es ein «System» gab, das heißt, daß unsere Politiker zu inerten Dingen geworden waren und unerbittlichen Gesetzen gehorchten, die den Lauf der Dinge lenken. Zunächst fiel die Instabilität der Kabinette auf. Jene plötzlichen, manchmal unerwarteten Stürze, jene anhaltenden Krisen waren für viele Franzosen das Bild der Unordnung selbst. In Wirklichkeit gab es immer nur ein einziges Kabinett. Es war stabil, aber es drehte sich. Die kleine Mannschaft derer, die Minister werden konnten, tanzte einen Reigen, jeder hielt seine Nachbarn an der Hand und wartete, bis die Kreisbewegung eines Scheinwerfers sein Gesicht aus dem Schatten holte. Mag sein, daß Herr Pflimlin und Herr Schuman für ein paar enge Freunde tatsächlich verschiedene Menschen sind, politisch jedoch entgehen sie dem Individuationsprinzip. Von der gleichen Mehrheit gestützt, setzten die Neuen die Politik der Alten fort, das heißt, sie verharrten in Trägheit.

In der ganzen Zeit gab es nur einen einzigen Riß, der schnell repariert war, das Kabinett Mendès-France.[1] Dieser Parvenu gehörte nicht zur Clique: man ließ es ihn weidlich spüren.

Gut. Dieser Sachverhalt ist schon hundertmal beschrieben worden. Das System, das ist die Ohnmacht an der Macht. Nicht die Anarchie – wo jeder tut, was er will –, sondern die Paralyse, bei der der Kopf noch denkt, wenn die Arme sich nicht mehr bewegen. Ja, Herr Gaillard und Herr Pinay hatten so etwas wie einen Kopf, und dieser Kopf sagte ihnen – im Privatgespräch machten sie keinen Hehl daraus –, daß der Algerienkrieg absurd sei und man verhandeln müsse. Als jedoch Herr Gaillard als Ministerpräsident an die Reihe kam, war er nicht so verrückt zu meinen, man vertraue ihm diesen neuen Posten deshalb an, um ihm die Erlaubnis zu geben, das zu tun, was er für sinnvoll und richtig hielt, oder laut zu verkünden, was er für wahr hielt. Dieser auswechselbare Ministerpräsident lieh seine Stimme dem System, und das System bekräftigte durch seinen Mund: Regieren heißt nicht

1 Pierre Mendès-France, Ministerpräsident vom 17. Juni 1954 bis zum 6. Februar 1955, beendete den französischen Indochinakrieg, beschleunigte die Unabhängigkeit Tunesiens und Marokkos und plante innere Reformen, an deren Ausführung er durch den Sturz seiner Regierung gehindert wurde. *Anm. d. Hg.*

vorhersehen, nicht vorbeugen, nicht eine Wahl treffen, regieren heißt gehorchen; wir werden den Krieg auf Leben und Tod fortsetzen.

Das Schauspiel der Ohnmacht ist nicht dazu angetan, das Herz zu erfreuen. Es empört die Arbeitenden, weil Arbeit Handeln heißt.

Daß der Antiparlamentarismus hierzulande berufliche Gründe hat, beweist die Tatsache, daß man den Gewählten weniger ihre Ohnmacht oder ihre Feigheit zum Vorwurf macht als vielmehr ihre Faulheit, ein Laster, das ihnen völlig fremd ist. «Man bezahlt sie fürs Nichtstun.» Das steckt dahinter.

Um den 15. Juni herum sprach mich ein Kleinbürger vor der Abgeordnetenkammer an und sagte mir wütend:

«Na! Sie sind also schon wieder in Ferien.»

«Ja, aber man hat sie weggeschickt», antwortete ich. Er war keinen Augenblick verwirrt, sondern kochte weiter vor Wut. «Man hat sie weggeschickt? Um so besser. Dann soll man sie aber nicht bezahlen.»

Und unsere Republikaner – jene, die ihre Stimme de Gaulle geben werden – sind ehrliche Arbeiter, die Sinn für präzise Techniken, für genaue Handlungen haben und sich in ihren gewählten Vertretern nicht wiedererkennen oder – wie wir sehen werden – nicht wiederzuerkennen *glauben*.

Bis hierher sind wir uns alle einig. Aber wir haben das Feld des Scheins noch nicht verlassen. Denn woher kommt schließlich diese Ohnmacht? Sind es die Menschen, die das System geschaffen haben, oder hat das System die Menschen geschaffen?

Und was genau ist das System? Der Immobilismus kann nicht seine Ursache, sondern nur seine Wirkung sein. In diesem Punkt bleiben die Antworten ungenau.

Ich habe *Les princes qui nous gouvernent* (Die Fürsten, die uns regieren) von Herrn Debré[1] gelesen, zugegebenermaßen in der Hoffnung, mich zu ärgern. Ich bin enttäuscht worden: dieser Brei ist unverdaulich. Aber der Verfassung nach zu urteilen, soll der Hauptfehler das Primat der Legislative sein.

Da haben wir's. Stellen wir uns einen Mann mit eisernen Nerven vor, mit hartem und weitem Herzen, den Kopf voll großartiger Pläne, der nur zum Wohle Frankreichs wirken will und der zur Durchführung seines Vorhabens nichts anderes braucht als Kontinuität: das ist

1 Michel Debré wurde 1959 von de Gaulle zum Ministerpräsidenten ernannt. *Anm. d. Hg.*

die Exekutive. Und vergleichen wir nun mit dieser erhabenen Gestalt die Legislative, diesen Korb wimmelnder, glitschiger Krebse, die unaufhörlich aufeinanderkriechen und ständig wieder herunterfallen. Ist es nicht absurd, diesen Mann den Launen der Krebse zu unterwerfen?

An dieser Stelle muß man den größten gaullistischen Schwindel anprangern. Wagt man zu behaupten, die Nationalversammlung habe unsere Minister zu jenen verstörten und verschreckten Tieren gemacht, die wir so oft im Rundfunk oder im Fernsehen ein auswendig gelerntes Kompliment haben hersagen hören? Und haben etwa die Minister in der Nationalversammlung Angst verbreitet? War es etwa die Nationalversammlung, die Herrn Mollet daran hinderte, die Entführung Ben Bellas zu mißbilligen? War sie es, die Herrn Gaillard zwang, die Bombardierung Sakiets zu «decken»?[1]

Ich sage im Gegenteil, daß alles Übel der letzten Jahre von einer zu starken Exekutive kam, die sich der Kontrolle der Legislative entzog. Denn wir hatten eine Exekutive. Dieser Fürst bombardierte Haiphong, als die Nationalversammlung mit Ho Tschi Minh verhandeln wollte;[2] er verlangte Geld – der Nerv des Krieges –, das man ihm eilig und widerspruchslos bewilligte; in Algerien verstärkte er die «Gesetze gegen Verdächtige» und die Polizeiaktionen, er kämmte durch, sperrte ab, bombardierte; und in Frankreich beschlagnahmte er die Oppositionspresse und belangte die Journalisten vor den Militärgerichten; das ganze Leben der Nation wurde durch seine großen heroischen Träume von Rückeroberung behindert, er opferte Frankreich seinen Kolonien, und die eingeschüchterte, ohnmächtige Nationalversammlung schepperte am Schwanz der Kolonialkriege wie ein Kochtopf an dem einer Katze.

Diese autoritäre, unkontrollierbare Exekutive nannte sich Thierry

1 Am 22. Oktober 1956 wurden Ben Bella und drei weitere Führer der algerischen FLN auf einem Flug von Rabat nach Tunis entführt und nach Algier gebracht. Obwohl der Ministerpräsident von dieser Entführung nicht unterrichtet worden war, billigte er sie anschließend. Zur Bombardierung Sakiets siehe Fußnoten 1 und 2, Seite 47. *Anm. d. Hg.*

2 Am 23. November 1946 bombardierte die französische Flotte den nordvietnamesischen Hafen Haiphong und besetzte ihn als Vergeltungsmaßnahme für wiederholte Verletzungen der von Frankreich beanspruchten Zollhoheit seitens der Vietnamesen. Siehe auch: Jean-Paul Sartre, *Wider das Unrecht*, Rowohlt Taschenbuch Verlag, Reinbek 1983, rororo 5096. *Anm. d. Hg.*

d'Argenlieu;[1] heute hat sie hundert Namen: Massu, Trinquier, Lacheroy und andere «Oberste». In dreizehn Jahren ist Frankreich zu jenem militarisierten Land geworden, dessen Söhne in Übersee unter dem Befehl unserer Fürsten, der Kriegsherren, kämpfen.

Seit neunzehn Jahren führen wir Krieg: das System entsprang nicht den angeblichen Mängeln der Verfassung von 1946, sondern der trägen Faszination einer Nation, die ihr Blut, ihre Zeit, ihre Kultur und ihre Reichtümer verliert, um alte Eroberungen zu bewahren, die schon seit langem mehr kosten, als sie einbringen.

Exekutive? Legislative? System? Wörter.

Wenn es heute eine Krise der Gewalten gibt, so muß man ihre tieferen Ursachen in Übeln suchen, die unsere neuen Herren nicht heilen wollen oder können. Was ich sagen will, weiß alle Welt, aber viele wollen es nicht wissen. Für diese angeblich Nicht-Wissenden wiederhole ich es.

Ich behaupte nicht, daß die Geschichte gerecht ist: es war vielleicht nicht gerecht, daß wir den ersten Ansturm der deutschen Armee allein erdulden mußten, auch nicht, daß der Feind uns vier Jahre besetzt hielt oder daß wir im Stich gelassen wurden und über unsere Niederlage sinnierten, während unsere Verbündeten den Krieg gewannen, oder daß wir von ihnen befreit, aus Gefälligkeit zu Siegern erklärt und unter den Fünf Großen als armer Verwandter geduldet wurden.

1945 glaubten wir, unser Schicksal wieder in die Hand zu nehmen: die Sowjetunion, die Vereinigten Staaaten und General de Gaulle brachen der Résistance das Kreuz. Die Streiks von 1948 ruinierten die Arbeiter. Damals entdeckten wir, daß wir ein sehr altes Land waren, eine Gesellschaft, die von Kopf bis Fuß durch den ökonomischen Malthusianismus[2] der Zeit zwischen den beiden Weltkriegen aufgespalten war. Wo war das Volk? Es gab keines mehr: es war in auseinanderstrebende Interessengruppen zerfallen, die einander nicht mochten. Außerdem standen alle in Opposition zu allen: die kleinen, die mittleren und die großen Unternehmen, der Einzelhandel und der Groß-

1 Am 1. Juni 1946 proklamierte Thierry d'Argenlieu, der französische Generalgouverneur von Vietnam, in Saigon eigenmächtig die Republik Kotschinchina. *Anm. d. Hg.*

2 Nach dem englischen Nationalökonomen Thomas Robert Malthus, der eine strenge Geburtenbeschränkung zur Eindämmung der Gefahren des Bevölkerungswachstums predigte, bewußte Drosselung der Produktion. *Anm. d. Hg.*

handel, die Bauernschaft und die Städte, wie es passiert, wenn die Bewegung der Geschichte stillsteht und die lebendigen Widersprüche sich in inerte Konflikte verwandeln. Die Großindustrie verschärfte ihre malthusianischen Tendenzen, die Arbeiterklasse war gespalten: die Facharbeiter als Erben des alten Anarchosyndikalismus bremsten nach Kräften die Modernisierung der Ausrüstung, weil sie vor allem fürchteten, daß ihre Arbeit dadurch disqualifiziert würde; die angelernten Arbeiter, die es leid waren, sich in der teuflischen «Lohn-Preis-Spirale» zu drehen, sahen dagegen in der Massenproduktion die einzige Möglichkeit, ihren Lebensstandard zu heben. Gewerkschaften und Parteien schürten diese Antagonismen und verhärteten sie; der Gnadenstoß jedoch kam auch diesmal *von außen*, der Marshallplan und der «Prager Staatsstreich» [1] verwandelten diese wirtschaftlichen und gesellschaftlichen Konflikte in politischen Haß. Die Linke war gestorben.

Blieb das Kolonialreich. Es fing sehr rasch an auseinanderzufallen. Es bedurfte keiner großen Hellsicht, um von den ersten Revolten an zu verstehen, daß wir den Beginn dessen erlebten, was das bedeutendste Ereignis der zweiten Jahrhunderthälfte sein sollte: das Erwachen des Nationalismus bei den Völkern Afrikas und Asiens; um zu erkennen, daß diese Emanzipationsbewegung unaufhaltsam und nicht wieder rückgängig zu machen sein würde. Aber wir wollten nichts davon sehen, und sogar die Linke stellte sich anfangs lange blind: das Kolonialreich war unsere Größe.

Einen Augenblick lang könnten wir träumen, wir hätten die Souveränität, die wir Amerika abgeluchst hatten, bewahrt, wenn wir die Rebellen zwingen würden, sie anzuerkennen.

Nicht die Nationalversammlung hat den schwachsinnigen Verbalismus erzeugt, der alles verdirbt: es war die Situation. Wir gehörten zwar zu den Fünf Großen, aber sieben Jahre nach dem Debakel erdrückte uns Deutschland mit seiner Stärke. «Groß» wurde ein sinnentleertes Wort. In den Kolonien verhalfen wir durch Massaker einer Souveränität zur Geltung, die wir verloren hatten. Souveränität war nur ein Wort. Überall verkündeten wir Frankreichs Größe, aber wir wußten, daß unsere Prestigekriege die Welt aufbrachten, ohne sie in Schrecken zu setzen. Die Atommächte fragten sich verwundert: «Was machen sie bloß? Spielen sie? Wahrscheinlich müssen sie ihre

1 Gemeint ist die Machtübernahme durch die Kommunistische Partei der Tschechoslowakei im Jahr 1948. *Anm. d. Hg.*

Soldaten beschäftigen.» Größe war nur ein Wort. Ein anderes Wort war Sieg: man konnte den Krieg nur beenden oder verlieren. Die anderen kamen ganz von selbst: als wir in einer letzten Anstrengung die Vereinigten Staaten in den Konflikt hineinziehen wollten, hielten wir es für angebracht zu vergessen, daß wir uns zum Teil deshalb hineingestürzt hatten, um uns gegen sie zu behaupten; keiner sprach mehr von Kolonialexpedition: der Franzose wurde zum Wachposten des Westens; in Vietnam verteidigte er die christlichen und abendländischen Werte gegen den Antichristen Stalin und die slawischen Barbaren. Wir waren in den Traum entwischt, um vor der unerträglichen Wahrheit zu fliehen. Der Traum wird seit einigen Jahren zum Alptraum, aber die Schrecken der Nacht sind uns lieber als die Schande des Tages.

Die Armee hat dieses Abenteuer intensiver erlebt, aber im großen ganzen auf dieselbe Weise. Die Blitzniederlage von 1940 hatte sie verstört. Seitdem erschien ihr jeder Krieg, den sie führte, als Revanche für den vorherigen. Die Offiziere mochten die Guerillas von Indochina nicht, aber sie stürzten sich mit finsterer Leidenschaft in den Kampf. Doch diese Revanche war eine Niederlage. Es war nicht ihre Schuld: Sie haben sich stets mutig, bisweilen heldenhaft gezeigt. Auch die Nationalversammlung hatte sich ihnen gegenüber nichts zuschulden kommen lassen: sie bekamen die Kredite, die Waffen. Die Verzögerungen und Irrtümer lagen allein an der Entfernung. In Wahrheit haben sie diesen Krieg verloren, weil wir ihn verlieren mußten: Was vermag ein Expeditionskorps gegen die Revolte eines ganzen Landes, wenn seine «natürlichen» Stützpunkte Tausende von Meilen entfernt sind?

Dennoch haben sie diese Entfernung als Verrat empfunden; sie haßten die Zivilbevölkerung, weil sie nicht vor ihr erröten wollten. Niemand hätte überhaupt daran gedacht, ihnen irgendeinen Vorwurf zu machen, aber sie interpretierten unsere Blicke, unsere Worte, unser Schweigen. Diese Spaltung zwischen den glücklosen Helden und der nationalen Gemeinschaft ist der Ursprung unserer derzeitigen Bedrängnis. Die Armee ist verletzt.

Sie ist zwischen zwei Arten von Konflikten – den Konflikten des Jahrhunderts – eingeklemmt, ohne wirklich für sie gerüstet zu sein, weder für den einen noch für den anderen. Was kann sie gegen *Volks*kriege tun trotz den riesigen Anstrengungen der letzten Jahre? Mao lesen? Da wird sie lernen, daß die revolutionäre Armee in Symbiose mit der Bevölkerung lebt. Was dagegen tun? Man kann psychologische Abteilungen, Antiguerillaschulen schaffen; man kann die schwerfällige Militärmaschine flexibler machen, die Soldaten pflügen und säen, den Bauern helfen lassen, wie die Generäle der V. Armee es taten. Und dann? Glaubt man, damit die Herzen zu verändern? Mag sein, daß man ohne die Zivilbevölkerung den Krieg nicht verliert, sicher ist, daß man ihn nicht gewinnen wird.

Wenn jedoch andererseits ein weltweiter Konflikt ausbrechen sollte, dann haben unsere Militärs auf Grund unserer armseligen Mittel kaum eine Chance. Flugkörper, Interkontinentalraketen, ferngesteuerte Waffen, mit einem Wort, der Knopfdruck disqualifiziert die klassischen Armeen, so wie die halbautomatischen Maschinen die Facharbeiter disqualifiziert haben. Der Techniker wird den Soldaten verdrängen, und der Atomtod wird den Soldaten dem Zivilisten angleichen, weil er sie gemeinsam und unterschiedslos trifft.

Zu reich, um die Kriege der Armen gewinnen, zu arm, um sich in einem Krieg der Reichen durchsetzen zu können, mag die französische Armee sich noch so sehr modernisieren, Politik und Technik treffen sie ins Mark. Trotz der Jugend und Tapferkeit ihrer Offiziere bleibt sie ein Anachronismus. Sie fragt sich nach ihrer Daseinsberechtigung: Kolonialkonflikte widerstreben ihr, sie hat sie für ehrlos erklärt; dennoch sind es die einzigen, in denen sie sich noch verteidigen, zurückschlagen und sich in gewissem Maße der Taktik des Gegners anpassen kann. Kurz, seit dem Verlust Indochinas hat sie nur die Wahl zwischen der Kaserne und Algerien. Ihre Wahl ist getroffen: sie ist dort unten dem unauffindbaren Zivilisten begegnet, dem Europäer aus Algier, *ihrem* Zivilisten; der Symbiose des «Fellagha» mit der moslemischen Bevölkerung entsprach der Symbiose der französischen Armee mit der europäischen Bevölkerung. Notgedrungen politisch – weil dieser Krieg zugleich militärisch und politisch ist –, schuf sich die Armee mit Hilfe der Kolonialherren schließlich eine Doktrin: in diesem revolutionären Kampf war sie pflichtgemäß konterrevolutionär. Und wie es häufig vorkommt, hat sie an der Sache Geschmack bekommen und nennt, um den Gegner mit gleichen Waffen zu bekämpfen, ihre Konterrevolution revolutionär. Es liegt ihr kaum daran, die Macht selbst zu ergreifen, sie ist bereit, durch Mittelspersonen zu herrschen. Sie will nur, daß man ihr ihren Knochen läßt: *das französische Algerien.*

Denn ein weiteres Mal verbeißt sie sich in einen Krieg, von dem sie ahnt, daß er hoffnungslos ist, sowohl um ihre unverdienten Niederlagen zu rächen, als auch um den Zeitpunkt dessen hinauszuzögern, was sie für ihre Vernichtung hält. Nicht, daß sie endlos Krieg zu führen wünscht. Sie hat an die Integration geglaubt. Sie kann sich eine neue Rolle des Soldaten vorstellen: den Pionier des Kolonialreichs, der mal kämpft, mal dem Bauern bei der Ernte hilft. Und ein andermal – wer weiß? – die Dorfbewohner für die gute Sache indoktriniert. Doch ob die Armee dort nun den wiedereingekehrten Frieden schützt oder Krieg führt, niemals wird sie, will man ihr Glauben schenken, Algerien verlassen, ihre letzte Rechtfertigung, ihr *Lebensinteresse.*

Seit nahezu fünf Jahren lastet sie schwer auf der Regierung des Mutterlandes, jeden Tag bedrohlicher. Zusammen mit den Kolonialherren – deren Interesse nur allzu offenkundig und deren Druckmittel zu gut bekannt sind, als daß ich sie hier in Erinnerung rufen müßte – bildet sie einen Block, und ihre gemeinsamen Aktionen verleihen ihnen unumschränkte Macht. Dennoch bleiben die neuen Kriegsherren düster: für einen Offizier kann kein politischer Erfolg jemals einen militärischen Sieg aufwiegen. Seit 1939 – außer als die Division Leclerc aus Afrika nach Paris zurückkehrte[1] – hat sich der Sieg kein einziges Mal eingestellt. In diesen Obersten steckt jener Defätismus, jener Taumel des Scheiterns, den man an der Basis von jedem Faschismus findet.

Man sieht: es gibt nichts Verlogeneres als dieses Gerede von einem System, einer unregierbaren Nationalversammlung usw. In Wirklichkeit befindet sich die Exekutive in Algier; sie besteht aus Zivilisten und Militärs, sie entscheidet über Frankreich zugunsten von Algerien. In Fragen, die allein das Mutterland betrafen, ließ man uns bis zum 13. Mai dieses Jahres eine Art Autonomie. Heute wird uns sogar diese Autonomie streitig gemacht. Und zweifellos kann die Armee, fast gänzlich vom Krieg in Anspruch genommen – und im übrigen gespalten –, nicht viel unternehmen. Aber obwohl ihre Mittel begrenzt sind, bleibt sie zumindest die einzig kohärente und organisierte Kraft.

Es hätte einer geeinten Linken bedurft: mehr nicht. Das war zuviel verlangt. Mit der Spaltung der Arbeiterparteien durch eine Schranke aus Haß und Feuer hat uns derselbe Grund, der uns brutal in das koloniale Abenteuer stürzte – die Blöcke, der Kalte Krieg –, die Mittel genommen, da wieder herauszukommen.

1 General Leclerc hatte sich im Zweiten Weltkrieg auf die Seite de Gaulles gestellt und zog mit seiner in Afrika stationierten Division am 25. August 1944 in Paris ein, wo er sich mit den bewaffneten Kräften der Résistance vereinigte. *Anm. d. Hg.*

Die UdSSR, die USA, die Bandungstaaten:[1] es erhebt sich überall gleichzeitig – im Osten, im Süden, im Westen – der Sturm, der seit zwölf Jahren über Frankreich tobt. In dem Augenblick, als die kolonisierten Völker ihre Freiheit forderten, ließ der Kalte Krieg die einzige Mehrheit zerbröckeln, die sie ihnen hätte gewähren können.

Und das ist die ganze Geschichte: eine Situation, die sich fortwährend verschlechtert – sei es in Indochina oder in Algerien –, und eine ohnmächtige, vor den Kolonialherren, den Kommunisten und den Militärs in Panik geratene Mehrheit, die ständig zaudert und ihre Entscheidungen von Tag zu Tag hinausschiebt, bis sie ihr von den Umständen aufgezwungen werden.

Ein gedemütigtes, geschundenes, von Zwistigkeiten untergrabenes Land, das sich durch Mißgeschick und Trotz in hoffnungslose Kriege verstrickt und jeden Tag ein wenig mehr erniedrigt, indem es seine Souveränität verkauft und dann den Strauß seiner Freiheiten zwischen den Stiefeln der Militärs niederlegt.

Ein paralysiertes Land, das im Traum und im Ressentiment versinkt. Ein stillstehendes Land mit veralteter Wirtschaft, das bis 1949 wartete, um seine Ausrüstung zu erneuern, und es aufs Geratewohl tat, ohne sich viel Gedanken um die Märkte zu machen, die seine überschüssige Produktion aufnehmen könnten. Ein in Schichten gespaltenes, von Mißtrauen und Trübsinn durchdrungenes Land, das unentwegt und nicht ohne Selbstgefälligkeit wiederholte: «Ich habe eine Verabredung mit der Geschichte!» und das merkte, daß die Geschichte es versetzt hatte.

Die Nationalversammlung? Pah! Sie ist sein Abklatsch. Wenn Sie sie verändern wollen, dann verändern Sie zuerst das Land. Und gewiß können *wir* es verändern; *wir alle gemeinsam*, indem wir seine Übel an der Wurzel packen: denn das Land sind wir.

Wir müssen begreifen, daß die Größe einer Nation sich nicht nach der Menge Blut bemißt, das sie vergießen läßt, sondern nach der Zahl der menschlichen Probleme, die sie löst; auf der Stelle die Kampfhandlungen einstellen, verhandeln, die Frage der assoziierten Länder mit deren Vertretern überdenken; unsere verlorene Souveränität wiedererlangen und auf die Auflösung der Blöcke, das heißt auf den Frieden, hinarbeiten; alle Linken zusammenführen und sie auf der Grundlage eines gemeinsam aufgestellten Programms versöh-

1 Staaten der Dritten Welt, deren Regierungen sich zum erstenmal auf der Bandungkonferenz vom 18.–24. April 1955 trafen. *Anm. d. Hg.*

nen; den Aderlaß der Devisen stoppen, indem man Frankreich eine Wirtschaft gibt, die die anderen europäischen Wirtschaften ergänzt, die Großindustrie zur Steigerung der Produktivität antreiben und mit allen Mitteln darum kämpfen, daß die Steigerung der Produktion in erster Linie den Arbeitern zugute kommt; durch die demographische Entwicklung, auf Grund der Umstrukturierung der Wirtschaft die Schichten aufbrechen, die die Gruppen trennen und sie auf inerte Antagonismen stoßen lassen wird; die durch die Produktivitätssteigerung drohende Disqualifizierung der Arbeit durch ein System von Neuqualifizierungen ausgleichen und die Interessenkonflikte, die die Arbeiterklasse spalten, durch eine Reihe von Einstufungen und Neueinstufungen verringern, wenn nicht beseitigen; die wissenschaftliche, literarische, künstlerische und *politische* Kultur in den benachteiligtsten Gesellschaftsklassen fördern, ein landwirtschaftliches Ausbildungswesen schaffen, ganz besonders in Mittel- und Südfrankreich, die Agrarproduktion in diesen Gegenden steigern, indem man dort, wo der Boden es zuläßt, die Gemeinden veranlaßt, einen kollektiven Maschinenpark zu erwerben usw. In zehn Jahren wird Frankreichs Gesicht nicht mehr dasselbe sein: der heute aufgeblähte tertiäre Sektor wird geschrumpft, der primäre ein Drittel verringert und der sekundäre homogener sein und einen höheren Lebensstandard haben. Wenn *wir* das selbst täten und wenn wir es innerhalb von zehn Jahren täten, dürften wir vielleicht ohne allzu große Selbstgefälligkeit sagen, daß Frankreich ein großes Land ist.

Wenn ich jedoch in aller Eile die großen Linien eines Programms skizziere, so nicht deshalb, um sie heute vorzuschlagen. Ich tue es, um die Republikaner, die am Sonntag de Gaulle ihre Stimme geben werden, zu fragen: Ist *das* der Grund, warum Sie für ihn stimmen? Bitten Sie ihn um Wohnungen, Traktoren, Schulen, um die Umstrukturierung der Wirtschaft, um einen Bündnispakt mit den Völkern in Übersee? Ich weiß bereits, daß die Antwort Nein lautet.

Warum also erwarten Sie von ihm, was er niemals versprochen hat? Warum behaupten Sie, für ein Programm zu stimmen, wenn Ihr Stimmzettel direkt dem Mann gilt?

Sie werden mir antworten, daß dieser Mann fähig ist, innerhalb von drei Jahren zahlreichere und ehrgeizigere Pläne in die Tat umzusetzen, als es die Vierte Republik in dreizehn Jahren getan hat. Ich würde Ihnen glauben, wenn ich die Spur eines Beweises dafür hätte. Aber Ihr Kandidat ist für die erhabene Hartnäckigkeit seiner Weigerungen berühmter als für die Fülle seiner wirtschaftlichen und sozialen Leistungen.

Die Wahrheit ist, daß Sie die bloße Aktion, nämlich das jeder Kontrolle entzogene Individuum wählen, aus Ekel vor dem widerlichen Morast, in dem wir seit der Befreiung waten. Aber ich habe zu zeigen versucht, daß die Ursachen dafür objektiv und tiefgreifend sind und daß die Heilmittel es ebenfalls sein sollten. Man wird Frankreich nicht dadurch verändern, daß man endlos die Führungsmannschaft auswechselt. Solange die Infrastrukturen bleiben, wie sie sind, wird auch das System bleiben, was es ist. Und ich sage mir plötzlich, daß Sie die Ohnmacht, vor der Ihnen graut, sehr schnell der Nationalversammlung zuschreiben, aber es könnte durchaus sein, daß sie in erster Linie Ihre eigene war und daß Sie sie auf die anderen projizieren, um sich von ihr zu befreien.

In den letzten Tagen habe ich viele Leute befragt. Die einen werden für General de Gaulle stimmen, die anderen werden sich der Stimme enthalten. Ich wollte wissen, was sie von ihm erwarteten – seine Anhänger natürlich, aber auch die Nichtwähler, die ihm Sympathie entgegenbringen.

Der Algerienkrieg, zum Beispiel. Was erhofften sie? Was forderten sie? Sollte man Frieden schließen? Das Wort «Frieden» verwirrte sie: sie fanden es brutal. Frieden? Das hieß sich zu sehr engagieren.

Sie sagten: «Das Ende des Kriegs.» Sie hielten sich die Ohren zu und schrien: «Es soll aufhören! Es soll aufhören! Ich will nichts mehr davon hören!»

Ich machte darauf aufmerksam, daß es nur zwei denkbare Lösungen gäbe: die FLN zerschlagen (falls möglich) oder verhandeln.

Die erste Lösung mißfiel ihnen nicht: vorausgesetzt, es geschähe schnell.

Ich sagte: «Dazu bedarf es einer großen Anstrengung: die Militärs werden Geld, Waffen und Männer brauchen.»

Sofort sagten sie: «Nein. Nein, nein. Keinen Mann, keinen Sou mehr. Diese armen Kinder, die alle verschwinden; und die Preise! Die Steuern!»

Also dann, sagte ich, kann es lange dauern.

Wieder wurden sie wütend: «Das dauert doch schon drei Jahre und mehr. Nein, nein. Es soll schnell gehen.»

Also mußte man verhandeln. Aber sie antworteten alle mit anderen Worten, was de Gaulle in Rennes gesagt hat: «Unabhängigkeit, nein. Man läßt eine Million Landsleute nicht im Stich, das tut man nicht. Integration: ausgeschlossen; wir werden für den Krieg und für die Krankenkasse und die Sozialversicherung zahlen. Außerdem würden sie sie nicht wollen, die Schweine!»

Sie hatten gesagt, «die Schweine». Ohne sich etwas Böses dabei zu denken und ohne Antipathie. Es fiel mir übrigens schwer, sie dazu zu bringen, ihre Gefühle gegenüber den Nordafrikanern zu verdeutlichen. Sie sagten: «Tollwütige Hunde, sie schießen auf jeden, man soll sie zurückschicken, sie haben hier nichts zu suchen.» Und im nächsten Augenblick: «Verständlich, daß sie aufmucken. Eine Schwägerin von mir lebt da unten, sie hat mit gesagt, daß es ihnen sehr dreckig geht!»

Und über die Attentate: «Es war verheerend, es ist unsere Schuld. Man wollte sie kriegen am 13. Mai; sie haben gesagt, na schön!» usw.

Die Antworten insgesamt haben mich aufgeklärt: der Widerspruch in Frankreich besteht heute nicht zwischen den Befürwortern des Kriegs und den Befürwortern von Verhandlungen, zwischen den geschworenen Feinden der Araber und denen, die sie zu verstehen suchen. Er liegt in den Individuen selbst, die alles auf einmal wollen.

Im übrigen schien mir, daß sie wünschten – wenn sie sich nur getraut hätten –, man solle den Algeriern die Unabhängigkeit zugestehen, und sei es nur, um nichts mehr davon zu hören. Aber das ist es ja gerade: sie trauten sich nicht. Sie hatten Angst. Vor ihren Nachbarn, vor Spionen, ich weiß es nicht. Aber vor allem vor sich selbst. Sie hatten von den Juden gehört, die den Ausverkauf ganzer Reiche betreiben, sie wollten diesen Verrätern nicht ähnlich sein. Wie neulich ein junger Mann in der Eisenbahn sagte: «Mit Algerien habe ich nichts am Hut, außerdem mag ich die Kolonialherrschaft nicht. Aber es ist unser Erbe. Ein Erbe muß man bewahren, auch wenn es nichts einbringt.»

Also werden diese Leute für den *effizienten Mann* stimmen, für den, der alle unsere Probleme lösen muß und kann. Aber sie wissen nicht einmal, was er ihrer Meinung nach tun sollte.

Man kann annehmen, daß sie die radikalste Lösung erhoffen. Die Unabhängigkeit zum Beispiel. Sie werden zwar etwas erbost sein, im Grunde aber entzückt, daß er sie zwingt: «Da alles heilig ist, was er tut, ist die Unabhängigkeit, deren bloße Idee mir ein Sakrileg zu sein schien, die gerechteste und französischste Lösung.» Ähneln sie nicht Zug für Zug den Leuten des Systems: alle oder fast alle Abgeordneten wünschten den Frieden und stimmten für den Krieg.

Und ich frage mich allmählich, ob diese gaullistischen Republikaner nicht verantwortlich sind für diese verkommene Nationalversammlung, die sie hassen.

Auf der Straße hört man die Biaggisten oder die Leute von Le Pen.[1] Sie redeten laut, sie schrien: *«Algérie française!»* Doch wie viele von uns riefen: «Friede in Algerien»? Die Abgeordneten fasziniert die große Zahl: eine Manie von Gewählten.

Sie, die Sie ihnen heute vorwerfen, sie seien weder fähig gewesen, Frieden zu schließen noch den Krieg zu gewinnen, warum haben Sie nicht unter ihren Fenstern geschrien: «Verhandelt!»; warum haben Sie nicht gegen die Folterungen, gegen die Standgerichte, die Strafexpeditionen, das Verschwinden von Leuten, die Lager protestiert? Diejenigen, die für de Gaulle stimmen werden, ekeln sich vor ihrer eigenen Paralyse, ihrem eigenen Kleinmut und wollen ihm entfliehen. Im übrigen gab es in der Nationalversammlung Männer, die den Frieden wollten und es laut sagten. Hätten wir alle sie unterstützt, statt uns in unsere Widersprüche zu verstricken...

Ich bemerke im übrigen, daß die Unpolitischen für de Gaulle stimmen werden: eben jene vielleicht, die sich bei den letzten Wahlen der Stimme enthalten haben. Unter ihnen trifft man Gleichgültige, Bequeme ohne Leidenschaft, die nur ihre Ruhe wollen. Aber es gibt auch andere, an die man nicht denken kann, ohne sich zu schämen.

Anläßlich eines Artikels, in dem ich erklärte, warum ich mit *Nein* stimmen würde, schreibt mir eine Leserin, daß sie mit *Ja* stimmen werde, obwohl sie im Ganzen mit mir übereinzustimmen scheint: «Ein *Ja* wird Höhen und Tiefen haben, aber das Leben geht weiter; das *Nein* bedeutet das Abenteuer.»

Und das ist das Verbrechen – nicht der Vierten Republik, sondern unserer Bourgeoisie, seit hundertfünfzig Jahren: es gibt Bürger zweiter Klasse, die ohne Hoffnung sind, und seit so langer Zeit halten sie sich selbst für solche. Sie haben so wenige Rechte, so wenig Einfluß, sie fallen in der Welt so wenig ins Gewicht, daß politische Umwälzungen sie nicht berühren.

Meine Briefschreiberin meint, daß sie beim Zusammenbruch der Republik nichts zu gewinnen, aber auch nichts zu verlieren habe. Man wird ihr die bürgerlichen Rechte nehmen, vielleicht ihre gewerkschaftlichen Rechte beschneiden und ihr nur das Recht lassen zu schweigen. Gleichviel: sie stimmt für die Diktatur. Das beweist, daß

1 Rechtsradikale Bewegungen, die für die unbedingte Erhaltung Algeriens als französische Kolonie eintraten. *Anm. d. Hg.*

sie bereits schwieg, daß sie immer geschwiegen hat oder daß man ihr nicht zuhörte. Niemand. Niemals.

Wenn heute Millionen Menschen dem Referendum gleichgültig gegenüberstehen, wenn ihnen die jeweiligen Rechte des Präsidenten und der Legislative schnuppe sind, dann ist das unsere Schuld, weil wir es nie verstanden haben, ihnen klarzumachen, daß sie mit dem bloßen Stimmzettel, den sie in eine Urne werfen, auf andere Menschen einwirken und daß die politische Tätigkeit des Staatsbürgers die größte Behauptung seiner Freiheit ist. Auch weil sie nicht zählen, weil sie nie etwas gezählt und sich mit dem Leben, das man ihnen bereitete, schlecht und recht abgefunden haben. Sie werden am 28. September mit Ja stimmen: wenn sie nur im Januar 1959 so wie im Januar 1958 ihren mageren Lohn erhalten, werden sie meinen, es sei ihnen nichts genommen worden.

Aber gerade ihre Bescheidenheit täuscht sie: man wird sie in ihrem Lohn treffen; der Krieg wird weitergehen, die Preise werden steigen. Heute sind sie nichts anderes als diese paar tausend Francs, ihre *objektive Realität;* morgen wird der Franc fallen, und sie werden noch weniger sein.

Ob aus Gleichgültigkeit oder Ohnmacht, alle diese Unpolitischen wählen das Unpolitische, als wäre es ein Programm, das sie durchsetzen wollten. Indem sie ja sagen, treiben sie ihre Haltung auf die Spitze und verzichten sogar auf ihre bürgerlichen Rechte. Sie legen die Sorge für das Gemeinwohl in die Hände eines Mannes, der alles für sie tun wird. Und so hat man sie reduziert: sie bleiben Eheleute, Söhne, Angestellte, Billardspieler – aber sie werden keine Staatsbürger mehr sein. Sie schwiegen, und man zeigt ihnen einen Maulkorb; sie stimmen dafür, daß man ihnen den schnellstens umhängt; der Vorteil ist, daß *sie nicht mehr werden sprechen können.*

Wenn ich nach den Gründen eines so paradoxen Verhaltens suche, stoße ich sofort auf einen: die objektive Ohnmacht der französischen Gemeinschaft ist ebenso tief in jedem von uns eingegraben wie seine persönliche Ohnmacht, das Geschick seines Landes zu verändern.

Hier muß an die Untersuchungen über die Neue Welle und die Antworten erinnert werden, die die Leser des *Express* so beeindruckten: «Ich kann auf Nikita nicht einwirken, ich habe keinen Einfluß auf Ike[1], nicht ich verleihe den Nobelpreis.»

Auch wir hätten, als wir zwanzig waren, antworten können: «Ich

1 Gemeint sind der sowjetische Partei- und Regierungschef Nikita Sergeje-

verleihe nicht den Nobelpreis, ich habe keinen Einfluß auf Stalin.» Aber wir glaubten immerhin, menschliche Schicksale zu haben. Wir wirkten nicht auf Stalin ein, aber wir konnten uns damals nicht vorstellen, daß Stalin auf uns einwirken könnte.

Es gab die große Geschichte mit Deutschland, dessen Wiederaufrüstung wir bereits fürchteten, aber das erschreckte uns nicht. Sondern wir meinten, daß es *an uns* sei, den zukünftigen deutsch-französischen Krieg zu verhindern oder ihn zu gewinnen. Wir hatten nicht das Gefühl, vom gesamten Planeten abhängig zu sein.

Die Politik der Blöcke und der Kalte Krieg, ebenso wie die außerordentliche Entwicklung der Kommunikationsmittel haben zur Folge, daß ein junger Franzose in erster Linie ein Planetarier ist; er gehört zu jener *«one world»*, von der die Amerikaner sprechen. Aber gerade deshalb wird Frankreich immer kleiner, seine Gebrechlichkeit kommt ans Licht, und außerdem wird die Geschichte offenbar anderswo gemacht.

Wozu also in Frankreich seine Bürgerrechte ausüben wollen, wozu wählen, wenn Frankreich nur noch ein inerter Gegenstand ist, dessen Bewegungen und Stellung von äußeren Kräften bedingt sind? Die Zaghaftigkeit, der Ernst, die Beflissenheit dieser jungen Leute bedeuten lediglich, daß sie sich ihrer gesellschaftlichen Ohnmacht bewußt werden. Sie gehen in der Arbeit, in den beruflichen Sorgen, im Familienleben auf. Auch die Technik begeistert sie: sie ist ihre einzige Beziehung zur Welt. Auf die Politik pfeifen sie: ja, wenn man Russe wäre oder Chinese...

Hinter dieser frühen Altersweisheit, die nicht einmal Resignation ist, errät man so etwas wie Angst. Sie leben in Freiheit, aber ohne Macht, in einer apokalyptischen Welt, die das Arsenal amerikanischer Bomben mehrmals in die Luft jagen könnte, unter einem mit Sputniks bevölkerten Himmel. Alle drei Monate prophezeien die Zeitungen den nächsten und letzten Weltkrieg mit allen bekannten Folgen.

Diese Angst zeigt sich deutlich in der Antwort eines jungen Angestellten: «Ob ich glücklich bin? Wo denn? Ach ja, in der Familie. Nun, man kann nicht klagen, ich habe meine Frau und die Mädchen. Das heißt, man darf nicht klagen, wenn man die vielen andern sieht, die viel unglücklicher sind. Aber wenn ich zum Beispiel an die Zukunft denke und alles, was man mit uns vorhat, na ja, dann muß ich sagen,

witsch Chruschtschow und der amerikanische Präsident Dwight D. Eisenhower, genannt Ike. *Anm. d. Hg.*

daß ich nicht glücklich bin. Jeden Abend vor dem Schlafengehen sieht meine Frau aus dem Fenster, es könnten ja Sputniks vorbeikommen. Wenn sie sieht, daß an diesem Abend nichts passieren wird, beruhigt sie sich und schafft es einzuschlafen.»

Seit Hiroshima greift man uns an, reizt uns, ängstigt uns unentwegt. Ich denke mir, daß es in jedem Gehirn eine Wunde gibt, einen blauen Fleck, der nichts anderes ist als der schlummernde Schrecken. Viele könnten heute den dreihundert Jahre alten Ausspruch von Hobbes wiederholen: «Die einzige Leidenschaft meines Lebens war die Angst.»

Angst und Ohnmacht, Angst aus Ohnmacht, Ohnmacht aus Angst, alles bei diesem Referendum treibt uns dazu, uns der Partei der Ohnmacht und der Angst anzuschließen. Ohne die kleine Verletzung im Gehirn, die hundert verschiedene Traumata verursacht haben, hätte die Erpressung mit den Fallschirmjägern – ein Hauptargument der gaullistischen Propaganda und sogar, wenn ich so sagen darf, ihr einziges Argument – keinen so großen Erfolg gehabt. Damals, als ich dreißig Jahre alt war, hätten wir uns geschämt, uns solchen Drohungen eines Säufers zu beugen. Daß wir uns recht verstehen: wir waren nicht mutiger. Nur frischer. Weniger beschädigt. Gewissermaßen unerfahren in der Angst.

Den jungen Menschen von heute hat man bereits mit der Roten Armee, der Bombe, den fliegenden Untertassen und den Marsmenschen und jetzt schließlich mit den Fallschirmjägern gedroht. Gleichviel, die Bescheidenheit hat ihre Vorteile: diejenigen, die am Sonntag mit Ja stimmen, werden ihre Angst ohne Scham bekennen und dem Edlen Herrn für seinen Beistand und Schutz ihre Liebe und ihren Glauben anbieten. Zur gleichen Zeit, wie sie ihre Hilflosigkeit erkennen, verabsolutieren sie seine Macht. Er ist der Große Alleskönner. Wundern wir uns nicht mehr über diese Jastimmen an den Wänden, über diese etwas scheinheilige Hingabe: wer aus Liebe zum Fürsten die Verfassung akzeptiert, die er uns gewährt und die uns mundtot macht, der verzichtet ein für allemal auf die Kontrolle der Exekutive durch die Legislative und, was schlimmer ist, auf die Kontrolle des Handelns durch die Vernunft.

Diese Aktivisten der Ohnmacht zählen auf den Fürsten, daß er die Probleme löst, die sie nicht einmal formulieren wollen, daß er an ihrer Stelle die Entscheidungen trifft, denen sie ausweichen, daß er die Widersprüche überwindet, die sie lähmen. Sie geben ihm diese Blankovollmacht, *weil er es ist*. Das Handeln des Fürsten wird, so betrachtet, wieder zum Einmaligen, Unsagbaren und Irrationalen. Gehen wir noch weiter: es ist das Unkommunizierbare, durch den wechselseitigen Abbruch der Kommunikation.

Wer *heute* erklärt: «De Gaulle ist der einzige, der...», sagt nichts Vernünftiges: es handelt sich nicht mehr um ein *konstatiertes* Verhältnis wie die Popularität, die in gewisser Weise meßbar ist, sondern um eine einmalige, unvergleichliche Eigenschaft, die de Gaulle unserer Welt entrückt. Von der Wirkungslosigkeit angewidert, sagen unsere unpolitischen Republikaner «ja» zum Irrationalen, Sakralen und damit «nein» zur Gleichheit.

Wenn es in der menschlichen Gattung einen Menschen gibt, der so aufgeklärt ist, wie nur er allein es sein kann, wenn diese Aufklärung ihm das Recht gibt, unser Geschick zu beeinflussen, und sei es als guter Vater, und wenn seine Handlungen immer richtig und gut sind, nur weil sie sein Wesen zum Ausdruck bringen, dann zerfällt die menschliche Gattung langsam: es gibt keinen Menschen mehr, sondern nur noch einen Übermenschen und Tiere.

De Gaulle ist der Beschützer des planetarischen Menschen – ich meine des Franzosen –, er ist für ihn die lebendige Verkörperung unserer Grenzen, er umgibt und beschützt ihn, er verbirgt ihm die Welt, er lullt ihn mit seinen tröstlichen Worten ein: «Frankreich, allein Frankreich...» Damit aber werden der Wähler und der Erwählte in gemeinsamer Anstrengung unseren Humanismus in tausend Stücke zerschlagen. Willkür, Effizienz, Reinheit, Gewalt, unaussprechliche Eigenschaften, intuitive Kenntnisse im Besitz des Einzigen, darin erkenne ich alle Züge dessen wieder, was der deutsche Soziologe Max Weber charismatische Macht nannte – ein Ausdruck, der seine Berühmtheit zwischen 1933 und 1945 den Ereignissen verdankte.

Müssen wir dahin zurückkehren? Für die Gnade stimmen heißt sich kleiner machen, dem anderen nicht eine Überlegenheit an Talent, Mitteln oder Tugenden zusprechen, was durchaus möglich wäre, sondern eine *gattungsmäßige Überlegenheit.* Wenn unter den Menschen eine Gattung existiert, die dem Menschen überlegen ist, dann ist *sie* die Gattung Mensch, und diejenigen, die ihr nicht angehören, sind Hunde.

Haben Sie es nötig, o gaullistische Republikaner, sich zu Tieren herabwürdigen zu lassen? Wenn es wenigstens im Rausch der Begeisterung geschähe. Aber unser gleichgültiger Planetarier will zu Hause Frieden haben. Er glaubt an die Erpressung mit den Fallschirmjägern, er fürchtet, man werde ihm die Scheiben einschlagen oder

Granaten auf seine Straße werfen. Er gehört zu denen, die sagen: «De Gaulle ist der einzige, der...» und gleichzeitig: «De Gaulle ist das kleinere Übel...» Diese dumpfe Unterwürfigkeit bestürzt mich. Letztlich zählt in erster Linie Massu: man will ihn nicht. Das Pseudo-Ja ist in Wirklichkeit ein schlichtes Nein an die Adresse des Fallschirmjägergenerals. Aber hier, wie bei jeder gut organisierten Erpressung, taucht de Gaulle gegen Massu auf, und das Heilige taucht mit ihm auf, freilich nur als Mittel. Was den gaullistischen Republikaner betrifft, Politiker für einen Tag und der Politik abhold, so wird er am 28. September zu seinem treuen Schweigen zurückkehren, zu seiner schwankenden Freiheit, zu den gemäßigten Unordnungen seines Familienlebens.

Er täuscht sich. Dieses Vertrauensvotum überträgt de Gaulle nicht Macht, sondern Ohnmacht. Ein politischer Führer besitzt Kraft, wenn er von Ebenbürtigen unterstützt wird, die ihm *auf der Grundlage eines Programms* vertraut haben und ihn drängen, es zu verwirklichen. Aber der Erwählte der Ohnmacht, der Ohnmacht sein will, muß die Wahl ablehnen oder tatsächlich ohnmächtig werden. Er will der Erwählte aller sein: unter denen, die ihm ihre Stimme geben werden, befinden sich Leute, die eingestandenermaßen wollen, daß er ihren Faschismus bemäntelt, und andere, die Linksgaullisten, die von ihm verlangen, er solle, wenn nicht eine linke, so doch eine liberale und soziale Politik betreiben.

Wer wird sich durchsetzen? Das werde ich gleich sagen. Aber wenn man einen Augenblick annimmt, daß es die Faschisten sind, und wenn man vermutet – was ich für wahrscheinlich halte –, daß de Gaulle diese brutale und vulgäre Form des Autoritarismus mißbilligt, kann man dann hoffen, daß er bei seinen neutralistischen Wählern, den Stimmen für das kleinere Übel Unterstützung findet? Keinen Augenblick: Diese Leute haben geschworen, von vornherein alles gut zu heißen, was er unternimmt. Außerdem sind sie wieder in Schlaf gesunken. Faschismus? Antifaschismus? Sie haben keine Meinung, und niemand hat sie darum gebeten. Sie werden lasch antworten: «Ach, *mit de Gaulle* ist der Faschismus das kleinere Übel.» Und man wird sehr weit in diese Richtung gehen: welches Massaker oder welche Bartholomäusnacht[1] diese Kommandos auch organsieren mögen,

1 In der Bartholomäusnacht vom 23.–24. August 1572 wurden während der französischen Religionskriege 20000 Hugenotten umgebracht. *Anm. d. Hg.*

man wird immer behaupten können, daß alles noch schlimmer gekommen wäre, wenn de Gaulle sich zurückgezogen hätte.

Die Vierte Republik ist tot, weil die Franzosen nicht bereit gewesen waren, sich zu vereinigen, Massendemonstrationen durchzuführen, ihren Gewählten Versprechen abzuringen und ihnen zu helfen, sie zu halten. Da de Gaulle keine Zustimmung zu einem Aktionsprogramm erhalten hat, das genau einzuhalten seine Wähler ihn genötigt hätten, wird er, sollte er gewählt werden, in der Luft hängen. Dieser große Körper wird im leeren Raum schweben, über uns, aber ohne Sockel. Und da seine Anhänger ihre Widersprüche auf ihn abwälzen, ist er es, der sie erbt.

Was den Algerienkrieg betrifft, so ist jetzt offenkundig, daß er zögert und abwartet – nicht mehr und nicht weniger als die meisten Franzosen. Die Männer des Systems waren listig: sie hatten genau gesehen, daß man früher oder später eine radikale Entscheidung würde treffen müssen – Befriedung auf Tod und Leben oder Verhandlungen. Sie sind so vorgegangen, wie sie nach Dien Bien Phu vorgegangen sind: sie haben ihre Schlüssel und ihre Vollmachten einem Mann der Tat übergeben, sie haben ihm viel Glück gewünscht und sich auf Zehenspitzen weggestohlen. Das System ist tot, es lebe das System! Denn das System ist heute de Gaulle. Er ganz allein.

Wie könnte es anders sein? Es gefällt ihm nicht besonders, der Mann des Kriegs auf Leben und Tod zu sein, aber vielleicht noch weniger, sich Ausverkäufer schelten zu lassen. Wenn er die Zustimmung erhält, wird er wie die Nationalversammlung der Vertreter des französischen Volkes sein. Gleichzeitig jedoch hat er seine wirkliche Macht von der Armee. Ohne die Erpressung mit den Fallschirmjägern wäre er noch in Colombey. Diese stumme Einmütigkeit – vorausgesetzt, sie käme auf Grund seines Namens zustande – ist für sich schon ein Rätsel.

In Wirklichkeit zeigt die Regierung de Gaulle alle Merkmale, die in unseren Augen das System zu kennzeichnen schienen. Er verschiebt die Dinge auf morgen, das heißt auf den 28. September. Am 29. wird er, sollte er gewählt werden, die Wahlen zur neuen Nationalversammlung und dann seine eigene Wahl abwarten. Und gerade dieses Zaudern drückt seine Ohnmacht aus: er weicht aus, entzieht sich, aber der Algerienkrieg kommt zu ihm nach Paris. In mehreren Städten des Mutterlandes wird die Folter auf Nordafrikaner angewandt.

Ich bin zutiefst davon überzeugt, daß General de Gaulle die Folter verabscheut, sie als entehrend für die Armee ansieht und in Algerien einige Offiziere daran erinnert hat, daß Feldtelefone zum Telefonieren da sind. Aber was tut er? Was kann er tun? Er schweigt. Folglich deckt er alles. Wie Gaillard.

Im übrigen leben wir, heute wie vorgestern, mitten in der Irrealität; Ohnmacht und Abstraktion führen wieder einmal zum Verbalismus. Das alte System suchte nach dem Wort, das verschleiert, wo es zu definieren vorgibt. Der New Look des Systems sucht das Zweideutige, den Satz, der einen Doppelsinn hat, der einen Doppelsinn zu haben scheint, aber keinen hat, oder eine Folge von Sätzen, von denen jeder einzelne verständlich zu sein scheint, deren Summe jedoch gleich Null ist.

Oder aber man foppt uns mit einem Wort, das man nicht ausspricht. Es steckt in allen Kehlen, wenn man dem General lauscht, man erwartet es, man erhofft es, man fürchtet es; jeder Satz ist so gut gebaut, daß er seiner ledig zu sein scheint: es ist ihm wohl abhanden gekommen. Am Schluß flammt es in allen Augen, vibriert in den Köpfen, die Stimme erlischt, die einen sagen «Scheiße», die anderen «Gott sei Dank». Der General geht, die Presse vom nächsten Tag unterstreicht, daß er kein einziges Mal das Wort «Integration» gesagt hat. Was noch? Natürlich keine Minister, die einander umschichtig abwechseln; obwohl man das bei dem doppelköpfigen Janus nie genau wissen kann. Dagegen immer und überall Kompromisse: Soustelle und Mollet als Minister, genauso wie der künftige Ministerpräsident seine Mannschaft zusammenstellte, um allen zu gefallen, mit den Raffinessen einer Hausherrin.

Also, wird man sagen, das System hat gewonnen! Gleichviel, ob de Gaulle nur ein winziges Stück Republik ist: er hat großen Stil, er wird nicht schlimmer sein als unsere Abgeordneten. Stimmen wir für ihn. Nein!

Denn jetzt *wollen wir das System nicht mehr*, sei es nun verdichtet oder gelockert. Man mußte es gegen die Staatsstreiche verteidigen, weil es auf realen und frei gewählten Institutionen fußte. Doch der Staatsstreich geschah innerhalb des Systems selbst, durch die guten Dienste der Herren Pflimlin, Mollet, Pinay und Coty. Gut: man kann nicht mehr zurück. Was wir heute brauchen, sind andere Männer, andere Gruppierungen, eine andere Mehrheit, ein Programm. Und man bedenke vor allem, daß die Vierte Republik an ihrer Ohnmacht zugrunde gegangen ist. Und daß diese Ohnmacht daher rührte, daß ein General auf Besuch sich auf die Exekutive gestürzt und sie nach Algier mitgenommen hat. Das System war der Schein. Schon seit drei Jahren waren die Obersten und die Kolonialherren die

Realität. Zumindest war Mollet ebensowenig wie Gaillard mit Gewalt und unter der Drohung eines Militärputsches an die Macht gebracht worden. Das New-Look-System entstand aus einem Aufstand in Algerien und einer Erpressung mit den Fallschirmjägern. Kürzlich hat Jules Moch enthüllt, daß ein großer Teil der Armee des Mutterlandes offen für de Gaulle Partei ergriffen hatte. Er wurde uns also von der Armee aufgezwungen.

Ich wiederhole es nicht aus Rechthaberei: man beurteilt die Dinge danach, welche Wende sie nehmen. Und sie haben ja eben eine böse Wende genommen: seit Juni dieses Jahres hat General de Gaulle eine Konzession nach der anderen gemacht. Zur Stunde ist die französische Regierung ganz in den Händen der Armee; erst vor ein paar Tagen hatte der Ministerpräsident den bezeichnenden Satz gesagt: «Man darf sich nicht verhehlen, daß der Algerienkrieg lange dauern wird.»

Das ist besser, als von der «letzten Viertelstunde» zu sprechen? Einverstanden, aber das zeigt auch, daß de Gaulle den Krieg auf Leben und Tod gewählt hat. Gewiß hat er es nicht frohen Herzens getan, sondern weil er nicht anders konnte. Vielleicht wird man sagen, das sei ein Grund mehr, mit Ja zu stimmen: «Er wird die Unterstützung der französischen Massen haben.» Aber gerade diese stumme oder nahezu stumme Unterstützung, diese Münder, die sich öffnen, um ein einziges Wort zu sagen, das ebenso zweideutig ist wie die Äußerungen des Generals selbst, das alles taugt zu nichts. Die Zweideutigkeit kehrt sich gegen den, der sie erzeugt hat.

Der eine sagt ja, weil er nein sagen will (nein zu den Obersten)? Ein anderer sagt jenes *andere* Ja und meint jenes *andere* Nein (nein zu de Gaulle und zum System; bald wird Soustelle kommen). *Wer* sagt ja und meint ja? Und was heißt das? Da wir keine Informationen besitzen, ist dieser Haufen von Stimmzetteln unbrauchbar; er verbirgt zuviel Haß, er riecht *schon* nach Krawall. Die einzigen, die von dem Ja profitieren können, wenn es massiv ist, sind die Faschisten. Sie fragen nicht nach der Bedeutung der Stimmabgabe, sondern werden ganz einfach meinen, daß der Sieg ihnen etwas mehr Zeit gibt, entweder um de Gaulle bis zum Hals in den Krieg zu verwickeln oder um Organisationen und Einrichtungen zu schaffen, die es ermöglichen, ihn eines Tages zu stürzen.

Gaullistische Republikaner, Sie stimmen gegen das System – und geben dem wiederauferstandenen System Ihre Zustimmung. Sie stimmen für de Gaulle gegen Massu – und geben den Obersten Zeit, einen Putsch gegen Ihren Erwählten zu organisieren.

Vergessen Sie das nicht, denn daher kommt alle Zweideutigkeit: de Gaulle ist kein Faschist, er ist ein konstitutioneller Monarch; aber keiner kann heute mehr *für* de Gaulle stimmen: Ihr Ja kann nur dem Faschismus gelten.

Begreifen wir endlich, daß man ein Land nicht aus seiner Ohnmacht reißt, indem man einem einzelnen Mann die unumschränkte Macht anvertraut. Die einzige Art und Weise, sowohl diese leerlaufenden, heuchlerischen Monarchien als auch den Handstreich der Kommandos von Algerien zu vermeiden, besteht darin, daß *wir* uns selbst aus unserer Ohnmacht reißen, daß *wir* ein Programm erarbeiten, ein Parteienbündnis, eine defensive und offensive Taktik gegen alle, die die Franzosen angreifen möchten. Das Ja ist der Traum; das Nein das Erwachen. Es ist Zeit, uns zu überlegen, ob wir aufstehen oder schlafen gehen wollen.

25. September 1958

Über den Nationalismus der algerischen Befreiungsfront und der französischen Linken

Gespräch mit Francis Jeanson

Francis Jeanson hat lange Zeit zu den engsten Mitarbeitern Sartres gehört: Von Januar 1951 bis November 1956 war er Geschäftsführer von Les Temps Modernes. *Da Jeanson es ablehnte, Sartre in seiner strengen Verurteilung der sowjetischen Intervention während des Ungarnaufstands von 1956 zu folgen,*[1] *sahen sich die beiden Männer nicht mehr, bis ihre gemeinsame Opposition gegen den Algerienkrieg sie im Mai 1959 erneut zusammenführte. Inzwischen war Jeanson, der 1955 mit seinem Buch* L'Algérie hors la loi *[Algerien außerhalb des Gesetzes] eine heftige Verteidigung der algerischen Revolution geschrieben hatte, zur illegalen Aktion übergegangen und hatte mit anderen zusammen ein Netz zur Unterstützung der Fahnenflüchtigen und der FLN aufgebaut. Nach dem Prozeß vom September 1960 gegen mehrere Mitglieder dieses Netzes, wurde dieses mit dem Namen ihres wichtigsten Inspirators bezeichnet, und die Presse sprach jetzt vom* Réseau Jeanson. *Dieses verbreitete seit Anfang 1958 illegal das hektografierte Bulletin* Vérités pour..., *für das Sartre das folgende Interview gab. Indem er einverstanden war, daß seine Äußerungen unter seinem Namen wiedergegeben wurden, setzte er sich wissentlich einer strafrechtlichen Verfolgung aus.*

Man hat behauptet, die französische Linke, die ihrem Wesen nach universalistisch denkt, sei entsetzt über den Nationalismus der algerischen Freiheitskämpfer. Ist das auch Ihre Meinung?

Nein. Mag sein, daß es abstrakt einen formalen Widerspruch zwischen Nationalismus und Universalismus gibt. Aber in der realen Entwicklung der Geschichte sind die Formationen der Linken immer sowohl nationalistisch wie internationalistisch gewesen. Der Sozialismus als universelle Realität hat immer nur in den Geistern existiert. Sobald er sich in einem bestimmten Land verkörperte, hat er seine wahre Natur offenbart: es ist ein mühsamer und blutiger Weg zum Besseren, der noch lange die Spur der Umstände seiner besonderen Entwicklung tragen wird. Aber wenn die Sowjetunion mit all ihren

1 Siehe «Das Gespenst Stalins» in: Jean-Paul Sartre, *Krieg im Frieden 2.* Rowohlt Taschenbuch Verlag, Reinbek 1982, rororo 4973. *Anm. d. Hg.*

Widersprüchen als das Vaterland des Sozialismus angesehen werden kann, so darf man daraus nicht schließen, daß alle kommunistischen Arbeiter Frankreichs russische Nationalisten sind. Ganz im Gegenteil sollte die historische Entwicklung – und zwar gerade im Namen der Verteidigung des Sozialismus in der Sowjetunion – sie zu französischen Nationalisten machen.

Im übrigen hat der Krieg von 39 die Mehrheit der heutigen Linken hervorgebracht und geprägt. Nun darf man nicht vergessen, daß unter der Besatzung zwei scheinbar widersprüchliche, aber in Wirklichkeit einander ergänzende Tatsachen geschehen sind: die Vereinigung der Kräfte der Résistance fußte auf einem partikularistischen *nationalen* Programm (die Besatzer aus Frankreich vertreiben) und nicht auf einem universalistischen sozialen Programm; die Bedingungen des Kampfes gegen die Feinde «radikalisierten» die Widerstandskämpfer; das bedeutet, daß die Gesamtheit der nationalistischen Bewegungen sich in dem Maß nach links entwickelte, wie ihr Kampf sich intensivierte. 1944 war bei fast allen Franzosen der nationale Partikularismus unlösbar mit einem revolutionären Humanismus verbunden. Man weiß, was die Rechte mit Unterstützung der Amerikaner tat, um ihnen wieder einmal den Sieg zu stehlen. In der Folge – und das dauert noch an – war die Haltung der französischen Linken gegenüber den «Blöcken» eine Wiederbehauptung des Nationalismus. Gegen den Atlantikpakt und seine Konsequenzen setzte die Linke so etwas wie eine Internationale der Nationalismen: Unabhängigkeit und nationale Souveränität erschienen ihr in jedem Land als das einzige Mittel, die Kriegstreiberei zu bremsen. Um 1950 wiederholte man gern, daß in diesem historischen Augenblick der Nationalismus fortschrittlich sei. Er wäre es tatsächlich gewesen, wenn sich die Nationen von den blinden, terrorisierten Konglomeraten, die sie gefangen hielten, hätten frei machen können, um sich durch gegenseitige Nichtangriffspakte zusammenzuschließen.

Es ist also absolut unglaublich, daß die Linken behaupten könnten, sie seien erschrocken über den Nationalismus der Algerier: sicher enthält dieser Nationalismus – wie alle historischen Realitäten – widersprüchliche Kräfte. Aber für uns alle darf doch nur zählen, daß die FLN das unabhängige Algerien in Form einer sozialen Demokratie anstrebt und daß es mitten im Kampf die Notwendigkeit einer Agrarreform einsieht. Was auch immer die Herkunft dieser Kämpfer und die Bedeutung des religiösen Glaubens für sie sein mag, die Umstände ihres Kampfes treiben sie nach links, wie es bei unserer Résistance zwischen 1940 und 1945 geschah. Wenn der algerische Nationalismus gewisse linke Gruppen erschreckt, die ihre eigene Erfahrung und ihre eigene Vergangenheit darin erkennen müßten, so liegt das keineswegs daran, daß wir reine Universalisten geworden sind. Sondern – und hier muß man der Mystifikation mißtrauen – der eigentliche Grund ist vielmehr *unser* Nationalismus. Gegen den Imperialismus der Blöcke will die Linke «französisch» sein. Aber von daher läßt sie sich von den Mythen des Nationalismus der Rechten einnehmen. Sie hat Angst vor «Verrat», sie buhlt um die Zustimmung aller Franzosen, sie verlangt ein gutes Führungszeugnis in Patriotismus. Daher der Schrecken. Es ist jedoch nicht schwierig, einzusehen, daß der universalistische Nationalismus – der die französische Souveränität zur Erhaltung des Weltfriedens verlangt – im Namen eben dieses Patriotismus selbst das Ende eines Krieges fordern muß, der uns täglich etwas mehr vom Ausland abhängig macht; nichts hindert ihn, in dieser Perspektive den algerischen Nationalismus *anzuerkennen* als einen Partikularismus, der auf die Universalität hinauslaufen muß.

Können Sie uns in diesem Fall dann die wirklichen Gründe für unsere Meinungsverschiedenheiten gegenüber dem Algerienproblem erklären?

Diese Gründe scheinen mir ganz anderer Art zu sein. Die ideologischen Streitigkeiten, von denen ich eben gesprochen habe, spielen sich nur zwischen Intellektuellen und einigen Politikern ab, die weniger laut sprechen würden, wenn die Massen nicht so hartnäckig schwiegen.

Liegt es nicht daran, daß sie irregeführt wurden?

Teilweise. Und teilweise werden sie von ihren angeblichen Führern in die Irre geführt.

Zum Verständnis dieses Schweigens muß man sich immer zwei wesentliche Wahrheiten vor Augen halten: die eine ist die, daß der Kolonialismus ein System ist; und die andere, daß es keine absolute Verelendung gibt. In den letzten Jahren des 19. Jahrhunderts ist ein Wirtschaftssystem errichtet worden, das die Beziehungen zwischen den hochkapitalistischen Ländern und denen regelt, die man heute unterentwickelt nennt. Diese durch Militärgewalt etablierten und aufrechterhaltenen Beziehungen lassen sich folgendermaßen zusammenfassen: Dank der Überausbeutung der kolonisierten Eingeborenen kauft die Kolonie zu überhöhten Preisen Industrieprodukte im Mutterland und verkauft ihm unter dem Weltpreis ihre Agrarprodukte (und gelegentlich ihre Rohstoffe – Bergwerke). Die Möglichkeit, im großen Maßstab Industriewaren zu produzieren und zu verkaufen, wird der Kolonie vom Mutterland, mit dessen Industrie sie dann konkurrieren würde, stillschweigend, aber strikt verweigert. Dadurch – und das ist es, was man zunächst sehen muß – ist das Proletariat des Mutterlands vor Arbeitslosigkeit und die Unternehmerschaft vor dem Ruin geschützt. Jenes ist also mit dieser solidarisch, wenn es sich der Industrialisierung des unterentwickelten Landes widersetzt. Und es sind nicht nur die Großindustriellen von Dunkerque, die den «Plan von Constantine»[1] scheel ansehen, es sind auch die Arbeiter.

Ganz allgemein sind wir – beim reinen Kolonialsystem[2] – gezwungen, anzuerkennen: 1. daß ein Teil der Arbeiter für eine koloniale Kundschaft arbeitet (Kolonialherren und Eingeborene); 2. daß die Mehrprofite des Mutterlands (zumindest bis 1914) den Industrieunternehmen eine so große Profitmarge ließen, daß die Unternehmer unter dem Druck der Forderungen der Arbeiter Erhöhungen des *Real*lohns zustimmen konnten; 3. daß das Auftauchen einiger billiger Kolonialprodukte in den Läden des Mutterlands die französischen Produzenten – wenn es welche gab – dazu brachte, ihre Preise zu senken, um sich ihnen anzupassen. So stieg die Kaufkraft in einer französischen Lohnempfängerfamilie genau in dem Maß, wie die des kolonisierten Lohnempfängers sank. Im Grunde war es letztlich der Staat (und folglich alle Bewohner des Mutterlands), der die Differenz zwischen dem normalen Preis der Ware des Mutterlands und ihrem Konkurrenzpreis bezahlte. Nichtsdestoweniger blieb bestehen, daß der Franzose, selbst wenn er zur Entschädigung der französischen Produzenten beitrug, immer noch einen erheblichen Nutzen davon hatte. Fügen wir hinzu – aber das führte uns zu weit –, daß der Kapitalismus im Weltmaßstab dank der Existenz seiner Kolonialmärkte zahlreiche Krisen hat vermeiden oder dämpfen können (zur Zeit des klassischen Kolonialismus).

Die Schlußfolgerung ist leider sehr klar: solange das Kolonialsy-

1 De Gaulles Plan von Constantine, den er in seiner Rede in Constantine vom 3. Oktober 1958 bekanntgab, war der letzte vergebliche Versuch, durch ein wirtschaftliches Hilfsprogramm die algerische Oberschicht für eine Assoziation mit Frankreich zu gewinnen und die FLN zu isolieren. Dieser Versuch scheiterte. *Anm. d. Hg.*

2 Das heißt so, wie es sich bis etwa 1939 in Algerien darbot.

stem ohne ernsthafte Havarien funktioniert hat, stand der Arbeiter des Mutterlands – wie heftig auch die Klassenkonflikte gewesen sein konnten – seinem Arbeitgeber näher, was die Ausbeutung der Kolonien betraf, als irgendeinem «kolonisierten Eingeborenen». Die Interessengemeinschaft, die nach der Meinung einiger das französische Proletariat mit dem algerischen Subproletariat vereinigen müßte, bestand nur in Worten. Gewiß: beide waren Opfer derselben kapitalistischen Ausbeutung. Nur hatten sie nicht in derselben Weise darunter zu leiden. Und die Überausbeutung des zweiten verringerte das Elend des ersten.

Das Ergebnis? Ein gewisser Patriarchalismus der Arbeiterklasse gegenüber dem Subproletariat, das man ihr beschert hatte. Sie bedauerte es zwar, aber man erklärte ihr, daß es nicht so aufgeklärt wie sie selber sei. Und was denn? Es waren doch Bauern. Sie verurteilte das Kolonialunternehmen, weil sie darin zu Recht eine neue kritische Form des kapitalistischen Imperialismus sah, aber sie verließ sich darauf, daß die sozialistische Revolution gleichzeitig Kapitalismus und Kolonisation beseitigen würde.

Der Ursprung unseres gegenwärtigen Immobilismus ist eine alte und hartnäckige Gewohnheit. Von den Kolonien hat das Proletariat lange Zeit nur «generöse Vorstellungen» gehabt. Aber die generösen Vorstellungen sind Worte, sie bleiben völlig wirkungslos, solange sie nicht auf einer realen Interessensolidarität beruhen.

Glauben Sie also, daß man nicht mit einem Erwachen der französischen Massen rechnen kann?

Ich würde es glauben, wenn das Kolonialsystem nicht seine eigene Zerstörung in sich selber trüge. Es ist unvermeidlich, daß es früher oder später *stürzt:* das ist sein Schicksal. Mit anderen Worten, nachdem es der kapitalistischen Wirtschaft und – auf dem Weg, den ich aufgezeigt habe – auch den Lohnabhängigen genützt hat, verwandelt es sich unaufhaltsam in einen unersättlichen Parasiten, der fruchtlos alle Kräfte des kolonienbesitzenden Landes aufbraucht.

Heute fühlen sich die französischen Arbeiter mit den algerischen Freiheitskämpfern solidarisch, weil beide das dringendste Interesse haben, die Bande der Kolonisation zu sprengen.

Es war absolut notwendig, daß das Elend der Algerier ständig wuchs. Keine Maßnahme des kapitalistischen Mutterlands konnte diese Verarmung eindämmen. Erstens weil die Überausbeutung da unten nur auf dem unbegrenzten Wachstum der Arbeitskräfte beruhen kann. Zweitens weil die von der Regierung geplanten zaghaften

Reformen von den Kolonialherren – die an Ort und Stelle sind – sabotiert werden *müssen* oder sich jedenfalls von selbst zu ihren Gunsten auswirken. Schließlich weil die Industrialisierung Algeriens als einzige Lösung des wirtschaftlichen Problems nicht einmal versucht werden kann, ohne daß dadurch die entsprechenden Industrieunternehmen *in Frankreich selbst* gefährdet wären.

Der eigentliche Widerspruch des Kolonialsystems liegt darin, daß in dem Maße, wie das Interesse des Kolonialherrn ein tendenzielles Drücken der Löhne bis auf Null fordert, der Rassismus auftaucht, um diese Forderung zu rechtfertigen, indem er den menschlichen Wert des Kolonisierten tendenziell auch auf Null sinken läßt; aber Elend und Arbeitskräfteüberschuß zwingen gleichzeitig den arbeitslosen Kolonisierten, ins Mutterland auszuwandern. Das Ergebnis dieser chronischen Auswanderung ist *erstens,* daß der Algerier durch die Überausbeutung getrieben wird, im Mutterland mit dem französischen Arbeiter zu konkurrieren, so wie die algerischen Weine auf dem Markt mit unseren Weinen konkurrieren. *Zweitens* daß sie – trotz der Feindseligkeit eines Teils der Franzosen und den Schwierigkeiten des materiellen Lebens – *hier* kennenlernen, was man ihnen da unten verborgen hat: unsere revolutionäre Tradition, den Klassenkampf, das Wesen des Kolonialismus und auf diesem Weg ihre wahre Menschenwürde. Dadurch daß der Kolonialismus die Überausbeutung bis zur Schaffung von Untermenschen treibt, stürzt er sich selbst, und der Kolonisierte entdeckt gegen den Kolonialherrn seine Persönlichkeit.

Sicher ist der französische Arbeiter zunächst wütend über diese Konkurrenz. Aber in Wahrheit kann nur Wut und Geistesträgheit gewisse Lohnabhängige zum Rassismus führen. Denn *es sind ja die Kolonialherren,* die diese ausgehungerten Menschen nach Frankreich schicken und dazu treiben, hier mit den Franzosen zu konkurrieren. Nur der Kolonialismus schafft diese Armee auf unserem Territorium. Von diesem Gesichtspunkt aus müssen wir begreifen, daß unsere Interessen die der algerischen Arbeiter sind: diese machen den Franzosen Konkurrenz, weil ein vorfabriziertes Elend sie *aus ihrem Land* vertreibt. Sie sind in Frankreich, weil man ihnen ihren Boden gestohlen hat.

Und wenn sie mit der Gewißheit zurückkehren, daß der Kolonialismus ein unerträgliches Übel ist, daß man ihn auf jeden Fall vernichten muß, wenn sie zu den Waffen greifen und einen Kampf auf Leben und Tod führen, so liegt das daran, daß das System selbst ihnen die Mittel nimmt, Menschen zu sein – und sie gleichzeitig unwillkürlich lehrt, daß jeder Mensch seinen Wert und seine Menschenwürde verlangen kann und muß, und sei es, indem er zu den Waffen greift.

Der Kolonialismus erzeugt also emanzipatorische Volkskriege: das System selbst bringt sie in der letzten Phase seines Sturzes hervor. Und *genau dann* tritt die Solidarität des französischen Proletariats mit den Kolonisierten Algeriens deutlich zu Tage, weil die koloniale Bürde jeden Tag schwerer auf Frankreich lastet, weil das System die Algerier *zwingt*, gegen uns Krieg zu führen, und die Franzosen Frankreichs, in Algerien für die Erhaltung eines überholten Wirtschaftssystems zu kämpfen, weil die bürgerliche Klasse, die selbst das Gewicht dieses Krieges spürt, ihn sich von den benachteiligten Klassen finanzieren läßt, weil aus Gründen, die oft dargelegt worden sind, die Unterdrückung, von der in Algerien die Überausbeutung begleitet ist, nur dann einige Zeit aufrechterhalten werden kann, wenn sie auf Frankreich selbst übergreift, mit jener Überausbeutung, die die Finanzierung des Krieges darstellt, und wenn sie sich hier festsetzt, damit wir die Kosten des Konflikts zahlen. Alle Folgen des Systems sind bekannt: sie zeigen, daß die Massen in diesem Land, das sich Schritt für Schritt faschisiert und ruiniert, keine andere Möglichkeit, sich zu wehren, haben, als ein klares Bewußtsein von ihrer neuen, aber tiefen Solidarität mit den algerischen Freiheitskämpfern zu gewinnen.

Sie sagen, daß sie ein Bewußtsein davon gewinnen müßten, *aber sie haben eben erklärt, daß sie inaktiv bleiben würden. Was muß man tun, um diese Inaktivität zu bekämpfen?*

Ich habe gesagt, daß sie nicht immer mit dem kolonisierten Subproletariat solidarisch gewesen sind; ich habe hinzugefügt, daß sie die Gewohnheit eines gewissen Patriarchalismus beibehalten haben. Kein Wunder, daß ihre Reaktionen heute oft dahin gehen, daß sie diese «bösen» Kolonisierten hassen, die sie um den Schlaf bringen. Wie sollte es auch anders sein? Und ist nicht oft gesagt worden, daß sie keine «Spontaneität» haben und Opfer der Propaganda und der Parolen der herrschenden Klasse sind? Das wahre Problem heute ist ein *Erziehungs*problem. In allen Fragen, die sie direkt betreffen, machen die arbeitenden Klassen selbst ihre Erfahrung und emanzipieren sich in ihren konkreten Kämpfen. Aber bei der Algerienfrage sind die Gewohnheiten tief eingewurzelt und die Verkettungen abstrakt. Und außerdem ist der Rassismus so bequem, so verführerisch, wenn man besorgt, unglücklich und verbittert ist.

Ich bin völlig einverstanden mit *Vérités pour ...*, wenn es versucht, militante Gruppen zu schaffen, die in der Aktion die Frage an der Basis aufgreifen und die Entmystifizierung so weit wie möglich treiben können. Wenn die Linke wiederentstehen soll, so sind es die Massen, die sie wiedererwecken werden. Und die entscheidende Frage, die eine *andere Linke* und *andere Menschen* hervorbringen muß, besteht darin, wie man den ausgebeuteten Klassen ein *praktisches* Bewußtsein ihrer Solidarität mit den algerischen Freiheitskämpfern geben kann.

2. Juni 1959

Erklärung über das Recht zum Ungehorsam im Algerienkrieg (Manifest der 121)

Zur Unterstützung der Angeklagten und ihrer Verteidiger im bevorstehenden Militärgerichtsverfahren gegen Mitglieder des Réseau Jeanson *unterschrieben 121 Schriftsteller, Künstler, Schauspieler, Journalisten und Hochschullehrer folgende Erklärung, die unter dem Namen «Manifest der 121» in die Geschichte eingegangen ist. Die Erklärung kursierte vom Sommer 1960 an als Flugblatt. Als* Les Temps Modernes *sie im August 1960 veröffentlichte, wurde diese Nummer sofort beschlagnahmt. In der folgenden Nummer erschienen unter der Überschrift der Erklärung zwei weiße Seiten mit den 121 Unterschriften der Erstunterzeichner. Keine andere Zeitung oder Zeitschrift wagte sie zu veröffentlichen. Die Unterzeichner wurden verhört, 30 von ihnen angeklagt, die Beamten ihrer Ämter enthoben, Schauspieler, Regisseure und Journalisten erhielten Berufsverbot.*

Eine sehr wichtige Bewegung entwickelt sich in Frankreich, und es ist notwendig, daß die französische und internationale öffentliche Meinung besser darüber informiert ist in einem Moment, wo die neue Wendung des Algerienkriegs uns dazu führen muß, die Tiefe der Krise, die sich seit sechs Jahren aufgetan hat, nicht zu vergessen, sondern zu sehen.

Immer mehr Franzosen werden verfolgt, eingesperrt und verurteilt, weil sie sich geweigert haben, an diesem Krieg teilzunehmen, oder weil sie den algerischen Kämpfern Hilfe geleistet haben. Ihre Gründe bleiben im allgemeinen unverstanden, weil sie von ihren Gegnern entstellt, aber auch weil sie von denen, die die Pflicht hätten, sie zu verteidigen, verharmlost werden. Es reicht jedoch nicht aus zu sagen, daß diesem Widerstand gegen die öffentliche Gewalt Achtung gebührt. Als Protest von Menschen, die in ihrer Ehre und in der richtigen Vorstellung, die sie sich von der Wahrheit machen, getroffen sind, hat er eine Bedeutung, die die Umstände, unter denen er sich behauptet hat, überschreitet und die es wiederaufzugreifen gilt, was auch immer der Ausgang der Ereignisse sein mag.

*

Für die Algerier enthält der entweder mit militärischen oder mit diplomatischen Mitteln fortgeführte Kampf keinerlei Zweideutigkeit.

Es ist ein nationaler Unabhängigkeitskrieg. Aber was ist er für die Franzosen? Es ist weder ein Krieg mit dem Ausland. Niemals ist das Territorium Frankreichs bedroht worden. Mehr noch: er wird gegen Menschen geführt, die der Staat als Franzosen zu betrachten vorgibt, obwohl sie gerade dafür kämpfen, daß sie es nicht mehr sind. Es reichte nicht einmal aus zu sagen, daß es sich um einen Eroberungskrieg, einen obendrein von Rassismus begleiteten imperialistischen Krieg handelt. Etwas davon steckt in jedem Krieg, und die Mehrdeutigkeit bleibt.

In Wirklichkeit hat der Staat durch eine Entscheidung, die einen fundamentalen Mißbrauch darstellte, zunächst alle Klassen von Staatsbürgern mobilisiert zu dem einzigen Zweck, etwas auszuführen, was er selbst als eine Polizeiaktion gegen eine unterdrückte Bevölkerung bezeichnete, die nur aus einem Streben nach elementarer Würde revoltiert hat, weil sie verlangt, endlich als unabhängiges Gemeinwesen anerkannt zu werden.

Weder ein Eroberungskrieg noch ein Krieg zur «nationalen Verteidigung», noch ein Bürgerkrieg ist der Algerienkrieg allmählich zu einer eigenen Aktion der Armee und einer Kaste geworden, die sich weigern, gegenüber einem Aufstand nachzugeben, obwohl selbst die zivile Gewalt, im Bewußtsein der allgemeinen Auflösung der Kolonialreiche, bereit zu sein scheint, dessen Sinn anzuerkennen.

Heute ist es hauptsächlich der Wille der Armee, der diesen kriminellen und absurden Kampf unterhält, und durch die politische Rolle, die einige ihrer hohen Repräsentanten sie spielen lassen, wobei sie manchmal offen und gewaltsam außerhalb jeder Legalität handeln und die Zwecke verraten, die die Gesamtheit des Landes ihr anvertraut, kompromittiert diese Armee die ganze Nation und droht sie sogar zu pervertieren, indem sie die Staatsbürger unter ihrem Befehl zwingt, sich zu Komplizen einer aufwieglerischen oder erniedrigenden Aktion zu machen. Muß noch daran erinnert werden, daß der französische Militarismus fünfzehn Jahre nach der Zerstörung des Hitler-Regimes auf Grund der Erfordernisse eines solchen Krieges so weit gegangen ist, die Folter wiedereinzuführen und sie erneut zu einer Art Institution in Europa zu machen?

*

Unter diesen Bedingungen sind viele Franzosen dazu gekommen, den Sinn traditioneller Werte und Verpflichtungen in Frage zu stellen.

Was ist ziviler Gehorsam, wenn er unter bestimmten Umständen zu schändlicher Unterordnung wird? Gibt es nicht Fälle, wo die Weigerung zu dienen eine heilige Pflicht ist, wo «Verrat» die mutige Achtung des Wahren bedeutet? Und wenn sich die Armee nach dem Willen derer, die sie als Instrument rassistischer oder ideologischer Herrschaft benutzen, im Zustand offener oder latenter Revolte gegen die demokratischen Institutionen behauptet, gewinnt dann die Revolte gegen die Armee nicht einen neuen Sinn?

Die Gewissensfrage hat sich seit Beginn dieses Krieges gestellt. Da dieser sich hinzieht, ist es normal, daß sich die Gewissensfrage konkret durch immer zahlreichere Akte des Ungehorsams, der Fahnenflucht sowie des Schutzes und der Hilfe für die algerischen Freiheitskämpfer gelöst hat. Freie Bewegungen, die sich am Rand aller offiziellen Parteien, ohne ihre Hilfe und letztlich trotz ihrer Mißbilligung entwickelt haben. Noch einmal: außerhalb der festgelegten Rahmen und Losungen ist durch ein sponates Bewußtwerden ein *Widerstand* entstanden, der entsprechend einer neuen Situation Aktionsformen und Kampfmittel gesucht und erfunden hat, deren Sinn und wirkliche Forderungen nicht anzuerkennen sich die politischen Gruppierungen und meinungsbildenden Zeitungen verständigt haben, sei es aus Trägheit oder ideologischer Ängstlichkeit, sei es aus nationalistischen oder moralischen Vorurteilen.

*

In Erwägung dessen, daß sich jeder über Handlungen aussprechen darf, die man heute unmöglich als Faits divers individuellen Abenteurertums hinstellen kann; in Erwägung dessen, daß die Unterzeichner selbst an ihrem Platz und nach ihren Mitteln die Pflicht haben, sich einzumischen, nicht um den Menschen, die sich angesichts so schwerwiegender Probleme persönlich zu entscheiden haben, Ratschläge zu geben, sondern um diejenigen, die über sie zu Gericht sitzen, zu bitten, sich nicht von der Zweideutigkeit der Wörter und der Werte einnehmen zu lassen, erklären sie:

– Wir respektieren und halten für gerechtfertigt die Weigerung, gegen das algerische Volk zu den Waffen zu greifen.

– Wir respektieren und halten für gerechtfertigt das Verhalten der Franzosen, die es als ihre Pflicht ansehen, im Namen des französischen Volks den unterdrückten Algeriern Hilfe und Schutz zu gewähren.

– Die Sache des algerischen Volkes, das entscheidend zur Vernichtung des Kolonialsystems beiträgt, ist die Sache aller freien Menschen.

Arthur Adamov, Robert Antelme, Michel Arnaud, Georges Auclair, Jean Baby, Hélène Balfet, Marc Barbut, Robert Barrat, Simone de Beauvoir, Jean-Louis Bédouin, Marc Begbeider, Robert Benayoun, Yves Berger, Maurice Blanchot, Roger Blin, Dr. Bloch-Laroque, Arsène Bonnafous-Murat, Geneviève Bonnefoy, Raymond Borde, Jean-Louis Bory, Jacques-Laurent Bost, Pierre Boulez, Vincent Bounoure, André Breton, Michel Butor, Guy Cabanel, François Chatelet, Simone Collinet, Georges Condaminas, Michel Crouzet, Alain Cuny, Jean Czarnecki, Dr. Jean Dalsace, Hubert Damisch, Adrien Dax, Jean Delmas, Danièle Delorme, Solange Deyon, Jacques Doniol-Valcroze, Bernard Dort, Jean Douassot, Simone Dreyfus, René Dumont, Marguerite Duras, Françoise d'Eaubonne, Yves Elléouet, Dominique Éluard, Escaro, Charles Estienne, Jean-Louis Faure, Jean-Paul Faure, Dominique Fernandez, Jean Ferry, Louis-René des Forêts, Dr. Théodore Fraenkel, Bernard Franck, André Frénaud, Jacques Gernet, Édouard Glissant, Georges Goldfayn, Christiane Gremillon, Anne Guérin, Daniel Guérin, Jacques Howlett, Édouard Jaguer, Pierre Jaouen, Gérard Jarlot, Robert Jaulin, Alain Joubert, Pierre Kast, Henri Kréa, Serge Laforie, Robert Lagarde, Monique Lange, Claude Lanzmann, Robert Lapoujade, Henri Lefebvre, Gérard Legrand, René Leibowitz, Michel Leiris, Paul Lévy, Jérôme Lindon, Eric Losfeld, Robert Louzon, Olivier de Magny, Florence Malraux, André Mandouze, Maud Mannoni, Jacqueline Marchand, Jean Martin, Renée Marcel-Martinet, Jean-Daniel Martinet, Andrée Marty-Capgras, Dionys Mascolo, François Maspero, André Masson, Pierre de Massot, Marie-Thérèse Maugis, Jean-Jacques Mayoux, Jehan Mayoux, Andrée Michel, Théodore Monod, Marie Moscovici, Georges Mounin, Maurice Nadeau, Georges Navel, Claude Ollier, Jacques Panijel, Hélène Parmelin, Marcel Péju, Jean-Claude Pichon, José Pierre, André Pieyre de Mandiargues, Roger Pigault, Édouard Pignon, Bernard Pingaud, Maurice Pons, J.-B. Pontalis, Jean Pouillon, Madeleine Rebérioux, Paul Rebeyrolle, Denise René, Alain Resnais, Jean-François Revel, Paul Revel, Evelyne Rey, Alain Robbe-Grillet, Christiane Rochefort, Maxime Rodinson, Jacques-Francis Rolland, Alfred Rosmer, Gilbert Rouget, Claude Roy, Françoise Sagan, Marc Saint-Saëns, Jean-Jacques Salomon, Nathalie Sarraute, Jean-Paul Sartre, Renée Saurel, Claude Sautet, Catherine Sauvage, Lucien Scheler, Jean Schuster, Robert Scipion, Louis Seguin, Geneviève Serreau, Simone Signoret,

Jean-Claude Silbermann, Claude Simon, Siné, René de Solier, De de la Souchère, Roger Tailleur, Laurent Terzieff, Jean Thiercelin, Paul-Louis Thirard, Tim, Andrée Tournés, Geneviève Tremouille, François Truffaut, Tristan Tzara, Vercors, J.-P. Vernant, Pierre Vidal-Naquet, J.-P. Vielfaure, Anne-Marie de Vilaine, Charles Vildrac, Claude Viseux, François Wahl, Ylipe, René Zazzo.

August 1960

Brief an das Militärgericht[1]

Da ich verhindert bin, vor dem Militärgericht zu erscheinen, was ich sehr bedauere, liegt mir daran, mich etwas ausführlicher zu meinem Telegramm zu äußern. Es genügt nämlich nicht, daß ich nur meine «uneingeschränkte Solidarität» mit den Angeklagten bekräftige: ich muß auch sagen, warum. Ich glaube nicht, daß ich Hélène Cuénat[2] je begegnet bin, aber durch Francis Jeanson kenne ich die Bedingungen sehr gut, unter denen die Hilfsorganisation arbeitet, der heute der Prozeß gemacht wird. Ich möchte daran erinnern, daß Jeanson lange Zeit zu meinen Mitarbeitern zählte, und wenn wir auch nicht immer der gleichen Meinung waren, was normal ist, hat uns auf jeden Fall das Algerienproblem geeint. Ich habe Tag für Tag seine Bemühungen verfolgt, die auch die der französischen Linken waren, auf legalem Weg eine Lösung dieses Problems zu finden. Und nur angesichts des Scheiterns dieser Bemühungen und angesichts der öffentlichen Ohnmacht dieser Linken hat er sich zur illegalen Aktion entschlossen, um

1 Vom 5. September bis 1. Oktober 1960 fand vor einem Pariser Militärgericht der Prozeß gegen Mitglieder des «Réseau Jeanson» statt, das von der Verteidigung in ein Tribunal gegen die Regierung verwandelt wurde. Sartre, der von der Verteidigung als Zeuge vorgeladen war, befand sich zu dieser Zeit auf einer Vortragsreise in Brasilien. Da er diese nicht abbrechen wollte, bekundete er seine Solidarität mit den Angeklagten und dem «Réseau Jeanson» in einem Telegramm und einem Brief an das Militärgericht, den seine Mitarbeiter von *Les Temps Modernes*, Claude Lanzmann und Marcel Péju, nach einem Telefongespräch mit ihm in seinem Auftrag und Namen verfaßten. Dieser Brief, dessen Unterschrift der Karikaturist Siné nachgemacht hatte, wurde am 20. September vor dem Gericht verlesen und am 22. September von *Le Monde* veröffentlicht. Er löste eine große Hetzkampagne der konservativen und reaktionären Presse gegen Sartre aus. *Fu-si-llez-Jean-Paul-Sartre* (Erschießt Jean-Paul Sartre) skandierten die Demonstranten der Demonstration für ein französisches Algerien, die am 3. Oktober in Paris stattfand. *Anm. d. Hg.*

2 Hélène Cuénat, ein aktives Mitglied des «Réseau Jeanson», wurde in diesem Prozeß zu zehn Jahren Gefängnis verurteilt. Zusammen mit fünf anderen inhaftierten Frauen gelang ihr im Februar 1961 eine abenteuerliche Flucht aus dem Pariser Frauengefängnis La Petite Roque. *Anm. d. Hg.*

dem algerischen Volk im Kampf um seine Unabhängigkeit konkreten Beistand zu leisten.

Aber es ist unerläßlich, hier jede Zweideutigkeit zu beseitigen. Die Solidarität mit den algerischen Freiheitskämpfern wurde ihm nicht nur durch edle Grundsätze oder durch den allgemeinen Willen diktiert, die Unterdrückung überall zu bekämpfen, wo sie auftritt; sie entsprang einer politischen Analyse der Situation in Frankreich selbst. Die Unabhängigkeit Algeriens ist im Grunde schon errungen. Sie wird in einem Jahr oder in fünf Jahren Wirklichkeit werden, im Einverständnis mit Frankreich oder gegen Frankreich, durch eine Volksabstimmung oder durch die Internationalisierung des Konflikts, ich weiß es nicht; aber sie ist bereits eine Tatsache, und General de Gaulle selber, der durch die Verfechter des französischen Algerien an die Macht gelangte, sieht sich heute gezwungen, zuzugeben: «Algerier, Algerien gehört euch!»

Ich wiederhole also noch einmal, daß diese Unabhängigkeit gewiß ist. Nicht gewiß dagegen ist die Zukunft der Demokratie in Frankreich. Denn der Algerienkrieg hat dieses Land verdorben. Die zunehmende Beschneidung der Freiheiten, die Lahmlegung des politischen Lebens, die allgemeine Anwendung der Folter, die permanente Auflehnung der Militärs gegen die Regierung kennzeichnen eine Entwicklung, die man ohne Übertreibung faschistisch nennen kann. Angesichts dieser Entwicklung ist die Linke machtlos und wird es bleiben, wenn sie sich nicht entschließt, ihre Bemühungen mit der einzigen Kraft zu vereinigen, die heute tatsächlich gegen den gemeinsamen Feind der algerischen und der französischen Freiheit kämpft. Und diese Kraft ist die FLN.

Zu diesem Schluß, zu dem Francis Jeanson gekommen war, bin auch ich gelangt. Und ich glaube sagen zu können, daß heute immer mehr Franzosen, besonders junge Menschen, entschlossen sind, ihn in die Tat umzusetzen. Man sieht die Dinge klarer, wenn man, wie ich im Augenblick in Lateinamerika, mit der öffentlichen Meinung des Auslands in Berührung kommt. Diejenigen, die unsere Rechtspresse des «Verrats» bezichtigt und die eine gewisse Linke nicht so zu verteidigen wagt, wie sie verteidigt werden müßten, werden im Ausland weitgehend als die Hoffnung des morgigen und die Ehre des heutigen Frankreichs betrachtet. Es vergeht kein Tag, ohne daß man mich nach ihnen fragt, sich erkundigt, was sie machen, was sie empfinden; die Zeitungen sind bereit, ihnen ihre Spalten zu öffnen. Die Vertreter der Bewegung der Kriegsdienstverweigerer, *Jeune Résistance*, werden zu

Kongressen eingeladen. Und die Erklärung über das Recht zum Ungehorsam im Algerienkrieg, die ich ebenso wie hundertzwanzig andere Universitätslehrer, Schriftsteller, Künstler und Journalisten unterzeichnet habe, wurde als ein Erwachen der französischen Intellektuellen begrüßt.

Kurz, meiner Meinung nach ist es wichtig, zwei Gesichtspunkte klar zu erfassen, und es sei mir gestattet, sie ein wenig oberflächlich zu formulieren, da es schwer ist, in einer solchen Zeugenaussage den Dingen auf den Grund zu gehen.

Einerseits lassen sich die Franzosen, die die FLN unterstützen, nicht nur von großmütigen Gefühlen gegenüber einem unterdrückten Volk leiten und stellen sich auch nicht in den Dienst ausländischer Interessen, sondern sie arbeiten für sich selber, für ihre Freiheit und für ihre Zukunft. Sie setzen sich für die Wiederherstellung einer echten Demokratie in Frankreich ein. Andererseits sind sie nicht isoliert, sondern erfreuen sich eines immer größeren Zulaufs, einer aktiven oder passiven Sympathie, die unaufhörlich wächst. Sie waren die Vorhut einer Bewegung, die vielleicht die in erbärmlichem Zaudern versunkene Linke aufgerüttelt hat. Sie wird nun besser auf die unvermeidliche, seit Mai 1958 aufgeschobene Kraftprobe mit der Armee vorbereitet sein.

Da ich so weit von Frankreich entfernt bin, fällt es mir natürlich schwer, die Fragen zu erraten, die das Militärgericht mir hätte stellen können. Ich nehme jedoch an, daß eine dieser Fragen sich auf das Interview beziehen würde, das ich Francis Jeanson für sein Bulletin *Vérité pour...* gewährt habe, und ich werde sie ohne Umschweife beantworten. Ich erinnere mich weder an das genaue Datum noch an den genauen Wortlaut dieses Gesprächs. Aber Sie werden sie leicht finden, wenn dieser Text in den Akten enthalten ist.

Dagegen weiß ich, daß Jeanson in seiner Eigenschaft als Gründer der Hilfsorganisation und ihres Organs, jenes illegalen Bulletins, mich aufgesucht hat und daß ich ihn in voller Kenntnis dieser Tatsache empfangen habe. Seither habe ich ihn zwei- bis dreimal wiedergesehen. Er hat mir seine Tätigkeit nicht verheimlicht, und ich billigte sie voll und ganz.

Ich glaube nicht, daß es in diesem Bereich edle und grobe Aufgaben gibt, Tätigkeiten, die den Intellektuellen vorbehalten sind, und andere, die ihrer unwürdig wären. Während der Résistance haben die Professoren der Sorbonne nicht gezögert, Briefe zu befördern und Verbindungen herzustellen. Wenn Jeanson mich gebeten hätte, Koffer zu tragen oder algerische Freiheitskämpfer zu beherbergen, und ich es hätte tun können, ohne sie zu gefährden, würde ich es ohne Zögern getan haben.

Ich glaube, diese Dinge müssen ausgesprochen werden: denn der Augenblick naht, da jeder seine Verantwortung übernehmen muß. Aber gerade diejenigen, die am stärksten in der politischen Aktion engagiert sind, zögern noch, aus irgendwelchem Respekt vor der formalen Legalität, gewisse Grenzen zu überschreiten. Dagegen ist es die Jugend, die, von den Intellektuellen unterstützt, wie in Korea, in der Türkei, in Japan, damit beginnt, die Mystifikationen, denen wir zum Opfer gefallen sind, zu entlarven. Deshalb ist dieser Prozeß so außerordentlich wichtig. Trotz allen Hindernissen, trotz allen Vorurteilen, trotz allen Vorbehalten sitzen zum erstenmal Algerier und Franzosen, brüderlich vereint durch einen gemeinsamen Kampf, Seite an Seite auf der Anklagebank.

Vergebens bemüht man sich, sie zu trennen. Vergebens versucht man, diese Franzosen als Verrückte, als Desperados oder Romantiker hinzustellen. Wir haben die verlogene Nachsicht und die «psychologischen Erklärungen» allmählich satt. Es muß klargestellt werden, daß diese Männer und Frauen nicht allein stehen, daß Hunderte andere bereits an ihre Stelle getreten, daß Tausende dazu bereit sind. Ein widriges Geschick hat sie vorübergehend von uns getrennt, aber ich wage zu behaupten, daß sie als unsere Abgesandten dort auf der Anklagebank sitzen. Im Gegensatz zu dem ephemeren Machtapparat, der sich anschickt, sie abzuurteilen, und der gar nichts mehr repräsentiert, repräsentieren sie die Zukunft Frankreichs.

22. September 1960

Die Analyse des Referendums

Interview mit *L'Express* vom Januar 1961

In seiner letzten Rede hat General de Gaulle angekündigt, er werde, falls das Referendum eine Mehrheit von Neinstimmen oder auch nur eine in seinen Augen zu geringe Mehrheit von Jastimmen ergeben sollte, zurücktreten. Das ist eine Drohung, der gegenüber die öffentliche Meinung sichtbar empfindlich reagiert. Was sagen Sie dazu?

Das Erstaunliche an dieser Erpressung ist, daß sie nur ausdrückt, was in einem normalen demokratischen Regime eine Selbstverständlichkeit wäre. Es versteht sich von selbst, daß der Chef einer demokratischen Regierung sich zum Rücktritt entschließen könnte, wenn der Prozentsatz der Stimmenthaltungen und der Gegenstimmen einer ohnehin mit Schwierigkeiten kämpfenden Politik die zusätzliche Schwierigkeit mangelnder Popularität bescheren würde. Keinesfalls aber würde er seinen Rücktritt im voraus ankündigen und als Drohung benutzen, als sei ein Rücktritt etwas Ungewöhnliches. De Gaulle jedoch bringt den charismatischen Aspekt, den heiligen Aspekt seiner Persönlichkeit ins Spiel.

Wir haben es hier mit einer ähnlichen Drohung zu tun wie unlängst, als er von Selbstbestimmung sprach und gleichzeitig verkündete, daß Algerien, falls seine Bewohner sich für die Unabhängigkeit entscheiden sollten, zweigeteilt werden würde. Damit bot er die Möglichkeit einer freien Entscheidung an, deren Freiheit von vornherein durch äußeren Druck zunichte gemacht wurde.

Ebenso verhält es sich mit dem Referendum, da die gestellte Frage völlig sinnlos ist. Die Selbstbestimmung vorschlagen und über die Einrichtung provisorischer Institutionen in Algerien abstimmen lassen läuft auf die Frage hinaus: «Sind Sie für eine Sache und zugleich für ihr Gegenteil?» Das ist eine pure Mystifikation, denn es ist offenkundig, daß die Institutionen, die de Gaulle in Algerien einrichten will, nur dazu dienen können, die Selbstbestimmung von vornherein vorherzubestimmen.

Aber kann man von einem Staatschef, der im stillen entschlossen ist zu verhandeln, verlangen, daß er seine Karten vor Beginn der Verhandlungen offen auf den Tisch legt? Ist es nicht normal, daß er soviel Trümpfe wie möglich sammelt, bevor er in die letzte Runde geht? Sämtliche Minister bestätigen heute: «Jeder weiß, daß die Unabhängigkeit Algeriens eine Tatsache ist, und de Gaulle weiß es besser als jeder andere. Rein taktische Erwägungen nötigen ihn zu diesem Verfahren.»

Dann weiß man aber nicht mehr, was eine Wählerbefragung ist. Politik zwingt von Natur aus zu zweideutigen Handlungen. Der Politiker hat es mit einer Rechten und einer Linken zu tun. Er steht in der Mitte und versucht, auf die eine wie auf die andere Rücksicht zu nehmen. In einer Diktatur, selbst in einer anarchischen wie der unseren, werden umschichtig Konzessionen gemacht, das heißt, man gibt mal dem einen und mal dem anderen etwas – was nur dazu führt, daß alle unzufrieden sind.

Aber ein Wähler ist kein Politiker. Seine Stimme abgeben heißt nicht Politik machen, es heißt vielmehr an einer bestimmten Politik das billigen oder ablehnen, was eben nicht zweideutig ist. Man darf nicht zu einem Wähler sagen: «Sie sollen für einen Mann stimmen, der mit diesen und jenen Widerständen zu kämpfen hat, der auf diese und jene Gruppen Rücksicht nehmen muß und der sich deshalb gezwungen sehen wird, etwas anderes zu tun als das, wozu er Ihre Zustimmung verlangt.» Man muß ihm die Möglichkeit einer eindeutigen Entscheidung bieten.

Heute sagt man uns: «Wenn Sie für die provisorischen Institutionen stimmen, so stimmen Sie für Verhandlungen und Selbstbestimmung.» Was soll das heißen? Entweder man stimmt für die Institutionen, und damit wird die Selbstbestimmung von vornherein vorherbestimmt. Oder man stimmt dafür, de Gaulle die nötigen Vollmachten für Verhandlungen zu geben. In diesem Fall ist die Frage falsch gestellt. Sie müßte lauten: «Sind Sie für Friedensverhandlungen?» Wer zu den Institutionen ja sagt, verstärkt durchaus nicht die Position de Gaulles gegenüber der Rechten und der Armee. Diese werden dann nämlich sagen: «Gut, die Franzosen haben für die Institutionen gestimmt, aber nicht für Verhandlungen.» Hier kehrt sich der Machiavellismus gegen Machiavelli. Selbst wenn de Gaulle 90 % der Stimmen bekommt, so wird deren Mandat beliebig interpretierbar, da auf zwei einander widersprechende Fragen nur eine Antwort gegeben werden konnte.

Man muß doch aber de Gaulle die Möglichkeit geben, seine Politik fortzusetzen, und ihm selbst die Wahl seiner Mittel überlassen.

Was ist denn das für eine Politik? Sie besteht darin, in Algerien provisorische Institutionen einzusetzen, wobei gewisse Machtbefugnisse ausgewählten Einzelpersonen aus den beiden Volksgemeinschaften übertragen werden. Diese Institutionen werden – das haben uns jüngst die Ereignisse von Algier und Oran gezeigt – keinerlei Autorität bei der Bevölkerung genießen. Die Männer, die sich bereit finden werden, in ihnen Funktionen zu übernehmen, werden von der Mehrzahl der Moslems und vermutlich auch von den Europäern als Quislinge angesehen werden. Folglich wird sich ihre Autorität nur auf die Gewalt stützen. Die Harkis[1] werden dazu nicht ausreichen. Es muß also wieder die französische Armee her.

Wer für die Institutionen stimmt, gibt also der französischen Armee die Möglichkeit, in Algerien zu bleiben, und zwar jetzt nicht mehr, um das Land zu «befrieden», sondern um einen angeblich erreichten Frieden zu schützen. Im Grunde wird sich nichts geändert haben. Nur die Arbeit wird etwas anders aussehen. Die Armee wird diesmal nicht auf Menschen schießen, die für ihre Unabhängigkeit kämpfen, aber immerhin Kombattantenstatus beanspruchen können, sie wird sich nicht mehr mit moralisch degradierenden Polizeiaufgaben abgeben, was immerhin noch als Terroristenjagd ausgegeben werden kann, diesmal wird die Armee auf unbewaffnete Massen schießen müssen. Und das ist während der letzten Demonstrationen auch geschehen.

Es wurde viel von den dreißig Toten gesprochen, deren Autopsie ergab, daß Zivilisten sie getötet hatten. Aber da die offiziellen Zahlenangaben gefälscht sind und die Europäer selbst von 500 Toten statt von 150 sprechen, muß man wohl annehmen, daß die meisten von den Fallschirmjägern umgebracht wurden. Wir hätten dann also eine Armee, die unter dem Vorwand, der Frieden herrsche bereits oder stehe in Aussicht, fortwährend auf wehrlose Demonstranten schießen müßte.

Man kann sich also fragen, ob das Referendum nicht tatsächlich darauf hinausläuft, die weitere Präsenz der Armee in Algerien zu rechtfertigen und zugleich ihre Aktionen noch zu verschlimmern. Vielleicht sieht de Gaulle das nicht. Es steht jedoch fest, daß die Armee einen großen Unterschied macht zwischen dem Referendum und Verhandlungen. Sie hätte nach Ankündigung von Verhandlungen nicht die letztlich zustimmende Haltung eingenommen, die sie gegenüber dem Referendum eingenommen hat. Ihr geht es darum, in

1 Angehörige der im Dienst des Kolonialregimes stehenden Eingeborenenmiliz. *Anm. d. Hg.*

Algerien zu bleiben, das heißt, sie betrachtet das Referendum als etwas völlig Unerhebliches. Schlimmstenfalls wird, da die FLN sich weigert, de Gaulles Spiel mitzuspielen, der Krieg weitergehen wie zuvor. Bestenfalls wird die Armee bleiben, wo sie ist, bereit, gegebenenfalls auf die Masse zu schießen.

Da haben Sie die Perspektiven, die uns der Text eröffnet, dem wir zustimmen sollen. Der Wähler muß sich also einfach fragen: «Will ich das, oder will ich das nicht?»

Sie sagten, die Fragestellung sei eine Mystifikation. Viele Leute denken, daß man unter diesen Umständen seine Weigerung, das Spiel der Regierung mitzuspielen und an einer von vornherein verlogenen Operation teilzunehmen, am besten dadurch demonstriert, daß man nicht zur Wahl geht oder einen leeren Stimmzettel abgibt.

Ausnahmsweise gebe ich der Regierung gegen die, die der Wahl fernbleiben, recht. Wer nicht zur Wahl geht, gibt kein Votum ab: man geht aus den verschiedensten Gründen nicht zur Wahl; weil man sich ein Bein gebrochen hat, weil man die Regierung nicht mag oder weil man sich für die ganze Angelegenheit nicht interessiert. Der leere Stimmzettel ist ebenso zweideutig. Die Leute, die sich eigens aufmachen, um einen leeren Zettel in die Wahlurne zu werfen, sind «gegen» das, was sie billigen sollen. Dabei könnten sie das eindeutig bekunden, indem sie mit Nein stimmen.

De Gaulle hat sehr wohl verstanden, daß es ebenso wie Unschlüssigkeit oder Gleichgültigkeit auch Nein bedeuten kann, wenn man der Wahl fernbleibt. Deshalb appelliert er in seiner Rede an die Wähler, der Wahl nicht fernzubleiben, damit sie nicht mit denen verwechselt werden können, die der Wahl fernbleiben, weil sie nein sagen wollen. Das Argument läßt sich auch umkehren: wer der Wahl fernbleiben will, um damit zum Ausdruck zu bringen, daß er die Politik de Gaulles mißbilligt, muß mit Nein stimmen, damit diese Mißbilligung auch wirklich zum Ausdruck kommt.

Die beste Art, das verlogene Spiel, an dem wir teilnehmen sollen, zurückzuweisen, besteht nicht darin, daß man sagt: «Ich spiele nicht mit» – weil, wenn wir nicht mitspielen, die anderen für uns spielen werden –, sondern darin, daß man nein sagt, nein zu dem Mann, nein zum Machiavellismus, nein zu dem Plan, den man uns vorschlägt.

Die Furcht davor, «wie die Ultras zu stimmen», erscheint mir ganz und gar antidemokratisch. Es ist eine der wichtigsten Spielregeln der Demokratie, daß die Regierungen in den Nationalversammlungen durch das Zusammengehen der beiden Oppositionen gestürzt werden. Diese Koalition hat immer bestanden. Warum sollte man sie heute ablehnen?

Ich gehe noch weiter: das Nein der Ultras ist ein gültiges Nein. Es ist gültig, weil es bedeutet: «De Gaulles Politik taugt nichts. Sie taugt nichts, weil man sich entweder für Ausverkauf oder für Krieg auf Tod und Leben entscheiden muß.» Wir sagen nichts anderes, nur entscheiden wir uns für das, was sie als «Ausverkauf» bezeichnen und was keiner ist, weil sie es sind, die Frankreich ausverkaufen, wobei sie gleichzeitig seine innenpolitische Glaubwürdigkeit und seine Position in der Welt untergraben. Aber eine Koalition der beiden Oppositionen hat immer etwas zu bedeuten: sie zeigt an, daß die Regierung eine zweideutige und unaufrichtige Politik verfolgt, die niemanden zufriedenstellt. Das ist heute der Fall.

Wir wissen übrigens sehr wohl, daß die Neinstimmen, wenn sie sehr zahlreich wären, hauptsächlich von der Linken und nicht von den Ultras kämen, weil die linken Organisationen ihre Anhänger dazu aufgefordert haben, mit Nein zu stimmen, und die äußerste Rechte in Frankreich zahlenmäßig sehr schwach ist. Kann man sich also eine Nationalversammlung vorstellen, in der die Kommunisten sich weigern würden, eine Regierung zu stürzen, weil die äußerste Rechte beabsichtigt, wie sie zu stimmen? Das ist nicht einmal denkbar. Und doch ist das die gegenwärtige Situation.

Würde de Gaulle wegen eines zu hohen Prozentsatzes von Stimmenthaltungen zurücktreten, so hinterließe er eine sehr unübersichtliche politische Lage. Geht er wegen einer Mehrheit von Neinstimmen, so ist die Lage vollkommen klar: er geht, weil Frankreich seine Politik abgelehnt hat. Deshalb ist meiner Ansicht nach die einzig mögliche Antwort das Nein. Man kann sich nicht drücken, indem man sagt: «Ich mache nicht mit.» Man macht mit. Seit die Falle gestellt ist, gibt es nur noch eine Möglichkeit, nicht hineinzugeraten: nein zu sagen.

Die Gegner des Nein beschuldigen die Linke, eine Politik des größeren Übels zu betreiben, indem sie das Risiko eines Chaos akzeptieren, dessen unmittelbare Nutznießer wahrscheinlich die Ultras wären.

Man muß die Dinge sehen, wie sie sind: seit zwei Jahren träumen wir. Einen Traum, der für manche anfangs rosa aussah, der aber nach und nach zum Alptraum wird, in dem Maße nämlich, wie sie entdecken, daß nur eine Kraftprobe die Frage des Algerienkrieges und des politischen Schicksals Frankreichs wird entscheiden können.

Diese Kraftprobe ist durch die angebliche Schlichtung de Gaulles zwei Jahre lang hinausgeschoben worden. Aber sie wird stattfinden.

Das Dumme ist nur, daß diese Schlichtung sich nicht zugunsten der Linken, sondern der Rechten ausgewirkt hat. Warum? Weil sich die Aktivität der Ultras hauptsächlich illegal abspielt – Aufstellung von Kampfgruppen, Einrichtung von Waffenlagern, Unterwanderung der Verwaltung usw. – und weil die wohlwollende Neutralität der Polizei diese Aktivität begünstigt hat.

Die Waffe der Linken dagegen ist die Aktivität der Massen, die streiken, demonstrieren, auf die Straße gehen. Die Parteien der Linken haben die – vor zwei Jahren zweifellos kaum, heute aber vielleicht durchaus mobilisierbaren – Massen nicht aktivieren können oder wollen, während die Organisationen der Ultras fortwährend Verstärkung erhielten und sich immer weiter konsolidierten.

Es besteht kein Grund zu der Annahme, daß zwei, drei weitere Jahre unter de Gaulle die Dinge verbessern würden: sie würden den Tag der Entscheidung nur hinausschieben und für die Linke gefährlicher machen. Wenn de Gaulle sich an der Macht hält, steht er vor der Alternative: endloses Hinauszögern der Entscheidung – wie bisher – oder Aufnahme von Verhandlungen. Verhandlungen würden den Bruch bedeuten, das heißt, sie würden die so lange aufgeschobene Kraftprobe auslösen. Die Armee kann das Referendum und die provisorischen Institutionen tolerieren, weil sie aus ihnen in gewisser Weise Vorteil zieht. Verhandlungen könnte sie nicht hinnehmen.

Die Zeit vergrößert unsere Chancen, diese Kraftprobe zu gewinnen, nicht. Da ist zunächst diese charismatische Ausstrahlung de Gaulles, die quasi sakrale Aura, die er sich zu schaffen gewußt hat, die von ihm eingeführte qualitative Unterscheidung zwischen einem bestimmten Menschentypus, der sich in einem Jahrhundert oder sogar in der ganzen Geschichte nur in einigen Individuen verkörpert, einerseits und der Masse andererseits. All das trägt dazu bei, die Massen einzuschläfern und vom «Beschützer» de Gaulle träumen zu lassen, und nichts deutet darauf hin, daß wir, würde er in zwei oder drei Jahren durch einen Staatsstreich der Militärs gestürzt, die Möglichkeit hätten, diesem sofort entgegenzutreten.

Denken Sie an das, was sich vor zwei Monaten abgespielt hat: die Linke rief eine Bewegung zugunsten von Verhandlungen ins Leben, die größere Ausmaße anzunehmen schien, und de Gaulle stiftete Unruhe in ihren Reihen, indem er neue Formeln lancierte und das Referendum ankündigte. Dieses bringt uns der Lösung des Problems nicht einen Schritt näher, sondern macht die Leute aufs neue unsicher und spaltet die Linke in solche, die mit Ja, und solche, die mit Nein stimmen wollen. Gefahr droht uns also nicht von de Gaulles Abgang, sondern von seinem Bleiben.

Eine Kraftprobe heißt nicht unbedingt, daß Blut fließen muß. Es heißt lediglich, daß die Leute sich zu einem bestimmten Zeitpunkt ausrechnen, wie stark sie sind, und sehen, was sie tun können. Die Armee ist gespalten. Die Ereignisse von Algier und Oran haben sicherlich eine gewisse Anzahl von Offizieren – Hauptleute, Majore – in der bisher von ihnen genährten Überzeugung erschüttert, gegen eine Bande von Rebellen zu kämpfen. Als sie die Masse der Moslems auf den Straßen sahen, haben sie sich gesagt: «Schön, wir müssen noch einmal von vorn anfangen.» Das finden sie nicht so witzig. Auch spüren sie, daß es nicht mehr der gleiche Krieg ist, daß etwas verlorengegangen ist, daß es sich nicht mehr darum handeln kann, durch militärische Operationen ein Land gehörig zu säubern, in dem zwar Unruhe herrschen mag, dessen Bevölkerung aber hinter ihnen steht.

Viele schreiben de Gaulle das Verdienst daran zu, daß man in der Armee nachzudenken beginnt. Sie denken noch immer, daß allein er imstande sei, nach und nach die Widerstände in der Armee abzubauen und uns so die Kraftprobe, die Sie voraussagen, zu ersparen.

Hat de Gaulle oder haben die fünfhundert Toten von Algier den Militärs die Augen geöffnet? Die Moslems sind nicht, wie öfter behauptet wurde, von SAS-Offizieren[1] aufgefordert worden, auf die Straßen der Kasba zu gehen. Sie sind ganz von selbst hinausgegangen. Was da geschah, kam für alle unerwartet. De Gaulle hatte gedacht, man würde die paar aufsässigen Europäer in den großen Städten unter Kontrolle halten und er könne dann in aller Ruhe seine kleine Tour durch die Offizierskasinos machen. Aber es kam ganz anders.

Daß er als erster davon überrascht wurde, erkennt man daran, daß er das Ereignis niemals erwähnt, daß er keine Lehre daraus gezogen hat. Dabei wäre es ein leichtes gewesen, den Franzosen zu sagen: «Sie sehen, daß die Algerier das Bedürfnis haben, sich zu äußern. Geben wir ihnen, statt sie auf die Straße gehen zu lassen, lieber die Möglichkeit, ihr Schicksal selbst zu bestimmen.» Er hat es nicht getan.

1 Offiziere der Section Administrative Spécialisée, Militärs, die mit der zivilen Befriedung Algeriens beauftragt und im allgemeinen algerierfreundlich eingestellt waren. *Anm. d. Hg.*

Warum nicht? Weil es ihm peinlich ist. Weil die Demonstrationen von Algier beweisen, daß es keine dritte Kraft gibt und daß sein ganzes System sich künftig auf die Armee wird stützen müssen.

Nicht de Gaulles Politik also zermürbt die Armee. Sondern die Realität. De Gaulle beschränkt sich darauf, ihr von Zeit zu Zeit ein bißchen Chloroform zu verabreichen. Das tut den Aufsässigen in der Armee gut: sie müssen zwar Kompromisse akzeptieren, können aber in Algerien bleiben. Nur: so erfahren sie nicht die Wahrheit. Aber die Wahrheit setzt sich durch und wird sich auch in Zukunft durchsetzen, trotz de Gaulle.

Ich halte die Kraftprobe deshalb für unvermeidlich, weil wir es weder mit Kindern noch mit Verrückten zu tun haben. Man spricht von «Aufrührern», von «Meute»... Darum handelt es sich ganz und gar nicht. Es handelt sich vielmehr um Leute, die ganz bestimmte Interessen zu verteidigen haben. Das Interesse der Armee ist Algerien. Was wäre sie ohne Algerien? Eine Armee von 1939, die sich in ihre Kasernen zurückzöge, mit der Aussicht, dort genauso wie die Zivilbevölkerung am ersten Tag eines Atomkriegs umzukommen.

Was sollen sie schon machen? Nur in Algerien sind sie Militärs. In Frankreich sind sie Zivilisten wie wir, nur daß sie das Recht haben, eine Maschinenpistole zu tragen, ungefähr so, wie die Adligen das Recht hatten, einen Degen zu tragen. Für internationale Entscheidungen sind sie ohne jede Bedeutung. Die drei Bomben, die wir gezündet haben, ändern daran auch nichts. Den Militärs liegt nicht einmal besonders viel an der Modernisierung der Armee, da diese die Pensionierung einer Anzahl von Offizieren zur Folge haben würde, die sich zwar sehr gut darauf verstehen, Infanteristen exerzieren zu lassen, zur technischen Kriegführung aber untauglich wären. Auf jeden Fall wäre daher der Abzug aus Algerien der Tod unserer Armee.

Wenn sie nicht in Frankreich die Macht ergreift, um ebendiese Entwicklung zu verhindern.

Genau! Sobald die Armee begreift, daß sie in Algerien nichts mehr zu suchen hat, wird sie möglicherweise - ich sage nicht, wahrscheinlich – versuchen, die Macht im Mutterland an sich zu reißen. Die Frage ist, welche Elemente ihr Widerstand leisten können. Die Regierung, die ihr die ganze Zeit nachgegeben hat? Ganz bestimmt nicht. Die UNR? Aber die UNR ist ein Nichts! Ein Verein von Jasagern. Die einzige Kraft, die Widerstand leisten kann, sind die Massen. Es gibt keine andere.

Es ist nicht sicher, daß dieser Staatsstreich der Militärs stattfinden wird, weil die Armee dabei ist, sich zu spalten, nicht in Gaullisten und Antigaullisten, sondern in Leute, die sich darauf vesteifen, den Krieg in Algerien als einen Krieg rein militärischen Charakters zu sehen, und solche, die ihn mehr und mehr als das sehen, was er ist, nämlich als systematische Unterdrückung eines ganzen Volkes. Das sind keine günstigen Bedingungen für einen Staatsstreich.

Und dann sind da die Reserveoffiziere, Leute wie Sie und ich, und die jungen Männer, die ihren Wehrdienst ableisten und die seit einiger Zeit anders geworden sind. Sie sind anders geworden dank de Gaulle, und zwar nicht weil er den Krieg beenden wollte, sondern weil er ihn fortführte. Sie haben das fünfte, dann das sechste Kriegsjahr heraufkommen sehen.

Diese Jugend hat eine Geschichte: am Anfang haben wir sie im Stich gelassen. Vor fünf Jahren wollten die Einberufenen und die Wiedereinberufenen nicht ausrücken. Sie haben rebelliert, wie in der Kaserne von Rouen, und die Arbeiter haben sie unterstützt. Aber dann trafen Befehle ein, und alles war zu Ende. Sie sind ausgerückt mit der Überzeugung, daß man sie verraten hatte, daß alle, von der äußersten Linken bis zur Rechten, mit diesem Krieg einverstanden waren. Da wirklich sehr viel Mut dazu gehört, gegen eine Armee zu kämpfen, die einen als «Verräter» abstempeln und erschießen lassen kann, haben sie aufgegeben.

Sie haben es uns übelgenommen. Ich bin während der letzten Jahre so manchem begegnet, der bei sehr unschönen Dingen zugesehen oder vielleicht gezwungenermaßen sogar daran teilgenommen hatte; sie weigerten sich, darüber zu sprechen, sie sagten: «Was wollen Sie eigentlich? Schließlich haben Sie uns machen lassen.» Es war fast wie der Trotz eines Kindes gegen seinen Vater.

Aber die Jüngeren, die von ihrem vierzehnten Lebensjahr an auf diesen Krieg vorbereitet worden sind, die ihre älteren Brüder haben zurückkomen sehen und von ihnen ausführlichere Berichte hörten als ihre Eltern, haben eine ganz andere Einstellung. Noch einmal: nicht deshalb, weil der Krieg kurz vor seinem Ende steht, sondern weil er weitergeht. Gegen de Gaulle sind sie sich ihrer selbst bewußt geworden.

Wenn de Gaulle morgen abträte, was würde geschehen? Die Linke ist offensichtlich nicht organisiert. Aber – und das ist ihr Problem – sie ist es nie. Sie wird immer überrascht. Schon immer hieß es: wenn die Linken sich nicht vor den Gefängnismauern verständigen, so verständigen sie sich, wenn sie dahinter sitzen. Falls es zu einem Gewaltstreich kommt, wird die Linke völlig überrascht sein und während der ersten Zeit nachgeben. Aber nicht lange. Erstens, weil die Erpressung de Gaulles von niemandem nachgeahmt werden kann. Kann man sich vorstellen, daß Herr Morice, Herr Soustelle, Herr Bidault, General Salan oder gar General Massu populäre Gestalten werden? Undenkbar. Sie würden nicht einmal von den kapitalistischen Kräften unterstützt werden, die wenig Interesse an Algerien haben und die Hypothek des Krieges gelöscht sehen wollen. Außerdem ist auch die Rechte nicht vorbereitet. Sie hat zu viele innere Spaltungen zu überwinden.

Alle Formen des Faschismus sind anfangs populär gewesen, weil sie – und sei es auch nur scheinbar – den Leuten etwas boten. In Deutschland mußte die Niederlage vergessen gemacht, die Arbeitslosigkeit bekämpft werden. Aber man kann das französische Volk nicht mobilisieren, indem man sagt: «Eine Niederlage in Algerien wäre unerträglich. Machen wir kurzen Prozeß! Bringen wir sämtliche Algerier um! Wir werden die Steuern verdoppeln und den Krieg weiterführen.» Das ist undenkbar! In einem faschistischen Regime ist das Einverständnis der Massen äußerst wichtig. Ein Einverständnis, das von kurzer Dauer sein mag, es aber ermöglicht, vermittels faschistischer Verbände wie der SA in Deutschland, eine dauernde Bindung zwischen der Basis und dem Diktator herzustellen. Da gibt es Aktivisten, Agitatoren, die die Massen terrorisieren, aber gleichzeitig der Spitze wertvolle Hinweise liefern können: «Vorsicht, man sollte nicht zu sehr in diese Richtung drängen, sondern eher mehr in jene...»

In Frankreich gibt es keinen faschistischen Verband, der fähig wäre, diese Rolle zu spielen. Die Knaben des 16. Arrondissements[1] werden sie nicht spielen. Dafür sind Leute aus dem Volk notwendig, arbeitslose Arbeiter wie die in Berlin, die sich auf die Seite der Nazis schlugen, weil sie bessere Volksküchen unterhielten als die Kommunisten. Als ich 1934 dort war, gab es viele Arbeiter, die Nazis geworden waren. Sie hatten, ohne sich dessen bewußt zu sein, das marxistische Vokabular beibehalten und gaben mir eine marxistische Interpretation von Hitlers Überlegenheit. Nichts dergleichen gibt es in Frankreich.

Andererseits würde ein französischer Faschismus oder Pseudofaschismus eine solche internationale Gefahr darstellen, daß er auf gar keinen Fall Bestand haben könnte. Die Amerikaner würden sofort denken, daß der unvermeidliche Gegenschlag die Volksfront und den

1 Vornehmes Viertel in Paris. *Anm. d. Hg.*

Sieg der Kommunisten herbeiführen würde. Sie würden versuchen, sich der faschistischen Regierung auf dem schnellsten Wege zu entledigen, bevor sie durch eine Volkserhebung gestürzt wird. Es ist sogar zu wünschen, daß sie uns nicht solcherart die Chancen einer echten Demokratie stehlen.

Jedenfalls ist die Kraftprobe notwendig, weil sie in der faktischen Situation vorgegeben ist. Die Menschen werden faktischer Situationen durch Taten Herr und nicht dadurch, daß sie bei ihrem Prestige Zuflucht suchen. Wenn Sie so wollen: man muß Angst haben vor dem, was geschähe, wenn de Gaulle ginge, kann aber hoffen. Und man muß etwas mehr Angst haben vor dem, was kommen wird, wenn er bleibt, vor allem mit einer Mehrheit von Jastimmen, die ihn zu nichts verpflichten und nicht einmal seine Autorität auf die Leute ausdehnen würde, die sie bestreiten.

Mit Ja stimmen heißt nicht aufwachen, sondern an seinem Traum festhalten wollen. Mit Nein stimmen heißt aufwachen. Es bedeutet: Seit zwei Jahren werden wir von diesem Kerl mystifiziert; wir haben es satt.

Januar 1961

Die Schlafwandler

Gestern abend scharten sich die Leute um die Zeitungshändler. Die Kälte zerstreute sie bald, aber sie hatten Zeit, einen Blick auf die Schlagzeile zu werfen, das genügte ihnen. Jemand sagte laut: «Mit Algerien ist Schluß. Wer kommt jetzt dran? Frankreich kämpft seit hundertfünfzig Jahren, mein Herr.» Man hörte ihm zu, ohne ihm zu antworten, aber ohne Feindseligkeit: alle Köpfe waren voll schillernder und verworrener Gedanken. Und vor allem hatte er gesagt: «Es ist Schluß.» Nur das wollte man sich merken: es ist aus; mit Algerien ist Schluß. In den Restaurants des Stadtviertels brach der Rundfunk sein übliches Schweigen und dröhnte: man hörte zu, ohne zuzuhören. Leute traten ein, baten um Entschudigung für ihre Verspätung, schüttelten Hände; man sagte ihnen: «Der Waffenstillstand ist geschlossen.» Sie setzten sich und sagten: «Ja, ja, ich weiß.» Und man sprach von etwas anderem. Die Wände in Paris hatten Ohren. OAS-Ohren. Außerdem wollte man niemanden schockieren: weiß man denn nach sieben Jahren Stillschweigen, was die Nachbarn denken? Die einzigen, die laut sprachen, waren die Ultras. Ich hörte zwei von ihnen, die an einem öffentlichen Ort vor Wut lachten. Die anderen gestatteten sich trotz ihrer gespielten Gleichgültigkeit und ihrem Schweigen mitunter ein zaghaftes Lächeln der Erleichterung. Erleichterung, nichts weiter: das fiel gestern auf in den Straßen von Paris.

Man muß zugeben, daß Freude nicht angebracht ist: seit sieben Jahren ist Frankreich ein tollwütiger Hund, der am Schwanz einen Kochtopf hinter sich herschleift und jeden Tag ein wenig mehr über sein eigenes Getöse erschrickt. Jeder weiß heute, daß wir ein Volk armer Leute ruiniert, ausgehungert, massakriert haben, damit es auf die Knie geht. Es ist stehen geblieben. Doch um welchen Preis! In dem Augenblick, wo die Delegationen die Sache beendeten, befanden sich zwei Millionen vierhunderttausend Algerier in den Lagern des langsamen Todes; mehr als eine Million haben wir umgebracht. Die Felder liegen brach, die Duars sind von Bomben verwüstet, der Viehbestand, der karge Reichtum der Bauern, ist verschwunden. Nach sieben Jahren muß Algerien am Nullpunkt anfangen: zunächst den Frieden erringen, dann mit allergrößter Anstrengung jenes produzierte Elend überwinden, unser Abschiedsgeschenk. Nichts mehr ist uns unbekannt, wir wissen, was wir getan haben: 1945 schrien die Pariser vor Freude, weil man sie von ihren Leiden befreite; heute zeigen sie jene einsilbige Erleichterung, weil man ihnen ihre Verbrechen vom Hals schafft. Nein, nicht ihre Verbrechen – wir wissen, daß diejenigen, die wir begangen haben, sich nicht so rasch auslöschen lassen –, sondern den Zwang, weitere zu begehen. Es war Zeit, höchste Zeit: auch für uns. Unser Viehbestand hat nicht abgenommen, dessen kann man sicher sein, und der Lebensstandard ist ein wenig gestiegen. Aber um den berüchtigten Ausverkauf unseres Kolonialreichs zu vermeiden, haben wir Frankreich ausverkauft: um Waffen zu schmieden, haben wir unsere Institutionen ins Feuer geworfen; unsere Freiheiten und unsere Garantien, die Demokratie und die Gerechtigkeit, alles ist in Flammen aufgegangen; nichts ist von ihnen übriggeblieben. Es genügt nicht, die Kämpfe einzustellen, um unsere verschwendeten Güter wiederzuerlangen: auch wir werden, so fürchte ich, auf einem anderen Gebiet wieder am Nullpunkt anfangen müssen. Aber die Algerier haben ihre revolutionäre Kraft bewahrt. Und wo ist die unsere?

Die Nachricht des Waffenstillstands hat uns nicht mehr und nicht weniger in Erstaunen gesetzt als eine Nachricht «von außen»: Chruschtschow wird mit Kennedy zusammentreffen, man wird sich über Berlin verständigen, man unterbricht die Atomversuche. Ganz Frankreich fieberte, als Glenn seine Weltreisen machte. Es war *unser* Sieg, so schien es. In den Kinos wurde applaudiert. Dieser brüchige Waffenstillstand war nicht *unser* Sieg. Weil das französische Volk ihn nicht durchgesetzt hat. 1955 hat die Wählerschaft für den Frieden gestimmt; die Gewählten haben den Krieg intensiviert, und wir haben nichts gesagt; Kasernen haben gemeutert, die Soldaten wollten nicht töten. Noch sich töten lassen. Wir haben nichts gesagt: ihr Widerstand wurde gebrochen. Wortlos haben wir es zugelassen, daß das demokratische Regime unter dem Druck der Armee seine Ehre verlor. Und als die Armee es durch die persönliche Macht ersetzte, haben wir weiter geschwiegen. Heute ist eine Regierung, die aus einem Staatsstreich hervorgegangen war, gezwungen, uns zu geben, was wir vor sieben Jahren schüchtern forderten, und wir schweigen: das versteht sich von selbst, weil es nicht unsere Sache ist. In Frankreich wird nur einer vom Waffenstillstand profitieren: de Gaulle. Dabei genügt es, seine Reden nachzulesen, um zu ermessen, welchen Weg wir von Mostagenem bis zu den Verhandlungen von Évian zurückgelegt haben. Er hat alles getan, sogar den Wüstensand umgeschaufelt, um seine dritte Kraft zu finden, und es ist nicht seine Schuld, wenn die moslemische Bourgeoisie, die Erwählte seines Herzens, in Algerien nicht existiert. Alles wurde entschieden und seine Politik umgeworfen, als die moslemischen Städte sich öffneten und unbewaffnete Menschenmengen mit Fahnen an der Spitze auf unsere Soldaten zugingen. In Wahrheit ist dieser «Waffenstillstand», bei dem es, wie man zu erklären sich beeilt, «weder Sieger noch Besiegte» gibt, vom algerischen Volk durchgesetzt worden. Allein durch seinen außerordentlichen Widerstand und seine Disziplin. Und genau aus diesem Grund wird dieser «Kompromiß» zu einem Sieg Algeriens. Dabei konnten wir Franzosen, wie die Ereignisse gezeigt haben, doch nur solidarisch mit diesen Menschen sein, die den Kolonialismus bekämpften. Kolonialismus dort, Faschismus hier: es ist ein und dasselbe. Und die OAS kann nur dann hoffen, den Maghreb wieder zu einer Kolonie zu machen, wenn sie begonnen hat, Frankreich zu kolonisieren. Dieselben Feinde, dieselben Interessen, die Notwendigkeit einer Kooperation auf gleicher Ebene, was will man mehr? Ja, hätten wir unsere träge Furcht abgeschüttelt, hätte die Linke ihre Spaltungen überwunden... Die Linke freilich, immer uneins, schreit, mehr laut als überzeugt, aus vollem Hals «Sieg»: eine gräßliche Kakophonie. Vergeblich: seit 1954 fordern die Algerier die Unabhängigkeit; wer von den vielen rivalisierenden Parteien hat vor 1960 diese Forderung übernommen? Welche hat aufrichtig versucht, sie zur Grundforderung aller Franzosen zu machen? Die einen verlangten «das Recht auf Unabhängigkeit» und fügten augenzwinkernd hinzu: «Das Recht auf Scheidung heißt nicht, daß die Ehegatten gezwungen sind, sich zu trennen.» Und die anderen, vor die Entscheidung gestellt: «Unabhängigkeit – ich gehe viel weiter.» Das Ergebnis ist der Waffenstillstand, *unsere Niederlage*. Und wir sind ja beileibe nicht deshalb besiegt worden, weil wir einem Volk endlich das Recht zugestanden haben, über sich selbst zu bestimmen, sondern weil wir dem glorreichsten, finstersten aller Abenteuer zugesehen haben, ohne daß wir je versucht hätten, daran teilzunehmen. Wie viele Menschenleben wären verschont geblieben, wenn die französischen Massen ihre Stärke gezeigt hätten. Nein, unsere Niederlage ist nicht die Unabhängigkeit, sondern jene Million Algerier, deren Tod wir zugelassen haben. Lustlos, dann unschlüssig, dann abdankend, haben wir unsere Vollmachten einem Diktator übertragen, damit er, ohne uns um Rat zu fragen, entscheide, welches das beste Mittel sei, die Angelegenheit zu beenden: Völkermord, Umsiedlung und Teilung, Integration, Unabhängigkeit, wir wuschen unsere Hände in Unschuld, das ging nur ihn etwas an. Das Ergebnis übersteigt unsere Erwartungen: die Algerier haben ihre Freiheit erobert, die Franzosen die ihre verloren. Für jene ist alles noch zu tun; nicht ohne Angst haben sie das Abkommen unterzeichnet; sie wissen, daß der Waffenstillstand ein revolutionärer Beginn ist, der Anfang vom Anfang. Für uns ist er das letzte Ende: eine Last weniger; und wir wiederholen mit klammheimlicher Erleichterung: «Es ist Schluß.»

Es ist nicht Schluß. Mobilisierung heißt nicht Krieg und Waffenstillstand nicht Frieden. In Algerien mobilisieren Bewaffnete die europäische Bevölkerung; man kennt ihre Taktik und ihr Ziel: sie werden die beiden Gemeinschaften durch ständige Provokationen gegeneinanderhetzen, und die Massaker werden die französische Armee zwingen, auf die Moslems zu schießen, der Krieg wird sofort wieder auflodern und der Waffenstillstand nur noch ein Fetzen Papier sein. Es sei denn, sie ziehen es vor, die Selbstbestimmung zu sabotieren. Natürlich würde nichts von alledem geschehen, wenn die Armee loyal bliebe. Aber wird sie es bleiben? Falls Europäer den Anstoß zu einem Massaker gäben und nicht anders aufzuhalten wären, wird dann die Armee auf europäische Aufrüher schießen? Die Franzosen – wenn sie sich denn mit Politik zu befassen geruhen – wälzen ständig diese Fragen in ihrem Kopf, ohne je eine Antwort zu finden – und zwar aus guten Gründen. Nichts zeigt besser, wie weit ihre Abdankung reicht. Sie fragen sich nach dem möglichen Verhalten der aktiven Offiziere, nach ihrer Loyalität und ihren Verbindungen zum Faschismus, zu den Siedlern, zu den ehemaligen Putschisten, als ob allein die Armee unabhängig und souverän über unser Geschick entschiede. Das ist falsch: die Armee muß dem Volk gehorchen. Wenn sie nicht gehorcht, liegt die Schuld dafür bei der Nation selbst. Letztlich hat man immer die Armee, die man verdient. Niemals, das gebe ich zu, waren die Gefahren größer als jetzt: kaum ist diese schwache Hoffnung aufgekeimt, fürchten wir schon die künftigen Schlächtereien auf beiden Seiten des Meeres. Gerade aus diesem Grund, wegen dieser gemeinsamen Bedrohung haben die Franzosen noch eine Chance, wieder *ein Volk* zu werden. Sie haben den Waffenstillstand nicht beschleunigen können, die ganze Geschichte unserer Zeit ist über ihren Kopf hinweggegangen, schlafwandelnd gehen sie ihrem Schicksal entgegen: schön. Aber sie sind mit geschlossenen Augen am Scheideweg angelangt. Sie müssen hinschauen: auf der einen Seite die Gleichgültigkeit von Schafen, der wiedererwachte Krieg und Salan an der Macht;

auf der anderen die vorbehaltlose Aktionseinheit, der Kampf um den Frieden und Salan am Galgen. Es ist heute absurd, *hier* gegen die OAS kämpfen zu wollen – eine ziemlich geringe Gefahr in Frankreich –, ohne die Regierung zu zwingen, sie dort unten zu bekämpfen, wo ihre Stärke unbestreitbar ist. Es ist absurd und verbrecherisch zu behaupten, man könne den Kampf gegen den Faschismus und den Kampf für den Frieden voneinander trennen. Man muß begreifen, daß wir heute nur eine einzige Chance haben, uns zu regenerieren: die Armee in den Schranken der Loyalität zu halten, indem wir uns alle vereinen, um *die Durchführung* des unterzeichneten Abkommens *zu garantieren*. Unter dieser Bedingung wird auch für uns der Waffenstillstand der Anfang vom Anfang sein.

19. Februar 1962

Frantz Fanon – Patrice Lumumba

«Die Verdammten dieser Erde» von Frantz Fanon

Es ist noch nicht lange her, da zählte die Erde zwei Milliarden Einwohner, das heißt 500 Millionen Menschen und eine Milliarde 500 Millionen Eingeborene. Die ersten verfügten über das Wort, die anderen entliehen es. Zwischen jenen und diesen dienten käufliche Duodezfürsten, Feudalherren und eine aus dem Boden gestampfte falsche Bourgeoisie als Vermittler. In den Kolonien zeigte sich die Wahrheit nackt; die «Mutterländer» bevorzugten sie bekleidet; der Eingeborene mußte die «Mutterländer» lieben. Wie Mütter. Die europäische Elite begann, eine Eingeborenenelite aufzubauen; man wählte Jünglinge aus, brannte ihnen die Prinzipien der westlichen Kultur auf die Stirn und stopfte ihnen tönende Knebel in den Mund, große, teigige Worte, die ihnen an den Zähnen klebten; nach einem kurzen Aufenthalt im Mutterland schickte man sie verfälscht nach Hause zurück. Diese lebenden Lügen hatten ihren Brüdern nichts mehr zu sagen; sie hallten nur noch wider. Aus Paris, London und Amsterdam lancierten wir die Wörter «Parthenon! Brüderlichkeit!», und irgendwo in Afrika, in Asien öffneten sich Lippen: «... thenon! ... lichkeit!» Das war das Goldene Zeitalter.

Es ging zu Ende: die Münder öffneten sich allein; die gelben und schwarzen Stimmen sprachen zwar noch von unserem Humanismus, aber nur, um uns unsere Unmenschlichkeit vorzuwerfen. Wir hörten uns diese höflichen Vorträge einer Verbitterung ohne Mißfallen an. Zunächst war es eine stolze Verwunderung: Wie? Sie sprechen ganz allein? Da seht ihr, was wir aus ihnen gemacht haben! Wir zweifelten nicht daran, daß sie unser Ideal annähmen, da sie uns ja beschuldigten, ihm nicht treu zu sein. Jetzt glaubte Europa an seine Mission: es hatte die Asiaten zivilisiert und eine neue Art geschaffen: die abendländischen Neger. Ganz unter uns fügten wir, weil wir praktisch dachten, hinzu: Und außerdem lassen wir sie ruhig schimpfen, das erleichtert sie; Hunde, die bellen, beißen nicht.

Es kam eine andere Generation und änderte die Fragestellung. Ihre Schriftsteller und Dichter versuchten mit einer unglaublichen Geduld, uns zu erklären, daß unsere Werte sich schlecht mit der Wirklichkeit ihres Lebens vertrügen, daß sie sie weder gänzlich verwerfen noch gänzlich annehmen könnten. Das bedeutete ungefähr: Ihr macht Monstren aus uns, euer Humanismus erklärt uns für universal, und eure rassistische Praxis partikularisiert uns. Wir hörten ihnen ohne Aufregung zu: die Kolonialbeamten werden nicht dafür bezahlt, Hegel zu lesen, deshalb lesen sie ihn auch wenig. Aber sie brauchen diesen Philosophen gar nicht, um zu wissen, daß das unglückliche Bewußtsein sich in seinen Widersprüchen verstrickt. Ohne Sinn und Nutzen. Setzen wir also ihr Unglück fort, es wird keine Folgen haben. Wenn es in ihrem Stöhnen, so sagten uns die Experten, die Spur einer Forderung gäbe, wäre es die nach der Integration. Das kommt natürlich nicht in Frage: man würde das System, das ja bekanntlich auf der Überausbeutung beruht, zugrunde richten. Aber es genügt, ihnen diesen Köder hinzuhalten, und sie werden spuren. Was einen Aufstand anging, waren wir ganz ruhig: welcher bewußte Eingeborene würde sich dazu hinreißen lassen, die schönen Söhne Europas zu meucheln, nur um schließlich ein Europäer zu werden wie sie? Kurz, wir ermutigten diese Melancholien und fanden es gar nicht schlecht, den Prix Goncourt auch einmal an einen Neger zu vergeben. Das war vor 1939.

1961. Hören Sie: «Verlieren wir keine Zeit mit sterilen Litaneien oder ekelhafter Nachäfferei. Verlassen wir dieses Europa, das nicht aufhört, vom Menschen zu reden, und ihn dabei niedermetzelt, wo es ihn trifft, an allen Ecken seiner eigenen Straßen, an allen Ecken der Welt. Ganze Jahrhunderte lang ... hat es im Namen eines angeblichen ‹geistigen Abenteuers› fast die gesamte Menschheit erstickt.» Dieser Ton ist neu. Wer wagt ihn anzuschlagen? Ein Afrikaner, ein Mann der Dritten Welt, ein ehemaliger Kolonisierter. Er fügt hinzu: «Europa hat ein derart wahnsinniges und chaotisches Tempo erreicht..., daß es sich auf Abgründe hinbewegt, von denen man sich lieber so schnell wie möglich entfernen sollte.» Anders gesagt: es ist im Eimer. Eine Wahrheit, die man nicht gerne ausspricht, von der wir jedoch alle – nicht wahr, meine werten Miteuropäer? – insgeheim Haut überzeugt sind.

Allerdings mit einem Vorbehalt. Wenn zum Beispiel ein Franzose zu anderen Franzosen sagt: «Wir sind im Eimer!» – was, meines Wissens, seit 1930 fast täglich passiert –, so ist das eine leidenschaftliche Rede, glühend vor Wut und Liebe, bei der der Redner sich mit allen seinen Landsleuten ins selbe Boot setzt. Und dann fügt er im allgemeinen hinzu: «Wenn nicht...» Das heißt: es darf kein einziger Fehler mehr gemacht werden; wenn seine Ratschläge nicht strikt befolgt werden, dann, und nur dann, wird sich das Land auflösen.

Kurz, es ist eine Warnung, die von einem Ratschlag begleitet wird, und solche Ansichten schockieren um so weniger, als sie im eigenen Land geäußert werden. Wenn dagegen Fanon von Europa sagt, es renne in sein Verderben, so ist er weit davon entfernt, einen Alarmruf auszustoßen: er stellt einfach eine Diagnose. Dieser Arzt sagt weder, daß es keine Rettung gebe – es sind ja schon Wunder passiert –, noch will er ihm Mittel zu seiner Heilung reichen. Er stellt lediglich fest, daß es in Agonie liegt. Und zwar von außen her, auf Grund von Symptomen, die er hat sammeln können. Was die Behandlung angeht: nein, er hat andere Sorgen im Kopf; ob Europa krepiert oder überlebt, ist ihm egal. Aus diesem Grunde ist sein Buch skandalös. Und wenn man dann halb belustigt, halb peinlich berührt stammelt: «Der gibt es uns aber!», dann entgeht einem der eigentliche Kern des Skandals: denn Fanon «gibt» uns überhaupt nichts; sein Werk – so brennend wichtig es für andere ist – bleibt uns gegenüber eiskalt. Es wird oft von uns gesprochen, zu uns niemals. Schluß mit den schwarzen Goncourtpreisen und den gelben Nobelpreisen: die Zeit der kolonisierten Preisträger ist vorbei. Ein ehemaliger Eingeborener «französischer Zunge» biegt diese Sprache zu neuen Forderungen um, benutzt sie und wendet sich nur an die Kolonisierten: «Eingeborene aller unterentwickelten Länder, vereinigt euch!» Was für ein Abstieg! Für die Väter waren wir die einzigen Gesprächspartner; die Söhne finden nicht einmal, daß sich ein Gespräch mit uns lohne: wir sind nur noch die Gegenstände der Rede. Sicher, Fanon erwähnt beiläufig unsere berühmten Verbrechen, Sétif, Hanoi, Madagaskar, aber er macht sich nicht einmal die Mühe, sie zu verurteilen: er benutzt sie nur. Wenn er die Taktiken des Kolonialismus auseinandernimmt, das komplexe Spiel der Beziehungen, die die Kolonialherren mit dem «Mutterland» verbinden oder in Gegensatz zu ihm bringen, so tut er das alles *für seine Brüder*. Sein Ziel ist es, ihnen beizubringen, wie man unsere Pläne vereiteln kann.

Kurz, durch diese Stimme entdeckt die Dritte Welt *sich* und spricht zu *sich*. Man weiß, daß sie nicht homogen ist und daß man in ihr noch versklavte Völker trifft, Völker, die eine falsche Unabhängigkeit erworben haben, andere, die um ihre Souveränität kämpfen, und wieder andere, die die volle Freiheit errungen haben, jedoch unter der ständigen Drohung einer imperialistischen Aggression leben. Diese Unterschiede sind aus der Kolonialgeschichte hervorgegangen, das heißt aus der Unterdrückung. In der einen Kolonie hat sich das Mutterland damit begnügt, einige Feudalherren zu bezahlen, in der anderen Kolonie hat es nach dem Prinzip *Divide et impera* eine Kolonisiertenbourgeoisie aus dem Boden gestampft. Wieder woanders hat es ein doppeltes Spiel gespielt: die Kolonie ist gleichzeitig Ausbeutungs- und Ansiedlungskolonie. So hat Europa die Spaltungen und Gegensätze vermehrt, künstlich Klassen und manchmal auch Rassismen geschaffen und mit allen Mitteln versucht, eine Aufspaltung der kolonisierten Gesellschaften in verschiedenen Schichten hervorzurufen und sie zu vertiefen. Fanon verheimlicht nichts: um gegen uns kämpfen zu können, muß die ehemalige Kolonie auch gegen sich selbst kämpfen. Oder vielmehr: beides ist ein und dasselbe. Im Feuer des Kampfes müssen alle inneren Barrieren zerschmelzen, die ohnmächtige Bourgeoisie von Geschäftemachern und *compradores*, das stets privilegierte Stadtproletariat, das Lumpenproletariat der Slums, alle müssen sich nach den Positionen der ländlichen Massen ausrichten, des eigentlichen Reservoirs der nationalen und revolutionären Armee. In diesen Gegenden, deren Entwicklung der Kolonialismus bewußt gestoppt hat, tritt die Bauernschaft, wenn sie sich erhebt, sehr bald als die *radikale* Klasse auf: sie kennt die nackte Unterdrückung, sie leidet sehr viel mehr darunter als die Arbeiter der Städte, und damit sie nicht verhungert, ist nicht weniger nötig als die Sprengung aller Strukturen. Wenn sie siegt, wird die nationale Revolution eine sozialistische sein. Wenn sie ihren Elan verliert, wenn die Kolonisiertenbourgeoisie die Macht ergreift, wird der neue Staat trotz seiner formalen Souveränität in den Händen der Imperialisten bleiben. Das wird deutlich am Beispiel Katangas. Die Einheit der Dritten Welt ist noch nicht hergestellt. Dieses Unternehmen ist noch im Gang und setzt in jedem Land, vor und nach Erreichung der Unabhängigkeit, die Vereinigung aller Kolonisierten unter Führung der Bauernklasse voraus. Das ist es, was Fanon seinen afrikanischen, asiatischen und lateinamerikanischen Brüdern auseinandersetzt: Entweder wir verwirklichen alle gemeinsam und überall den revolutionären Sozialismus, oder wir werden einer nach dem andern durch unsere ehemaligen Tyrannen geschlagen werden. Er verheimlicht nichts, weder die Schwächen noch die Zwietracht, noch die Mystifizierungen. Hier nimmt eine Bewegung einen schlechten Ausgang, dort verliert sie nach durchschlagenden Anfangserfolgen an Geschwindigkeit; woanders bleibt sie stecken. Wenn sie wieder in Gang kommen soll, müssen die Bauern ihre Bourgeoisie ins Meer werfen. Der Leser wird eindringlich vor den gefährlichsten Entfremdungen gewarnt: der Führer, der Personenkult, die westliche Kultur, aber auch die Rückkehr der afrikanischen Kultur aus der fernen Vergangenheit. Die wahre Kultur ist die Revolution, das heißt, sie wird im Feuer des Kampfes geschmiedet. Fanon spricht mit lauter Stimme, wir Europäer können ihn hören; der Beweis dafür ist, daß Sie dies Buch in den Händen halten. Fürchtet er denn nicht, daß die Kolonialmächte aus seiner Offenheit Profit schlagen?

Nein, er fürchtet nichts. Unsere Verfahrensweisen sind veraltet, sie können die Emanzipation manchmal bremsen, aber sie können sie nicht zum Stehen bringen. Und glauben wir nicht, daß wir unsere Methoden der neuen Situation anpassen könnten! Der Neokolonialismus, dieser faule Traum der Mutterländer, ist Schall und Rauch. Es gibt keine «Dritte Kraft», es sei denn eine Schmalspur-Bourgeoisie, die schon der Kolonialismus an die Macht gebracht hat. Unser Machiavellismus kann wenig ausrichten in dieser sehr aufgeweckten Welt, die unsere Lügen eine nach der anderen aufgespürt hat. Dem Kolonialherrn bleibt nur ein Mittel: die Gewalt, wenn er noch welche hat. Der Eingeborene hat nur eine Wahl: die Knechtschaft oder die Souveränität. Was kümmert es Fanon, ob Sie sein Werk lesen oder nicht? Für seine Brüder entlarvt er unsere alten Machenschaften und ist sicher, daß wir keine neuen auf Lager haben. Zu ihnen sagt er: Europa hat seine Pfoten auf unsere Erdteile gelegt, und wir müssen so lange auf sie einstechen, bis es sie zurückzieht. Der Augenblick ist günstig: nichts passiert in Biserta, in Elisabethville, im algerischen Bled, worüber nicht die ganze Erde informiert würde; die Blöcke beziehen entgegengesetzte Positionen und respektieren einander gegenseitig; profitieren wir von dieser Windstille, treten wir in die Geschichte ein, unser Einbruch soll sie zum erstenmal zur Universalgeschichte machen. Kämpfen wir! Mangels anderer Waffen wird die Geduld des Messers genügen.

Europäer, schlagt dieses Buch auf, dringt in es ein. Nach einigen Schritten im Dunkeln werdet ihr Fremde um ein Feuer versammelt sehen. Tretet heran und hört zu: sie beraten über das Schicksal, das sie euren Niederlassungen und euren Söldnern zugedacht haben. Sie werden euch vielleicht sehen, aber sie werden fortfahren, miteinander zu sprechen, ohne auch nur die Stimme zu dämpfen. Diese Gleichgültigkeit ist wie ein Stich ins Herz: die Väter, Kreaturen des Schattens, *eure* Kreaturen, waren tote Seelen; ihr gabt ihnen Licht, sie wandten sich nur an euch, und ihr machtet euch nicht einmal die Mühe, diesen

«Zombies» [1] zu antworten. Die Söhne ignorieren euch: sie erleuchtet und wärmt ein Feuer, das nicht das eure ist. Ihr, in respektvollem Abstand, werdet euch flüchtig, nächtig, erstarrt fühlen: jetzt seid ihr an der Reihe; in jenem Dunkel, aus dem eine andere Morgenröte hervorgehen wird, seit ihr jetzt die «Zombies».

Wenn es so ist, werdet ihr sagen, warum werfen wir das Buch dann nicht aus dem Fenster? Warum sollen wir es lesen, wenn es gar nicht für uns geschrieben ist? Aus zwei Gründen: der erste ist, daß Fanon euch seinen Brüdern erklärt und für sie den Mechanismus unserer Entfremdungen darlegt. Profitiert davon, um euch selbst als Gegenstände zu erkennen. Unsere Opfer kennen uns durch ihre Wunden und ihre Ketten: das macht ihr Zeugnis unwiderlegbar. Es genügt, daß sie uns zeigen, was wir aus ihnen gemacht haben, um zu erkennen, was wir aus uns gemacht haben. Ist das nützlich? Ja, weil Europa in Gefahr ist zu krepieren. Aber, werdet ihr immer noch sagen, wir leben doch im Mutterland und mißbilligen die Ausschreitungen. Das stimmt: ihr seid keine Kolonialherren, aber ihr taugt deswegen doch nicht mehr. Sie sind eure Pioniere, ihr habt sie nach Übersee geschickt, sie haben euch bereichert. Ihr habt sie gewarnt: wenn sie zuviel Blut fließen ließen, würdet ihr sie mit den Lippen verurteilen. Ebenso unterhält ein Staat – von welcher Art auch immer – im Ausland einen Schwarm von Agitatoren, Provokateuren und Spionen, von denen er sich distanziert, wenn man sie faßt. Ihr, die ihr so liberal, so menschlich seid, die ihr die Liebe zur Kultur bis zur Preziosität treibt, ihr scheint zu vergessen, daß ihr Kolonien habt und daß man dort in eurem Namen mordet. Fanon offenbart seinen Kampfgefährten – vor allem denen, die etwas zu verwestlicht bleiben – die Solidarität der «Mutterländer» mit ihren kolonialen Agenten. Habt den Mut, ihn zu lesen, aus diesem ersten Grund, daß er euch beschämen wird, und weil die Scham, wie Marx gesagt hat, ein revolutionäres Empfinden ist. Ihr seht, auch ich kann mich nicht von der subjektiven Illusion frei machen. Aber ich sage euch: «Alles ist verloren, wenn nicht...» Als Europäer stehle ich einem Feind sein Buch und mache es zu einem Mittel, Europa zu heilen. Profitiert davon!

Und das ist der zweite Grund: wenn man von dem faschistischen Geschwätz Sorels absieht, so wird man feststellen, daß Fanon seit Engels der erste ist, der die «Geburtshelferin der Geschichte» wieder ins

1 Lebende Leichname ähnlich den Vampiren. *Anm. d. Übers.*

rechte Licht setzt. Und glaubt nicht etwa, daß ein zu heißes Blut oder eine unglückliche Kindheit ihm eine besondere Vorliebe für die Gewalt gegeben hätte! Er macht sich nur zum Interpreten der Situation, das ist alles. Aber das genügt, um Schritt für Schritt die Dialektik darzulegen, die die liberale Heuchelei euch verbirgt und die uns ebenso hervorgebracht hat wie ihn.

Im vorigen Jahrhundert hielt die Bourgeoisie die Arbeiter für Neider, die durch vulgäre Gelüste außer Rand und Band gekommen seien, aber sie war dennoch bemüht, diese brutalen Gewaltmenschen in unsere Art miteinzuschließen: wenn sie nicht Menschen und frei wären, wie hätten sie dann ihre Arbeitskraft frei verkaufen können? In Frankreich, in England gibt sich der Humanismus universal.

Mit der Zwangsarbeit ist es genau das Gegenteil: kein Vertrag, und zusätzlich die Einschüchterung; die Unterdrückung zeigt sich also offen. Unsere Soldaten in Übersee lehnen den Universalismus des Mutterlandes ab und wenden auf die menschliche Gattung einen *numerus clausus* an: weil keiner seinesgleichen ausplündern, unterjochen oder töten kann, ohne ein Verbrechen zu begehen, erheben sie es zum Prinzip, daß der Kolonisierte kein Mensch ist. Unser «Stoßtrupp» hat den Auftrag erhalten, diese abstrakte Gewißheit in Realität zu verwandeln: es ist der Befehl ergangen, die Bewohner des annektierten Territoriums auf die Stufe eines höheren Affen herabzudrücken, um dem Kolonialherrn die Rechtfertigung dafür zu geben, daß er sie wie Arbeitstiere behandelt. Die koloniale Gewalt hat nicht nur den Zweck, diesen unterdrückten Menschen Respekt einzujagen, sie versucht sie zu entmenschlichen. An nichts wird gespart, um ihre Traditionen zu vernichten, um ihre Sprache durch unsere zu ersetzen, um ihre Kultur zu zerstören, ohne ihnen die unsere zu geben; sie werden durch Erschöpfung abgestumpft. Wenn sie, krank und unterernährt, immer noch Widerstand leisten, wird die Angst ihnen den Rest geben: erst setzt man dem Bauern das Gewehr auf die Brust, dann kommen die Zivilisten, die sich auf seinem Boden niederlassen und ihn mit der Reitpeitsche zwingen, für sie zu arbeiten. Wenn er Widerstand leistet, schießen die Soldaten, und ein Mensch ist tot; wenn er nachgibt, verkümmert er und ist kein Mensch mehr; die Schande und die Furcht werden seinen Charakter brüchig machen, seine Person auflösen. Die Operation wird rücksichtslos durchgeführt, von Experten: die «psychologische Behandlung» ist keine moderne Erfindung, ebensowenig wie die Gehirnwäsche. Und dennoch, trotz so vielen Anstrengungen ist das Ziel nirgends erreicht: weder im Kongo, wo man den Negern die Hände abhackte, noch in Angola, wo man erst kürzlich die Lippen der Unzufriedenen durchlöcherte, um sie mit Schlössern zu verriegeln. Und ich behaupte nicht, daß es unmöglich sei, einen Menschen in ein Tier zu verwandeln: ich sage nur, daß man es nicht erreicht, ohne ihn ganz erheblich zu schwächen. Schläge genügen niemals, man muß ihn im Zustand der Unterernährung halten. Das ist der Ärger mit der Versklavung: wenn man ein Mitglied unserer Art zähmt, vermindert man seinen Ertrag, und so wenig man ihm auch gibt, ein Mensch als Arbeitstier wird immer mehr kosten, als er einbringt. Aus diesem Grunde sind die Kolonialherren gezwungen, die Abrichtung auf halbem Wege abzubrechen. Das Ergebnis: weder Mensch noch Tier, sondern ein Eingeborener. Geschlagen, unterernährt, krank, verängstigt, aber nur bis zu einem gewissen Grad, hat er, ob gelb, schwarz oder weiß, immer die gleichen Wesenszüge: er ist faul, hinterhältig und stiehlt, lebt von nichts und kennt nur die Gewalt.

Armer Kolonialherr: da liegt sein ganzer Widerspruch. Er müßte, wie es, so sagt man, das Genie tut, jene, die er ausplündert, töten. Aber gerade das ist nicht möglich, denn er muß sie ja auch ausbeuten. Weil er das Massaker nicht bis zum Völkermord treibt und die Versklavung nicht bis zur Vertierung, verliert er die Zügel, und die Operation kehrt sich in ihr Gegenteil um; eine unbestechliche Logik wird sie bis zur Dekolonisation führen.

Jedoch nicht sofort. Zunächst herrscht der Europäer. Er hat schon verloren, aber er merkt es nicht, daß die Eingeborenen falsche Eingeborene sind. Seiner Meinung nach tut er ihnen Böses an, um das Böse, das sie in sich haben, zu zerstören oder zurückzudrängen. Nach drei Generationen werden ihre verderblichen Instinkte verschwunden sein. Welche Instinkte? Diejenigen, die die Sklaven dazu treiben, ihren Herrn zu ermorden? Wieso erkennt er darin nicht seine eigene Grausamkeit wieder, die sich jetzt gegen ihn kehrt? Wieso findet er in der Brutalität dieser unterdrückten Bauern nicht seine Kolonialherrnbrutalität wieder, die sie mit allen Poren eingesogen haben und von der sie nicht genesen können? Der Grund dafür ist einfach: diese herrische Persönlichkeit, die von ihrer Allmacht berauscht ist und fast verrückt vor Angst, sie zu verlieren, erinnert sich nicht mehr sehr gut daran, daß auch sie ein Mensch war, sie hält sich für eine Peitsche oder für ein Gewehr. Sie ist schließlich zu der Meinung gelangt, daß die Domestizierung «niederer Rassen» durch die Manipulierung ihrer Reflexe erreicht werde. Sie vernachlässigt das menschliche Gedächtnis, die unauslöschlichen Erinnerungen. Und dann ist da vor allem das, was sie vielleicht niemals gewußt hat: wir werden zu dem, was wir sind, nur durch die radikale innere Negation dessen, was man aus uns gemacht hat. Drei Generationen? Von der zweiten an haben die Söhne, kaum daß sie das Licht der Welt erblickten, gesehen, wie ihre Väter geschlagen wurden. In der Sprache der Psychiatrie ist das ihr «Trauma». Für das ganze Leben. Aber diese ständig wiederholten Aggressionen bringen sie gerade nicht dazu, sich zu unterwerfen, sondern reißen sie vielmehr in einen unerträglichen Widerspruch, der sich früher oder später gegen den Europäer kehren wird. Wenn man sie dann ihrerseits abrichtet, wenn man sie die Scham, den Schmerz und den Hunger erfahren läßt, so wird man in ihren Körpern nur eine vulkanische Wut erzeugen, deren Gewalt der des Druckes gleich ist, der auf sie ausgeübt wird. Die kennen nur die Gewalt, sagen Sie? Natürlich. Zunächst ist es nur die des Kolonialherrn und bald nur die ihre, das heißt, unsere eigene, die wie ein Spiegelbild auf uns zurückgeworfen wird. Täuschen wir uns nicht! Gerade durch diese blinde Wut, durch diesen Groll und diese Verbitterung, durch ihr permanentes Verlangen, uns zu töten, gerade durch die ständige Anspannung gewaltiger Muskeln, die Angst haben, sich zu entspannen, sind sie Menschen: *durch* den Kolonialherrn, der sie zu Menschen der Qual gemacht hat, und *gegen* ihn. Wenn auch noch blind und abstrakt, ist doch der Haß ihr einziges Gut. Der Herr ruft ihn hervor, weil er versucht, sie zu vertieren, und es gelingt ihm nicht, ihn zu brechen, weil seine Interessen ihn auf halbem Wege anhalten lassen. So bleiben die falschen Eingeborenen noch Menschen durch die Macht und die Ohnmacht des Unterdrückers, die sich bei ihnen in die hartnäckige Ablehnung der Vertierung verwandeln. Das übrige ist dann klar. Natürlich sind sie faul: das ist Sabotage. Hinterlistig und diebisch: na klar! Ihre kleinen Diebstähle sind der Beginn eines noch unorganisierten Widerstands. Das genügt noch nicht: es gibt einige, die sich selbst behaupten, indem sie mit bloßen Händen gegen Gewehre vorgehen. Das sind ihre Helden. Und andere machen sich zu Menschen, indem sie Europäer ermorden. Man erschlägt sie: als Banditen und Märtyrer begeistern sie durch ihren Opfertod die terrorisierten Massen.

Terrorisiert, ja: in diesem neuen Moment wird die koloniale Aggression bei den Kolonisierten als Terror verinnerlicht. Darunter verstehe ich nicht nur die Furcht, die sie vor unseren unerschöpflichen Unterdrückungsmethoden haben, sondern auch die, die ihnen ihre eigene Wut einflößt. Sie sind eingekeilt zwischen unseren Waffen, die auf sie gerichtet sind, und jenen entsetzlichen Gelüsten, jenen Mordgelüsten, die in ihnen aufsteigen und die sie nicht immer erkennen. Denn es ist zunächst nicht *ihre* Gewalt, sondern unsere, die in ihnen anwächst und sie zerreißt. Und im ersten Moment verdrängen diese Unterdrückten jene uneingestandene Wut, die von ihrer und unserer Moral mißbilligt wird, aber andererseits gerade das letzte Residuum ihrer Menschlichkeit ist. Lesen Sie Fanon, und Sie werden erkennen, daß zur Zeit ihrer Ohnmacht das kollektive Unterbewußtsein der Kolonisierten die Mordlust ist.

Diese zurückgehaltene Wut dreht sich, wenn sie nicht ausbricht, im Kreise herum und richtet unter den Unterdrückten selbst Verheerungen an. Um sich von ihr zu befreien, schlachten sie sich untereinander ab: die Stämme kämpfen gegeneinander, weil sie den eigentlichen Feind nicht angreifen können – und man kann sich darauf verlassen, daß die Kolonialpolitik ihre Rivalitäten schüren wird. Der Bruder, der sein Messer gegen seinen Bruder erhebt, glaubt das verabscheute Bild ihrer gemeinsamen Erniedrigung ein für allemal zu tilgen. Aber diese Sühneopfer können ihren Blutdurst nicht stillen; sie werden nur dann nicht gegen unsere Maschinengewehre marschieren, wenn sie sich zu unseren Komplizen machen. Den Prozeß der Entmenschlichung, den sie zurückweisen, beschleunigen sie aus eigener Kraft. Unter den belustigten Blicken des Kolonialherrn wappnen sie sich gegen sich selbst mit übernatürlichen Schranken, indem sie bald alte, furchterregende Mythen aufleben lassen, bald sich durch allerstrengste Riten fesseln. So flieht der Besessene vor seiner eigentlichen Begierde in eine Manie, die ihn in jedem Augenblick in Anspruch nimmt. Sie tanzen: das beschäftigt sie; das entspannt ihre schmerzlich gespannten Muskeln, und außerdem ist der Tanz oft unbewußt die geheime Pantomime des Nein, das sie nicht sagen dürfen, der Morde, die sie nicht zu begehen wagen. In bestimmten Gegenden ist die Besessenheit ihre letzte Zuflucht. Was einst nur eine religiöse Erscheinung war, eine bestimmte Kommunikation des Gläubigen mit dem Heiligen, wird zu einer Waffe gegen Verzweiflung und Demütigung: die Zars, die Loas, die Stammesheiligen steigen zu ihnen herab, steuern ihre Gewalt und verzehren sie in Trancezuständen bis zur Erschöpfung. Gleichzeitig werden sie von diesen hohen Persönlichkeiten beschützt: das heißt, die Kolonisierten wehren sich gegen die koloniale Entfremdung, indem sie die religiöse Entfremdung verstärken. Mit dem einzigen Resultat, daß sie schließlich beide Entfremdungen aufeinanderhäufen und die eine die andere verstärkt. So glauben in bestimmten Psychosen die Halluzinierten, die der täglichen

Beleidigungen müde sind, eines Tages eine Engelstimme zu hören, die ihnen schmeichelt. Die Schmähungen hören deshalb nicht auf, sie wechseln jetzt nur mit Glückwünschen ab. Das ist eine Abwehr und der Zweck ihres Abenteuers: die Person ist aufgelöst, der Kranke entwickelt sich zum Wahnsinn hin. Fügen Sie, für einige streng ausgewählte Unglückliche, noch jene andere Besessenheit hinzu, von der ich oben gesprochen habe: die westliche Kultur. Ich an ihrer Stelle, werden Sie sagen, würde meine Zars der Akropolis vorziehen. Gut, Sie haben verstanden. Allerdings nicht ganz, denn Sie sind nicht an ihrer Stelle. Noch nicht. Andernfalls würden Sie wissen, daß jene keine andere Wahl haben: sie häufen aufeinander. Zwei Welten, das ergibt zwei Besessenheiten: man tanzt die ganze Nacht, und in der Morgendämmerung drängt man sich in die Kirchen, um die Messe zu hören. Von Tag zu Tag wird der Riß größer. Unser Feind verrät seine Brüder und macht sich zu unserem Komplizen. Seine Brüder machen es ebenso. Der Eingeborenenstatus ist eine Neurose, die vom Kolonialherrn bei den Kolonisierten *mit deren Zustimmung* eingeführt und aufrechterhalten wird.

Den Status eines Menschen verlangen und gleichzeitig verleugnen: dieser Widerspruch ist explosiv. Deshalb explodiert er auch, das wissen Sie ebensogut wie ich. Und wir leben in der Zeit der Explosionen. Ob der Anstieg der Geburten die Hungersnot vergrößert, ob die Neuankömmlinge befürchten müssen, etwas mehr zu leben als zu sterben, die Sturmflut der Gewalt reißt alle Schranken nieder. In Algerien und Angola massakriert man die Europäer öffentlich. Das ist der Moment des Bumerangs, die dritte Phase der Gewalt: sie kommt auf uns zurück, sie schlägt uns, und wir verstehen so wenig wie früher, daß es die unsre ist. Die «Liberalen» erstarren vor Entsetzen: sie geben zu, daß wir mit den Eingeborenen nicht gerade sehr höflich umgegangen sind, daß es gerechter und klüger gewesen wäre, ihnen im Rahmen des Möglichen bestimmte Rechte zuzubilligen; sie waren bereit, sie schubweise und ohne Kaution in unseren geschlossenen Klub aufzunehmen: und jetzt werden sie von der barbarischen und tollwütigen Entfesselung ebensowenig verschont wie die bösen Kolonialherren. Die Linke des Mutterlandes ist in Verlegenheit: sie kennt das wahre Los der Eingeborenen, ihre erbarmungslose Unterdrükkung, sie verurteilt ihren Aufstand nicht, weil sie weiß, daß wir alles getan haben, um ihn hervorzurufen. Aber es gibt einfach Grenzen, denkt die Linke: diesen Guerillakämpfern müßte es am Herzen liegen, sich ritterlich zu verhalten; das wäre das beste Mittel zu beweisen, daß sie Menschen sind. Manchmal tadelt sie sogar: «Ihr geht zu weit, wir werden euch nicht mehr unterstützen.» Sie pfeifen darauf: diese Unterstützung kann sich die Linke in den Arsch stecken. Sobald der Krieg begonnen hatte, haben sie jene harte Wahrheit erkannt: wir taugen alle, wie wir sind, gleich wenig; wir haben alle von ihnen profitiert, sie haben nichts zu beweisen, sie werden niemanden bevorzugt behandeln. Sie haben nur eine einzige Aufgabe, ein einziges Ziel: den Kolonialismus mit *allen* Mitteln zu vertreiben. Und die Einsichtigsten unter uns würden das zur Not akzeptieren, aber sie können nicht umhin, in dieser Kraftprobe ein ganz unmenschliches Mittel zu sehen, zu welchem Untermenschen gegriffen haben, um eine Menschlichkeitscharta gewährt zu bekommen. Man soll sie ihnen also so schnell wie möglich zubilligen, und dann mögen sie durch friedliche Unternehmungen versuchen, sie zu verdienen. Wie rassistisch sind doch unsere schönen Seelen!

Es wird ihnen guttun, Fanon zu lesen. Diese ununterdrückbare Gewalt ist, wie er genau nachweist, kein absurdes Unwetter, auch nicht das Wiederaufleben wilder Instinkte, ja nicht einmal die Wirkung eines Ressentiments: sie ist nichts weiter als der sich neu schaffende Mensch. Diese Wahrheit haben wir, glaube ich, gewußt und wieder vergessen: keine Sanftmut kann die Auswirkungen der Gewalt auslöschen, nur die Gewalt selbst kann sie tilgen. Und der Kolonisierte heilt sich von der kolonialen Neurose, indem er den Kolonialherrn mit Waffengewalt davonjagt. Wenn seine Wut ausbricht, findet er seine verlorene Transparenz wieder, erkennt er sich in genau dem Maße, wie er sich schafft. Von weitem halten wir seinen Krieg für den Triumph der Barbarei. Aber er bewirkt durch sich selbst die fortschreitende Emanzipation des Kämpfers und vernichtet in ihm und außerhalb seiner Schritt für Schritt die koloniale Finsternis. Sobald dieser Krieg ausbricht, ist er erbarmungslos. Man bleibt entweder terrorisiert oder wird selbst terroristisch. Das heißt: sich entweder den Auflösungsprozessen eines verfälschten Lebens überlassen oder die ursprüngliche Einheit erringen. Wenn die Bauern zu den Waffen greifen, verbleichen die alten Mythen, die Tabus werden eins nach dem anderen umgestülpt: die Waffe des Kämpfers ist seine Menschlichkeit. Denn in der ersten Zeit des Aufstands muß getötet werden: einen Europäer erschlagen heißt zwei Fliegen auf einmal treffen, nämlich gleichzeitig einen Unterdrücker und einen Unterdrückten aus der Welt schaffen. Was übrigbleibt, ist ein toter Mensch und ein freier Mensch. Der Überlebende fühlt zum erstenmal einen *nationa-*

len Boden unter seinen Füßen. Von diesem Moment an weicht die Nation nicht mehr von ihm: man findet sie dort, wohin er geht, wo er ist – niemals weiter weg, sie wird eins mit seiner Freiheit. Aber nach der ersten Überraschung reagiert die Kolonialarmee: man muß sich vereinigen, oder man wird abgeschlachtet. Die Stammesstreitigkeiten klingen ab, verschwinden nach und nach: schon darum, weil sie die Revolution gefährden, aber vor allem, weil sie keine andere Funktion hatten, als die Gewalt an falschen Feinden abzureagieren. Wenn sie bestehenbleiben – wie im Kongo –, so deshalb, weil sie von Agenten des Kolonialismus geschürt werden. Die Nation setzt sich in Marsch: für jeden Bruder ist sie überall da, wo andere Brüder kämpfen. Diese brüderliche Liebe ist die Kehrseite des Hasses, den sie gegen uns nähren: Brüder, sofern jeder von ihnen getötet hat oder in jedem Augenblick getötet haben kann. Fanon zeigt seinen Lesern die Grenzen der «Spontaneität», die Notwendigkeit und die Gefahren der «Organisation». Aber wie unermeßlich auch die Aufgabe sein mag, auf jeder Entwicklungsstufe des Unternehmens vertieft sich das revolutionäre Bewußtsein. Die letzten Komplexe verflüchtigen sich. Man komme uns bloß nicht mit dem «Abhängigkeitskomplex» bei einem Soldaten der Nationalen Befreiungsarmee (ALN). Von seinen Scheuklappen befreit, gewinnt der Bauer das Bewußtsein seiner Bedürfnisse, die er, als sie ihn töteten, zu ignorieren versuchte; jetzt entdeckt er sie als unendliche Forderungen. Bei dieser Volksgewalt können – wenn man fünf, acht Jahre standhalten will wie die Algerier – militärische, soziale und politische Notwendigkeiten nicht unterschieden werden. Der Krieg schafft – und sei es nur durch die Frage des Kommandos und der Verantwortlichkeiten – neue Strukturen, die die ersten Institutionen des Friedens sein werden. So entsteht also der Mensch bis hin zu neuen Traditionen, den zukünftigen Töchtern einer Gegenwart des Schreckens; so wird er legitimiert durch ein Recht, das täglich im Feuer des Kampfes entsteht. Wenn der letzte Kolonialherr getötet, davongejagt oder assimiliert ist, wird die Minderheitspezies verschwinden und der sozialistischen Brüderlichkeit Platz machen. Und das ist noch nicht alles: dieser Kämpfer überspringt die Etappen. Man kann sich vorstellen, daß er nicht seine Haut riskiert, um sich schließlich auf derselben Stufe wie der alte «mutterländische» Mensch wiederzufinden. Sehen Sie seine Geduld: vielleicht träumt er manchmal von einem neuen Dien Bien Phu, aber glauben Sie mir, er rechnet nicht wirklich damit: er ist ein kämpfender Bettler, der in seinem Elend gegen mächtig bewaffnete reiche Leute kämpft. In der Erwartung entscheidender Siege und oft ohne jede Erwartung setzt er seinem Gegner mit einem Nervenkrieg zu. Das geht nicht ohne schreckliche Verluste ab. Die Kolonialarmee wird wild: Absperrungen, Razzien, «Umsiedlungen»[1], Strafexpeditionen; Frauen und Kinder werden massakriert. Er weiß es: dieser neue Mensch beginnt sein Menschenleben mit dem Ende, er hält sich für einen potentiellen Toten. Er wird getötet werden. Das heißt nicht nur, daß er das Risiko auf sich nimmt, sondern daß er dessen gewiß ist. Dieser potentielle Tote hat seine Frau und seine Söhne verloren. Er hat so viele sterben sehen, daß er eher siegen will als überleben. Andere werden von seinem Sieg profitieren, nicht er, er ist zu müde. Aber diese Müdigkeit des Herzens ist der Grund für einen unglaublichen Mut. Wir finden unsere Menschlichkeit diesseits von Tod und Verzweiflung, er findet sie jenseits von Folter und Tod. Wir haben den Wind gesät, er ist der Sturm. Ein Sohn der Gewalt, schöpft er aus ihr in jedem Augenblick seine Menschlichkeit: wir waren Menschen auf seine Kosten, jetzt macht er sich auf unsere Kosten zum Menschen. Zu einem neuen Menschen – von besserer Qualität.

Hier hält Fanon an. Er hat den Weg gewiesen: als Wortführer der Kämpfer hat er die Vereinigung, die Einheit des afrikanischen Kontinents gegen alle Zwietracht und alle Partikularismen gefordert. Sein Ziel ist erreicht. Wenn er das historische Faktum der Dekolonisation vollständig beschreiben wollte, müßte er von uns sprechen, was keineswegs seine Absicht ist. Aber wenn wir das Buch zugeschlagen haben, wirkt es unabhängig von seinem Verfasser in uns fort, denn wir empfinden die Kraft der revolutionären Völker, und wir antworten darauf durch die Gewalt. Es entsteht also ein neues Moment der Gewalt, und diesmal muß man auf uns zu sprechen kommen, denn sie ist im Begriff, uns in dem Maße zu verändern, wie sich der Eingeborene durch sie verändert. Jeder mag seine Überlegungen weiterführen, wie er will, vorausgesetzt, daß er überhaupt überlegt: im heutigen Europa, so betäubt es auch ist von den Schlägen, die man ihm beibringt, in Frankreich, in Belgien, in England, ist die harmloseste Zerstreuung des Denkens eine verbrecherische Komplizenschaft mit dem Kolonialismus. Dieses Buch brauchte kein Vorwort. Um so weniger, als es sich nicht an uns wendet. Ich habe trotzdem eines geschrieben, um die

1 Zwangsevakuierungen der Bevölkerung vor der militärischen Säuberung eines Gebietes. *Anm. d. Übers.*

Dialektik bis zu Ende zu führen: auch wir Europäer werden dekolonisiert. Das heißt, durch eine blutige Operation wird der Kolonialherr ausgerottet, der in jedem von uns steckt. Schauen wir uns selbst an, wenn wir den Mut dazu haben, und sehen wir, was mit uns geschieht.

Zunächst müssen wir ein unerwartetes Schauspiel über uns ergehen lassen: den Striptease unseres Humanismus. Da steht er also ganz nackt da, kein schöner Anblick. Er war nur eine verlogene Ideologie, die ausgeklügelte Rechtfertigung der Plünderung. Seine Empfindsamkeit und seine Preziosität waren ein Alibi für unsere Aggressionen. Sie sehen gut aus, unsere Gewaltlosen: weder Opfer noch Henker. Kommt mir bloß nicht damit! Wenn ihr keine Opfer seid, wenn die Regierung, für die ihr gestimmt habt, wenn die Armee, in der eure jungen Brüder gedient haben, ohne Hemmung oder Gewissensbisse einen «Völkermord» unternommen haben, dann seid ihr unzweifelhaft Henker. Und wenn ihr euch dafür entscheidet, Opfer zu sein, ein oder zwei Tage Gefängnis zu riskieren, so habt ihr nur beschlossen, eure Hände aus dem Spiel zu ziehen. Aber ihr könnt sie nicht herausziehen, sie müssen bis zum Schluß drinbleiben. Seht doch endlich folgendes ein: wenn die Gewalt heute abend begonnen hätte, wenn es auf der Erde niemals Ausbeutung oder Unterdrückung gegeben hätte, dann könnte die demonstrative Gewaltlosigkeit vielleicht den Streit besänftigen. Aber wenn das ganze System bis zu euren gewaltlosen Gedanken von einer tausendjährigen Unterdrükkung bedingt ist, dann dient eure Passivität nur dazu, euch auf die Seite der Unterdrücker zu treiben.

Ihr wißt genau, daß wir Ausbeuter sind. Ihr wißt genau, daß wir erst das Gold und die Metalle und dann das Erdöl der «neuen Kontinente» genommen und in unsere alten Mutterländer gebracht haben. Nicht ohne ausgezeichnete Ergebnisse: Paläste, Kathedralen, Industriestädte. Und dann, als die Krise drohte, waren die Kolonialmärkte da, um sie zu drosseln oder abzulenken. Das mit Reichtümern gemästete Europa billigte allen seinen Einwohnern *de jure* den Status von Menschen zu. Ein Mensch, das heißt bei uns: ein Komplize, weil wir *alle* von der kolonialen Ausbeutung profitiert haben. Dieser fette und farblose Kontinent verfiel dem, was Fanon zu Recht «Narzißmus» nennt. Cocteau regte sich über Paris auf, «diese Stadt, die ständig von sich selbst spricht». Und was tut Europa? Und Nordamerika, dieses übereuropäische Monstrum? Dieses Geschwätz von Freiheit, Gleichheit, Brüderlichkeit, Liebe, Ehre, Vaterland, was weiß ich. Das hinderte uns nicht daran, gleichzeitig rassistische Reden zu halten: drekkiger Neger, dreckiger Jude, dreckiger Araber. Liberale und zarte gute Seelen – mit anderen Worten, Neokolonialisten – gaben sich schokkiert über diese Inkonsequenz. Ob aus Irrtum oder schlechtem Gewissen: nichts ist bei uns konsequenter als ein rassistischer Humanismus, weil der Europäer nur dadurch sich zum Menschen hat machen können, daß er Sklaven und Monstren hervorbrachte. Solange es Eingeborene gab, wurde dieser Schwindel nicht entlarvt. Man stieß bei der Spezies Mensch auf eine abstrakte Forderung nach Universalität, die dazu diente, realistischere Praktiken zu kaschieren: jenseits der Meere gab es eine Rasse von Untermenschen, die dank unserer Hilfe vielleicht in tausend Jahren unseren Status erreicht haben würden. Kurz, man verwechselte die ganze Spezies Mensch mit der Elite. Heute bringt der Eingeborene seine Wahrheit zutage. Sofort offenbart unser so geschlossener Klub seine Schwäche: er war nicht mehr und nicht weniger als eine Minorität. Schlimmer noch: weil die andern sich gegen uns zu Menschen machen, wird deutlich, daß wir die Feinde der Spezies Mensch sind. Die Elite offenbart ihre eigentliche Natur: sie ist eine Bande. Unsere teuren Werte verlieren ihre Flügel, von nahem betrachtet wird man nicht einen einzigen finden, der nicht mit Blut befleckt ist. Wenn Sie ein Beispiel haben wollen, so denken Sie an das schöne Wort: Wie großmütig ist Frankreich! Großmütig, wir? Und Sétif? Und jene acht Jahre grausamer Krieg, der mehr als einer Million Algerier das Leben gekostet hat? Und die «Gégène»[1]? Aber verstehen Sie recht, man wirft uns nicht etwa vor, irgendeine Mission verraten zu haben, aus dem einfachen Grunde nämlich, daß wir gar keine hatten. Die Großmut selbst steht in Frage. Dieses schön klingende Wort hat nur einen Sinn: zugebilligter Status. Was die neuen, befreiten Menschen betrifft, die uns gegenüberstehen, hat niemand die Macht noch das Privileg, irgend jemandem irgend etwas zu geben. Jeder hat alle Rechte. Über alle. Und wenn die Spezies Mensch sich eines Tages vollendet hat, wird sie sich nicht als die Summe der Bewohner des Erdballs definieren, sondern als die unendliche Einheit ihrer Wechselseitigkeiten. Hier halte ich an. Sie werden die Arbeit mühelos beenden können. Es genügt, zum ersten- und zum letztenmal unseren aristokratischen Tugenden ins Gesicht zu schauen: sie schwinden dahin. Wie sollten sie die Aristokratie von Untermenschen überleben, die sie hervorgebracht hat? Vor einigen Jahren hat ein bürgerlicher – und kolonialistischer – Kommentator zur Verteidigung des Westens

1 Folter mit Elektrizität. *Anm. d. Übers.*

nur noch sagen können: «Wir sind keine Engel, aber wir haben wenigstens Gewissensbisse.» Was für ein Eingeständnis! Früher hatte unser Kontinent andere Stützen: das Parthenon, Chartres, die Menschenrechte, das Sonnenrad. Heute weiß man, was sie wert sind. Und man kann uns nur noch durch das allerchristlichste Gefühl von unserer Schuld aus dem Schiffbruch retten. Das ist das Ende: Europa ist an allen Ecken leck. Was ist denn geschehen? Ganz einfach dies: bisher waren wir die Subjekte der Geschichte, jetzt sind wir ihre Objekte. Das Kräfteverhältnis hat sich umgekehrt, die Dekolonisation hat begonnen. Alles, was unsere Söldner versuchen können, ist, deren Vollendung zu verzögern.

Allerdings müssen die alten «Mutterländer» ihre ganze Kraft für eine im voraus verlorene Schlacht einsetzen. Diese alte koloniale Brutalität, die den zweifelhaften Ruhm von Bugeaud ausmachte, finden wir am Ende des Abenteuers verhundertfacht wieder, und doch reicht sie nicht mehr aus. Man schickt seine Truppen nach Algerien, sie halten sich dort seit sieben Jahren, ohne Erfolg. Die Gewalt hat die Richtung geändert. Als wir siegreich waren, übten wir sie aus, ohne daß sie uns zu verändern schien. Sie zersetzte die anderen, und wir – die Menschen, unser Humanismus – blieben intakt. Durch den Profit geeint, nannten die Mutterländer ihre gemeinsamen Verbrechen Brüderlichkeit und Liebe. Heute, wo dieselbe Gewalt überall blockiert ist, kommt sie durch unsere Soldaten auf uns zurück, wird verinnerlicht und besitzt uns. Die Rückbildung beginnt: der Kolonisierte setzt sich wieder zusammen, und wir, ob Ultras oder Liberale, Kolonialherren oder «Mutterländler», wir zersetzen uns. Schon herrschen die nackte Wut und die nackte Angst: in den «Ratonnades»[1] treten sie offen zutage. Wo sind jetzt die Wilden? Wo ist die Barbarei? Nichts fehlt, nicht einmal das Tamtam: die Hupen geben den Rhythmus für «Algérie française», während die Europäer Moslems lebendig verbrennen lassen. Fanon erinnert daran, daß vor nicht allzu langer Zeit die Psychiater auf ihren Kongressen über die Eingeborenenkriminalität entsetzt waren: diese Leute töten sich gegenseitig, sagten sie, das ist nicht normal; die Hirnrinde des Algeriers muß unterentwickelt sein. In Zentralafrika haben andere festgestellt, daß «der Afrikaner sein Stirnhirn sehr wenig benutzt». Diese Wissenschaftler sollten heute einmal ihre Untersuchung in Europa fortsetzen, und besonders bei den Franzosen. Denn auch wir müssen seit einigen Jahren von Ge-

1 Pogrome gegen «Ratons», d. h. Araber. *Anm. d. Übers.*

hirnträgheit befallen sein: die Patrioten ermorden jetzt ein bißchen ihre Landsleute; im Falle der Abwesenheit lassen sie den Hausmeister und das Haus in die Luft gehen. Das ist nur ein Anfang: für den Herbst oder das nächste Frühjahr ist der Bürgerkrieg vorgesehen. Das Stirnhirn scheint jedoch in bestem Zustand zu sein. Ist es nicht vielmehr so, daß, da wir mit den Eingeborenen nicht fertig werden, die Gewalt zu uns zurückkehrt, sich in uns anstaut und einen Ausgang sucht? Die Vereinigung des algerischen Volkes bringt die Entzweiung des französischen Volkes hervor. Auf dem gesamten Territorium des Mutterlandes führen die Stämme Kriegstänze auf und bereiten sich auf den Kampf vor. Der Terror hat Afrika verlassen und sich bei uns eingenistet. Denn es gibt hier einfach Irre, die uns mit unserem Blut die Schande bezahlen lassen wollen, daß wir vom Eingeborenen geschlagen worden sind; und dann gibt es die anderen, alle anderen, die ebenso schuldig sind – wer ist denn nach Biserta, nach den Septembermorden auf die Straße gegangen, um «genug» zu rufen? –, aber besonnener: die Liberalen, die allerhärtesten der weichen Linken. Auch in ihnen steigt das Fieber. Und die Streitsucht. Aber welchen Schiß sie haben! Sie verschleiern sich ihre Wut durch Mythen, durch komplizierte Riten. Um die Bezahlung der endgültigen Rechnung und die Stunde der Wahrheit zu verzögern, haben sie einen großen Medizinmann an unsere Spitze gestellt, dessen Aufgabe es ist, uns um jeden Preis in der Dunkelheit zu lassen. Es ist nichts zu machen: von den einen proklamiert, von den anderen verdrängt, dreht sich die Gewalt im Kreise. Eines Tages wird sie in Metz ausbrechen, am nächsten Tag in Bordeaux. Sie ist hier ausgebrochen, sie wird dort ausbrechen, wie bei jenem Spiel, wo einer dem anderen unbemerkt einen Gegenstand zusteckt. Jetzt werden wir Schritt für Schritt den Weg gehen, der zum Eingeborenenstatus führt. Aber damit wir vollständig zu Eingeborenen würden, müßte unser Land von den früheren Kolonisierten besetzt werden, und wir müßten vor Hunger krepieren. Das wird nicht geschehen: nein, wir sind geradezu verhext vom verfallenen Kolonialismus und werden bald von ihm geritten werden, senil und arrogant, wie wir sind. Das ist unser Zar, unser Loa. Und beim letzten Kapitel von Fanon werden Sie sich überzeugen, daß es besser ist, ein Eingeborener auf der tiefsten Stufe seines Elends zu sein als ein ehemaliger Kolonialherr. Es ist nicht gut, daß ein Polizeibeamter gezwungen ist, zehn Stunden am Tag zu foltern. Bei diesem Arbeitsstil werden eines Tages die Nerven durchgehen, wenn den Folterern nicht in ihrem eignen Interesse verboten wird, Überstunden zu machen. Wenn man die

Moral der Nation und der Armee mit der Strenge der Gesetze verteidigen will, dann ist es nicht gut, daß jene durch diese systematisch demoralisiert wird, noch daß ein Land republikanischer Tradition seine Jugendlichen zu Hunderttausenden putschistischen Offizieren anvertraut. Es ist nicht gut, meine Landsleute, Sie, die Sie alle die in unserem Namen begangenen Verbrechen kennen, es ist wirklich nicht gut, daß Sie niemandem auch nur ein Wort davon sagen, nicht einmal Ihrer eignen Seele, aus Angst, über sich selbst zu Gericht sitzen zu müssen. Anfangs haben Sie nichts gewußt, ich will es glauben, dann haben Sie gezweifelt, jetzt wissen Sie, aber Sie schweigen immer noch. Acht Jahre Schweigen, das korrumpiert. Und zudem noch umsonst: heute steht die sengende Sonne der Folter am Zenit und blendet alle Länder. Unter diesem Licht gibt es kein Lachen, das nicht falsch klänge, kein Gesicht, das sich nicht schminken müßte, um die Wut oder die Angst zu kaschieren, keine Handlung, die nicht unseren Ekel oder unsere Komplizenschaft verriete. Heute genügt es, daß sich zwei Franzosen treffen, und eine Leiche ist zwischen ihnen. Sagte ich «eine»? Frankreich war einst der Name eines Landes. Passen wir auf, daß es nicht der Name einer Neurose wird.

Gibt es eine Heilung? Ja. Die Gewalt kann, wie die Lanze des Achill, die Wunden vernarben lassen, die sie geschlagen hat. Heute sind wir gefesselt, gedemütigt, krank vor Angst: auf der tiefsten Stufe. Glücklicherweise genügt das der kolonialistischen Aristokratie noch nicht: sie kann ihre Verzögerungsmission in Algerien erst erfüllen, wenn sie die Kolonisierung der Franzosen vollendet hat. Wir weichen der Auseinandersetzung täglich aus. Aber seien Sie sicher: wir werden ihr nicht entgehen, die Totschläger brauchen sie; sie werden uns auf den Kopf kommen und uns zusammenschlagen. Dann wird die Zeit der Medizinmänner und Fetische zu Ende sein: sie müssen sich schlagen oder in den Lagern verkommen. Das ist das letzte Moment der Dialektik: Sie verurteilen diesen Krieg, aber Sie wagen noch nicht, sich mit den algerischen Kämpfern solidarisch zu erklären. Keine Angst! Verlassen Sie sich auf die Kolonialherren und auf die Söldner: die werden Sie schon auf Vordermann bringen. Vielleicht werden Sie dann, mit dem Rücken zur Wand, diese neue Gewalt loslassen, die von alten, wiederaufgewärmten Schandtaten in Ihnen heraufbeschworen wird. Aber das ist dann eine andere Geschichte. Die des Menschen. Die Zeit nähert sich, dessen bin ich sicher, wo wir uns denen anschließen werden, die sie heute machen.

1961

Chronologie zu den Unabhängigkeitsbewegungen in Belgisch Kongo

1877 August	*Der englische Afrikaforscher Henri Morton Stanley erreicht die Kongomündung.*
1879 Juni	*Stanley unterbreitet König Leopold II. von Belgien seine Entdeckungen und erforscht im Auftrag der von ihm gegründeten Kongogesellschaft das Kongogebiet.*
1885 Februar	*Auf der Berliner Kongokonferenz erwirbt Leopold II. das Kongogebiet als persönlichen Besitz gegen portugiesische und britische Ansprüche.*
1895/97	*Erste Stammesaufstände gegen die Zwangsarbeit.*
1904	*Nachdem der ehemalige Kontorangestellte Morel Leopold II. vor der Weltöffentlichkeit eines grausamen Terrorregimes im Kongo angeklagt hat (z. B. Strafe des Händeabhackens), entlarvt eine Kongokommission die Kongogreuel.*
1908 Oktober	*Übernahme des Kongo durch den belgischen Staat.*
1921	*Simon Kibanga gründet eine antikolonialistische protestantische Kirche. Er wird zu lebenslänglichem Zuchthaus verurteilt.*
1931	*Ein Aufstand im Gebiet des Kwangoflusses wird militärisch niedergeschlagen.*
1941/47	*Aufstände und Streiks in verschiedenen Gebieten des Kongo.*
1956 Juli	*Joseph Ileo veröffentlicht das unter jesuitischem Einfluß entstandene Emanzipationsmanifest einer sich «Afrikanisches Bewußtsein»*

nennenden Gruppe in Léopoldville, das die Unabhängigkeit des Kongo für 1986 fordert.

August — Die 1950 von Joseph Kasawubu gegründete ABAKO des Bakongostammes verwirft dieses Manifest und fordert die sofortige Unabhängigkeit.

1958 — Patrice Lumumba gründet das Mouvement National Congolais (MNC), das sich 1959 in das MNC-Lumumba und das MNC-Kalonji spaltet.

Erster Kongreß der afrikanischen Nationen in Accra, Ghana.

1959 — 4. Januar: Ein Aufstand gegen das Verbot von Versammlungen der Delegierten dieses Kongresses in Léopoldville kostet etwa 100 Tote. Die ABAKO wird verboten, Kasawubu und ihre anderen Führer werden verhaftet. Lumumba verlangt in Belgien die Freilassung der Verhafteten und die Aufhebung des Verbots der ABAKO.

13. Januar: Die belgische Regierung erklärt, daß sie den Kongo «graduell und progressiv» in die Unabhängigkeit entlassen will.

1. November: Lumumba wird in Stanleyville verhaftet.

1960 — 20. Januar: Belgisch-kongolesische Table Ronde zur Vorbereitung der Modalitäten der Unabhängigkeit von Belgisch Kongo, an der der zu diesem Zweck freigelassene Lumumba teilnimmt.

11.–25. Mai: Allgemeine Wahlen, aus denen das MNC-Lumumba als Sieger hervorgeht.

24. Juni: Bildung der ersten kongolesischen Regierung mit Lumumba als Premier- und Verteidigungsminister, Gizenga als stellvertretender Premierminister und Mobutu als Staatssekretär. Kasawubu wird Staatspräsident.

30. Juni: Unabhängigkeitserklärung des Kongo in Anwesenheit von König Baudouin.

Der unveränderte Autoritätsanspruch des belgischen Oberkommandierenden der Force pu-

blique, General Janssens, löst eine Meuterei kongolesischer Soldaten aus, die eine Kongolisierung des Offizierskorps verlangen.
Lumbumba versucht zu vermitteln. Nach Ausweitung der Meuterei gehen belgische Truppen gegen die Meuterer vor. General Janssens wird abgesetzt und Kasawubu wird zum Oberkommandierenden der Force publique ernannt.
11. Juli: Moïse Tschombé, der Chef der Regionalregierung von Katanga, der sich gegen die Kongolisierung der Force publique gewehrt und während der Meuterei mit den belgischen Truppen kollaboriert hatte, erklärt mit Unterstützung der Union minière die bodenschatzreiche Provinz Katanga für unabhängig und hindert mit Hilfe belgischer Truppen Kasawubu und Lumumba daran, in seiner Hauptstadt Elisabethville zu landen.
Kasawubu und Lumumba rufen die UNO um Hilfe gegen die belgische Aggression und die von belgischen Truppen und Söldnern unterstützte Sezession Katangas an.
14. Juli: Da Belgien weitere Truppen nach dem Kongo schickt, bricht Lumumba die diplomatischen Beziehungen zu Belgien ab und bittet die UdSSR um Hilfe.
16. Juli: Die ersten UNO-Truppen treffen in Léopoldville ein.
17. Juli: Kasawubu und Lumumba verlangen ultimativ den Abzug aller belgischen Truppen bis zum 19. Juli.
22. Juli–8. August: Lumbumba reist in die USA und einige unabhängige afrikanische Staaten, die er um Hilfe bittet.
27. Juli: Tschombé erklärt, daß er keine UNO-Truppen nach Katanga lassen will.
28. Juli: UNO-Generalsekretär Dag Hammarskjöld trifft in Léopoldville ein.
8. August: Albert Kalonji erklärt die Provinz Kasai für unabhängig.

12. August: Hammarskjöld handelt mit Tschombé besondere Bedingungen für die Anwesenheit von UNO-Truppen in Katanga aus.
15. August: Lumumba protestiert in einem Brief an Hammarskjöld gegen diese besonderen Bedingungen und verlangt den Einmarsch der UNO-Truppen nach Katanga.
25. August: Konferenz der afrikanischen Nationen in Léopoldville.
26. August: Kongolesische Truppen marschieren in Kasai ein und greifen Katanga an.
5. September: Der Angriff auf Kasai und Katanga wird von 10 sowjetischen Flugzeugen unterstützt. Kasawubu und Lumumba setzen sich gegenseitig ab.
12. September: Kasawubu beauftragt Ileo mit der Bildung einer neuen Regierung.
13. September: Abgeordnetenkammer und Senat sprechen Lumumba ihr Vertrauen aus und statten ihn mit allen Sondervollmachten aus.
14. September: Oberst Mobutu ergreift die Macht und verweist alle kommunistischen Botschaften des Landes.
17. September: Lumumbatreue Truppen greifen Kongolo in Katanga an.
22. November: Die Generalversammlung der UNO spricht sich für Kasawubu aus.
1. Dezember: Bei seinem Versuch, nach Stanleyville zu fliehen, wird Lumumba von mobutotreuen Truppen verhaftet.
12. Dezember: Gizenga erklärt Stanleyville zum Sitz der Zentralregierung.

1961 17. Januar: Lumumba wird an Katanga ausgeliefert, wo er eingesperrt wird.
13. Februar: Bekanntgabe der Ermordung Lumumbas durch Katangas Innenminister Munongo.

1961 Nach vielen Verhandlungen zwischen den verschiedenen Fraktionen wird Cyrille Adoula mit der Regierungsbildung beauftragt.

28. August: UNO-Truppen verhaften systematisch alle Fremdenlegionäre und ausländischen Militärs in Katanga. Anhaltende Kämpfe zwichen UNO-Truppen und Sezessionisten. Verschiedene Länder ziehen ihre UNO-Kontingente ab.

18. September: Dag Hammarskjöld verunglückt tödlich mit dem Flugzeug in der Nähe von Ndola im damaligen Nordrhodesien.

23. Oktober: Waffenstillstandsabkommen zwischen den UNO-Truppen und den Sezessionisten, das jedoch ständig gebrochen wird.

13. Dezember: Tschombé erklärt der UNO den totalen Krieg.

1962 Oktober: Auf westlichen Druck stimmt Tschombé dem UNO-Befriedungsversuch zu, bleibt aber einer Verfassungskonferenz fern.

1963 UNO-Operation gegen Katanga. Tschombé verläßt das Land.

1964 Abzug der UNO-Truppen. Kasawubu ernennt Tschombé zum Premierminister der Zentralregierung. Er bekämpft Aufstände der Simba- und Mulélé-Rebellen mit amerikanischer Hilfe und weißen Söldnern in einem brutal geführten Buschkrieg.

1965 November: Mobutu setzt durch einen Staatsstreich Kasawubu ab und erklärt sich selbst zum Staatspräsidenten.

1966 Mobutu entmachtet das Parlament, erklärt Lumumba zum Nationalhelden und läßt politische Gegner und ehemalige Minister hinrichten.

September: Niederschlagung einer Rebellion in Katanga und Verstaatlichung der Union minière.

1967 März: Tschombé wird in Abwesenheit zum Tode verurteilt.

Lumumba, Fanon: diese beiden großen Toten repräsentieren Afrika. Nicht nur ihre Nation: ihren ganzen Kontinent. Liest man ihre Schriften, erforscht man ihr Leben, so könnte man sie für zwei erbitterte Gegner halten. Fanon, Urenkel eines Sklaven aus Martinique, verläßt ein Land, das zu jener Zeit noch kein Bewußtsein der Persönlichkeit der Antillen und ihrer Bedürfnisse gewonnen hat. Er macht die Sache des algerischen Aufstands zu seiner eigenen und kämpft, ein Schwarzer unter weißen Moslems: mit ihnen in einen furchtbaren und notwendigen Krieg hineingerissen, macht er sich den Radikalismus seiner neuen Brüder zu eigen, wird zum Theoretiker der revolutionären Gewalt und insistiert in seinen Schriften darauf, daß Afrika zum Sozialismus berufen sei: ohne Bodenreform und ohne Verstaatlichung der kolonialen Unternehmen ist die Unabhängigkeit ein leeres Wort. Lumumba, Opfer des belgischen Patriarchalismus – keine Elite, keine Scherereien –, besitzt trotz seiner großen Intelligenz nicht die Bildung Fanons; andererseits scheint er diesem auf den ersten Blick insofern voraus zu sein, als er im eigenen Land an dessen und seiner farbigen Brüder Emanzipation arbeitet. Tausendmal hat er gesagt, daß die Bewegung, die er organisiert und deren unbestrittener Führer er wird, *gewaltlos* sein werde, und trotz Provokation oder einiger örtlicher Ausschreitungen, die er stets mißbilligte, hat sich der MNC mit den Mitteln der Gewaltlosigkeit durchgesetzt. Hinsichtlich der Strukturprobleme hat Lumumba seine Haltung in seinen Vorträgen für *Présence africaine* unmißverständlich dargelegt: «Was das zukünftige Wirtschaftssystem angeht, haben wir uns noch nicht festgelegt.» Er meinte damit, daß die *politischen* Fragen – Unabhängigkeit, Zentralismus – allem vorangingen, daß man erst nach der politischen Dekolonisation die Instrumente für die wirtschaftliche und soziale Dekolonisation schaffen würde.

Diese beiden Männer, weit entfernt, einander zu befehden, kannten und liebten sich. Fanon hat oft zu mir von Lumumba gesprochen; er, dessen Mißtrauen so schnell geweckt war, wenn eine afrikanische Partei sich, ging es um das Kapitel der Strukturveränderungen, vage oder zurückhaltend zeigte, hat niemals seinem kongolesischen Freund vorgeworfen, daß er sich, selbst unfreiwillig, zum Strohmann des Neokolonialismus mache. Ganz im Gegenteil, er sah in ihm den unerbittlichen Gegner jeglicher Restaurationsbemühungen eines verkappten Imperialismus. Er warf ihm lediglich – und man ahnt, mit wieviel freundschaftlichem Verständnis – jenes unerschütterliche Vertrauen in den Menschen vor, das seinen Untergang und seine Größe ausmachte. «Man brachte ihm», so erzählte mir Fanon, «Beweise dafür, daß einer seiner Minister ihn verriet. Er suchte ihn auf, zeigte ihm die Dokumente, die Berichte und sagte zu ihm: ‹Bist du ein Verräter? Sieh mir in die Augen und antworte!› Wenn der andere verneinte und seinen Blick ertrug, schloß Lumumba: ‹Gut. Ich glaube dir.›» Aber diese grenzenlose Gutherzigkeit, die Europäer als Naivität bezeichnet haben, beurteilte Fanon als *unter den gegebenen Umständen* verhängnisvoll: an und für sich war er stolz auf sie, sah in ihr einen Grundzug des Afrikaners. Mehrmals hat mir der Mann der Gewalt gesagt: «Wir Schwarzen, wir sind gut; Grausamkeit ist uns ein Greuel. Ich habe lange geglaubt, die Menschen Afrikas würden sich untereinander nicht bekämpfen. Und doch fließt schwarzes Blut, Schwarze vergießen es, es wird noch lange fließen: die Weißen gehen, aber ihre Komplizen sind unter uns, von ihnen bewaffnet; das letzte Gefecht des Kolonisierten gegen den Kolonialherrn wird oft das Gefecht von Kolonisierten untereinander sein.» Ich weiß: der Doktrinär in ihm sah in der Gewalt das unvermeidliche Schicksal einer sich befreienden Welt; aber der Mensch in ihm haßte sie zutiefst. Die Divergenzen und die Freundschaft dieser beiden Männer umreißen zugleich die Widersprüche, die Afrika verheeren, und die gemeinsame Notwendigkeit, sie in der panafrikanischen Einheit zu *überwinden.* Und jeder von beiden fand in sich selbst diese brennende Problematik und den Willen, sie zu lösen.

Über Fanon bleibt noch alles zu sagen. Aber auch was Lumumba angeht, sind, obwohl er besser bekannt ist, noch viele Fragen offen. Niemand hat sich wirklich bemüht, die Ursachen seines Scheiterns zu erhellen[1] und aufzudecken, warum Großkapital und Banken sich gegen eine Regierung verschworen haben, deren Chef unermüdlich versicherte, daß sie weder die investierten Kapitalien anrühren werde noch irgendwelche neuen Investitionen forderte. Dazu sollen die hier veröffentlichten Reden beitragen; sie werden verständlich machen, warum der Führer des MNC trotz seinem maßvollen ökonomischen Programm von dem Revolutionär Fanon für einen Waffenbruder und von der *Société Générale* für einen Todfeind gehalten wurde.

Man hat ihm vorgeworfen, er treibe doppeltes, dreifaches Spiel.

1 Ich mache trotzdem auf das bei Maspero erschienene hervorragende Werk *Le Congo* von Michel Merlier aufmerksam.

Vor Kongolesen nehme er kein Blatt vor den Mund; wenn er Weiße unter den Zuhörern entdecke, halte er die Zunge im Zaum und dosiere geschickt Heiß und Kalt; in Brüssel, vor einem belgischen Auditorium, werde er zum listigen Charmeur und bemühe sich hauptsächlich darum, Sicherheit zu verbreiten. Das ist durchaus nicht falsch, aber es gilt für alle großen Redner: sie sind in der Lage, ihr Publikum schnell einzuschätzen, und wissen, wie weit sie gehen können. Der Leser wird übrigens bemerken, daß, obwohl die Form von einer Rede zur anderen variiert, der Inhalt der gleiche bleibt. Gewiß hat Lumumba eine Entwicklung durchgemacht: das politische Denken des jungen Autors von *Le Congo, terre d'avenir, est-il menacé?* (Ist der Kongo als Land der Zukunft bedroht?) – 1956 geschrieben – ist nicht das des jungen und gereiften Mannes, der den MNC gründete. Er hatte für einen Augenblick – wir werden sehen, warum – von einer belgisch-kongolesischen Gemeinschaft träumen können; vom 10. Oktober 1958 an hat er seinen endgültigen Standpunkt bezogen und offen verkündet, er wird nicht mehr davon abweichen, die Unabhängigkeit wird sein einziges Ziel sein.

Was – je nach dem Publikum – am meisten variiert, ist seine Beurteilung der belgischen Kolonialherrschaft. Häufig betont er deren positive Aspekte – manchmal mit so viel Wärme, daß man einen Kolonialherrn zu hören glaubt: die Nutzbarmachung des Bodens und der Bodenschätze, das erzieherische Werk der Missionen, Krankenpflege, Hygiene usw. Geht er nicht einmal so weit, den Soldaten Leopolds II. dafür zu danken, daß sie die Kongolesen von den «barbarischen Arabern» befreiten, die mit den Schwarzen Sklavenhandel trieben? In diesen Fällen geht er über die Überausbeutung, die Zwangsarbeit, die Bodenexpropriation, die Zwangskulturen, den bewußt aufrechterhaltenen Analphabetismus, die blutigen Repressionen, den Rassismus der Kolonialherren hinweg: er begnügt sich damit, die Übergriffe gewisser Beamter oder der kleineren Weißen zu beklagen. Und dann, bei anderen Gelegenheiten, schlägt er einen anderen Ton an, wie in der am 28. Oktober 1959 aufgenommenen Rede und, vor allem am 30. Juni 1960 in der berühmten Antwort an König Baudouin: «Was unser Los in achtzig Jahren kolonialer Herrschaft war, so sind unsere Wunden noch zu frisch und schmerzen noch zu sehr, als daß wir das aus unserem Gedächtnis streichen könnten...» usw. Spricht da derselbe Mann? Gewiß. Lügt er? Sicher nicht. Doch wenn er uns vom «zivilisatorischen» Werk der Belgier so widersprüchliche Auffassungen präsentiert, so deshalb, weil sie in ihm nebeneinander bestehen und den tiefen Widerspruch dessen verraten, was man doch wohl seine Klasse nennen muß? Die koloniale Ausbeutung hat gegen ihren Willen dem Kongo neue Strukturen gegeben. Man zählt, um in gebräuchlichen Vokabeln zu sprechen, in den fünfziger Jahren 78 % *coutumiers*, der Häuptlingsherrschaft, den Stammesfehden ausgesetzte Bauern, gegenüber 22 % *extra-coutumiers*, von denen die meisten in den Städten wohnen. Die Verwaltung mag noch so sehr ihren Eifer darein setzen, die Bevölkerung in Unwissenheit zu halten, sie kann weder die Landflucht noch die Vermehrung in den Städten aufhalten, noch die Proletarisierung, noch auch innerhalb der Gruppe der *extra-coutumiers* eine gewisse, auf die Erfordernisse der Kolonialwirtschaft zurückgehende Differenzierung: ein kongolesisches Kleinbürgertum von Angestellten, Beamten und Kaufleuten ist im Entstehen begriffen. Diese dünne «Elite» – hundertfünfzigtausend Personen von vierzehn Millionen – steht im Gegensatz zur Landbevölkerung, die in ihren Rivalitäten und Traditionen befangen ist und von Häuptlingen beherrscht wird, die von der Verwaltung gekauft sind, und zu den Arbeitern, die bisweilen Gewalt anwenden, aber ohne wirkliche revolutionäre Organisation nur erst ein embryonales Klassenbewußtsein haben. Die Stellung des schwarzen «Kleinbürgertums» ist zunächst äußerst zweideutig, da es aus der Kolonialherrschaft Profit zu ziehen glaubt und dieser Profit es in die Lage versetzt, die Ungerechtigkeit des Systems zu ermessen. Tatsächlich werden die Angehörigen des Kleinbürgertums – in ihrer Mehrheit sehr jung, da es selbst ein junges Produkt der kolonialen Evolution ist – von den großen Gesellschaften oder von der Verwaltung *rekrutiert*; noch gibt es keine Dreißigjährigen, die als Kleinbürger geboren sind. Lumumbas Vater ist katholischer Bauer; schon als Sechsjährigen nimmt er Patrice mit aufs Feld, es sind Passionisten-Patres, die entscheiden, daß der Junge die Schule besuchen soll; später, mit dreizehn Jahren, wird er ihnen von protestantischen Missionaren entführt. Bei alledem erscheint die Rolle des Vaters wie die des Sohnes gleich Null. Émile Lumbumba hat es mißbilligt, als sein Sohn mit dreizehn zur schwedischen Mission überwechselte, aber was konnte er tun? Alles wurde über ihre Köpfe hinweg entschieden; die «Monpès»[1] wollten ihn zum Katecheten machen, die praktischer gesinnten Schweden wollen ihn ein Handwerk lehren, das ihm erlaubt, den Bauernstand mit der

1 Mit *Mon Père* (Mein Vater) werden die katholischen Priester angeredet. *Anm. d. Übers.*

Lohnarbeit zu vertauschen und auf seinem eignen Grund und Boden in einer der von den Weißen geschaffenen Ansiedlungen als *Hilfskraft* der Kolonialherren zu leben. Patrice hat seine Kindheit im Busch verlebt: das grauenhafte Elend der schwarzen Bauern ist bekannt; ohne die religiösen Organisationen, die sich seiner angenommen haben, wäre dieses Elend sein Los, sein einziger Horizont. Hat er gleich begriffen, daß die Missionen die Werber der Kolonisatoren sind? Wohl kaum. Hat er gesehen, daß die Lebensbedingungen der Landbevölkerung direkt oder indirekt das Produkt der kolonialen Ausbeutung sind? Auch nicht: etwa zur Zeit seiner Geburt erkennt die Verwaltung die Nachteile der allzu offenkundigen Gewalt und der Zwangsarbeit. Sie sucht die Bauern an der Produktion zu interessieren und ermutigt den Erwerb persönlichen Besitzes. Die armselige Unabhängigkeit des Vaters in der Einsamkeit der kongolesischen Landschaft hält Patrice für einen Naturzustand: die Weißen sind keineswegs daran schuld, sie sind die guten Herren, die ihm da heraushelfen werden. Damals muß ihm seine Lage in sonderbarem Licht dargestellt worden sein: der christliche Glaube ist der Zins, den die jungen Kongolesen den Kirchen entrichten, die ihnen das Lesen beibringen. Die Patres erweckten in ihm ein unbändiges Verlangen, die Ursachen seines Elends zu erforschen, und zugleich die Versuchung, sich damit abzufinden. Er hat diesen Widerspruch später in einem Gedicht festgehalten:

Damit du vergißt, daß du ein Mensch bist
Lehrte man dich, Gott zu loben
Und die Litaneien, die deine Passion begleiteten
Gaben dir Hoffnung auf eine bessere Welt
Aber dein Menschenherz verlangte wahrhaft nur
Ein Recht auf Leben und einen Anteil Glück.

Die Religion zwingt die, die sie emanzipiert, zugleich auf die Knie. Und dann bietet sie das Heil an: die bessere Welt ist nur ein Alibi, doch man ist wohl oder übel genötigt zu lehren, daß sie durch Verdienst und nicht auf Grund der Hautfarbe erlangt wird. Wie sehr auch viele Priester versuchen mögen, den Egalitarismus des Evangeliums zu verschleiern, er bewahrt in den Kolonien seine zersetzende Kraft. Er wirkt sich nicht nur auf die Katechumenen, sondern bisweilen auch auf den Missionar selbst aus: geschah es nun, um einem Kongreß der sozialistischen Partei des Mutterlandes zuvorzukommen, taten sie es aus Überzeugung, oder war beides der Grund: die Missionare von Scheut billigten 1956 das Manifest Ileos, eines siebenunddreißigjährigen *évolué*[1], der – auf lange Sicht – die Unabhängigkeit des Kongo forderte. Als Patrice mit achtzehn Jahren aus dem Busch nach Kindu kommt, wo ihn die Firma Symaf als «Schreiber» anstellt, so handelt es sich dabei zugleich um das sehr allgemeine Faktum einer Landflucht und um die wichtigste Etappe eines «Bewußtseinsprozesses». Ein junger Bauer, der Rousseau und Victor Hugo gelesen hat, begegnet plötzlich der Stadt; sein Lebensniveau verändert sich radikal: zur Schule ging er im Lendenschurz, zur Arbeit geht er im Anzug; er lebte in einer Hütte, jetzt bewohnt er ein Haus und verdient genug Geld, um seine Verlobte Pauline vom Stamm der Mututela, die seine Frau wird, zu kaufen und zu sich zu holen. Er arbeitet wie ein Besessener. Die Weißen sind überrascht über seinen Arbeitseifer: die Kongolesen, sagen sie, sind gewöhnlich faul. Aber diese bornierten Kolonialherren verstehen nicht, daß die berühmte «Faulheit des Eingeborenen», ein in allen Kolonien gepflegter Mythos, eine Form der Sabotage, der passive Widerstand eines Bauern, eines überausgebeuteteten Hilfsarbeiters ist. Die Arbeitswut von Patrice dagegen reiht diesen eine Zeitlang in die Kategorie jener ein, die er später als «Kollaborateure» bezeichnen wird. Dieser Bauernsohn ist jetzt ein *évolué*, er beantragt eine *carte d'immatriculation* und erlangt sie unter Schwierigkeiten – einhundertfünfzig Immatrikulierte[2] gibt es im ganzen Kongogebiet – dank der Fürsprache der Weißen: das heißt, daß er *auf ihre Karte setzt*; er ist sich seiner Bedeutung, der Bedeutung der jungen «Elite» bewußt geworden, die überall im Entstehen begriffen ist. Die *évolués* bilden eine soziale Schicht, die langsam an Dichte gewinnt und die unentbehrliche Hilfskraft der großen Gesellschaften und der Verwaltung ist. Als Schwarzer gründet Patrice Lumumba seinen mächtigen Stolz auf seine Funktionen, auf den Unterricht, den er genossen, auf die Bücher, die er gelesen hat, auf das irgendwie doch nachsichtige Mißtrauen, das ihm die Weißen entgegenbringen. An diese außerordentliche und allgemeine Metamorphose denkt er, wenn er später die Wohltaten der Kolonialherrschaft darlegt.

Aber sein Bewußtsein ist zwiespältig und widersprüchlich: Noch während er seinen Aufstieg, die wohlwollende Wertschätzung seiner Vorgesetzten genießt, erkennt er, daß er mit zwanzig Jahren seinen Höhepunkt erreicht hat. Höher gestellt als alle Schwarzen, wird er für

1 Wörtlich: «Entwickelter». *Anm. d. Übers.*

2 *Évolués*, denen aufgrund ihrer Bildung nominell die gleichen Rechte wie den Weißen zugestanden wurden. *Anm. d. Übers.*

alle Zeiten niedriger gestellt bleiben als alle Weißen. Gewiß, er kann noch mehr verdienen, kann nach einer Lehrzeit Postbeamter dritter Klasse in Stanleyville werden. Aber was ist das schon! Ein gleichwertiger belgischer Kommis wird für die gleiche Arbeit das Doppelte bekommen; außerdem weiß Lumumba nach diesem blitzartigen Anfangserfolg, daß der Hase unversehens zur Schildkröte geworden ist: er wird vierundzwanzig Jahre warten müssen, bis er die erste Klasse erreicht, und dann wird es bis zur Pensionierung dabei bleiben. Dieser subalterne Rang wird auf Anhieb von dem Europäer besetzt, der darauf hoffen kann, sich zu den höchsten Ämtern hinaufzuarbeiten. In der Miliz das gleiche: ein «Neger» kann nicht weiter aufsteigen als bis zum Grad des Unteroffiziers. Das gleiche gilt für den privaten Sektor. Die Weißen haben ihn bis zu dem von ihnen gewünschten Niveau herangebildet, und dann halten sie ihn dort fest: sein Schicksal liegt in den Händen der anderen. Er schwankt zwischen Stolz und dem Gefühl der Selbstentfremdung. Er erkennt jenseits seiner persönlichen Situation den nackten Klassenkampf; er wird mit einunddreißig Jahren schreiben: «Zwischen Arbeitgebern und Arbeitnehmern spielt sich ein wahrer Zweikampf um die Löhne ab.» Aber die *évolués* sind nicht das Proletariat: die Ansprüche Lumumbas gründen sich auf das Bewußtsein seiner fachlichen Qualifikation – wie jene der Anarchosyndikalisten in Europa gegen Ende des vorigen Jahrhunderts – und nicht auf die Not, die überall die Forderungen des Proletariats und des Subproletariats begründet. Etwa zur gleichen Zeit erkennt er – besonders in Léopoldville –, daß man ihn mystifiziert hat: seine so mühselig erworbene «Immatrikulation» trennt ihn von den Schwarzen, ohne ihn doch den Weißen gleichzustellen. Der Immatrikulierte hat ebensowenig wie die *non-évolués* das Recht, die Europäerstadt zu betreten, wenn er nicht dort arbeitet; er entgeht ebensowenig wie sie der Sperrstunde; er trifft sie, wenn er seine Besorgungen macht, am Sonderschalter für Schwarze wieder; er ist wie sie überall und bei jeder Gelegenheit Opfer der segregationistischen Praktiken. Dazu muß man bemerken, daß der Rassismus und die Segregation für ihn eine neue Erfahrung bedeuten: im Busch erfährt man Elend und Unterernährung, kann man die Wirklichkeit der Kolonien, die in der Überausbeutung liegt, erahnen; aber der Rassismus tritt mangels Kontaktes zwischen Schwarzen und Weißen kaum in Erscheinung: der katzenfreundliche Patriarchalismus der Missionare hat ihn zu täuschen vermocht; die Praktiken der Diskriminierung treten in den Städten offen zutage, sie sind es, die das tägliche Leben des Kolonisierten bestimmen. Wohlgemerkt: das geschundene, unterbezahlte Proletariat leidet viel mehr unter der Überausbeutung als unter der Rassendiskriminierung, die deren Folge ist. Wenn Lumumba am 30. Juni 1960 von der «zermürbenden Arbeit» spricht, «die von uns gefordert wurde gegen Löhne, die uns weder erlauben, uns satt zu essen noch uns anständig zu kleiden und anständig zu wohnen, noch unsere Kinder aufzuziehen...», so spricht er im Namen aller. Wenn er jedoch fortfährt: «Wir mußten erleben, daß es in den Städten prächtige Häuser für die Weißen gab und baufällige Hütten für die Schwarzen, daß ein Schwarzer weder in den Kinos noch in den Geschäften, noch in den Restaurants, die sich europäisch nannten, zugelassen war; daß ein Schwarzer im Laderaum der Schleppkähne unter dem Weißen in seiner Luxuskabine reisen mußte», so spricht durch ihn die Klasse der *évolués*. Und wenn er 1956 schreibt, daß «die Immatrikulation als letzte Etappe der Integration angesehen werden sollte», so verteidigt er die Interessen einer Handvoll Menschen, zu deren Trennung von der Masse er dadurch beiträgt. Tatsächlich erfordern die Interessen dieser von den Belgiern aus dem Boden gestampften Elite eine mit jedem Tage weiter fortschreitende Assimilierung: Gleichheit von Schwarz und Weiß auf dem Arbeitsmarkt, Zugang der Afrikaner zu allen Posten, soweit sie die dazu erforderliche Qualifikation besitzen. Wie man sieht, fordert er nicht die Afrikanisierung des Beamtenapparats, sondern nur ihre Semiafrikanisierung. Ist in diesem Fall nicht zu befürchten, daß die zu den höheren Stellen zugelassenen Schwarzen Komplizen der kolonialen Unterdrückung oder zumindest deren Geiseln werden? Lumumba ist sich dieses Problems noch nicht bewußt. Tatsächlich ist Patrice im gleichen Jahre, in dem Ileo in seinem Manifest die Unabhängigkeit auf lange Sicht fordert, noch mit dem Entwurf einer «belgisch-kongolesischen Gemeinschaft» beschäftigt. Für diese Gemeinschaft fordert er die Gleichheit aller Staatsbürger. Aber diese Gleichheit wird sich für lange Zeit nur zugunsten der *évolués* auswirken: «Wir glauben, daß es möglich ist, in einer verhältnismäßig nahen Zukunft den kongolesischen Eliten und den Belgiern im Kongo politische Rechte einzuräumen, nach gewissen Kriterien, die die Regierung aufstellen wird.»

Indessen ist Lumumba schon zu jener Zeit das Gegenteil derer, die er später «Kollaborateure» nennen wird. Denn er erfährt die Widersprüchlichkeit seiner Klasse in all ihrer Schärfe: er weiß, daß die Unternehmen des belgischen Kapitalismus diese Klasse, die für die Erfordernisse der Kolonialherrschaft aus dem Boden gestampft wurde, von den Massen abgeschnitten haben und daß sie nur eine Zukunft innerhalb des Kolonialsystems hat; im gleichen Augenblick jedoch muß er aus seinen Erfahrungen in der Stadt schließen, daß diese Zukunft ihm durch die Kolonialherren und die Verwaltung definitiv verschlossen ist. An eine «belgisch-kongolesische Gemeinschaft» glaubt er schon nicht mehr, als er sie vorschlägt: er hat endlich die Unveränderlichkeit des Systems entdeckt, das ihn herangebildet hat, um ihn besser ausbeuten zu können; keine Reform ist denkbar, aus dem einzigen Grund, daß der Kolonialismus sich durch Zwang erhält und verschwindet, wenn er Konzessionen macht. Die Lösung kann nur revolutionär sein: der Bruch mit dem Mutterland, die Unabhängigkeit.

Ileo hatte sie, wie wir sahen, vor ihm gefordert. Und Kasawubu, Oberhaupt der mächtigen Abako[1]. Lumumba hat die Unabhängigkeit nicht «erfunden»; andere haben ihm ihre Notwendigkeit aufgezeigt. Wenn er dennoch ihr Promotor und ihr Märtyrer wurde, so deshalb, weil er sie ohne Abstriche wollte, ohne daß die Ereignisse ihm die Möglichkeit gegeben haben, sie zu verwirklichen. Tatsächlich entstehen die meisten nationalistischen Organisationen notwendigerweise auf regionaler Ebene: die PSA entsteht in Kwango Kwilu, das CEREA in Kiwu: sie können – mühsam – die ethnischen Gruppen einigen, doch gerade deshalb fällt es ihnen schwer, über die Provinzgrenzen hinauszuwachsen. Ihr Nationalismus – wenn er überhaupt existiert – ist in Wahrheit ein Föderalismus: sie träumen von einer sehr beschränkten Zentralgewalt, deren hauptsächliche Funktion darin bestünde, autonome Provinzen zusammenzuhalten. Noch schlimmer ist es in Léopoldville: wegen der zahlenmäßigen Überlegenheit der Bakongos ist die Abako eine zugleich regionale und ethnische Partei. Greifen wir nur diesen Fall heraus, so ergibt sich daraus ein Doppeltes: die Abako ist eine mächtige, aber archaische Bewegung, Geheimbund und Massenpartei in einem; ihre maßgeblichen Führer sind *évolués*, sind aber nicht vom Volk isoliert, weil sie sich dessen grundlegende Forderung zu eigen gemacht haben: sofortige Unabhängigkeit für den Unteren Kongo. Kasawubu, der wichtigste von ihnen, ist ein zwiespältiger, undurchsichtiger Mensch, von dem man sagen könnte, daß er, obwohl von der Administration herangezogen, niemals den direkten Kontakt zu seiner ethnischen Basis verlor, andererseits weder über die Mittel noch die Möglichkeit, noch den Willen verfügte, sich zu einem klaren Bewußtsein seiner eigenen

1 Alliance des Bakongo. *Anm. d. Übers.*

Klasse zu erheben. Seminarist ohne Glauben, später Lehrer, ist er den Bakongos durch eine dunkle messianische Beziehung verbunden; er ist ihr religiöses Oberhaupt, ihr König, der lebende Beweis dafür, daß sie das *auserwählte Volk* sind. Zum Präsidenten des unabhängigen Kongo gewählt, gerät er unversehens in den denkbar größten Widerspruch: sein Amt befiehlt ihm, die nationale Einheit zu wahren – insbesondere gegen die Sezession Katangas, die den Kongo zu ruinieren droht –, sein Volk erwartet von ihm, daß er selber Sezessionst werde und – unter Einbeziehung einiger Gebiete des französischen Kongo – das alte Königreich Kongo wiedererrichte. Unfähig, die Situation zu meistern, schwankt er zwischen einem anarchischen Föderalismus und einem auf das Militär gestützten diktatorischen Zentralismus. Vor allem aber spielt er dem Imperialismus in die Hände, unbewußt zunächst und später sehr bewußt: dabei handelt es sich keineswegs um Psychologie, sondern um eine objektive Determiniertheit: separatistisch ihrem Wesen nach, sollte die Abako *nach* der Unabhängigkeit das Werk der Nationalisten zugunsten fremder Mächte ruinieren. In der Zeit jedoch, in der bei Lumumba das nationale Bewußtsein erwacht, *vor* der Unabhängigkeit, hat diese konfuse, zugleich obskurantistische und revolutionäre Bewegung mehr als jede andere Partei für die Befreiung des Kongo geleistet. Seit 1956 setzte sie dem Manifest Ileos, den Reflexionen Lumumbas über die «Gemeinschaft» die Forderung nach sofortiger Unabhängigkeit und nach *Verstaatlichung der großen Unternehmen* entgegen. Man hätte glauben können, daß sie ein revolutionäres und sozialistisches Programm habe oder, wenigstens, daß die Forderungen der Basis zur Spitze durchdrängen: dem war nicht so, die Folge hat es zur Genüge bewiesen. Es handelte sich einfach darum, die anderen zu überbieten: die Abako mußte die radikalste unter den Parteien sein. Sie war es tatsächlich: insofern, als die Bakongos 50 % der schwarzen Bevölkerung in Léopoldville ausmachen und der Stadt die ungelernten Arbeiter stellen. Sie sind diszipliniert und jederzeit durch geheime Losungen zu mobilisieren: sie sind es, die die Streiks, die die Kampagnen für zivilen Ungehorsam durchführen; untersagen ihnen die Häuptlinge zu wählen, geht nicht einer zu den Wahlurnen. Sie sind es auch, die – auf präzise Befehle oder trotz strengen Verboten? die Frage bleibt offen – die Aufstände im Januar 1959 organisiert haben. Die *évolués* hingegen hatten – außer im Unteren Kongo – keinerlei Gewalt über die Massen; sie waren durch ihre geringe Anzahl und ihre Lebensweise unfähig zu direkter Aktion. Man muß zugeben, daß sie bei den Ereignissen des Januar 1959 keine große Rolle spielten. In Wirklichkeit ist es die wirtschaftliche Krise, die koloniale Rezession nämlich, die das Mutterland empfindlich trifft, und die Unruhe der proletarisierten Massen, deren Lebensstandard sich spürbar verschlechtert, das ist es, was – zusammen mit den Ungeschicklichkeiten der Verwaltung – die belgische Regierung zu dem Entschluß gebracht hat, dem Kongo unvermittelt die Unabhängigkeit zu geben, das heißt, das Kolonialregime – mit dem Einverständnis der großen Gesellschaften – durch ein neokolonialistisches System zu ersetzen.

Lumumba hat die kongolesische Revolution nicht gemacht; als einem vom städtischen Proletariat und mehr noch vom Lande abgeschnittenen *évolué* ist ihm der Weg der Gewalt versperrt: seine Entscheidung zugunsten der Gewaltlosigkeit – bis zum Tode hielt er daran fest – gründet sich weniger auf ein Prinzip oder einen Charakterzug als auf eine nüchterne Einschätzung seiner Möglichkeiten. Seit 1956 ist er in Stanleyville das Idol der Massen. Aber ein Idol ist kein Leader wie Nkrumah, den er bewundert, und noch weniger ein Medizinmann wie Kasawubu, der ihm unheimlich ist. Er weiß es: er weiß, er kann ein Auditorium überzeugen mit der Fähigkeit, wo immer und zu wem immer zu sprechen, mit der von den Belgiern erworbenen Bildung, die sich jetzt gegen sie kehrt; aber die Macht des Wortes allein genügt nicht, Menschen mit bloßen Fäusten ins Maschinengewehrfeuer zu schicken. Und doch ist er es, der sich der Revolution bemächtigen, ihr sein Siegel aufdrücken und die Richtung geben wird. Warum? Weil die Tatsache, daß er assimiliert ist, und die Art seiner Arbeit ihn dazu befähigen, sich zur Universalität zu erheben. Er kennt den Busch, die kleinen städtischen Siedlungen, die großen Provinzstädte und die Hauptstadt: mit sechzehn Jahren ist er dem Provinzialismus entronnen. Seine Lektüre und die christliche Unterweisung haben ihm ein zwar noch abstraktes, aber vom Rassismus freies Menschenbild vermittelt: es ist augenfällig, daß er in seinen Reden die Situation im Kongo ständig durch Beispiele aus der Französischen Revolution und dem Kampf der Niederlande gegen die Spanier erläutert. Natürlich verbirgt sich in diesen Anspielungen etwas wie ein *argumentum ad hominem*: wie könntet ihr Weißen uns Schwarze daran hindern, zu tun, was ihr getan habt? Doch über diese polemischen Intentionen hinaus bezieht er sich auf einen prinzipiellen Humanismus, der zwangsläufig die Ideologie der *évolués* sein muß: tatsächlich fordern diese im Namen des *homo faber* die Gleichheit der Belgier und Kongolesen auf dem Arbeitsmarkt. Dieser universelle Begriff stellt Lumumba von vornherein über die ethnischen Gruppen und das Stammeswesen: er erlaubt diesem Vaganten, von seinen Reisen zu profitieren und die lokalen Probleme im Hinblick auf das Allgemeine zu analysieren. Unter diesem Gesichtspunkt erfaßt er – jenseits der Mannigfaltigkeit der Traditionen, jenseits der Rivalitäten und Zwistigkeiten – die Einheitlichkeit der Bedürfnisse, der Interessen, der Leiden. Die Verwaltung hat ihn aus der Masse herausgehoben: dadurch ist er zweifellos isoliert, andererseits aber auch imstande, die Lage des Kongolesen umfassend zu erkennen. Von nun an wird er vor jedem Auditorium die Einheit seines Vaterlandes propagieren: was die Menschen trennt, sind die Überbleibsel einer präkolonialen Vergangenheit, die von der Verwaltung sorgfältig konserviert wurden; was sie – zur Zeit auf negative Weise – eint, ist ein bestimmtes, allen gemeinsames Unglück, das tiefer reicht als Tradition und Brauchtum, da es sie als Überarbeitung und Unterernährung in ihrer Existenz selbst bedroht; kurz, es ist die belgische Kolonialherrschaft, die durch eine fortwährende und allgegenwärtige Aggression die kongolesische Nation erschafft.

Das ist wahr, und das ist falsch. Die Kolonialherrschaft einigt, aber sie spaltet in mindestens dem gleichen Maße: nicht nur aus Berechnung und Machiavellismus – das wäre gleichgültig –, sondern durch die Arbeitsteilung, die sie einführt, und die gesellschaftliche Schichtung, die sie schafft. Die sozioprofessionellen Bindungen scheinen in den Städten die Stammesbindungen zum Verschwinden zu bringen, sieht man aber genauer hin, so ist die Spaltung nach Beschäftigung, Lebensstandard und Bildungsstand nur ein zusätzliches Element der Uneinigkeit neben den ethnischen Spaltungen innerhalb der schwarzen Stadtteile. Dazu kommen noch die Konflikte, die zwischen den zuerst Urbanisierten und den später Hinzugekommenen auftreten. Das Proletariat der Arbeitslager ist nicht das der Städte, und vor allem treten die ländlichen *coutumiers*, gelenkt durch konservative und meist von den Europäern gekaufte Häuptlinge, nicht in den Gesichtskreis der *évolués* in den Städten. Aber das entstehende Kleinbürgertum muß *notwendigerweise* den Fehler der französischen Bourgeoisie zur Zeit der Revolution wiederholen: angesichts eines noch nicht organisierten Proletariats ohne klare Forderungen und einer Bauernschaft, aus der es hervorgegangen ist und deren Ziele es zu kennen glaubt, *hält es sich für die universale Klasse*; die einzige Unterscheidung, der es vielleicht Rechnung tragen würde, fällt nicht in den Bereich der Wirtschaft: die *évolués* definieren sich selbst, entsprechend dem Wunsch der Kolonialverwaltung, nach dem Grad ihrer Ausbildung; die Ausbildung, die sie erhalten haben, ist ihr Stolz und ihre innerste Substanz: sie erlegt ihnen, so denken die Besten, die strenge Pflicht auf, ihre analphabetischen Brüder aus den Arbeitslagern und dem Busch zur Autonomie oder zur Unabhängigkeit zu führen. Ich sage, diese Illusion ist unvermeidlich: wie könnte Lumumba – der zur Schule der «Monpès» im *Lendenschurz* ging und der bis zu seinem Tode Verbindungen zur Bauernschaft bewahren wird – sich wirklich für den Repräsentanten einer neuen Klasse halten; wenn er besser lebt, so hat er es sich ganz einfach *verdient*. Das niederträchtige und sehr geschickt gewählte Wort *évolué* verbirgt die Wahrheit: eine dünne Schicht von Privilegierten hält sich für den avancierten Flügel der Kolonisierten. Alles verschwört sich, Lumumba zu täuschen: im August 1956 wurden die Forderungen der *évolués* auf der Generalversammlung der APIC von den Delegierten einstimmig unterstützt. Er sieht in dieser Übereinstimmung der Massen und der Elite ein Zeichen der grundsätzlichen Einigkeit der Kongolesen. Im Lichte der Ereignisse verstehen wir heute, daß es sich um ein abstraktes Einvernehmen handelte: die Masse der Eingeborenen ist stolz auf ihre *évolués*, die *für alle* der Beweis sind, daß ein Schwarzer, gibt man ihm die Möglichkeit, es einem Weißen gleichtun oder ihn übertreffen kann; sie unterstützen die Forderungen der privilegierten Elite – vor allem mit Worten und Beifall –, weil sie darin eine radikale Stellungnahme der Ausgebeuteten gegenüber dem Arbeitgeber sehen: das ist ein Vorbild und Symbol; von hier aus können die Delegierten eine Radikalisierung der Forderungen der Arbeiter ins Auge fassen. Doch eben diese wird, wenn die Umstände sie hervorrufen, im Endeffekt das Bündnis zwischen den Massen und dem Kleinbürgertum zerbrechen.

Lumumba hat sich darin getäuscht, aber dieser unvermeidliche Irrtum hat positive Folgen gehabt; genau gesagt: historisch gesehen *hatte er recht*. Denn eben dieser Irrtum erlaubte ihm, mit solcher Überzeugungskraft zu versichern, daß der Kongo seine Unabhängigkeit nur durch Einigkeit erreichen werde. Diese so oft wiederholte Formel ist übrigens durchaus zutreffend, wenn man hinzufügt, daß die Einigungsbewegung von unten kommen und das Land in einer Flutwelle überschwemmen muß. Zum Unglück des Kongo haben die sozialen Spaltungen, die Zaghaftigkeit der Forderungen, das Fehlen eines aus den Massen hervorgegangenen und von ihnen kontrollierten revolutionären Apparats diese Überflutung vereitelt und vereiteln sie noch immer: das wird die Geschichte des nächsten Jahrzehnts sein.

Lumumba, der überall mit Begeisterung gehört wurde, konnte glauben, daß die Massen den *évolués* bedingungslos folgen würden. Die Einheit, die er gleichzeitig für schon verwirklicht und noch zu schaffen hielt, halb *Mittel*, halb höchstes Ziel, war in seinen Augen die Nation selbst. Die Nation: der Kongo, der sich im Kampf um seine Unabhängigkeit vereinigen würde. Aber der künftige Ministerpräsident treibt die Naivität nicht so weit, zu glauben, daß dieser Zusammenschluß sich spontan vollziehen werde. Er geht einfach von dem negativen Prinzip aus: die Kolonialverwaltung teilt, um zu herrschen; die einzige Möglichkeit, sie zu entmachten, liegt darin, überall die von ihr geschaffenen Spaltungen aufzuheben. Es muß Schluß gemacht werden mit dem Stammeswesen, mit dem Provinzialismus, mit den künstlich erzeugten Konflikten und den undurchlässigen Isolierwänden, die sie aufrechterhält. Demokratie, ja. Aber man darf sie nicht, wie Ileo, mit einem Föderalismus verwechseln. Welche Absicht auch immer dahinterstehen, wie begrenzt die regionale Autonomie sein mag, die von einer Partei gefordert wird, der Apfel ist wurmstichig, sie wird alles verderben, der Imperialismus wird das *auf der Stelle* ausnutzen. Lumumba erkennt, daß die Abako eine Zeitlang ein beachtliches Werkzeug zum Sturz des Kolonialregimes sein und daß sie später Gefahr laufen wird, das geeignete Instrument der Restauration zu werden. Als Postbeamten integriert ihn seine Arbeit in die Kolonialverwaltung und erlaubt ihm, deren grundlegendes Merkmal zu entdecken: die Zentralisierung. Diese Entdeckung gelingt ihm um so leichter, als der Zufall ihn zu einem Rädchen des zentralisierten Kommunikationssystems gemacht hat. Die Post breitet ihr Netz über alle Provinzen bis hinein in den Busch; durch sie werden die Befehle des Gouverneurs an die lokalen Gendarmerien, an die Miliz weitergeleitet. Die kongolesische Nation wird, wenn sie eines Tages existieren soll, ihren Zusammenhalt einem ähnlichen Zentralismus verdanken: Patrice träumt von einer synthetischen, einigenden Macht, die überall wirksam ist, überall die Eintracht, die Gemeinschaft der Aktion stiftet, die von den entlegensten Marktflecken Informationen erhält, sie zusammenfaßt, nach ihnen ihre Politik ausrichtet und auf dem gleichen Weg bis in die Dörfer die Informationen und Befehle an ihre Repräsentanten zurückleitet. Die Regierung atomisiert die Kolonisierten und einigt sie *von außen* her als Untertanen des Königs. Die Unabhängigkeit ist nicht mehr als ein Wort, wird nicht dieser *Zusammenhalt von außen* durch eine Totalisierung *von innen* ersetzt. Die belgische Verwaltung kann nur durch eine Massenpartei ersetzt werden, die allgegenwärtig wie jene und demokratisch ist – das heißt: aus dem Volk hervorgegangen und vom Volk kontrolliert. Aber auch um so autoritärer, als sie allein – wenigstens so lange, als der freie Kongo sich noch nicht seine Institutionen geschaffen hat – die Verpflichtung trägt, die Nation gegen die noch virulenten Auswirkungen einer achtzig Jahre lang praktizierten Atomisierung zu schützen. Lumumba erkennt die Gefahren so deutlich, daß er die unnütze Vielzahl der nationalistischen Bewegungen durch eine Einheitspartei ersetzen möchte. Über dieses Projekt besitzen wir wenig Informationen. Immerhin weiß man, daß es sich um eine Partei *afrikanischen* Zuschnitts handeln sollte: nicht, wie die KP der UdSSR, ein zahlenmäßig beschränkter Organismus, der seine neuen Mitglieder kooptiert, sondern die gesamte Bevölkerung, Männer und Frauen, wobei jeder *zugleich* Staatsbürger und Militant sein würde. Er befürchtete, daß die Opposition, bliebe sie außerhalb der Partei, zu irgendeinem Separatismus, also zum Untergang des Kongo, führen würde. Innerhalb der Partei hätte er sie nicht abgelehnt. Er hat immer wieder gesagt, daß die Diskussionen dort frei und offen geführt werden würden. Was er nicht sagte, was sich jedoch von selbst versteht, wie in allen Fällen äußerster Dringlichkeit, war, daß die Minderheiten nach Abstimmungen den Standpunkt der Mehrheit anzunehmen gezwungen sein würden und daß die Oppostion, jedesmal aufgelöst, um sich an anderer Stelle über neuen Problemen von neuem zu formieren, im großen und ganzen nur im freien Gebrauch der Urteilskraft durch jeden einzelnen unter den jeweiligen Umständen bestehen und der Mittel beraubt sein würde, sich ein Gedächtnis zu schaffen, sich wie eine Partei in der Partei zu strukturieren.

Er maß – auf jeden Fall für die erste Zeit der Unabhängigkeit – der Ausarbeitung eines wirtschaftlichen und sozialen Programms weniger Bedeutung bei als dieser wichtigsten Funktion der Partei, der Klaue, die den Kongo an Stelle der alten kolonialen Kralle zusammenhalten sollte, um das Auseinanderbröckeln des Landes um jeden Preis zu verhindern. Aber genau diese Sorge hatte wirtschaftliche Ursachen: er kannte die Manöver der Conakat[1] genau, und ihm war völlig klar, welche Folgen eine Sezession Katangas haben würde. So beruhte dieser politische Jakobinismus auf einer praktischen Kenntnis der kongolesischen Realitäten. Alles, was sich in der Folge abgespielt hat, hat er vorausgesehen, seine Reden beweisen es: er irrte nur darin, daß

1 Confédération des Associations tribales du Katanga. *Anm. d. Übers.*

er glaubte, man könne das Desaster durch die Schaffung einer großen modernen Partei beschwören, die rechtzeitig die zusammenhaltende Kraft der Besatzungsmacht ersetzen würde.

Man weiß, daß das Mutterland ganz wider seinen Willen Kongolesen der verschiedenen ethnischen Gruppen als Treffpunkt diente. Das war anläßlich der Weltausstellung. Die Einheit ihrer weißen Unterdrücker läßt diese Schwarzen in der Brüsseler Isolation auf negative Weise ihre Einheit als Unterdrückte entdecken, die stärker ist, so glauben sie, als ihre Spaltung. Tatsächlich kommt den Kongolesen in *Belgien* nur zum Bewußtsein, was sie miteinander verbindet. Nach der Rückkehr bewahren sie die abstrakte Hoffnung, die Kolonisierten, gleich welcher ethnischen Herkunft, in einer überregionalen Partei zusammenschweißen zu können. Einzig Lumumba ist qualifiziert, diese Partei zu gründen. Es ist der MNC. Aber die Zusammensetzung der Bewegung läßt ihre Natur bald deutlich werden: sie ist universalistisch und steht über den Grenzen und ethnischen Gruppen, weil ihre Militanten *universalistisch* geprägt sind, kurz, sie ist dic Bewegung der *évolués*; sie findet Militante überall und auch – zumindest in den Städten – verhältnismäßig leicht, denn die Verwaltung und die großen Gesellschaften haben die von ihnen geformten Beamten und Angestellten über das ganze Land verteilt. Aber der Traum von der Massenpartei zerrinnt: der MNC ist, wenn es hoch kommt, eine Partei von Kadern und Agitatoren. Daran ist niemand schuld: es konnte gar nicht anders sein; der MNC ist das kongolesische Kleinbürgertum, das dabei ist, seine Klassenideologie zu entdecken.

Lumumba ist der radikalste: hellsichtig und blind in einem, hat er, wenn er die sozialen Bedingungen und die gegenwärtige Unmöglichkeit seines Unitarismus nicht sieht, andererseits sehr wohl begriffen, daß die Probleme des Kongo die Probleme ganz Afrikas sind; mehr noch: sein Land wird nur im Rahmen eines freien Afrikas die Kraft finden, die Unabhängigkeit zu überleben. Er nimmt als Repräsentant des MNC an der Konferenz von Accra teil. Er ergreift dort das Wort und kommentiert jenes Einheitsbedürfnis, das überall auf dem Kontinent erwacht und dessen unmittelbare Auswirkung das Treffen von Accra ist, mit den folgenden Worten:

«Diese Konferenz... offenbart uns eins: trotz den Grenzen, die uns trennen, trotz den ethnischen Unterschieden haben wir das gleiche Bewußtsein, die gleiche Tag und Nacht von Unruhe gequälte Seele, die gleichen Sorgen, aus diesem afrikanischen Kontinent einen freien, glücklichen Kontinent zu machen, erlöst von Furcht und Unruhe und von jeder Kolonialherrschaft.» Ersetzt man Afrika durch Kongo, Kontinent durch Nation, so findet man die Sätze wieder, die er tagtäglich in allen Provinzen seines Landes wiederholt: der Kongo erscheint ihm als Kondensat all der Unterschiede, die die afrikanischen Separatismen verewigen: man findet dort Provinzgrenzen, religiöse und ethnische Konflikte, ökonomische Diskrepanzen, und zwar sowohl vertikale (soziale Schichten) wie horizontale (geographische Verteilung der Ressourcen). Es gibt also in seinen Augen nur eine Aufgabe: für die Unabhängigkeit kämpfen heißt für die nationale Einheit kämpfen. Gleichzeitig aber auch für ein freies Afrika; umgekehrt – er wird das später präzisieren – bringt alles, was die Integration der zahlreichen Staaten in eine einzige Föderation beschleunigt, die Stunde näher, wo die letzten Kolonisierten sich von ihren letzten Kolonialherren befreien werden. Die Folge der Ereignisse zeigt, daß er über diesen Punkt eine praktische und sehr klare Vorstellung hatte: die Staaten, die ihre Unabhängigkeit erlangt haben, müssen mit allen Mitteln den noch versklavten Ländern helfen, jegliche Vormundschaft abzuschütteln. Man weiß, daß er zweieinhalb Jahre später, als er spürt, daß die zerbrechliche kongolesische Republik auseinanderzufallen droht, die Unterstützung der ghanesischen Truppen erbittet. Hätte er das Spiel gewonnen, kein Zweifel, daß der Kongo Angola und allen Nachbarländern geholfen hätte: der erklärte Panafrikanismus Lumumbas hat diesem einige seiner gefährlichsten Gegner eingebracht, die Weißen Rhodesiens, Südafrikas und, mehr im Verborgenen, die englischen Konservativen. Der panafrikanische Kongo wäre zunächst ein Beispiel gewesen, ein Ferment in den Herzen aller noch Versklavten. Doch vor allem hätte dieses große Land auf hunderterlei Weise allen revolutionären Organisationen der Nachbarländer die wirksamste Unterstützung gewährt. Nicht nur aus Brüderlichkeit, sondern auch, weil dies die einzig mögliche afrikanische Politik war: nach der Befreiung blieb der Kongo von Todfeinden umringt; die Schwarzen mußten in Rhodesien, in Angola ihre Ketten zerbrechen, mußten die neokolonialistische Regierung Youlous[1] stürzen – oder sie mußten im Kongo in die Sklaverei zurückfallen. Was Lumumba durchblicken läßt – aber wir wissen, daß er es auf der Stelle erfaßt hat –, ist, daß die kongolesische Unabhängigkeit nicht ein Endziel, sondern den Beginn eines Kampfes auf Leben und Tod zur Erringung der nationalen Souveränität bedeutet. Der Abzug der Belgier läßt sich

1 Im Kongo (Brazzaville). *Anm. d. Übers.*

durch eine Organisation *im Lande* erreichen; sind sie gegangen, kann die Gefahr nur durch *Außenpolitik* gebannt werden, die junge Nation, die, ihrer Herren ledig, die Mittel zur Ausübung ihrer Freiheit noch nicht gefunden hat, wird genötigt sein, sich auf die weniger jungen und bereits zur Souveränität gelangten Staaten zu stützen, sie wird die nationalen Bewegungen in den Kolonien, die sie umgeben, unterstützen müssen. Aus diesem Grunde unterstreicht Lumumba bei seinem Auftreten in Accra die wechselseitige Bedingtheit der beiden Ziele, die die Konferenz schließlich herausgestellt hat und die ganz zu Recht in seinem Geist eine Einheit bilden: «Der Kampf gegen die inneren und äußeren Faktoren, die ein Hindernis für die Emanzipation unserer Länder und die Einigung Afrikas bilden.» Er ist jedoch zu sehr im politischen Befreiungskampf engagiert, um auf dem grundlegenden Aspekt des Panafrikanismus zu insistieren: daß Afrika sich nicht konstituieren kann, ohne *für sich selbst* einen afrikanischen Markt zu schaffen. Die Organisation eines gemeinsamen Marktes von der Größenordnung des schwarzen Kontinents impliziert neue Probleme und neue Kämpfe; es ist noch nicht an der Zeit für den MNC, sie ins Auge zu fassen. Es ist auch noch nicht an der Zeit, die Mystifikation aufzudecken und aufzulösen, die in manchem Land – zum Beispiel im französischen Kongo – von dem prächtigen Wort Unabhängigkeit verschleiert wird: um so weniger, als de Gaulle, indem er es im gleichen Jahr in Brazzaville aussprach, in der belgischen Kolonie einen wahren Sturm der Begeisterung hervorgerufen und schlagartig auch die Zurückhaltendsten zu Verfechtern des maximalistischen Programms gemacht hat. Gleichviel: was Lumumba fehlt, ist eine gründliche Kenntnis der neuen Nationen und ihrer Infrastrukturen, weswegen er zu spät begreift, daß gewisse schwarze Staaten ihrer ganzen Beschaffenheit nach geschworene Feinde der kongolesischen Unabhängigkeit sind. Vor allem konnte er, geformt durch die härteste Unterdrückung und die abscheulichste Segregation, sich keinen anderen Feind vorstellen als den alten Kolonialismus, jene veraltete Maschine, die so starr ist, daß sie entweder nur alles zermalmen kann oder zerbrechen muß. Gegen ihn rüstet er sich zum Kampf: in der Tat ist er da, verkörpert durch die kleinen Siedler, durch die Verwaltung. Aber der schwarze Leader ahnt nicht, daß dieser Moloch, noch so lebendig und so bösartig, in Wirklichkeit schon tot ist; daß die imperialistischen Regierungen und die großen Gesellschaften angesichts der Kolonialkrise beschlossen haben, die klassischen Formen der Unterdrückung und die verknöcherten, schädlichen

Strukturen, die sich im Laufe des vorigen Jahrhunderts gebildet haben, zu liquidieren. Er weiß nicht, daß die ehemaligen Mutterländer die nominelle Macht «Eingeborenen» übertragen wollen, die, mehr oder weniger bewußt, die Herrschaft nach Maßgabe der kolonialen Interessen ausüben werden; er weiß nicht, daß die Komplizen oder Strohmänner im voraus in Europa bestimmt werden, daß sie sämtlich der von der Verwaltung rekrutierten und geformten Klasse entstammen, dem Kleinbürgertum der Angestellten und Beamten, *seiner eigenen Klasse*. Daß er es nicht weiß, wird ihn zugrunde richten. Er gehört zur Elite, das stimmt, und ist daher abgeschnitten von den Massen, für deren Vertreter er gehalten wird: all seine Mitstreiter sind Kleinbürger; mit ihnen bildet er, wenn er siegt, die erste Regierung. Aber seine Intelligenz und seine tiefe Hingabe an die Sache Afrikas machen ihn zu einem schwarzen Robespierre. Sein Unternehmen ist gleichzeitig begrenzt – zunächst die Politik, das übrige kommt später – und universell. Die «Monpès» haben ihn der traditionsgebundenen Welt der *non-évolués* entrissen; er hat sich anfangs sogar an seinem jungen Wissen berauscht, sich zum Sprachrohr der Elite gemacht, hat für sie die völlige Integration gefordert. Aber der Universalismus hat in ihm schließlich über alles gesiegt. Sicher ist das ein ideologisches Prinzip seiner Klasse. Und, wir haben es gesehen, eine illusionäre Optik. Aber diesen Humanismus, der bei anderen die partikulären Klasseninteressen bemäntelt, hat er zu seiner persönlichen Passion gemacht; er widmet sich ihm ganz und gar, er will den Untermenschen der kolonialen Überausbeutung ihre angestammte Menschenwürde zurückgeben. Freilich, das geht nicht ohne Umbildung aller Strukturen, kurz, ohne Bodenreform und Verstaatlichung: als bürgerlichen Demokraten hindert ihn sein Werdegang, die Notwendigkeit dieser grundlegenden Umstrukturierung zu erkennen. Das ist nicht so schlimm: wie hätte er sie denn entdecken können, da es keine proletarischen Organisationen gab, die die politischen Forderungen hätten kanalisieren und präzisieren können? Wäre er länger an der Macht geblieben, so hätten ihn die Menschen und die Umstände vor die Entscheidung gestellt: Neokolonialismus oder afrikanischer Sozialismus. Kein Zweifel, wofür er sich entschieden hätte. Unglücklicherweise lancierte er, als er den MNC gründete und Kontakt mit den Führern der anderen Parteien – das heißt der anderen *évolués* – aufnahm, ohne den geringsten Argwohn die aktivsten Elemente seiner eigenen Klasse, das heißt Männer, die auf Grund ihrer gemeinsamen partikulären Interessen seit langem dazu disponiert waren, ihn zu verraten, und die seit Anfang Juli 1960 meinten, er habe sie verraten. In der Tat hat der Konflikt, der ihn in Opposition zu seinen Ministern, zu der Minderheit im Parlament brachte, keinen anderen Ursprung: diese Kleinbürger wollten das Kleinbürgertum zur herrschenden Klasse machen – was *objektiv* bedeutete, sich den imperialistischen Mächten anzunähern; er wollte Führer sein, hielt sich für keiner Klasse zugehörig und weigerte sich in seinem zentralistischen Eifer, den ökonomisch bedingten Unterschieden mehr oder weniger Gewicht als den Stammesfehden beizumessen: die Einheitspartei würde die einen wie die anderen Schranken zerbrechen und alle Interessen miteinander versöhnen. Es ist übrigens denkbar, daß er mehr oder minder deutlich die Absicht verfolgte, die Wirtschaft etappenweise zu reorganisieren, und daß er aus Vorsicht seine Absichten geheimhielt. Jedenfalls wurde er dessen verdächtigt: und es ist nicht nur die Affäre mit den russischen Flugzeugen, die ihm unversehens die Beschuldigung einbrachte, Kommunist zu sein. Die Klügeren unter den Parlamentariern und Ministern fürchteten sicherlich, daß sein Jakobinismus sich auf Grund seines unitarischen Humanismus im Sozialismus vollenden werde. Wichtig ist jedenfalls, daß er seine Klasse an die Macht gebracht hat und sich anschickte, gegen sie zu regieren. Konnte es anders sein? Nein: das Proletariat hat während der letzten Jahre der Kolonialherrschaft keinen Schritt unternommen, der es diesen Kleinbürgern als ernst zu nehmender Gesprächspartner hätte aufzwingen können.

II. Die Gründe des Scheiterns

Nach seiner Rückkehr aus Accra wird der Führer der zukünftigen Einheitspartei tatsächlich der Mann der Versöhnung: unter seinem Einfluß suchte der MNC sich mit den stärksten nationalistischen Bewegungen zu verbünden. Die Einheitsfront, die er zustande bringt, gewinnt die Wahlen von 1960. Aber der legalistische Sieg dieses Kartells darf uns nicht über dessen Anfälligkeit hinwegtäuschen: solange es sich um simple gemeinsame Propaganda handelte, um eine Übereinkunft, die sich auf die Parole von der *Unabhängigkeit* beschränkte, hat man für einen Augenblick die Partikularismen beiseite gelassen; aber sobald die Sieger regieren – und wer sonst sollte regieren? –, wird die Front aus den beiden schon genannten Gründen zerbrechen: die tatsächliche Basis der verbündeten Parteien liegt jeweils in den Provinzen – selbst der «MNC-Lumumba» stützt sich vor allem auf die *extra-coutumiers* von Stanleyville –, und der kulturelle Universalismus verbirgt nur schlecht den Wunsch der Führer, mit ihren Anhängern die neue herrschende Klasse zu bilden. Von diesem Moment an war Lumumba durch die eigene Lauterkeit und die eigene Integrität verurteilt: die Geschichte geschah durch ihn, aber gegen ihn. Er ist unumstrittener Führer des Zentralismus, und seine Feinde geben sich zu erkennen, sobald er seine Rednergabe und seine Geschicklichkeit als Unterhändler bewiesen hat. Da sind zunächst Tschombé und die Mitglieder der Conakat: diese Katangesen behaupten, ihre Provinz allein ernähre alle Kongolesen; löse sie die Verbindung zu den unergiebigen und bedürftigen Gebieten, so könne sie ihren Reichtum für sich allein verwenden. Dann kommt es zur unvermeidlichen Spaltung der zentralistischen Partei: Kalonji gründet den «MNC-Kalonji», der in Süd-Kasai Fuß faßt; hier bestimmen im Gegensatz zu dem, was in den anderen Gruppierungen geschieht, die politischen Rivalitäten den ethnischen Separatismus. Und schließlich die Unnachgiebigkeit der Abako: Lumumba verstärkt seine Versuche, Kasawubu zu gewinnen, der darauf nicht reagiert. Als die Unabhängigkeit errungen ist und eine Regierung gebildet werden muß, stehen sich zwei große Kräfte gegenüber: die Abako, nach wie vor intransigent, und der nationalistische Block (MNC und verbündete Parteien), zur Nachgiebigkeit bereit und entschlossen, einen dauerhaften Kompromiß zu finden. Die Conakat, die sich föderalistisch nennt, erklärt sich als erste bereit, unter gewissen Bedingungen einer Zentralregierung beizutreten: nicht mehr als ein Manöver, dessen Sinn klar ist. Der belgische Minister Ganshof schwankt zwischen den beiden Bewegungen: Lumumba ist kürzlich bei Aufständen für die öffentliche Ordnung eingetreten. Seine Erklärungen sind gemäßigt, er hat kein ökonomisches Programm, hundertmal hat er wiederholt, daß er für den Besitz der Kolonialherren bürge. Und außerdem, eine Erwägung nebenbei, hat seine Gruppe bei den Wahlen die Stimmenmehrheit erhalten. Aber sein Zentralismus erschreckt. Die Siedler sind *gegen ihn.* Kasawubu ist vielleicht gefährlicher, er ist der Meister der Gewalt: aber er ist auch der Meister der Uneinigkeit; sein Föderalismus bemäntelt den leidenschaftlichen Separatismus seiner ethnischen Gruppe. Der Minister erteilt zunächst Lumumba einen «Sondierungsauftrag im Hinblick auf die Bildung einer kongolesischen Regierung». Die Länge und Unbeholfenheit dieser Formulierung verrät deutlich genug die Verlegenheit ihres Urhebers. Es zeugt für den absoluten Realismus Lumumbas, wenn er sie wie folgt vereinfacht: «Ich bin beauftragt, die Regierung zu bilden.» Aber schon am 17. Juni 1960 erklärt Ganshof, daß er Lumumba seinen «Sondierungsauftrag» entziehe, um Kasawubu damit zu betrauen. Neuerliche Konsultationen: ohne Erfolg. Am 21. ernennt die Kammer ihr Präsidialbüro: die Mehrheit hat der nationalistische Block. Sofort entzieht der unglückliche Ganshof Kasawubu seinen Auftrag, um ihn an Lumumba zurückzugeben. Die Verhandlungen werden wieder aufgenommen, aber Kasawubu hat nichts von seiner Intransigenz verloren: am 22. Juni verlangt die Abako abermals «die Bildung einer autonomen und souveränen Bakongo-Provinz innerhalb einer Konföderation eines vereinigten Kongo». Der schließlich ausgehandelte Kompromiß ist bekannt: die Abako stellt den Staatschef und einige Minister; der nationalistische Block stellt den Ministerpräsidenten und den Rest der Regierungsmannschaft bis auf die der Conakat vorbehaltenen Sitze. Diese schwere Geburt erhellt zwei Tatsachen von großer Bedeutung. Die erste besteht darin, daß die Verhandlungen unter der Drohung eines Bakongo-Aufstandes geführt wurden. Lumumbas Macht war parlamentarisch; die Kasawubus war real und massiv. Solange Belgien im Kongo präsent blieb, mußte Ganshof wohl oder übel die gewählte Mehrheit respektieren: noch weniger konnte Belgien nicht tun, als in seiner ehemaligen Kolonie eine Karikatur der bürgerlichen Demokratie zu errichten. *Nach dem Abzug der Belgier* verloren die Wählerstimmen ihre Bedeutung: Lumumba wurde abgesetzt und verhaftet, ohne jemals in der Minderheit gewesen zu sein. Mit anderen Worten, die Demokratie wurde einfach wieder aufgegeben: man wahrte den Schein, aber die Macht stützte sich auf Gewalt. Nichts zeigt besser, daß das tragische Schicksal Lumumbas von vornherein besiegelt war. Als Ministerpräsident mußte er sich in der Hauptstadt des neuen Staates niederlassen. Aber ein seltenes Mißgeschick wollte es, daß die Hauptstadt separatistisch war: in Léopoldville haben die Massen nur einen Führer: Kasawubu. Zwischen einem Staatschef, der die Abako in seiner Gewalt hat, und einer Bevölkerung, die kein anderes Ziel kennt als die Sezession, kann ein zentralistischer Ministerpräsident nur eine Rolle spielen: die einer Geisel. Er hat Parteigänger in allen Provinzen, aber um sich mit ihnen in Verbindung setzen zu können, muß er den Weg über die belgische Verwaltung nehmen, die noch im Lande ist und ihn mit der Schwerfälligkeit ihres Apparates paralysiert, oder den über die schwarzen Beamten von Léopoldville, die in der Mehrzahl gegen ihn sind. Seit dem 1. Juli 1960 ist der Zentralismus nur mehr der abstrakte Traum eines Ehrengefangenen, der jeden Einfluß auf das Land verloren hat. Das wird deutlich in der zweiten Septemberhälfte, als der abgesetzte Lumumba in einem Lautsprecherwagen durch die Straßen von Léopoldville fährt: seine Ansprachen überzeugen niemanden. Verschlossene Gesichter, ein gleichgültiges oder feindseliges Publikum: die Bevölkerung von Léopoldville pfeift auf den Zentralismus. Dagegen bedarf es nur eines geflüsterten Wortes von Kasawubu, um antilumumbistische Aufrührer zu Tausenden in die Stadt zu holen: nach und nach bekommen die Parlamentarier es mit der Angst zu tun und bleiben der Nationalversammlung fern: die Legislative beugt sich von selbst der Illegalität. Für die Abgeordneten wie für den Chef der Exekutive ist die sezessionistische Hauptstadt ein Gefängnis. Das geht so weit, daß Lumumba später, als er schließlich abgekämpft zu der späten Einsicht gelangt, daß er in Léopoldville das Spiel verloren hat, flieht, seinerseits zum Separatisten wird und sich bemüht, seine Domäne Stanleyville zu erreichen. Ich verstehe das so: es handelte sich um eine provisorische Sezession, eine Negation der Negation; er wollte Kräfte sammeln, von Stan aus den Kongo auf friedlichem Weg oder mit Gewalt zurückerobern und wiedervereinigen. Aber darf man annehmen, daß er, hätte er sich zu der Mehrzahl seiner Anhängerschaft durchschlagen können, die Hauptstadt der Bakongos kampflos zurückerobert hätte? Mit welchen Kräften? Höchstwahrscheinlich hätte sich Lumumba, ohne etwas zu gewinnen oder zu verlieren, in Stanleyville halten können, und Kasawubu hätte sich angemaßt, diese Rückkehr des Zentralismus zu seinen Ursprüngen als Sezession einer Provinz zu bezeichnen; objektiv hätte das Unternehmen, da nicht genügend Mittel vorhanden waren, es zu Ende zu führen, in Wirklichkeit zur Spaltung der Kongolesen und zur Zerstückelung ihres Landes beigetragen. Indessen muß anerkannt werden, daß es für Lumumba in diesem Augenblick nur eine Alternative gab: die Föderation und die Autonomie des Unteren Kongo zu akzeptieren oder sich nach Stanleyville zu flüchten, um dort die Wiedereroberung vorzubereiten; in beiden Fällen gewann der Föderalismus die Partie. In Wirklichkeit war sie schon vorher gewonnen. In der Politik ist das *Notwendige* nicht immer das *Mögliche*. Die Einheit, treibende Kraft des MNC, einer modernen und nach dem Bilde europäischer Bewegungen geschaffenen Partei, war für den Kongo eine *Notwendigkeit*: ohne sie war die Unabhängigkeit toter Buchstabe; aber in diesem Augenblick seiner Geschichte entsprach die europäische Formel den Bedürfnissen der Kongolesen kaum; primitivere, solidere Bande fesselten sie an den Grund und Boden, auf dem sie geboren waren, an ihre ethnischen Gruppen. Die *Zentralisierung* repräsentierte nur das Klassenbewußtsein der *Zentralisierten*, das heißt der *évolués*.

Diese Überlegungen verweisen uns auf den zweiten Wesenszug der kongolesischen Unabhängigkeit: sie ist den Kongolesen *verliehen* worden. In der Tat, hätten die Kongolesen sie erobert, so wäre es undenkbar gewesen, daß der Belgier Ganshof aus eigener Machtvollkommenheit bestimmt hätte, welcher Kongolese sich am besten zur Kabinettsbildung eigne. Lumumba wußte das, er litt darunter: mehrmals hat er vor dem 30. Juni die Abreise des Brüsseler Ministers verlangt. In einer Pressekonferenz erklärt er: «Nirgendwo in der Welt hat man je gesehen, daß die ehemaligen Machthaber Wahlen durchführen, durch die sich ein unabhängiger Staat konstituiert. Das ist einmalig in Afrika. Als Belgien 1830 seine Unabhängigkeit *erkämpft hatte*, da hatten die Belgier zuerst selbst ihre provisorische Regierung gebildet...» usw.

«Erkämpft hatte»: ich unterstreiche das, denn es sagt alles. Es erklärt den patriarchalischen Tonfall der Ansprache, die König Baudouin am 30. Juni hielt: wir haben euch ein schönes Spielzeug geschenkt, macht es nicht kaputt. Und auch die Apathie Kasawubus, der sich, als er den Text der Rede erfährt, darauf beschränkt, aus seiner eigenen Rede eine allzu servile Schlußfloskel fortzulassen. Aus diesem Grunde bemächtigt sich Lumumba indigniert unversehens des Mikrofons. Man kennt seinen «Bericht von den Leiden», das bewundernswerte «exposé d'amertume», seine Reaktion auf die Selbstgefälligkeit des jungen Königs. Aber nicht hier ist das Wesentliche ausgesprochen; ich jedenfalls finde es in folgenden Zeilen, die unmittelbar vorausgehen:

«Wenn heute diese Unabhängigkeit des Kongo im Einvernehmen mit Belgien als einem befreundeten Land, mit dem wir von gleich zu gleich verkehren, proklamiert wird, so wird doch kein Kongolese, der dieses Namens würdig ist, jemals vergessen können, daß wir sie im Kampf errungen haben, einem Tag für Tag geführten Kampf, einem leidenschaftlichen und idealistischen Kampf, einem Kampf, in dem wir weder mit unseren Kräften noch mit unseren Entbehrungen, noch mit unseren Leiden gespart haben.»

Hier vermerkt der Bericht *«Beifall»*, was hinreichend beweist, daß der Redner einen Nerv getroffen hatte. Die Kongolesen, die an der Zeremonie teilnahmen, wollten, welcher Partei immer sie angehörten, kein Geschenk: die Freiheit verschenkt sich nicht, sie wird erkämpft. Dreht man den Satz um, so bemerkt man, daß eine konzedierte Unabhängigkeit nur eine andere Form der Sklaverei ist. Die Kongolesen hatten fast ein Jahrhundert lang gelitten, sie hatten oft gekämpft, Streiks und Aufstände waren in der letzten Zeit immer häufiger geworden, obwohl sie grausam unterdrückt wurden. Erst vor kurzem waren die Aufstände vom Januar 1959 wenn nicht der Grund, so doch der Anlaß der neuen belgischen Kolonialpolitik gewesen. Man konnte weder den Mut des Proletariats oder der kämpfenden Bauern noch die tiefe, die unüberwindliche Ablehnung bestreiten, die jeder Kolonisierte, manchmal unbewußt, der Kolonialherrschaft entgegensetzte. Bleibt zu bedenken, daß die Umstände den *organisierten* Kampf weder herausgefordert noch ermöglicht hatten. In Vietnam, in Angola, in Algerien ist die Organisation bewaffnet, da gibt es Volkskriege: in Ghana hat Nkrumah versucht, mit politischen Mitteln zu kämpfen; tatsächlich sind die von ihm organisierten Streiks unblutige Akte der Gewalt. Wie dem auch sei, der Kampf ist *direkt* und *illegal*; die Gemeinschaft der Kämpfer wird zum unmittelbaren Mittel jeglicher Aktion, bevor sie deren Fernziel wird: man vereinigt sich, damit ein Handstreich gelingt, aber auch, um der Lebensgefahr zu entgehen: die Repressalien des Kolonialherrn besiegeln die geheimen Bündnisse: die Gewalt des Unterdrückers ruft ihre Gegengewalt hervor, die sich gleichzeitig gegen den Feind wie gegen die Partikularismen richtet, die ihm in die Hände spielen; ist die Organisation bewaffnet, so sprengt sie Schloß und Riegel, liquidiert die Caids, die Häuptlingsherrschaft, die feudalen Privilegien, indem sie überall *im Verlauf des Kampfs* die von der Kolonialverwaltung ernannten Kader durch ihre eigenen politischen Kader ersetzt; gleichzeitig setzt der Volkskrieg die Einheit von Armee und Volk voraus, also die Einigung des Volkes selbst: das Stammeswesen muß verschwinden, oder die Erhebung wird in Blut ertränkt werden; die Liquidierung dieser Überreste vollzieht sich unmittelbar, durch Überzeugung, durch politische Erziehung und, wenn es sein muß, durch Terror. So bewirkt der Kampf selbst, in dem Maße, wie er sich im ganzen Land ausbreitet, dessen Einigung; und wenn es vorkommt, daß anfangs zwei aufständische Bewegungen nebeneinander existieren und sich nicht vereinigen, so darf man sicher sein, daß beide von der Kolonialarmee massakriert werden oder daß eine von beiden die andere vernichten wird. Wenn sie siegen, übernehmen die Führer zu ihren militärischen politische Funktionen: sie haben die alten Strukturen zerbrochen, alles muß neu geschaffen werden, aber das macht nichts: sie werden *aus dem Volk heraus* Infrastrukturen schaffen;

ihre Institutionen werden keine Kopien der europäischen sein: als provisorische werden sie den Gefahren, die dem jungen Staat drohen, zu begegnen suchen, indem sie die Einheit auf Kosten der traditionellen Freiheiten stärken. Die Macht der Exekutive ist absolut: es ist die Armee, die sich im Kampf gegen die Unterdrücker geformt hat. Man kann also sagen, daß für Vietnam, für Algerien – was immer seine derzeitigen Schwierigkeiten sein mögen – die Einheit und die Zentralisierung der Unabhängigkeit vorausgegangen und daß sie deren Garantie sind. Im Kongo hat sich das Gegenteil abgespielt. Die wirtschaftliche Rezession, die Evolution des ehemals französischen Kongo, der Algerienkrieg haben eine Bewußtseinsänderung bewirkt und Unruhen hervorgerufen. Doch sind diese niemals systematisch organisiert worden: sie hatten weder denselben Ursprung noch dieselben Gründe, noch dieselben Ziele. Sie haben der belgischen Regierung als *Zeichen* gedient. Diese wird durch einige klarsichtige Verwaltungsfachleute informiert: heute kommt es noch nicht zu terroristischen Aktionen; morgen ist es soweit, wenn das Mutterland nicht seine Politik eindeutig definiert. Diese Informationen treffen in dem Augenblick ein, wo der Imperialismus seine Lehren aus den Kolonialkriegen, in denen sich Frankreich erschöpfte, und aus den britischen Erfahrungen mit falscher Dekolonisation gezogen hat. Belgien will den Kongo nicht in ein schwarzes Algerien verwandeln, es weigert sich, Milliarden und Menschenleben daran zu verschwenden. Dieses Land mit seinen hunderttausend Weißen kann schwerlich als eine Ansiedlungskolonie gelten: die Repatriierung wird, sollte sie stattfinden, die Wirtschaft des Mutterlandes nicht behindern. Was die großen Gesellschaften betrifft, so sind sie mit dem Wagnis einverstanden: ob ein weißer Gouverneur sie beschützt oder ein schwarzer «Kollaborateur», ihre Interessen werden davon nicht betroffen; es hat sogar den Anschein, daß die Unabhängigkeit, beobachtet man die Entwicklung der neuen afrikanischen Staaten eingehender, die rentabelste Lösung ist. Kurz, man wird sie dem Kongo schenken.

Man sagt heute, die belgische Regierung habe sich von einem kriminellen Machiavellismus leiten lassen. Mir scheint eher, daß sie in einem kriminellen Maße dumm war. Die Franzosen geben nichts her, ohne sich zu schlagen, sie klammern sich fest, bis ihnen die Hände abgehauen werden: ohne es zu wollen, bewirken sie so beim Gegner die Bildung von Kadern; der Krieg erzeugt seine Eliten. Die Engländer setzen ihre betrügerische Dekolonisation planmäßig ins Werk: sie bilden die Kader lange vorher aus; daraus werden dann Kollaborateure, aber *fähige*. Belgien hat nichts getan: kein Kolonialkrieg, kein allmählicher Übergang. Freilich war es 1959 zu spät, die kongolesische Emanzipation vorzubereiten: die Kolonisierten verlangten die sofortige Unabhängigkeit. Aber der Fehler der Regierung reicht viel weiter zurück: er liegt in ihrer Versessenheit, das eroberte Land in Unwissenheit und Analphabetismus zu halten; in ihrem Willen, die feudalen Herrschaftsformen, die Rivalitäten, die «traditionellen Strukturen» und das herkömmliche Recht zu konservieren. Achtzig Jahre lang hat Belgien sich darum bemüht, den Kongo zu kongolisieren. Und als es ihn zerstückelt hat, beschließt es plötzlich, ihn fallenzulassen, im Vertrauen darauf, daß das Fehlen von Kadern und die Zersplitterung der politischen Kräfte ihm den Kongo auf Gnade und Ungnade ausliefern werden. So findet sich Lumumba von den Massen designiert und zugleich von Ganshof im Namen des belgischen Königs eingesetzt. Eine mißliche Situation, vor allem, wenn man bedenkt, daß Ho Tschi Minh oder Ben Bella *gegen* das Mutterland die Macht ergriffen haben, von einer unwiderstehlichen Bewegung getragen, und daß ihre Souveränität – und, was dasselbe ist, die nationale Souveränität – von daher kommt. Während die Unabhängigkeit – wie in Vietnam, wie in Algerien – nur ein Moment einer lange geübten Praxis war und frühere Aktionen als Sprungbrett für künftige Unternehmungen dienten, ist sie im Kongo ein toter Punkt, der Nullpunkt der kongolesischen Geschichte, der Augenblick, in dem die Weißen nicht mehr befehlen, aber fortfahren zu verwalten, in dem die Schwarzen an der Macht sind, aber noch nicht befehlen. In diesem widerspruchsvollen Augenblick beruht Lumumbas Autorität ungeachtet seiner Popularität nicht auf einer Heldenlegende, sondern auf einer aus Europa importierten Legalität, die die Kongolesen – bis auf die *évolués* – nicht anerkennen. Gewiß, man bewundert seinen Mut, man weiß, daß er mehrfach verhaftet, geschlagen, ins Gefängnis geworfen worden ist: das genügt nicht. Um souverän in einem neuen Staat zu sein, muß man zur Zeit der Unterdrückung entweder unumstrittener Führer der Befreiungsarmee gewesen sein oder seit langem eine charismatische, religiöse Macht besitzen. Unglücklicherweise ist es Kasawubu, der in Léopoldville diese Macht innehat. Das muß man begreifen: am 1. Juli 1960 ist Lumumba, Führer eines Mehrheitskartells und Regierungschef, allein, machtlos, von allen verraten und schon verloren.

Ich sagte es schon: wenn sich die Völker mit Gewalt befreien, verjagen oder massakrieren sie die alten Kader, die für sie nur die bekanntesten ihrer Unterdrücker sind. Sie müssen in aller Eile ersetzt werden; da niemand kompetent ist, richtet sich die Wahl mehr nach dem revolutionären Eifer als nach den Fähigkeiten. Daraus resultiert eine fürchterliche Konfusion, es werden kriminelle Irrtümer begangen, ganze Sektoren der Wirtschaft sind tödlich bedroht. Aber es ist noch nicht vorgekommen, daß eine siegreiche Revolution am Fehlen von Eliten scheiterte. In der UdSSR, in China, in Vietnam, in Kuba haben Neulinge um den Preis schmerzhafter Konvulsionen die Kommandostellen eingenommen, tags lenkend, inspizierend, Entscheidungen treffend, nachts lernend und lesend. So ist die Ablösung kompetenter Reaktionäre durch inkompetente Revolutionäre eine in der Entwicklung einer Revolution normale und positive Erscheinung. Und wenn diese Ablösung nicht gewaltsam durchgeführt wird, so wird sie durch die massenweise Abwanderung der Spezialisten notwendig.

Allerdings muß sich dieser Sprung ins Unbekannte während des Kampfes vollziehen, muß sich als ein unvermeidliches Moment der Praxis aufdrängen. Geschieht er nicht im Sturm der Revolution, wer würde es wagen, systematisch, auf allen Ebenen der sozialen Hierarchie, Wissen durch Unkenntnis zu ersetzen? Lumumba war ein Revolutionär ohne Revolution. Sein unbeugsamer Jakobinismus machte ihn zu einem radikalen Gegner der heuchlerischen Neuordnung des Kolonialismus, mit der es die belgische Regierung ohne Geschick versuchte, aber diese rigorose Position war nicht mehr als eine theoretische Ablehnung, da eben der Volkskrieg nicht stattgefunden hatte. Indem die Belgier ihn den Kongolesen ersparten, betrogen sie sie darum. Der Führer des MNC befand sich also in gewisser Weise jenseits eines Aufstands, der nicht stattgefunden hatte. Er konnte die Kader nicht organisieren, wie er es in voller Aktion getan hätte. Als *évolué*, ausgebildet von den Weißen, gewohnt, ihre technische Überlegenheit anzuerkennen, war er, wie wir sahen, über die geringe Zahl der *évolués* und die Unwissenheit der Massen beunruhigt.

Ganz ohne Zweifel mußte man den Beamtenapparat afrikanisieren: er hatte es immer gewollt, er wollte es jetzt um so mehr, als er sich häufig durch den bösen Willen der Verwaltung paralysiert fühlte. Der Kongo würde so lange nicht über volle Unabhängigkeit verfügen, wie die Schlüsselpositionen in den Händen der Weißen blieben. Doch mangels eines unmittelbaren Drucks sah er eine allmähliche Wandlung vor. Es fällt auf, daß er in seinen Reden sehr häufig von der Universitätsausbildung und fast nie vom Elementarunterricht spricht. Wir dürfen darin kein Klassenvorurteil sehen. Er erkennt einfach ganz klar das Problem: der Kongo wird Studenten nach Europa schicken, sobald er dazu in der Lage ist; sie werden ins Land zurückkommen, und jeder wird den Platz eines Belgiers einnehmen; je zahlreicher sie sind, desto schneller wird die technische, administrative und militärische Abhängigkeit des Landes ein Ende haben. Wie man sieht, eine vernünftige, aber eine *reformistische* Lösung, wie sie ein Staatsmann konzipieren kann, der kühl das Für und Wider abwägt und kalkulierte Risiken eingeht.

In ebendiesem Augenblick gaben die Massen der Revolution, die nicht stattgefunden hatte, eine revolutionäre Wendung. Sie machten sich an die Afrikanisierung des Beamtenapparats und vertrieben die Europäer im Handumdrehen. Es begann mit der Miliz. Offiziere und Feldwebel kamen aus Belgien; für die Kongolesen endete eine militärische Karriere beim Unteroffizier. Sie hatten mehrere Monate vor der Unabhängigkeit erklärt, daß sie die Aufhebung dieses Privilegs der Weißen forderten: ein Schwarzer müsse nach der Unabhängigkeit entsprechend seinen Verdiensten Leutnant oder General werden können. Lumumba nahm die Sache nicht ernst: zweifellos sah er sie unter dem Gesichtspunkt der nationalen Nützlichkeit; Offiziere würde man mit der Zeit heranbilden. Aber er hatte unrecht: es handelte sich nicht um eine allgemeine Forderung, die den Status der künftigen Soldaten betraf: es waren *diese* Soldaten, die Unteroffiziere, *diese* Unteroffiziere, die Hauptleute werden wollten. Mit einem Wort, es war eine konkrete Forderung, die sofort erfüllt werden sollte. Ein Politiker hätte sie wahrscheinlich vom ersten Tage an erfüllt und diese revolutionäre Bewegung auf seine Seite gezogen, indem er selber die Abschiebung des belgischen Generals Janssens im Gewaltstreich durchgesetzt hätte. Damit hätte er die Armee für sich gewonnen, das einzige Instrument, über das diese machtlose Exekutive verfügte. Vor allem hatten die Soldaten der Miliz eine besorgniserregende Einstellung: zur Zeit der Belgier, das heißt bis zum 30. Juni, hielten sie die koloniale Ordnung aufrecht; diese Kongolesen kämpften ausschließlich gegen Kongolesen; sie schlugen Aufstände nieder, besetzten Dörfer und lebten auf Kosten der Einwohner. Objektiv gesehen waren sie unter dem Einfluß ihrer Offiziere Komplizen der kolonialen Kaste und schienen durch ihren Status Konterrevolutionäre zu sein. Und ohne jeden Zweifel waren sie das auch durch und durch, nur daß sie sich dagegen wehrten, auf die unteren Ränge beschränkt zu werden wie die Bürgerlichen in der französischen Armee vor 1789. Mit dieser Forderung brachten sie unbewußt das Streben des Kongo nach vollständiger Souveränität zum Ausdruck, da diese ja nicht anders verwirklicht werden konnte als durch eine souveräne Entscheidung. Zugleich zeichnete sich hinter dem Rassenkonflikt der Klassenkampf ab: die Armen hatten genug vom Luxus der Reichen und wollten sich an deren Stelle setzen. Die Regierung hätte die Initiative ergreifen und die Ordnungskräfte zu Komplizen der Revolution machen müssen; so hätte sie ihre Solidarität gewonnen. Lumumba zögerte: unter dem Druck der schwarzen Armee lief er Gefahr, so dachte er, vorschnell zum Radikalismus getrieben zu werden; vielleicht unterlag er hier gegen seinen Willen einem Klassenreflex. Und wer, fragte er sich, wäre *heute* imstande, die kongolesische Armee zu befehligen? Er beging den Fehler, von Janssens halbe Maßnahmen zu verlangen: alle Schwarzen sollten in den nächsthöheren Rang befördert werden, der Gefreite würde Unteroffizier und der Unteroffizier Feldwebel. Janssens verstand es, seine Rolle als Provokateur bis zum Schluß zu spielen; er antwortete den Soldaten: «Nichts bekommt ihr. Weder heute noch irgendwann.» Die Folgen sind bekannt, die Soldaten meutern, die Offiziere werden verjagt, Janssens setzt sich, bleich vor Angst, nach Brazzaville ab. Dieser Aufstand hätte positiv sein können: er hatte im Endergebnis nur negative Folgen. Die Soldaten rebellierten gleichzeitig gegen Janssens und gegen Lumumba, der die Revolte abgewartet hatte, um Janssens abzusetzen. Das heißt: gleichzeitig gegen den kolonialen Patriarchalismus und gegen die junge kongolesische Demokratie. Verwirrt, daran gewöhnt, Ordnung durch Gewalt zu erzwingen, verfielen die meisten Soldaten, obwohl gegen die militärischen Privilegien der Belgier revoltierend, einer Art Bonapartismus, einem Kastengeist, aus Verachtung für das Regime, das sie verraten hatte.

Die Afrikanisierung der Verwaltungskader begann mit der panikartigen Flucht der Europäer. Die Beamten flohen, die Privatunternehmer schlossen ihre Pforten. Lumumba tat, was er konnte, um sie zurückzuhalten. Aber zur selben Zeit kamen belgische Luftlandetruppen in den Kongo; er mußte mit Belgien brechen, wodurch die weiße Bevölkerung vollends in Panik geriet. Die Massen indessen wollten die Belgier vertreiben und waren wütend, daß sie von selbst gingen. Lumumba blieb machtlos: man warf ihm vor, daß er sich nicht an die Spitze der Bewegung gestellt hatte. Die Arbeiter verlangten eine Lohnerhöhung. Eine gerechtfertigte Forderung, die der Jakobiner Lumumba jedoch für inopportun hielt. Streiks brachen aus. Nicht mehr gegen die Belgier: gegen ihn. Er ließ sie unterdrücken: die kongolesische Wirtschaft mußte gerettet, das Produktionsniveau gehalten werden. Und vor allem erkannte er in den konfusen und sporadischen Unruhen, die zur radikalen Afrikanisierung der Kader führten, aber katastrophale Folgen hatten, weder *seine* politische Praxis noch *seine* Revolution, noch *seine* Leute: diese Leute, so dachte er, haben bisher nichts getan; jetzt, wo wir gewonnen haben, fordern sie von uns, was sie von den Belgiern nie verlangt hätten; was haben sie mit uns gemein? Dieser Gewaltlose nahm Stellung gegen die Gewalt, dieser *évolué* distanzierte sich von den *non-évolués* und allen *évolués*, die nicht das einzige gemeinsame Ziel vor Augen hatten. Er unterdrückte diese spontanen Bewegungen und verlor so die letzte Chance, seine wankende Macht auf diese wilde Revolution zu stützen. Man muß übrigens sehen, daß diese Chance minimal war: ohne Organisation, ohne revolutionäres Programm führte diese brutale Radikalisierung der Unabhängigkeit zu nichts. Die Demonstrationen gingen weiter und richteten sich von nun an gegen die Regierung. Um sich mit der nationalen Einheit zu identifizieren, hatte Lumumba versucht, sich von seiner Klasse zu lösen: er wurde mit Gewalt in sie zurückgetrieben; die Abgeordneten hatten sich Diäten in Höhe von 500000 Franc bewilligt zu einem Zeitpunkt, als Lumumba die Lohnstreiks zu brechen versuchte: die Massen der *extra-coutumiers* entdeckten den Appetit der *évolués* und bekamen gleichzeitig die Unterdrückung durch die Regierung zu spüren; vor der Dekolonisation verdiente die «Elite» weit mehr als die ungelernten Arbeiter, blieb aber doch ausgebeutet, unterdrückt, bei gleicher Arbeit erhielt ein schwarzer Beamter halb soviel wie ein weißer: diese Ungleichheit trug trotz allem dazu bei, die Kleinbürger dem Volk anzunähern: die Schwarzen waren *gegen die Belgier* stolz auf ihre *évolués*. Kaum aber waren diese an die Macht gekommen, empfanden sie sich auf Grund der Gehälter und Zulagen, die sie beanspruchten, als eine besondere Klasse. Die Massen glaubten, die neuen Herren zu erkennen. Sie sahen in der Exekutive – wie früher zu Recht in der Kolonialverwaltung – eine Unterdrückungsmacht. Alles war falsch: das schwarze Kleinbürgertum konnte sich nur dadurch Autorität verschaffen, daß es den Kongo dem Imperialismus preisgab, der ihm dafür die Verwaltung des Landes überlassen würde; Lumumba andererseits, weit entfernt, die Klasseninteressen der *évolués* zu vertreten, sah seine Macht mit jedem Tag geringer werden, weil er gegen sie handelte. Dies freilich nicht im Namen der Interessen der Massen, sondern im Namen des jakobinischen Universalismus. Gleichviel: die Verseuchung ging rasch vonstatten, man hielt den Ministerpräsidenten für einen werdenden Diktator, von den zahlreichen Privilegierten in ebendem Augenblick designiert, in dem er ihr Vertrauen verlor. Kasawubu, die Abako und die belgischen Provokateure wußten seit dem Juli Vorteil aus dieser Verwirrung zu ziehen: sie stellten Lumumba als Tyrannen hin.

Nichts war seinem Wesen fremder: als man ihm vorwarf, er mißbrauche die Macht, hatte er nicht einmal mehr die Möglichkeit, sich Gehorsam zu verschaffen. Aber seine Feinde haben vom ersten Tag an gespürt, daß in einem gespaltenen Land die nationale Einheit eine Praxis permanenter Einigung ist; Opposition wird, wie Merleau-Ponty sagte, leicht zum Verrat, wenn sie Uneinigkeit und Zersplitterung fördert: die Zentralregierung muß sie unterdrücken, notfalls mit Gewalt. So gesehen sind Streiks und Aufruhr in den Städten, so gerechtfertigt die Forderungen sein mögen, ebenso gefährlich wie die ethnischen Konflikte: diese verzögern die Entwicklung, zersplittern das Land, jene lassen die Produktion sinken; der freie Kongo darf in den ersten Jahren seiner Existenz auf keinen Fall allzuweit hinter den belgischen Kongo zurückfallen, aus dem er hervorgegangen ist: *daher* bringt der Zentralismus eine Politik sozialer Austerity mit sich. Indessen muß der Unbestechliche – heiße er nun Robespierre oder Lumumba – gleichzeitig auch der herrschenden Klasse entgegentreten – *seiner eigenen Klasse* –, um sie als eine universelle Klasse zu erhalten, daß heißt, um zu verhindern, daß sie sich durch ihre Forderungen, ihre Lebensweise oder eine zu rasche Bereicherung in Gegensatz zur übrigen Bevölkerung bringt. Das bedeutet, im Namen der Einheit zu fordern, daß jede soziale Gruppe ihre Interessen dem gemeinsamen Interesse opfert. Vorausgesetzt, daß das gemeinsame Interesse vorhanden ist. Castro zwang nach einigen tumultuarischen Monaten, die auf seine Machtergreifung folgten, die Arbeitergewerkschaften, mit den Streiks Schluß zu machen und bei sozialen Konflikten auf die Schlichtung zurückzugreifen. Aber er hatte auch die Armee der Feudalherren besiegt, sie verjagt, ihre Güter durch die Bodenreform auf die bis dahin benachteiligten Klassen aufgeteilt: indem er von allen Opfer verlangte, forderte er die Arbeiter in Stadt und Land dazu auf, ihre faktische Einheit, ihr gemeinsames Interesse zu bezeugen, das in der freien Bewirtschaftung der Insel durch alle zum Vorteil eines jeden bestand. Mit anderen Worten, der Zentralismus kann nationale Einheit und gemeinsames Interesse nur dann gleichsetzen, wenn die Revolution, aus der er hervorgeht, eine sozialistische ist. Zwischen den *évolués*, die im Kongo die Macht ergreifen, und den ungelernten

Arbeitern oder Landarbeitern gibt es noch keinen eigentlichen Klassenkampf, doch schon verbirgt die kongolesische Pseudoeinheit kaum noch die Divergenz der Interessen. Ohne es zu wissen, fordert der Zentralismus jenes abstrakte Minimum, die nationale Einheit, damit eine neue Gesellschaft die Zeit finde, sich ihre Strukturen und Schichten zu geben. Aber weder die Ausgebeuteten noch die künftigen Ausbeuter denken daran, ihre konkreten Forderungen dieser noch unvorhersehbaren Zukunft zu opfern: schon hindert die Existenz der einen die anderen daran, nachzugeben. Die Proletarier kennen die Gehälter der Minister. Diese jedoch und alle *évolués* werden niemandem Konzessionen machen: sie haben eine auf das *Verdienst* gegründete Moral; sich nicht zuerst bedienen hieße letzten Endes sich der Masse der Ungebildeten, das heißt der Nicht-Militanten, opfern.

So erscheint, da es keine Massenbewegung, keinen bewaffneten Kampf, kein sozialistisches Programm gibt, der Zentralismus als Praxis der Einigung allen als Willkür; die Einheit, die er herstellen will, hält jeder für einen Begriff ohne Inhalt, jede Gruppe setzt ihm ihre konkrete Vorstellung von dem, was Einheit sei, entgegen, und das verstärkt – in der gegenwärtigen Situation – die Spaltung noch. Lumumba hat alle gegen sich: die föderalistischen Provinzparteien, die Hauptstadt, das Proletariat, das Kleinbürgertum, das er repräsentiert und das ihn unterstützen sollte. Nicht genug damit: die Landbevölkerung fügt sich in die Unabhängigkeit nur unter der Bedingung, daß sie ihre «traditionellen Strukturen» bewahren kann. Es gibt wenige, die begriffen haben, daß die angestammten Häuptlinge die «eingeborenen» Repräsentanten der belgischen Verwaltung waren. Doch mit dem Weggang der Kolonialherren verlieren die Duodezfürsten alles. Die Belgier hatten sie gekauft und auf ihren Posten gehalten: das war eine Zentralisierung durch Spaltung. Die Politik der kongolesischen Regierung muß darauf zielen, die Spaltungen aufzuheben: sie muß eine schwarze Verwaltung schaffen, die Beamten in Léopoldville ausbilden, sie überallhin aussenden als die einzigen rechtmäßigen Vertreter der Regierung. Diese Maßnahmen, zu denen jeder unitarische Nationalismus notwendig greifen muß, bedeuten das Ende der feudalen Strukturen: die Regierung überzieht das Land mit einem Netz von Verantwortlichen, die die Entscheidungen entsprechend den von der Hauptstadt gegebenen Anweisungen treffen und durch ihre Autorität die der lokalen Feudalherren ersetzen. Die großen Häuptlingssippen wurden unruhig: europäische Emissäre machten es sich zur Pflicht, sie aufzuklären. Zu guter Letzt fanden sich viele Feudalherren

– selbst solche, die sich mit dem MNC verbündet hatten, um die Unabhängigkeit zu fordern – eines Tages als erbitterte Antilumumbisten wieder. Ihr Fußvolk zog nach. Der Todfeind Lumumbas in Katanga, derjenige, der ihn vielleicht eigenhändig ermordet hat, Munongo, ist der Sohn eines Königs. Der Abfall Katangas, der das Desaster beschleunigt, ist das Resultat einer zwischen den lokalen Feudalherren, den Belgiern, die im Land bleiben wollen, und der Union minière getroffenen Übereinkunft.

Was kann man gegen so viele Feinde machen? Buchstäblich nichts. Wenn der Zentralismus eine solide Basis, wenn er die Unterstützung der bewaffneten Streitkräfte hat, wird er früher oder später, je nach der Dringlichkeit, dazu gelangen, gegen den Föderalismus mit Terror vorzugehen: so handelte Robespierre 1793. Nicht lange: auch er stürzte, nachdem er die Volksaufstände zerschlagen hatte, als man darauf kam, daß er niemanden mehr vertrat. Aber Lumumba! Weniger als eine Woche nach der Unabhängigkeitserklärung hatte ihn die Juli-Meuterei der Unterstützung der Miliz beraubt. In Léopoldville wurde es bald deutlich, daß allein die Polizei ihn – ihn und die Nationalversammlung – vor den Demonstrationen der Abako schützte. Und als er die Armee zur Wiederherstellung der Ordnung in die separatistischen Provinzen schickte, rückte sie zwar aus, kam aber niemals an, da sie es vorzog, unterwegs zu bummeln, das heißt, zu plündern und Bauern zu massakrieren. Trotzdem wird man diesem von allen isolierten Mann, der nur noch scheinbar regiert, vorwerfen, er übe eine blutige Diktatur aus.[1] Nicht ganz ohne Grund: angesichts der Kräfteverteilung und der Besonderheiten der Situation hätte sich ein unitarischer Führer, wenn er über die erforderlichen Mittel verfügt hätte, tatsächlich gezwungen gesehen, entweder seine Ziele zu verleugnen oder Terror anzuwenden. Die Einheit des Kongo erforderte eine Diktatur. Da an eine Diktatur des unaufgeklärten, von seinen Vertretern schlecht geschulten Proletariats überhaupt nicht zu denken war, war es also notwendig, daß ein Kleinbürger die Macht an sich riß, gegen alle.

Auf die Juli-Meuterei folgte der Abfall Katangas, der überall mehr oder minder starke separatistische Bestrebungen hervorrief. Lumumba, der Tyrann, war bewunderungswürdig: er flog mit Kasawubu, der ihm, stumm wie der Tod, überallhin folgte, in jedes Gebiet,

1 Kasawubu wußte, daß er log, als er ihn für die Übergriffe der Miliz verantwortlich machte.

aus dem Unruhen oder Feindseligkeiten gemeldet wurden, landete an Ort und Stelle und hielt, kaum aus der Kabine ausgestiegen, überall Versammlungen ab. Die Wärme seiner Stimme, seine Aufrichtigkeit, sein Optimismus – naiv oder mystisch, wie man will – bezwangen alle Zuhörer und überzeugten sie oft. Wenn er die Vorurteile entkräftet, die Zweifel beschwichtigt, auf die Einwände geantwortet, wenn er seine Pläne und Gründe *in allen Einzelheiten erklärt* hatte, so war die Partie für einen Abend gewonnen; für einen Abend verwirklichte diese Diktatur des Wortes – die einzige, die er jemals ausgeübt hat – in einer Provinzstadt die jakobinische Einheit einiger hundert Menschen, der einzigen, die politisiert wurden. Mit Beifall überschüttet, kehrte Patrice zum Flugzeug zurück, stieg auf, dachte: Partie gewonnen; Kasawubu neben ihm dachte: Partie verloren, das Wort hat nicht solche Macht. Doch, es hat sie: vorausgesetzt, daß es tausendmal wiederholt wird, von den Führern zuerst, dann von den Propagandisten und dann, an Ort und Stelle, von den Militanten. Lumumba war allein. Vollkommen allein. Nach jedem Abflug senkte sich wieder Stille über die kleine Stadt, die er eben verlassen hatte, jeder kehrte zu seinen augenblicklichen Interessen zurück, seinen Vorurteilen, seiner Stammes- oder sozioprofessionellen Gruppe, nichts blieb zurück, nicht einmal eine Saat in einem Herzen. Dennoch war der Tyrann ständig in der Luft; bei jeder Landung empörten ihn die kleinen Weißen, mußte er den demütigenden – und, wie man sich denken kann, wenig wirksamen – Schutz des belgischen Militärs in Anspruch nehmen, den Schutz jener kolonialistischen Truppen, deren Aktionen er vor dem Parlament gebrandmarkt hatte, deren Ausweisung aus dem Land er bei der UNO forderte. Er versucht sogar einmal, in Katanga zu landen, die belgischen Offiziere, die das Gelände kontrollieren, geben ihm zu verstehen, daß sie ihn sofort nach der Landung verhaften würden. Lumumba will sich darüber hinwegsetzen, die Belgier löschen sämtliche Lichter und blockieren das Kontrollsystem, es ist Nacht: man hält ihn von einer Aktion ab, die nicht mehr Bedeutung gehabt hätte als ein Selbstmord. Endlich gibt er auf, das Flugzeug steigt wieder hoch und dreht ab. Der freie Kongo dreht ab, ist ein Gefangener der Luft, taucht einmal hier auf, einmal da: denn der zentralisierte, in der Unabhängigkeit vereinte Kongo, das ist jetzt nur noch Lumumba. Das Spiel ist aus: der Appell an die Vereinten Nationen, die Entsendung der Blauhelme, der Staatsstreich Kasawubus, das Pronunciamiento Mobutus, dieses Büttels der Belgier, der an die Spitze der Miliz tritt – das heißt der bewaffneten Banden ohne Sold, die dazu übergegangen sind, von Passanten Lösegelder zu erpressen –, die abscheuliche Parteilichkeit Hammarskjölds, die Intrigen des von der französischen Regierung manipulierten Youlou: all diese wohlbekannten Episoden sind nur die Stationen eines unvermeidlichen Leidensweges. Die Belgier, die Franzosen, die Engländer, die großen Gesellschaften und Herr H. haben Lumumba ermorden lassen durch ihre Handlanger: Kasawubu, Mobutu, Tschombé, Munongo – und das puritanische Nordamerika hat die Augen abgewendet, um das Blut nicht zu sehen. Warum dieses Wüten? Brauchte der Neokolonialismus, um sich im Kongo etablieren zu können, wirklich diesen aufsehenerregenden Mord? Dieser hochgewachsene, magere, nervöse Schwarze, dieser unermüdliche Arbeiter und großartige Redner hatte seine Macht verloren: die Tatsache der Zersplitterung des Kongo, unleugbar das Resultat von achtzig Jahren «patriarchalischem» Kolonialismus und sechs Monaten Machiavellismus, strafte den jakobinischen Traum des Ministerpräsidenten unerbittlich Lügen: er hatte seine Macht verloren, außer vielleicht in Stanleyville, wo er nicht so sehr Anhänger als vielmehr eine Klientel hatte. Wäre er dorthin gegangen, was hätte er mehr tun können als Gizenga, der nach einigen blitzartigen Siegen etwas später verraten wurde von seinem Generalstabschef, einem Onkel Lumumbas, der dem Unitarismus der Politiker die wiederhergestellte Einheit der einzigen wirksamen Macht, der schwarzen Armee, vorzog? Der Imperialismus schert sich nicht um Menschenleben: aber konnte er sich nicht, da er ohnehin Sieger war, den Skandal ersparen? Nein, das konnte er nicht; darin liegt das Geheimnis dieser finsteren Machenschaften: Lumumba war der Mann der Machtübertragung; danach hatte er sogleich zu verschwinden.

Der Grund dafür ist, daß er, solange er lebte, die rigorose Ablehnung der neokolonialistischen Lösung repräsentierte. Diese besteht einfach darin, die neuen Herren, die Bourgeois der neuen Länder zu kaufen, wie der klassische Kolonialismus die Häuptlinge, die Emire, die Medizinmänner gekauft hatte. Der Imperialismus benötigt eine herrschende Klasse, die sich ihrer prekären Situation hinreichend bewußt ist, um ihre Klasseninteressen mit denen der großen Unternehmen des Westens zu verbinden. So wird die Nationalarmee, in naiven Augen das Symbol der Souveränität, zum Werkzeug einer doppelten Ausbeutung: jener der arbeitenden Klassen durch die «Elite» und, vermittels dieser, jener der Schwarzen durch den westlichen Kapitalismus. Man investiert, man gibt Darlehen: die Regierung der unabhängigen Nation ist völlig von Europäern und Amerikanern abhängig. So erging es Kuba im Jahre 1900, unmittelbar nach einem Kolonialkrieg, den es gewonnen hatte. Das Modell ist noch brauchbar: man bedient sich seiner alle Tage. Ziel ist, dem Schwarzen Kontinent das Schicksal Lateinamerikas zu bereiten: schwache Zentralregierung, Allianz der Bourgeois (oder der verbliebenen Feudalherren) mit der Armee, Allmacht der Trusts. Für diese Kombination werden geeignete Leute gebraucht: im Kongo ist es Kasawubu; seine Ambitionen und sein Separatismus erhalten – selbst wenn er schließlich eine sehr lose Föderation akzeptiert – die alten, von der belgischen Verwaltung geschürten Zwistigkeiten am Leben, und diesmal, ohne daß die Weißen verdächtigt würden, ihre Hände im Spiel zu haben. Ileo, Adoula können ihm sekundieren: ihr Klassenbewußtsein entspricht ihren Ansprüchen: man kann sich darauf verlassen, daß sie unter dem Schutz der Miliz die Konstituierung der neuen Bourgeoisie zum Abschluß bringen und ihre Entwicklung vorantreiben werden. Die *évolués* sind bis jetzt nur Arbeitnehmer gewesen, rekrutiert und geformt durch den Imperialismus und durch ihre Herren davon überzeugt, daß ihre Interessen sich mit denen des Kapitals deckten: nun gilt es, die kongolesische Wirtschaft umzumodeln, gewisse Arbeitnehmer in kleine Kapitalisten zu verwandeln, die ländlichen Feudalstrukturen aufrechtzuerhalten und selbst auf dem Lande die Kräfte der Konzentration spielen zu lassen. So sieht das Programm, so sieht der Kongo im Jahre 1963 aus; von 60 bis 61 Subjekt der Geschichte, ist er heute nichts als deren passivstes Objekt. Das Schicksal Katangas ist unter Belgiern, Engländern, Franzosen, Amerikanern, Rhodesiern und weißen Südafrikanern ausgehandelt worden. Die Kämpfe, die Bauernaufstände, der Krieg, die plötzlichen und einander widersprechenden Entscheidungen der UNO sind Auswirkungen und Symptome der Verhandlungen, die zwischen den Trusts, zwischen den Regierungen stattfanden. Wenn heute alles geregelt scheint, wenn Katanga sich wieder in den Kongo eingliedert, so deshalb, weil die Vereinigten Staaten – gegen Rhodesien und gegen die Südafrikanische Union, gegen die Absichten Englands und Frankreichs – mit Belgien übereingekommen sind, die Bodenschätze des Kongo vermittels gemeinsam betriebener Gesellschaften gemeinsam auszubeuten.

Um derart heikle Kompromisse schließen zu können, mußte man zunächst den Kongo aus dem Streit ausklammern, und das hieß, daß Lumumba beseitigt werden mußte. Dieser, allein und verraten, blieb das abstrakte Symbol der nationalen Einheit; er *war* der Kongo im historischen Augenblick der Machtübertragung. Vor ihm gab es nur eine Kolonie, ein Puzzle aus zerstückelten Reichen, nach ihm bleibt nur ein zerrissenes Land, das mehr als ein Jahrzehnt brauchen wird, seine nationale Einheit zu finden. Als Ministerpräsident hatte Lumumba nach und nach jede Unterstützung verloren und wurde wider seinen Willen zwangsläufig der Vertreter eines neuen Separatismus, der sich Zentralisierung nannte. Gefangen, aber lebendig, konnte er von einem Tag zum anderen ein Prinzip werden, ein Kristallisationspunkt: er blieb der Zeuge einer bestimmten Politik, an der man ihn gehindert hatte, die jedoch bei den ersten Mißerfolgen der neuen Regierung als Alternative erscheinen konnte, als diejenige Politik, die sich nicht hatte bewähren können, weil man ihr dazu keine Zeit gelassen hatte, und die sich vielleicht als die einzig mögliche herausstellen würde. Die Unzufriedenen von gestern hatten sich gegen ihn verbündet, die von morgen – die gleichen wahrscheinlich – würden sich um ihn scharen. Ein Gefangener, der einst der Abgott der Massen war, bleibt so etwas wie eine nackte Möglichkeit der Praxis; seine bloße Existenz verwandelt die Sehnsüchte in Hoffnungen; seine Prinzipien sind, da er ihnen treu bleibt, für die neue Opposition weit mehr als pure Theorie; sie leben, sie sind aktuell, vermenschlicht durch ihn, von dem man weiß, daß er ihr Hüter ist in seinem Kerker; sie werden Gegenstand faszinierten Nachdenkens für alle. Man wird in Thysville darauf aufmerksam, als die Soldaten, die ihn bewachen, zu meutern beginnen: sollte man ihnen den Sold nicht auszahlen, sagen sie, werden sie Lumumba freilassen. Aufgescheucht durch diese Drohung, setzen sich die führenden Männer von Léopoldville mit den Katangesen in Verbindung. Schnell ist man sich einig: Tschombé wird den Sold zahlen; dafür wird ihm Lumumba übergeben. Kurz, noch in seinem Gefängnis legt der gestürzte Ministerpräsident Zeugnis ab von der Notwendigkeit des Zentralismus. Um so mehr, als sein Sturz mit einem jähen Ausbruch von Meutereien und lokalen Kriegen zusammenfällt.

Mehr noch: schon im Oktober brechen neue revolutionäre Unruhen aus. Diesmal sind es die unteren Schichten, Bauern und Arbeiter, die gegen die Aufrechterhaltung der kolonialistischen Wirtschaftsform revoltieren. Diese vereinzelten Bewegungen haben kein gemeinsames Ziel: dennoch wäre es möglich, sie trotz der alten Spaltungen zu einigen, wenn man ihre Forderungen zu einem gemeinsamen Programm zusammenfaßte. Diese Befürchtung ist nicht abwegig: Gizenga trifft später als neuer Führer des Zentralismus radikale Maßnahmen in Stanleyville: die Trusts werden afrikanisiert, die Belgier werden einer Aufenthaltsbeschränkung unterworfen und mit einer Sondersteuer belastet: nach sechs Monaten beschlagnahmt der Staat die zurückgelassenen Güter. Diese Verfügungen bezeichnen die Annäherung, die sich zwischen den konkreten Forderungen, die aber die Bedürfnisse der Massen noch nicht wirklich berücksichtigen, und dem abstrakten Jakobinismus des MNC anbahnt. Und Gizenga hat nicht die Popularität Lumumbas. Noch dessen Intelligenz. Was hätte man erst befürchten müssen, wenn der ehemalige Ministerpräsident selbst begriffen hätte, daß er neue Kraft aus den Massen schöpfen, mit den *évolués* brechen und seiner unitarischen Politik einen sozialen Inhalt geben – mit einem Wort, daß er das Volk in den Aufstand gegen die neokapitalistische Mystifikation führen mußte? Tatsächlich liegt hier das ganze Problem: der Jakobinismus ist kleinbürgerlich, er ordnet die Wirtschaft der politischen Integration unter und stößt sich unaufhörlich an den Forderungen der Massen, die er bezichtigt, die Einheit zu sabotieren. Dieser Konflikt erlaubt gewöhnlich den Feinden, die Einigungsbewegung und die soziale Bewegung nacheinander zu zerschlagen. Geschieht es aber, daß die Jakobiner sich eine Zeitlang halten – und das kommt selten genug vor –, so werden sie durch ihre bitteren Erfahrungen eines Besseren belehrt und nehmen einen neuen Anlauf: die Einheit ist nicht mehr Anfang, sondern ein Übergangsmoment, das einzige Mittel, die Interessen der Massen und ihre Forderungen in Einklang miteinander zu bringen; sie ist auch das Endziel einer wirtschaftlichen, sozialen und politischen Revolution, die, um nicht auseinanderzubrechen, immer radikaler werden muß. Ich habe junge Leute aus den Städten getroffen, ehemalige Studenten aus dem Mittelstand, die der Regierung Castro angehörten: sie waren Jakobiner gegen Batista; als Rebellen hatten sie keinerlei Mühe, ihr politisches Ideal vorläufig aufzugeben, um es in der Folge *im Verlauf* des sozialistischen Aufbaus wiederzufinden. Robespierre wie Lumumba sind zu früh gestorben, um die Synthese zustande bringen zu können, die sie unbezwinglich gemacht hätte. Und dann gehörten im Frankreich von 1789 wie im Kongo von 1961 die Massen vorwiegend der Landbevölkerung an; bei uns war das Proletariat noch nicht entstanden oder noch nicht wirklich entwickelt; im Kongo hatte der belgische Patriarchalismus es betäubt. In beiden Fällen haben die wirklich Ausgebeuteten weder Repräsentanten noch einen Apparat, der die Politiker veranlassen könnte, die Einheit im Kampf gegen die Ausbeutung zu suchen. Gleichviel: im Kongo leben drei Millionen schwarze Proletarier; lebte Patrice noch, wer weiß, ob er sie nicht, enttäuscht von seiner Klasse, schließlich gegen diese geführt hätte. Jene Fiktion, die er niemals verleugnet hat, die wahnwitzige, bürgerliche Idee von der «universalen Klasse», konnte unter bestimmten Bedingungen Annäherungen erleichtern: Lumumba konnte den örtlichen Führern der revolutionären Bewegungen frei von Komplexen gegenübertreten: ohne Scham oder ein Gefühl der Überlegenheit. Auf Grund dieser abstrakten Gleichheit konnte ihm ein Licht aufgehen, konnte er endlich verstehen, was man «Afrikas Berufung zum Sozialismus» genannt hat und was man besser reduziert auf das Dilemma: Neokolonialismus oder Sozialisierung. Er *konnte* es: ich wähle dieses Wort nicht, um eine abstrakte Möglichkeit zu nennen, sondern um die Furcht zu kennzeichnen, die er noch in Ketten seinen Feinden einflößte. Der Imperialismus ist scharfsichtig; er weiß: wenn er sich den ehemaligen Kolonisierten zu erkennen gibt, wenn sie seine Absicht erkennen können, hinter einer politischen Komödie die Aufrechterhaltung einer Wirtschaft der Überausbeutung zu verbergen, werden sich die Massen gegen die Politiker, seine Komplizen, zusammenschließen. Im Kongo herrschte eine extreme Konfusion, aber die Kongolesen würden schnell verstehen, wenn ihnen jemand erklärte, daß sie dem Feinde dienten: Lumumba hatte innerhalb kurzer Zeit erlebt, wie Belgien wortbrüchig wurde, wie die Union minière die Sezessionsbewegungen gegen die Regierung des ehemaligen Mutterlandes schürte und unterstützte, wie die Soldaten der UNO, die die Ordnung aufrechterhalten sollten, den Separatisten Kasawubu schützten und den zentralistischen Ministerpräsidenten seinen Feinden überließen: selbst ein Kleinbürger, der erklärte, er verstehe nichts von der Wirtschaft, würde nicht lange brauchen, um peinliche Schlüsse zu ziehen. Kurz, was die *évolués* und die großen Gesellschaften vor allem fürchteten, war die Radikalisierung Lumumbas durch die Massen und die Einigung der Massen durch Lumumba. Man kann sagen, daß seine Ermordung die junge Allianz zwischen dem Imperialismus und dem schwarzen Kleinbürgertum besiegelte: jetzt hatten sie eine gemeinsame Leiche im Keller.

Aber das Prestige des kongolesischen Ministerpräsidenten reichte weit über die Grenzen seines Landes hinaus. Er machte die Notwendigkeit eines vereinigten Afrika sichtbar. «Vereinigt» nicht so, wie eroberungslustige Staaten diesen Begriff verstehen, die mit Einheit Hegemonie meinen. Im Gegenteil, die Notwendigkeit wurde sichtbar durch die Schwäche des Regimes, durch den unbeugsamen Mut und die verhängnisvolle, aber unverdiente Machtlosigkeit, die es allen schwarzen Ländern zur Pflicht machten, ihm zu Hilfe zu kommen. Und nicht Großmut verlangte diese unbedingte und dringliche Pflicht von den anderen. Noch irgendeine idealistische Solidarität. Vielmehr erkannten die afrikanischen Nationen im Kongo ihr Schicksal, das Schicksal Afrikas. Die neokolonialistischen Länder durchschauten die Mystifikation, die sie von allen Fesseln befreit hatte, nur nicht von der Überausbeutung; die anderen, die mit knapper Not der «Kongolisierung» entgangen waren, entdeckten den Mechanismus, die Rolle, die die internen Spaltungen bei diesem Zusammenbruch spielten; sie dachten, daß noch nichts gerettet sei, daß die Separatismen *in kontinentalem Maßstab* bekämpft werden müßten, sonst würde ganz Afrika der Balkanisierung verfallen. So gesehen bedeutete das Scheitern Lumumbas das Scheitern des Panafrikanismus. Nkrumah erfuhr die bitterste Enttäuschung: schon im Juli hatte er ghanesische Truppen als UNO-Kontingent in den Kongo geschickt; sie wurden, trotz der Proteste Ghanas, gegen Patrice Lumumba verwandt; diese Erfahrung lehrte ihn, daß die UNO keine unparteiische Organisation ist, die in voller Objektivität über die Konflikte der Dritten Welt entschied, sondern ein System, das streng darauf ausgerichtet war, überall im Westen den Imperialismus zu verteidigen, obwohl ihm die Volksrepubliken und die afro-asiatischen Nationen angehörten. Aber ganz Afrika, gedemütigt, weil es den Mann von Accra nicht hatte retten können, erfuhr auch, welches Los auf die «Neutralisten» wartete. Lumumba hatte in einem Moment äußerster Erbitterung, empört über die Haltung Hammarskjölds, die UdSSR um Hilfe gebeten, die ihm auch Flugzeuge geschickt hatte. Er hatte sich bei dieser Gelegenheit strikt an das Prinzip der Neutralität gehalten: mit allen Nationen zu verkehren, ohne Rücksicht auf ihre Regierungsform, und im Notfall wirksame Hilfe anzunehmen oder zu erbitten, vorausgesetzt, daß sie nicht mit Auflagen verbunden ist. Das genügte: die Missionen beeilten sich, ihn zum Kommunisten zu stempeln. Auch der Imperialismus versäumte die Gelegenheit nicht: das stärkste Stück war, daß er auf seine eigene Propaganda hereinfiel und diesen *évolué*, den Sohn eines Katholiken, den kirchlich getrauten Vater katholisch getaufter Kinder, für einen Geheimagenten des Kreml hielt. Will man die Situation besser beurteilen, so vergleiche man diesen verzweifelten Appell des Jakobiners, der noch kein Wirtschaftsprogramm hatte, mit dem, was Castro auf einer vor Amerikas Küste liegenden Insel erreicht hat. Und täuschen wir uns nicht: sein Sieg rührt eben daher, daß er sich an die Spitze einer sozialistischen Revolution gestellt hat: das Scheitern des Kongolesen, die Bezeichnung «Kommunist», mit der man ihn zu brandmarken glaubt, all das rührt einfach von der Tatsache her, daß er sich nicht dafür einsetzen wollte, die Infrastruktur des Landes zu verändern. Afrika hat verstanden: wenn der Chef einer «unabhängigen» Regierung die Sowjets um Hilfe bittet, lassen ihn die Westmächte fallen. Der Neutralismus bleibt eine leere Grundsatzerklärung, solange die verschiedenen Staaten des schwarzen Kontinents sich nicht vereinigen, um ihm Geltung zu verschaffen.

Lumumba lebendig und gefangen, das bedeutet Scham und Wut eines ganzen Kontinents: er ist allen gegenwärtig als eine Forderung, die sie weder erfüllen noch von sich weisen können; *in ihm* entdeckt jeder die Macht und die Grausamkeit der neokolonialistischen Machination. Also muß so schnell wie möglich damit Schluß gemacht werden; der Imperialismus behält die Hände sauber; seine beiden Hauptrepräsentanten, Kasawubu und der jämmerliche Mobutu, haben ein Interesse daran, in den Augen der Bevölkerung dieses Blut nicht vergossen zu haben. Tschombé wird töten: ohnehin haben ihn die Union minière und die Kolonialherren so gründlich kompromittiert, hat er sich so beflissen verkauft, daß man auch ihn bald wird liquidieren müssen. Man löscht einen Schwarzen aus, den man zum Ministerpräsidenten gemacht hatte und der seine Aufgabe ernst genommen hat; man beauftragt Kasawubu von neuem, ein Kabinett zu bilden. Man hofft, so vermute ich, daß der Tote weniger unbequem sein werde als der Lebende: ein Verstorbener wird vergessen; was kann man für ihn tun? Und was mit ihm? Jeder Anlaß, ihre Brüder zu einem Kreuzzug der Befreiung aufzurufen, soll den allzu erregten Afrikanern genommen werden durch den einen Stoß mit dem Bajonett, den, wie es heißt, Munongo führte. So jedenfalls sieht die Rechnung aus. Sie geht nicht auf, wie man weiß.

Als Toter hört Lumumba auf, eine Person zu sein, und wird das ganze Afrika, mit seinem Einigungswillen, der Vielfalt seiner sozialen und politischen Systeme, seinen Spaltungen, seinen Zwistigkeiten, seiner Kraft und seiner Machtlosigkeit: er wurde nicht der Held des Panafrikanismus und konnte es nicht werden, er wurde sein Märtyrer. Seine Geschichte hat für alle den engen Zusammenhang zwischen Unabhängigkeit, Einheit und Kampf gegen die Trusts ans Licht gebracht. Sein Tod – ich erinnere mich an Fanon, in Rom, er war ganz fassungslos – ist ein Alarmsignal: in ihm stirbt der ganze Kontinent, um neu zu erstehen; die afrikanischen Nationen haben begriffen: was

Accra *sagte*, Addis-Abeba *ist bereit, es auszuführen:* sie werden gemeinsam einen Plan aufstellen, der ihnen die Möglichkeit gibt, die revolutionären Kämpfe in jenen Ländern zu unterstützen, die die Unabhängigkeit noch nicht erlangt haben. Die Einheit, das ist der Krieg; unter dem Einfluß Algeriens verstehen einige immer besser, daß sie auch die sozialistische Revolution ist.

Der Kongo hat nur eine Schlacht verloren. Im Schutz der kongolesischen Nationalarmee wird die kongolesische Bourgeoisie, diese Klasse von korrupten Verrätern, ihr Werk vollenden und sich als Ausbeuterklasse konstituieren. Die kapitalistische Konzentration wird allmählich mit den feudalen Strukturen fertig werden, wird die Ausgebeuteten vereinigen, alle Voraussetzungen für einen Castrismus werden gegeben sein. Die Kubaner ehren das Andenken Martís, der Ende des vorigen Jahrhunderts starb, ohne den Sieg Kubas über Spanien oder die Unterwerfung der Insel unter den Imperialismus der Vereinigten Staaten erlebt zu haben. Und der kongolesische Castro wird in einigen Jahren den Seinen, wenn er sie lehren will, daß die Einigkeit erkämpft werden muß, ihren ersten Märtyrer ins Gedächtnis rufen, Lumumba.

Der Vietnamkrieg und das Russell-Tribunal

Im Zweiten Weltkrieg besetzte Japan die französische Kolonie Indochina. Ho Tschi Minh gründete die nationale Befreiungsorganisation Vietminh, die einen Untergrundkrieg gegen die Japaner führte. Auf der Konferenz von Teheran vereinbarten Churchill, Roosevelt und Stalin, daß gemäß den alliierten Versprechungen über die Kriegsziele das französische Kolonialregime in Indochina mit dem Kriegsende enden sollte. Auf der Potsdamer Konferenz der Siegermächte von 1945 vereinbarten Churchill, Truman und Stalin, daß die Entwaffnung der Japaner in Indochina nördlich des 16. Breitengrads von den Chinesen und südlich des 16. Breitengrads von den Engländern durchgeführt werden sollte.

Nach der Kapitulation Japans im August 1945 übernimmt der Vietminh die Macht in Nordvietnam, Ho Tschi Minh proklamiert in Hanoi die Gründung der Demokratischen Republik Vietnam. Unter dem Schutz der 1946 in Südvietnam landenden englischen Truppen stellen die Franzosen ihre Kolonialherrschaft südlich des 16. Breitengrades wieder her. Die Verhandlungen zwischen Ho Tschi Minh und der französischen Regierung über die Unabhängigkeit eines vereinigten Vietnam scheitern. Am 23. November 1946 bombardiert die französische Flotte den nordvietnamesischen Hafen Haiphong und besetzt ihn. Damit beginnt der Guerillakrieg der Vietminh gegen die Franzosen, der trotz erheblicher amerikanischer Militärhilfe am 7. Mai 1954 mit der Kapitulation Frankreichs in Dien Bien Phu endet. Das Genfer Abkommen zwischen den Großmächten und den Vertretern der Regierungen Indochinas legt den 17. Breitengrad als vorläufige Demarkationslinie zwischen Nord- und Südvietnam fest und sieht für Juli 1955 allgemeine Wahlen zur Vereinigung Vietnams vor. Die USA und Südvietnam lehnen die Unterzeichnung des Abkommens und die Abhaltung allgemeiner Wahlen ab. Die südvietnamesischen Regierungen, die mit wachsendem Terror jede Opposition unterdrücken, erhalten massive Wirtschafts- und Militärhilfe von den USA. Seit 1960 führt die südvietnamesische Nationale Befreiungsfront einen Guerillakrieg gegen die südvietnamesischen und die sie unterstützenden amerikanischen Truppen, die im Laufe des Kampfes *zunehmend zur Umsiedlung, Internierung und Bekriegung der südvietnamesischen Zivilbevölkerung übergehen. 1964 dehnen die Amerikaner durch Luftangriffe den Krieg auf Nordvietnam aus, und ab 1965 greifen US-Bodenkampftruppen massiv in die Kämpfe ein. Bis 1967 schicken die Amerikaner 550000 Soldaten nach Südvietnam.*

Im Rahmen weltweiter Proteste gegen den amerikanischen Vietnamkrieg beruft 1966 der englische Philosoph Bertrand Russell, nach dem Vorbild des Nürnberger Prozesses der alliierten Siegermächte gegen die Kriegsverbrechen der Nazis, ein internationales Tribunal gegen die Kriegsverbrechen in Vietnam ein, bei dem Sartre den Vorsitz übernimmt. Dieses Russell-Tribunal tagt in zwei Sitzungsperioden im Mai 1967 in Stockholm und im November 1967 in Roskilde (Dänemark). Folgende Fragen unter anderen nimmt sich das Tribunal nach Prüfung der Fakten zu beantworten vor:

Hat die Regierung der Vereinigten Staaten gegen Vietnam im Sinn des Völkerrechts Aggressionshandlungen begangen?

Haben Bombardierungen, und in welchem Ausmaß, rein ziviler Ziele stattgefunden, zum Beispiel von Krankenhäusern, Schulen, medizinischen Einrichtungen, Staudämmen usw.?

Haben die Streitkräfte der Vereinigten Staaten durch Kriegsgesetze verbotene Waffen erprobt und angewendet?

Wird die Zivilbevölkerung von den Streitkräften der Vereinigten Staaten unmenschlich und im Sinn des Kriegsrechts ungesetzlich behandelt?

Ist die Regierung der Vereinigten Staaten des Völkermordverbrechens am vietnamesischen Volk schuldig?

Auf alle diese Fragen antworteten die Geschworenen des Russell-Tribunals einstimmig mit Ja.

«Eine Diskussion ist nicht mehr möglich»

Interview mit *Le Nouvel Observateur* vom 1. April 1965 über die Absage einer Vortragsreise in die USA

Es geht darum, ob wir auf den besten Trick hereinfallen, den sich eine Propaganda je ausgedacht hat, oder nicht. Was sagen die Amerikaner? Daß sie nur, um Verhandlungen herbeizuführen, den Krieg in Vietnam intensivieren, den Norden bombardieren, im Süden Gas einsetzen. In seiner Ungeheuerlichkeit ist das immerhin eindrucksvoll. Man denke nur nach, was das heißt. Krieg führt man ja immer, um einen Frieden zu erreichen. *Einen* Frieden. Nämlich den, den man selbst betimmt. *Eine* Verhandlung. Nämlich die, die man durchsetzen will. Das Problem besteht aber darin, ob nach einer für den Gegner annehmbaren Regelung gesucht wird oder ob dieser Gegner vernichtet werden soll, damit seine Nachfolger eine Regelung akzeptieren, die Kapitulation bedeutet. Die Regierung von Washington erklärt: Wir warten auf ein Zeichen guten Willens von Nordvietnam. Lies: Wir warten darauf, daß Nordvietnam sich für besiegt erklärt, uns beschwört, die Bombenangriffe einzustellen, und uns verspricht, den Vietkong nicht mehr zu unterstützen. Mit anderen Worten: die Amerikaner sind für die Ausweitung des Krieges. Das muß man begreifen. Es ist dringend. Daraus muß man dann seine Konsequenzen ziehen. Und das habe ich getan.

Sicher gibt es Amerikaner, die das begreifen, diese Politik verurteilen und gegen sie demonstrieren. Und sie sind es auch, die mir Vorwürfe machen, weil ich die Vorträge, die ich im kommenden Monat in den Vereinigten Staaten halten sollte, abgesagt habe. Vor einem Jahr war ich von der Universität von Cornell, New York, eingeladen worden, einer der ältesten und ehrwürdigsten Universitäten der Vereinigten Staaten. Ich hätte dort viele Freunde getroffen.

Die Professoren von Cornell haben Präsident Johnson kürzlich einen offenen Brief geschrieben, in dem sie seine Vietnam-Politik verurteilen, und sie haben in der kleinen Nachbarstadt Ithaca einen

Protestmarsch organisiert. Ich hatte die Einladung angenommen. Zunächst wegen der Bedeutung dieser Universität. Und dann, weil ich beobachtet hatte, wie sich in den Vereinigten Staaten eine aktive und sympathische Minderheit formierte, die gemeinsam mit den Schwarzen gegen die Rassendiskriminierung kämpfte. In Cornell hätte ich mich also vollständig wohl gefühlt.

Zu dieser Zeit führten die Amerikaner zwar auch schon Krieg in Vietnam, aber dieser Krieg hatte noch nicht den Charakter, den er seit einem Monat angenommen hat. Als die Vereinigten Staaten 1954 nach der Niederlage der Franzosen beschlossen, die Regierung Diem zu unterstützen, taten sie das natürlich, um ihre strategischen Positionen im Fernen Osten zu sichern. Aber man kann sagen, daß sie sich in diesem Moment eher in ein Wespennest gesetzt als zum Komplizen einer Diktatur gemacht haben. Und dann sind sie in eine Falle geraten. Die Situation hat sich von Jahr zu Jahr verschlechtert, und sie haben sich immer mehr festgefahren. Sie hätten einem sogar sympathisch sein können, wenn sie versucht hätten, aus diesem Wespennest herauszukommen durch die Suche nach Lösungen, denen eine demokratisch gewählte südvietnamesische Regierung hätte zustimmen können.

Statt dessen haben sie, als deutlich wurde, daß die Kapriolen dieser Diktatur nur Personenrivalitäten innerhalb einer korrupten Clique darstellten und daß das Regime vom gesamten vietnamesischen Volk verabscheut wurde, sich geweigert, die Konsequenzen zu ziehen, und sich für das entschieden, was ich ein «Ablenkungsmanöver» nenne. Im Süden vom Vietkong in Schach gehalten, haben sie ihre Schläge gegen das Nachbarland gerichtet.

Militärisch ist das völlig sinnlos, weil es ihren Sieg im Süden nicht herbeiführen kann. Selbst das amerikanische Kommando schätzt, daß nur 10 bis 20 Prozent der Waffen und Munitionen der FNL aus Nordvietnam kommt. Auch wenn eine unüberschreitbare Grenze zwischen dem Süden und dem Norden errichtet würde, wäre die Kampfkraft der FNL nicht ernsthaft vermindert. Es würde für sie lediglich eine Umstellung in der Taktik bedeuten, und sie müßte ihre Bemühungen intensivieren, sich von dort Waffen zu beschaffen, von wo sie schon viele herhat, nämlich von den Einheiten der südvietnamesischen Regierungsarmee.

Politisch ist die Aggression gegen den Norden eine Schändlichkeit, die den Charakter des Krieges selbst verändert.

Das ist ein quantitativer Unterschied. Die Operationen werden auf andere Objekte ausgedehnt und mit anderen Mitteln durchgeführt, aber das Ziel bleibt dasselbe.

Eben gerade nicht. Von einem gewissen Punkt an schlägt die Quantität bekanntlich in Qualität um. Die Bombardierungen des Nordens haben dem Krieg, den die Amerikaner da unten führen, ein anderes Gesicht gegeben. Sie stellen insofern einen nicht wieder rückgängig zu machenden qualitativen Sprung dar, als sie in aller Brutalität deutlich machen, daß die Strukturen der amerikanischen Gesellschaft auf dem Imperialismus beruhen.

Bislang hatte die Situation in Vietnam einen politisch und moralisch positiven Aspekt, insofern der Vietkong dabei war zu gewinnen, und die amerikanische Position immer unhaltbarer wurde. Jemand wie ich konnte sich damals in die Vereinigten Staaten begeben, weil sich eine Periode des imperialistischen Rückzugs anzubahnen schien und die Amerikaner sich der Absurdität ihrer Politik bewußt zu werden anfingen.

Die Bombardierungen haben alles verändert. Von da an war mir klar, daß die Amerikaner nichts begriffen hatten und daß es keine gemeinsame Sprache zwischen ihnen und uns geben könne. Sie sagten zu mir: Diskutieren Sie doch mit uns. Aber eine Diskussion ist nicht mehr möglich, wenn man nicht zunächst bereit ist – was man nicht einmal von den meisten der amerikanischen Linken sagen kann –, die gesamte imperialistische Politik der Vereinigten Staaten anzufechten, nicht nur in Vietnam, sondern auch in Südamerika, in Korea, in der ganzen Dritten Welt, und wenn man nicht einsieht, daß sich diese Politik nur mit einer vollständigen Umwälzung der Strukturen der amerikanischen Gesellschaft ändern kann. Ein europäischer Intellektueller, der sich mit der Dritten Welt solidarisch fühlt, kann heute unmöglich beim State Department ein Visum für die Vereinigten Staaten beantragen. Wenn er hinfährt, werden die Menschen der Dritten Welt ihn verurteilen, was er dort auch immer sagt, einfach, weil man nicht in das Lager des Feindes geht. Die Reaktion meiner kubanischen Freunde ist hier bezeichnend. Vor einigen Monaten sagten sie zu mir: «Fahren Sie ruhig in die Vereinigten Staaten, und sprechen Sie über Kuba.» Seit den Bombardierungen Nordvietnams sagen sie mir alle: «Was haben Sie dort zu suchen?»

Aber Sie sind doch nicht vom State Department eingeladen worden, sondern von Intellektuellen, die eben zu jener «aktiven Minderheit» gehören, von der Sie gerade sprachen. Was Sie drüben gesagt hätten, wäre in der Presse abgedruckt worden und hätte ein gewisses Aufsehen erregt.

Zu wem hätte ich denn gesprochen. Ich hätte an einer Universität vor Studenten und Professoren fünf Vorträge gehalten. Es wäre zu keiner wirklichen Diskussion gekommen, weil sie im großen und ganzen meiner Meinung gewesen wären. Natürlich wären auch einige Rechte dagewesen, die sich charmant gezeigt und gesagt hätten – Sie kennen ja das amerikanische *fair play* –: «Er hat durchaus das Recht, seine Meinung zu vertreten.» Einige Zeitungen hätten Auszüge aus meinen Vorträgen veröffentlicht – hier zehn Zeilen und da zwanzig –, und das wäre alles gewesen. Das ergäbe keine Falte an der Oberfläche des politischen Lebens von Amerika. Dagegen hätte man sagen können, daß «Nobelpreisträger» Sartre in den Vereinigten Staaten unter Leuten, die etwas auf sich halten, in aller Ruhe über die amerikanische Vietnampolitik diskutiert habe. Eben das will ich nicht.

Ich werde einen Vergleich ziehen. Stellen wir uns vor, Nobelpreisträger Faulkner wäre zum Beispiel auf dem Höhepunkt des Algerienkrieges im Jahre 1957 zu Vorträgen an französischen Universitäten eingeladen worden. Nehmen wir an, er wäre im Augenblick der Bombardierung von Sakiet[1] gekommen. Ich frage Sie: Welche Bedeutung hätte seine Stimme gehabt? Einige Zeitungen hätten Passagen von ihm abgedruckt, vielleicht noch in abgeschwächter Form, und die meisten Leute im leidenschaftlich erregten Frankreich von damals hätten gedacht: «Was mischt sich dieser Ausländer hier ein? Wenn er bereit ist, zu uns zu kommen, mit welchem Recht verurteilt er dann unsere Politik? Auf jeden Fall haben uns die Amerikaner keine Lektion zu erteilen mit ihren versteckten Kolonien wie Puerto Rico...» Sie können sicher sein, daß die Leute genauso reagiert hätten. Der Protest Faulkners wäre von vornherein entschärft gewesen. Warum? Weil er durch sein Kommen das ganze System akzeptiert hätte, von dem die französische Algerienpolitik ein Bestandteil war.

Man muß doch aber versuchen, den Amerikanern die Augen über Vietnam zu öffnen. Dieser noch embryonären amerikanischen Linken, die praktisch keine Tribüne in der Presse hat, hätten Sie ge-

1 Siehe Fußnote 1 zu *Wir sind alle Mörder*, S. 47. *Anm. d. Hg.*

holfen, indem Sie ihr an Ort und Stelle Ihre Stimme geliehen hätten.

Das Problem besteht nicht darin, ob ich ihr irgendwie helfen könnte, indem ich hinfahre. In Wirklichkeit kann ich ihr überhaupt nicht helfen. Weil ihr politisches Gewicht leider gleich Null ist. Sie wird ebensowenig Verhandlungen durchsetzen, wie die französische Linke, die sehr viel stärker war, durch ihren Druck Verhandlungen mit Algerien durchgesetzt hat. Die Angelegenheit hat sich vielmehr unter drei Partnern abgespielt: de Gaulle, der Armee und der FLN, unterstützt von der algerischen Stadtbevölkerung. Wir haben oft auf der Straße demonstriert. Das war unsere Rolle, weil wir Franzosen waren. Das hat dazu gedient, den Algeriern zu zeigen, daß es immerhin eine französische Minderheit gab, die diesen Krieg als ungerecht betrachtete, aber geben wir doch zu, daß wir keine wirklichen Resultate erzielt haben. Objektiv hat unsere Opposition nichts genützt.

Auch in den Vereinigten Staaten gibt es eine Opposition. Sie wird immer aktiver. Was sie im Kampf gegen den Rassismus macht, erfordert in gewisser Weise viel mehr Kraft und Mut, als in Frankreich der Kampf gegen den Algerienkrieg erforderte, sogar als Franzosen direkt die FLN unterstützten. Wenn man nach dem Süden geht, um an einem Marsch der Schwarzen teilzunehmen, riskiert man nämlich, einfach gelyncht zu werden. Im letzten Sommer sind zwei Studenten aus dem Norden in Mississippi getötet worden. Vor einigen Tagen sind in Alabama ein Pastor und eine junge Frau gelyncht worden. Trotzdem sind immer mehr Weiße bereit, dieses Risiko einzugehen. Sie bringen einen erstaunlichen Mut auf.

Ihre Aktion ist gewiß nicht umsonst, insoweit sie die Amerikaner zwingen, sich der rassistischen Unterdrückung bewußt zu werden, die in ihrem eigenen Lande herrscht. Hunderte von Schwarzen sind im Süden getötet worden. Das hat nie großes Aufsehen erregt. Aber wenn eine weiße junge Frau, wenn ein weißer Pastor ermordet werden, ist das etwas anderes. Denken Sie daran, wie die Leute in Frankreich von dem Zeugnis von Henri Alleg betroffen waren, weil das der erste Franzose war, von dem wir mit Sicherheit wußten, daß er gefoltert worden war. Man hatte schließlich zugegeben, daß Araber gefoltert wurden, aber ein Franzose, das ist ihnen wirklich an die Nieren gegangen.[1]

1 Siehe *Ein Sieg*, S. 49 ff. *Anm. d. Hg.*

Bei ihrem Kampf genießen die amerikanischen Antirassisten übrigens – zumindest verbal – die Unterstützung der Regierung. Es handelt sich hierbei um eine Ausgleichstaktik, die man in den Vereinigten Staaten oft beobachten kann: Wenn die Regierung nach außen ihre imperialistische Politik verhärtet, gebärdet sie sich im Innern, was die Rassenfrage angeht, liberaler. Die von der Regierung unterstützte Mobilisierung der öffentlichen Meinung für den antirassistischen Kampf dient heute zum Beispiel Johnson dazu, von dem, was er in Vietnam macht, abzulenken.

Deshalb sind die Amerikaner, die direkt gegen die Vietnampolitik der Vereinigten Staaten Stellung nehmen, sehr viel weniger zahlreich als diejenigen, die sich am antirassistischen Kampf beteiligen. Sie bilden eine ganz kleine Minderheit von Intellektuellen, die zwar nicht alle politisiert, aber wenigstens «moralisiert» sind und die politische Absurdität und die Schändlichkeit von dem begreifen, was ihr Land in Vietnam macht. Sie sind völlig ohnmächtig. Einer von ihnen hat mir geschrieben: «Wenn Sie nicht kommen, wenn Sie jeden Verkehr abbrechen, so betrachten Sie uns als Verdammte dieser Erde!» Ich bin tatsächlich der Meinung, daß ein amerikanischer Linker, der eine klare Vorstellung von seiner Situation hat, der sich in einem vollständig von den Mythen des Imperialismus und Antikommunismus beherrschten Land isoliert sieht, daß ein solcher Mensch, vor dem ich den größten Respekt habe, ein Verdammter dieser Erde ist. Er mißbilligt die Politik, die in seinem Namen gemacht wird, auf der ganzen Linie, und seine Aktion ist vollständig unwirksam, jedenfalls im Augenblick.

Wenn es eines Tages zu einer Veränderung der amerikanischen Politik kommen soll, so muß sie aber doch von innen kommen.

Je nachdem. Was die Rassenfrage angeht, sicher. Schon jetzt macht sich ein Druck spürbar und führt zu Erfolgen. Er geht natürlich von den Schwarzen aus, aber auch von den Weißen, die mit ihnen gemeinsam zu kämpfen anfangen, und die öffentliche Meinung ist von diesem Problem immer mehr betroffen. Es wird vielleicht noch zwanzig, dreißig Jahre dauern, bis sich die Rassensituation in den Vereinigten Staaten annähernd normalisiert. Aber diese Bewegung wird nicht erlahmen, weil sich ja die Schwarzen nie mehr vergessen lassen werden.

Auch den amerikanischen Antirassisten können wir nicht helfen. Wenn jemand aus dem Ausland erklärt: «Der Rassismus ist schlecht», so hat das, strenggenommen, nichts zu bedeuten. Die amerikanische

Gesellschaft hat ihre Mythen und ihre Ideologie hervorgebracht, und von diesen Mythen und dieser Ideologie her – und gegen sie – muß sich eine neue amerikanische Denkweise formieren. Aus Europa kann sie nicht kommen.

Der Fall Vietnam liegt ganz anders. Zunächst einmal, hier muß in den nächsten drei Monaten etwas geschehen. Gegenwärtig ist es jedoch undenkbar, daß es den amerikanischen Linken gelingt, eine Politik zu beeinflussen, die, ich betone es noch einmal, von tief eingewurzelten Strukturen bedingt ist. Eine Sensibilisierung der öffentlichen Meinung kann nur durch eine scharfe Krise herbeigeführt werden: eine militärische Katastrophe, die ernsthafte Drohung eines Weltkriegs. Unsere einzige Möglichkeit, zu dieser Sensibilisierung beizutragen, besteht in einer kompromißlosen Verurteilung der Vietnampolitik auf der ganzen Linie und in dem Versuch, da, wo es möglich ist – das heißt in Europa –, Protestaktionen herbeizuführen.

Bestimmte Zeitungen haben geschrieben, daß Sie eher die Amerikaner als die Sowjets verurteilen.

Das ist eine glatte Lüge. Zusammen mit Merleau-Ponty habe ich in meiner Zeitschrift *Les Temps Modernes* die stalinistischen Arbeitslager verurteilt, als ihr Bestehen bekannt wurde. In einem Interview mit *L'Express*, das in seinen wichtigsten Passagen in den meisten Zeitungen abgedruckt worden ist, habe ich die sowjetische Intervention in Budapest nachdrücklich verurteilt.[1]

Dieser Vorwurf ist also völlig absurd. Wir sind keine Pastoren, und es geht nicht darum, Vorwürfe und Verurteilungen nach allen Seiten gleichmäßig zu verteilen oder dem Osten ebensoviel Moralpredigten zu halten wie dem Westen. Man muß wissen, auf welcher Seite man steht, ohne aus den Augen zu verlieren, daß eine kritische Beurteilung immer Pflicht des Intellektuellen ist.

Wenn die amerikanische Regierung die Fehler der früheren Regierung eingesehen und dann ihre militärischen Berater und Soldaten aus Vietnam zurückgezogen hätte, so wäre ich nicht der letzte gewesen, der sie gelobt hätte, in dem Glauben, daß sich in den Vereinigten Staaten etwas zu ändern begonnen hätte. Aber das Gegenteil ist eingetreten. Die ökonomischen und gesellschaftlichen Strukturen der Vereinigten Staaten ließen das Schlimmste wenn auch nicht als si-

1 Siehe *Die Tage unseres Lebens* in: *Krieg im Frieden 1*, rororo 4904, und *Das Gespenst Stalins* in: *Krieg im Frieden 2*, rororo 4973. *Anm. d. Hg.*

cher, so doch als wahrscheinlich erscheinen. Und das Schlimmste ist eingetroffen. Die amerikanische Intervention in Nordvietnam muß im Gesamtzusammenhang der amerikanischen Außenpolitik verstanden werden.

Es geht nicht allein um Vietnam. Würden die Amerikaner aus Saigon vertrieben, dann hätte das gewiß Auswirkungen in der ganzen Dritten Welt und würde bald Unruhen in Lateinamerika zur Folge haben. Das Ziel ist, das gesamte Unterdrückungssystem durch Gewalt aufrechtzuerhalten.

Ich bin früher in den Vereinigten Staaten gewesen. Ich habe auch Freunde dort gehabt. Aber das war nicht dasselbe. Amerika hatte gerade den Krieg hinter sich, und auch wenn ich nicht alles billigte, was ich dort sah, so war es doch etwas anderes. Heute handelt es sich um eine zynische und eindeutige Aggression, die keinerlei Rechtfertigung, ja nicht einmal ein ernsthaftes Alibi hat. Und außerdem möchte ich sagen, daß man ganz allgemein Amerika nicht als den Mittelpunkt der Welt ansehen darf. Es stellt die größte Weltmacht dar? Gewiß. Aber Vorsicht. Es ist weit davon entfernt, der Mittelpunkt der Welt zu sein. Als Europäer hat man sogar die Pflicht, es nicht als Mittelpunkt der Welt zu betrachten, sondern man muß seine Blicke den Vietnamesen, den Kubanern, den Afrikanern zuwenden, sich für sie interessieren und ihnen Solidarität bekunden, allen Freunden aus der Dritten Welt, die sich zur Existenz und zur Freiheit emporarbeiten und eben gerade jeden Tag beweisen, daß die größte Weltmacht nicht in der Lage ist, ihnen ihre Gesetze aufzuzwingen, daß sie die verletzlichste Macht ist und daß die Welt sie nicht als Gravitationszentrum gewählt hat. Natürlich geht die Entwicklung auch in den Vereinigten Staaten weiter, langsam, sehr langsam, aber eher, wenn man ihnen Widerstand leistet, als wenn man ihnen Moralpredigten hält.

1. April 1965

Ein Amerikaner widerspricht Sartre

Wie der Interviewer richtig bemerkte, haben nicht die Vereinigten Staaten Herrn Sartre eingeladen. Reden wir unverblümt: Sartre (ich sage es zu meinem großen Bedauern) ist bei uns kaum bekannt – ja, Maurice Chevalier, Brigitte Bardot; aber Sartre? Wäre er gekommen, dann hätten die meisten Zeitungen die Agenturmeldungen über seinen Aufenthalt nicht veröffentlicht.

Nicht «Amerika» also war an diesem Besuch interessiert. Herr Sartre war privat von einer Gruppe Universitätslehrer eingeladen worden, eine Reihe von Vorträgen über ein literarisches oder philosophisches Thema zu halten. Ich glaube, ich habe mich eingehend genug mit Herrn Sartre befaßt, um seinen Standpunkt zu verstehen: Für einen engagierten Schriftsteller kann nicht die Rede davon sein, literarische Vorträge zu halten, wenn das Schicksal der Welt auf dem Spiel steht.

Nur scheint mir, daß Herr Sartre eine etwas eigenwillige Ansicht über das Engagement hat. Er räumt ein, daß es in den Vereinigten Staaten «eine aktive Minderheit» gibt, konzentriert auf Universitäten (oder von ihnen unterstützt) wie jene, die ihn eingeladen hatte. Er bekennt, daß er dort viele Freunde hat. Er gesteht ihnen Mut zu. Trotzdem hat er sie am Ende fallenlassen, um gegen diejenigen zu protestieren, mit denen «eine Diskussion nicht mehr möglich ist», die jedoch – wie in jedem Gespräch von Gehörlosen, das etwas auf sich hält – nicht imstande sind, ihn zu hören.

Warum hat Herr Sartre es vorgezogen, denen, die nicht einmal seinen Namen kennen, seine Ablehnung entgegenzuhalten, statt diejenigen zu unterstützen, bei denen er sich, wie er sagt, «vollständig wohl gefühlt hätte»? Darauf gibt es nur eine Antwort. Sartre wollte rein bleiben. «Ein Mensch wie ich», erklärt er, geht nicht «ins Lager des Feindes; die Menschen der Dritten Welt würden mich verurteilen»; «was würden meine kubanischen Freunde sagen?» Es ist viel Zeit vergangen seit Hoederer, der «bis zu den Ellbogen» schmutzige Hände hatte.[1] Heute hat sein weise gewordener, besonnener Autor

1 Anspielung auf Sartres Theaterstück *Die schmutzigen Hände. Anm. d. Hg.*

eine Geste vorgezogen, die obgleich sie «die aktive Minderheit» beleidigt, ihm gestattet, anderswo eine gute Figur zu machen.

Das ist schade. Es hätte uns gefreut, wenn Sartre sein geistiges Brot mit uns geteilt hätte. Wir hätten gerne gehört, was er uns über Flaubert oder Kant zu sagen hat. Für uns nämlich wäre das eine Form des Engagements gewesen. Man verpflichtet sich, zu «Freunden» zu sprechen, aber weil diese Freunde in einem Land leben, dessen Regierungspolitik man nicht billigt, merkt man in letzter Minute, daß es andere Freunde gibt, die das vielleicht nicht verstehen würden. Und dennoch, weil man sich selber und seine eigenen Gründe versteht, sagt man sich, sei's drum (oder etwas Sartrescheres), und fährt trotzdem hin. Man spricht über Flaubert oder Kant und erklärt, warum es, auch wenn das Schicksal der Welt auf dem Spiel steht, Gründe gibt, über sie zu sprechen. Und der Zufall will es, daß sich im Auditorium ein Student («der Rechten», wie Sie sagen) befindet, dem vielleicht zum erstenmal ein Licht über die Moral, die Verantwortung, die Brüderlichkeit unter den Menschen aufgeht. Natürlich ist ein Student nicht viel, wenn man zu einem Haufen Gehörloser (und einigen Freunden), jedoch in Gegenwart mehrerer Millionen Franzosen, sehr laut «nein» sagen kann.

Sartre sagt uns, er sei früher in den Vereinigten Staaten gewesen, und entschuldigt sich dafür. «Das war nicht dasselbe. Amerika hatte gerade den Krieg hinter sich, und auch wenn ich nicht alles billigte, was ich dort sah, so war es doch etwas anderes.» Das erscheint mir vor allem tautologisch. Klären wir die Dinge. Und stellen Sie sich zunächst einmal vor, daß es genau dasselbe ist: die «Freunde», die Sartre 1947 treffen konnte, gibt es noch immer; die «Schweinehunde» ebenfalls; nicht die Handlungen einer Regierung wie der der Vereinigten Staaten verändern das Individuum – ebensowenig wie Sartre durch Sakiet (obwohl verantwortlich) verändert wurde. Sollte jedoch eine Veränderung eingetreten sein, so deshalb, weil andere weiter das Denken eines Schriftstellers oder eines Philosophen lebendig hielten; gab es nicht hier oder da einen Amerikaner mehr, der sich Fragen gestellt hätte?

Im übrigen ist die Situation weit komplexer, als es Herrn Sartres etwas vereinfachte Unterscheidungen vermuten lassen. Wer zum Beispiel von den «amerikanischen Linken» spricht, die nicht bereit seien, «die imperialistische Politik der Vereinigten Staaten anzufechten», sieht uns wirklich mit allzu französischen Augen. Würde Sartre reisen und ein wenig genauer hinsehen, dann wüßte er, daß diese verknöcherten Vorstellungen von «rechts» oder «links» das Erbe eines europäischen 19. Jahrhunderts sind, das den Vereinigten Staaten nicht beschieden war. (Gerade deshalb hätte er vertrauensvoll zu Studenten – und Professoren – sprechen können, die keine Parteien haben, die ihnen ihre Losungen vorschreiben.) Er hätte es vermieden, die Ironie des Schicksals auf sich zu ziehen, die will, daß sich ausgerechnet unter den Vertretern des Südens, die in Washington sitzen, die lautesten Stimmen gegen die derzeitige Regierungspolitik in Südostasien erhoben haben – Stimmen von Persönlichkeiten, die sich weit mehr für eine Beendigung der «Eskalation» einsetzen als für einen Protestmarsch nach Selma oder Montgomery!

Und ich wette, daß Sartre, wäre er durch das Tal von Ohio oder die großen Ebenen gereist, mindestens einen Farmer getroffen hätte (und Sie wissen, wie konservativ die Leute dort sind), der ihm gesagt hätte, daß er sich mit dem Vietkong solidarischer fühle als mit Saigon, weil der Acker immer ein Acker ist und ein Bauer auch dann ein Bruder bleibt, wenn die Regierungen es einem auszureden versuchen.

Wer sagt, diese «Isolierten» seien «Verdammte dieser Erde», unterstellt ihnen wirklich einen Sinn fürs Absurde, der über ihren Verstand geht. Es mag ja noch angehen, daß man existientiell Entwurzelte zu *Troerinnen*[1] erklärt – aber einen Farmer aus dem Mittleren Westen? Und um die Sache noch komplizierter zu machen, gibt es «Liberale», «Linke», die ihre Haut im Süden riskieren und mit Herrn Sartre völlig einverstanden wären, daß es den USA vor allem darum geht, «ihre strategischen Positionen im Fernen Osten zu sichern», kurz, die meinen, daß sich das kaum von dem unterscheidet, was China und die Sowjetunion sich sichern wollen.

Und nach alldem sagt uns Herr Sartre (dessen Logik zu folgen mir schwerfällt), daß Opposition ohnehin nichts nützt. Letzten Endes wird die Partie zwischen den Regierungen gespielt. Sicher ist das richtig: eines Tages wird den Herrschenden klar, daß sie die Kraftprobe so weit getrieben haben, wie sie es sich erlauben konnten, und das Ganze wird am runden Tisch geregelt. Wie aber steht es dann mit dem engagierten Schriftsteller, der noch immer damit beschäftigt ist, nein zu sagen und seine Integrität zu bewahren? Man fragt sich schließlich, ob der Vortragsredner, der über Flaubert oder Kant spricht, wirklich lächerlich ist oder ob er letztlich nicht eher auf die

1 Anspielung auf Sartres gleichnamiges Stück. *Anm. d. Hg.*

öffentliche Meinung einwirkt. Ist es denn so wenig, junge Menschen zum Fragen zu bringen?

Es gibt so viele Möglichkeiten des Engagements und der politischen Aktion. Zum Beispiel könnte man ein für allemal die Grenzen abschaffen (eine eher amerikanische Idee), ausgehend von dem Prinzip, daß es sehr viel schwieriger ist, über seinen Nachbarn herzuziehen, wenn er zur Familie gehört. Damit die Grenzen jedoch fallen, müßten zunächst sehr viel mehr Amerikaner einen Jean-Paul Sartre kennenlernen, lesen und verstehen können.

Statt des guten alten Hasses, der aufheizt und so wenig kostet (bis er zuviel kostet), könnte man sich vielleicht auf Information verlegen: die Sprache des Nachbarn sprechen, mit seinen Augen sehen, bei ihm wohnen und mit ihm sprechen – bevor man über ihn urteilt. Nach einer solchen Ausbildung wird es eines Tages vielleicht weitsichtigere Männer in der Regierung geben, und dann wird die Partie gewonnen sein.

Das ist auch einer der Gründe, warum ich als Amerikaner versuche, Ihnen, Herr Sartre, in Paris zu widersprechen, und zwar in einer Sprache, die nicht die meine ist.

D. I. Grossvogel, *Professor für Literatur in Cornell und Mitglied der Gruppe, die J.-P. Sartre eingeladen hatte.*

Herr Grossvogel sagt, es falle ihm schwer, meiner Logik zu folgen: das sehe ich. Als er mich las, ist ihm wohl das Wort Imperialismus entgangen: dabei handelt es sich doch um eine präzise Politik, die auf noch präziseren Interessen gründet und durch wirtschaftliche und gesellschaftliche Strukturen bestimmt ist, die er kennen müßte. Davon sagt er kein Wort. Er gibt zu, daß seine Regierung sich strategische Positionen sichern will, und fügt hinzu, daß die anderen Regierungen es ebenso machen: darin liegt die Konfusion; eine ganz bestimmte Ausbeutung, Unterdrückung und Aggression wird durch die sehr allgemeine «Staatsräson» ersetzt. Bleibt noch, ihr einen individualistischen Idealismus entgegenzusetzen: was Herr Grossvogel zu tun nicht versäumt. Ich hätte nach Amerika reisen, über Flaubert oder Kant sprechen müssen, und wäre es mir gelungen, auch nur einem Amerikaner ein «moralisches Licht» aufzustecken, dann hätte sich die Reise gelohnt. Eben nicht: um dieses Licht zu entzünden, reicht eine indirekte Darlegung nicht aus; man muß den Studenten die amerikanische Gesellschaft in ihrer Wahrheit zeigen. Und das ist Herrn Grossvogels Sache – obwohl er offenbar zu vorsichtig ist, das einzuräumen – und nicht die meine.

Außerdem stimmt es nicht, daß die «Schweinehunde» von 1947 Schweinehunde und die anständigen Leute gut geblieben sind. Die Ereignisse verändern die Menschen: die Bombardierung Sakiets hat jene Franzosen verändert, die sie schweigend hingenommen haben; die Bombardierungen Nordvietnams verändern die Amerikaner, die sie hinnehmen, beispielsweise auch Herrn Grossvogel, der sie – was immer er im Grunde seines Herzens davon halten mag – in seinem Brief mit keinem Wort verurteilt. Und welch naiver Optimismus: die künftigen Staatsmänner reisen, sie informieren sich, sie beobachten die Sitten der fremden Länder, und «die Partie ist gewonnen»: Wenn sie an die Macht kommen, haben sie nur das Universelle im Auge und hören auf, die partikulären Gruppeninteressen zu vertreten.

Dieser Brief beweist, daß die Diskussion – zumindest mit Herrn Grossvogel – eine Diskussion unter Gehörlosen wäre. Die Gründe für meine Ablehnung brauche ich hier nicht zu wiederholen. Herr Grossvogel – ob er sie nun verstanden hat oder nicht – hat keinen einzigen davon zur Sprache gebracht. Ich möchte ihm lediglich sagen, daß es bequem, aber absurd ist, diese Ablehnung mit Haß zu erklären: Ich empfinde keinen Haß, gegen niemanden; und vor allem nicht gegen zweihundert Millionen Menschen: das ginge über meine Kraft. Und was die Reinheit betrifft, so pfeife ich darauf. Es geht darum, eine Wahl zu treffen und seiner Wahl treu zu bleiben: Das habe ich getan.

8. April 1965

Das Verbrechen

Interview mit *Le Nouvel Observateur* vom 30. November 1966

Der englische Philosoph Bertrand Russell hat in London auf einer Pressekonferenz das «Internationale Tribunal» vorgestellt, das auf seine Initiative hin gegründet worden ist, um über das Verhalten der amerikanischen Streitkräfte in Vietnam zu urteilen. Ich bin Mitglied dieses Tribunals.[1] Ich erkläre hier, warum einfache Bürger das Recht haben, sich heute zu «Richtern» aufzuwerfen.

Man hat gesagt, das «Tribunal» Bertrand Russells könne nur eine Justizparodie sein, weil es sich aus parteiischen Persönlichkeiten zusammensetze, die der amerikanischen Politik feindlich gesinnt sind und deren Urteil man im voraus kennt. Nach den Worten eines englischen Journalisten «wird es sein wie in ‹Alice im Wunderland›: zuerst kommt die Verurteilung, dann erst der Prozeß».

Folgendes sind die Grenzen und der Sinn dessen, was unser «Tribunal» zu tun sich vornimmt: Es geht für uns nicht darum, darüber zu urteilen, ob die amerikanische Vietnampolitik verhängnisvoll ist – was für die meisten von uns außer Zweifel steht –, sondern festzustellen, ob sie unter die Bestimmungen der internationalen Gesetzgebung über «Kriegsverbrechen» fällt.

Eine juristische Verurteilung des Kampfes des amerikanischen Imperialismus gegen die Länder der «Dritten Welt», die seiner Herrschaft zu entkommen versuchen, hätte keinen Sinn. Dieser Kampf ist nämlich nur die Verlagerung des Klassenkampfs auf die internationale Ebene, und er wird durch die Struktur der einander gegenüberstehenden Gruppen bestimmt. Die imperialistische Politik ist eine notwendige historische Realität und entzieht sich aus diesem Grunde jeder juristischen oder moralischen Verurteilung. Man kann sie ledig-

1 Sowie Simone de Beauvoir, Laurent Schwartz, Lelio Basso (Italien), Lazaro Cardenas (Mexiko), Stokely Carmichael und Dave Dellinger (USA), Vladimir Dedijer (Jugoslawien), Isaac Deutscher (Großbritannien), Günther Anders und Peter Weiss (Deutschland), Josué de Castro (Brasilien), Amado Hernandez (Philippinen), Shoichi Sakato (Japan) und Mahmud Ali Kasuri (Pakistan).

lich bekämpfen, sei es als Intellektueller, indem man ihren Mechanismus aufzeigt, sei es politisch, indem man versucht, sich ihr zu entziehen (was die französische Regierung allem Anschein zum Trotz nicht wirklich tut), sei es durch den bewaffneten Kampf. Ich gebe zu, daß ich wie andere Mitglieder des «Tribunals» ein erklärter Gegner des Imperialismus bin und mich mit all denen solidarisch fühle, die ihn bekämpfen. Und in dieser Hinsicht muß das Engagement total sein. Jeder sieht die Gesamtheit des Kampfs und stellt sich auf die eine oder die andere Seite, je nach den Beweggründen, die von seiner objektiven Situation bis hin zu einer bestimmten Vorstellung reichen, die er sich vom menschlichen Leben macht. Auf dieser Ebene kann man den Klassenfeind *hassen*. Aber man kann nicht über ihn *urteilen* im juristischen Sinn des Wortes. Es ist sogar schwierig, wenn nicht unmöglich, sofern man sich auf den rein realistischen Standpunkt des Klassenkampfs stellt, seine eignen Verbündeten in juristische Regeln einzuschließen und die von ihrer Regierung begangenen «Verbrechen» streng zu definieren. Das hat man beim Problem der stalinistischen Lager deutlich erlebt. Entweder urteilte man moralisch über sie, was völlig an der Frage vorbeiging, oder man begnügte sich damit, das «Positive» und das «Negative» an der Politik Stalins abzuwägen. Manche sagten: «Es ist das Positive, das überwiegt», andere meinten: «Es ist das Negative.» Auch das war nicht der richtige Boden.

Wenn die Entwicklung der Geschichte nicht von Recht und Moral beherrscht wird – die im Gegenteil ihre Ergebnisse sind –, so haben diese beiden Überbauten doch eine «Rückwirkung» auf diese Entwicklung. Was es erlaubt, eine Gesellschaft nach den Kriterien zu beurteilen, die sie selbst aufgestellt hat. Es ist also völlig normal, sich in einem bestimmten Augenblick zu fragen, ob diese oder jene Aktion nicht über den Bereich des «Nützlichen» und des «Verhängnisvollen» hinausgeht und unter eine internationale Rechtsprechung fällt, die sich nach und nach konstituiert hat.

Marx schrieb in seinem Vorwort zum *Kapital* dem Sinne nach: Wir sind die letzten, die man beschuldigen könnte, die Bürger zu verdammen, denn wir sind der Meinung, daß ihr Verhalten, bedingt durch den Prozeß des Kapitals und den Klassenkampf, notwendig ist. Aber es kommt vor, daß sie übertreiben.

Das ganze Problem ist, ob die Imperialisten heute übertreiben.

Wenn Talleyrand sagt: «Es ist mehr als ein Verbrechen, es ist ein Fehler», resümiert er sehr gut die Art und Weise, in der man im Laufe der Geschichte von jeher politische Aktionen betrachtet hat; sie mochten geschickt oder ungeschickt, nützlich oder verhängnisvoll sein: sie entgingen immer der juristischen Sanktion. Es gab keine «verbrecherische Politik».

Und dann tauchte 1945 in Nürnberg zum erstenmal der Begriff des «politischen Verbrechens» auf. Gewiß war er suspekt, da es darum ging, das Gesetz des Siegers auf den Besiegten anzuwenden. Aber die Verurteilung der Führer Nazi-Deutschlands durch den Nürnberger Gerichtshof hatte nur dann einen Sinn, wenn sie bedeutete: Jede Regierung, die in Zukunft Handlungen begeht, die nach dem einen oder anderen Artikel der Nürnberger Gesetze strafbar sind, hat sich vor einem analogen Gericht zu verantworten. Unser «Tribunal» nimmt sich heute lediglich vor, auf den kapitalistischen Imperialismus dessen eigene Gesetze anzuwenden. Das Arsenal der Rechtsprechung beschränkt sich im übrigen nicht auf die Nürnberger Gesetze; vorher hat es schon den Briand-Kellogg-Pakt gegeben, es gab die Genfer Konvention und andere internationale Vereinbarungen.[1]

Noch einmal: es geht hier nicht darum, im Namen der Geschichte eine bestimmte Politik zu verurteilen, darüber zu befinden, ob sie den Interessen der Menschheit zuwiderläuft oder nicht, sondern festzustellen, ob sie unter die bestehenden Gesetze fällt. Man kann bei-

1 Briand-Kellog-Pakt, nach dem französischen Außenminister Briand und dem USA-Außenminister Kellog benannter, am 27. August 1928 in Paris unterzeichneter internationaler Kriegsächtungspakt, in dem sich die Teilnehmer – fast alle Staaten der Welt – verpflichteten, auf den Krieg als Mittel zur Regelung von Streitfragen zu verzichten und ihre Differenzen friedlich zu regeln. Der Pakt trat am 24. Juli 1929 in Kraft, hatte aber nur geringe Wirkung, da er keine Verpflichtungen zur Abrüstung und keine Sanktionen gegen Angreifer vorsah.

Genfer Konvention, am 28. August 1864 in Genf abgeschlossene internationale Vereinbarung von ursprünglich sechzehn Staaten, den Kriegsgefangenen, Verwundeten und Kranken die erforderliche Pflege, Betreuung und menschenwürdige Behandlung angedeihen zu lassen; 1899 auf den Seekrieg ausgedehnt. 1906 neu gefaßt und 1929 ergänzt. Seit 1949 gelten zwischen den meisten Staaten die Genfer Konventionen, auch Genfer Abkommen oder Genfer Rotkreuzabkommen genannt, die Grundgesetze und Normen über den Schutz der nicht oder nicht mehr am bewaffneten Kampf beteiligten Personen enthalten. Diese Vereinbarungen gelten im Krieg und bei anderen bewaffneten Konflikten, zum Beispiel Bürgerkriegen. Das rote Kreuz auf weißem Grund, der rote Halbmond und der rote Löwe auf weißem Grund sind Schutz- und Erkennungszeichen; ihr Mißbrauch ist strafbar. *Anm. d. Hg.*

spielsweise die augenblickliche Politik Frankreichs kritisieren, man kann sie völlig ablehnen, wie ich es tue, aber man kann sie nicht als «verbrecherisch» bezeichnen. Das hätte keinen Sinn. Während des Algerienkriegs dagegen konnte man es sehr wohl tun. Die Folterungen, die Umsiedlungslager, die Vergeltungsmaßnahmen gegenüber der Zivilbevölkerung, die Hinrichtungen ohne Urteil ließen sich mit bestimmten Verbrechen vergleichen, die in Nürnberg verurteilt worden waren. Hätte man damals ein «Tribunal» gebildet wie das, zu dem Bertrand Russell den Anstoß gab, dann hätte ich mich bestimmt daran beteiligt. Daß man es damals Frankreich gegenüber nicht getan hat, ist noch kein Grund, es heute den Vereinigten Staaten gegenüber nicht zu tun.

Man wird Sie fragen, mit welchem Recht – da Sie sich ja auf das Recht berufen – Sie sich zu Richtern aufwerfen, wo Sie doch keine Richter sind...

In der Tat. Dann könnte ja, wird man sagen, jeder Beliebige über alles Beliebige urteilen! Und läuft das Unternehmen außerdem nicht Gefahr, einerseits in kleinbürgerlichen Idealismus zu geraten, (eine gewisse Anzahl bekannter Persönlichkeiten erheben Protest im Namen höchster Werte), andererseits in den Faschismus, auf Grund eines Aspekts der Rache, der an Arsène Lupin und die ganze faschistische Literatur erinnerte?

Darauf antworte ich zunächst, daß es nicht darum geht, irgend jemanden zu irgendeiner Strafe zu verurteilen. Jedes Urteil, das sich nicht vollstrecken läßt, ist offenkundig lächerlich. Ich sehe mich nicht Präsident Johnson zum Tode verurteilen. Ich würde mich bloß lächerlich machen.

Unser Ziel ist ein anderes. Es besteht darin, sämtliche über den Vietnamkrieg existierenden Dokumente zu prüfen, alle erreichbaren Zeugen – amerikanische und vietnamesische – kommen zu lassen und nach bestem Wissen und Gewissen zu entscheiden, ob bestimmte Handlungen unter die Gesetze fallen, die ich erwähnt habe. Wir werden keine neue Gesetzgebung erfinden. Wir werden, falls wir zu einem Schuldspruch kommen, was ich vorläufig nicht entscheiden kann, lediglich sagen: «Diese oder jene Taten, begangen an diesem und jenem Ort, stellen eine Verletzung dieser oder jener internationalen Gesetze dar und sind infolgedessen Verbrechen. Und das sind die Verantwortlichen. Und das würde sie, wenn ein richtiges internationales Gericht existierte, zum Beispiel auf Grund der in Nürnberg angewandten Gesetze dieser oder jener Strafe unterwerfen.» Es geht also in keiner Weise darum, die Mißbilligung und Empörung einer Gruppe ehrenwerter Bürger zu bekunden, sondern darum, Handlungen der internationalen Politik eine juristische Dimension zu geben, um die Tendenz der meisten Leute zu bekämpfen, nur praktische oder moralische Urteile über das Verhalten einer sozialen Gruppe oder einer Regierung zu fällen.

Führt Sie das nicht dazu, einzuräumen, daß es eine verwerfliche Art gibt, Krieg zu führen, und eine andere, die nicht verwerflich wäre?

Durchaus nicht! Der Kampf des Imperialismus gegen bestimmte Völker der Dritten Welt ist eine Tatsache, die ich feststelle. Ich widersetze mich ihm mit all meinen Kräften, soweit es meine schwachen Mittel erlauben, aber es ist nicht an mir, zu sagen, ob es eine gute und eine schlechte Art gibt, ihn zu führen. In Wahrheit, auch wenn die friedfertigen, braven Menschen unserer Konsumgesellschaften es nicht sehen wollen, schlägt man sich überall, die Welt steht in Flammen, und wir können von einem Augenblick auf den andern einen Weltkrieg erleben. Ich habe in dem Kampf Partei zu ergreifen, aber ich habe ihn nicht zu humanisieren. Wir müssen nur herausfinden, ob es im Verlauf dieses Kampfes Leute gibt, die «übertreiben», ob die imperialistische Politik unter die vom Imperialismus selbst aufgestellten Gesetze fällt.

Man kann sich natürlich fragen, ob es möglich ist, einen imperialistischen Unterdrückungskrieg zu führen, ohne die internationalen Gesetze zu verletzen. Aber das ist nicht unsere Sache. Als einfacher Bürger, als Philosoph, als Marxist habe ich das Recht, der Meinung zu sein, daß diese Art Krieg immer zur Anwendung der Folter, zur Schaffung von Konzentrationslagern usw. führt. Als Mitglied des «Tribunals» von Bertrand Russell interessiert mich das nicht. Ich muß nur in Erfahrung zu bringen versuchen, ob Gesetze verletzt worden sind, um den juristischen Begriff des internationalen Verbrechens wieder einzuführen.

Wir müssen uns fragen, ob die Vorstellungen, auch wenn sie richtig sind, die wir von der Politik haben – daß man sie realistisch beurteilen muß, daß sie von einem bestimmten Kräfteverhältnis geprägt ist, daß man das angestrebte Ziel im Auge behalten muß usw. –, ob diese Vorstellungen uns notwendig dazu führen, wie es bei vielen Leuten zur Zeit Stalins der Fall war, die Politik nur unter dem Blickwinkel der Effizienz zu betrachten und eine passive Mitschuld auf sich zu laden, indem man die Handlungen einer Regierung nur unter dem praktischen Aspekt beurteilt. Hat ein politisches Faktum nicht auch eine ethisch-juristische Struktur?

Auf diesem Gebiet können unsere Urteile nicht im voraus abgegeben werden, auch nicht, wenn wir als Individuen im Kampf gegen den Imperialismus engagiert sind. Noch einmal: ich bekämpfe die Regierung de Gaulle mit meinem Stimmzettel, aber es käme mir nicht in den Sinn zu sagen, die gaullistische Politik sei verbrecherisch. Man kann bei der Affäre Ben Barka[1] mit Entrüstung von einem Verbrechen sprechen, aber ich sehe nicht, welches Gesetz wir anwenden könnten, wenn wir die französische Regierung in dieser Sache verurteilen wollten. Völlig anders verhält es sich, wenn es darum geht, diese oder jene Kriegshandlung der Amerikaner in Vietnam, diesen oder jenen Bombenangriff, diese oder jene von höherer Stelle angeordnete Operation zu beurteilen. Ein wirkliches Gericht zu konstituieren und Strafen zu verhängen, wäre ein idealistisches Unternehmen. Aber wir haben das Recht, uns als Bürger zu versammeln, um dem Begriff des Kriegsverbrechens seine Kraft zurückzugeben, indem wir zeigen, daß jede Politik objektiv nach den bestehenden juristischen Kriterien beurteilt werden kann und muß.

Wenn man bei einer Kundgebung ruft: «Der Krieg in Vietnam ist ein Verbrechen!», dann handelt man emotional. Dieser Krieg widerspricht zwar den Interessen der überwältigenden Mehrheit der Menschen, ist er aber, juristisch gesprochen, verbrecherisch? Genau das versuchen wir zu bestimmen, ohne im voraus sagen zu können, zu welchem Schluß wir gelangen werden.

Es gibt Fälle, in denen die Verletzung des internationalen Rechts in die Augen springt. Wenn die Regierung Südafrikas, die ein bloßes Mandat für Südwestafrika hat, sich weigert, einer Entschließung der Vereinten Nationen nachzukommen, die sie auffordert, dieses Territorium zu räumen, dann macht sie sich offen zu einem nach internationalem Recht Schuldigen. Jedermann erkennt es.

1 Ben Barka, der 1963 in Marokko zum Tode verurteilte linke marokkanische Oppositionsführer wurde am 29. Oktober 1965 unter Mithilfe des französischen Geheimdienstes aus seinem französischen Exil entführt und ist seitdem verschollen. Die Hintergründe dieser Entführung wurden nie aufgeklärt. *Anm. d. Hg.*

In Vietnam ist die Lage anders: es ereignen sich dort gewisse Dinge, die man beweisen kann: Unser Vorhaben ist, zu prüfen, ob sie unter ein Gesetz fallen oder nicht.

Gewisse Leute werden Ihnen vorwerfen, Sie zögen die Vietnamesen nicht ebenso wie die Amerikaner zur Verantwortung, und werden sagen, Kriegsverbrechen würden auf beiden Seiten begangen.

Ich lehne es ab, das Vorgehen armer, gehetzter Bauern, die gezwungen sind, in ihren Reihen eiserne Disziplin walten zu lassen, gleichzusetzen mit einer gewaltigen Armee, die von einem überindustrialisierten Land mit zweihundert Millionen Einwohnern unterhalten wird. Und schließlich sind es nicht die Vietnamesen, die Amerika überfallen haben und eine Sintflut von Feuer auf ein fremdes Volk regnen lassen. Während des Algerienkriegs habe ich es immer abgelehnt, eine Parallele zu ziehen zwischen dem Bombenterror, der die einzige Waffe war, über die die Algerier verfügten, und den Aktionen und Erpressungen einer reichen Armee von 500000 Mann, die das ganze Land besetzt hielt. In Vietnam ist es das gleiche.

Diese Möglichkeit, die sich Ihnen im Verlauf des «Prozesses» bietet, juristische Normen aufzuzeigen, die sich auf die Politik jeder Regierung anwenden lassen – kann sie zu einer größeren Aktion gegen die amerikanische Vietnampolitik führen?

Selbstverständlich. Aber das kann erst danach kommen. Ausgehend von den Ergebnissen unserer Untersuchung – falls diese zu einer Verurteilung führt – wird man Demonstrationen, Versammlungen, Protestmärsche, Unterschriftensammlungen organisieren können. Unsere erste Arbeit wird eine Informationsarbeit sein, und selbstverständlich werden unsere «Sitzungen» öffentlich sein.

Man hat uns kleinbürgerlichen Legalismus vorgeworfen. Das stimmt, und ich akzeptiere diesen Einwand. Aber wen wollen wir überzeugen? Die Klassen, die im Kampf gegen den Kapitalismus stehen und längst überzeugt sind («Verbrechen» oder nicht), daß man den Imperialismus bis zum Ende bekämpfen muß, oder die sehr breite Schicht des Mittelstands, die noch zögert? Es sind die kleinbürgerlichen Massen, die man heute wecken und aufrütteln muß, weil ihr Bündnis – selbst in der Innenpolitik - mit der Arbeiterklasse wünschenswert ist. Und gerade durch den Legalismus kann man ihnen die

Augen öffnen. Es schadet übrigens auch nichts, wenn man den Arbeiterklassen, die sich allzu oft dazu hinreißen ließen, nur auf die Effizienz zu achten, in Erinnerung ruft, daß jede historische Handlung eine ethisch-juristische Struktur hat. In der nachstalinistischen Periode, in der wir leben, ist es sehr wichtig, diese Struktur aufzuzeigen.

Wie erklären Sie sich, daß die Demonstrationen gegen den Vietnamkrieg in Westdeutschland, England, Italien und Belgien zahlreicher und energischer waren als in Frankreich?

In der Tat gibt es in Frankreich eine gewisse Dickfelligkeit des kleinbürgerlichen Bewußtseins und oft sogar des Bewußtseins der Arbeiter. Das kommt, glaube ich, daher, daß wir eben erst eine lange Periode von Kolonialkriegen hinter uns haben. Wir waren sehr lange «blockiert» in bezug auf die Probleme von internationaler Bedeutung – besonders die Probleme der Dritten Welt –, weil wir es waren, die Indochina und dann Algerien unterdrückten. Erinnern Sie sich, es war eine Zeit, da die ganze Welt sich um die Entwicklung der Atomwaffen Sorgen machte. Die Franzosen dagegen haben sich nie darum gekümmert. Sie haben nie begriffen, daß ihr Land, das amerikanische Stützpunkte auf seinem Territorium hatte, im Fall eines Atomkriegs ebenso wie die andern vernichtet werden würde. Sie haben es nicht begriffen, weil ihre Aufmerksamkeit ständig von unseren Kolonialproblemen in Anspruch genommen war.

Es gibt noch einen anderen Grund für die Apathie der Franzosen: Die Verwirrung, die de Gaulle zu stiften vermochte, indem er eine rein verbale Zusicherung der Unabhängigkeit für eine echt antiimperialistische Politik ausgab. Die Rede von Pnom Penh sind leere Worte, denn de Gaulle verurteilt zwar die amerikanische Politik, sucht jedoch im Innern nicht nach ökonomischen Mitteln, sich von der amerikanischen Vormundschaft zu lösen.

Aber die Tatsache, daß de Gaulle das einzige kapitalistische Staatsoberhaupt ist, das die Politik der Vereinigten Staaten anprangert, verschafft den Franzosen ein gutes Gewissen. Derselbe Staatsbürger, der als Gegner der Unabhängigkeit Algeriens nur zu glücklich darüber war, daß ein verehrtes Staatsoberhaupt einem unmöglich zu gewinnenden Krieg ein Ende setzte, ist heute höchst zufrieden, daß die entschiedenen Worte des großen Mannes, mit dem er sich identifiziert, seiner Passivität eine Rechtfertigung liefern: «Da de Gaulle sich in der Vietnamfrage so entschlossen zeigt, ist es unnötig, daß ich mehr tue.»

Wenn die Linksparteien einig wären, müßten sie nachweisen, daß der gaullistische Ehrgeiz, Frankreich zu einem ernsthaften Gegner des amerikanischen Imperialismus zu machen, sinnlos ist, da er sich nicht auf eine Innenpolitik stützt, die imstande wäre, uns tatsächlich von der amerikanischen Umklammerung zu befreien.

Heute ist Frankreich nur eine aufsässige Sklavin, die der amerikanischen Ordnung unterworfen bleibt. Das Hauptquartier der NATO wird sich anderswo niederlassen, schön; aber die Amerikaner können, wo und wann sie wollen, französische Arbeiter arbeitslos machen und unsere Wirtschaft lahmlegen, allein schon dadurch, daß sie ihre Computer zurückziehen, sie können uns unter gewaltigen Druck setzen, gegen den wir machtlos sind.

Der erste Programmpunkt der Linken müßte sein, durch eine Politik der Prioritätsinvestitionen – zum großen Teil der öffentlichen Hand – die Überflutung mit amerikanischem Kapital zu bekämpfen. Das wäre äußerst schwierig, ich weiß, und Frankreich könnte es nicht allein zustande bringen. Es müßte sich des Gemeinsamen Marktes bedienen und seine Partner dazu bewegen, die gleiche Politik zu praktizieren. Auch sie sind zur Zeit von der amerikanischen Wirtschaftsmacht beherrscht, aber man könnte sich vorstellen, daß gewisse Länder, Italien zum Beispiel, dazu zu bringen wären, ihre Haltung zu revidieren, wenn Frankreich eine Politik der echten wirtschaftlichen Unabhängigkeit betriebe.

Im Augenblick müssen wir noch darauf warten, daß sich die Linke vereinigt. Und ich sehe noch nicht, daß der Graben zwischen den Anhängern und den Gegnern des Atlantikpakts verschwindet. Das Problem ist teilweise verdeckt, weil die Kommunisten für die Wahlen ein paar Kompromisse gemacht haben, aber es bleibt bestehen und fährt fort, die Linke zu lähmen. Wir haben ein vollendetes Beispiel dafür erlebt, als Guy Mollet im letzten Frühjahr einen Mißtrauensantrag gegen die Außenpolitik der Regierung einbringen wollte. Die Kommunisten waren in Verlegenheit, weil gewisse Aspekte dieser Politik in ihrem Sinne sind, und sie sagten: «Verurteilen wir lieber die Gesamtheit der Regierungspolitik, um zu zeigen, daß sie im Innern nicht befriedigender ist als nach außen.» Guy Mollet lehnte ab.

Meiner Meinung nach müßte die Opposition gegen den Atlantikpakt das Hauptkriterium einer Politik der Linken sein. Ich möchte sogar sagen, daß der einzige gemeinsame Punkt zwischen der abstrakten Position de Gaulles und dem, was die Haltung der Linken sein müßte, die Forderung nach voller nationaler Souveränität ist. Einer

Souveränität, die man zurückgewinnen muß, nicht um sie eifersüchtig zu verteidigen – man kann sich mit anderen, ebenfalls souveränen Staaten zusammentun und internationale Institutionen bilden, denen man gewisse Befugnisse abtritt –, sondern um sie dem amerikanischen Imperialismus entgegenzusetzen, der überall die nationalen Strukturen zerbricht.

Angenommen, die Linke wäre einig: was könnte sie im Fall Vietnam Wirksames tun?

Sie könnte zuerst die öffentliche Meinung mobilisieren. Das ist nicht leicht, aber es gibt Länder, in denen es gelungen ist. In Frankreich wäre ein Streik von gewissem Umfang, der auf Grund wirtschaftlicher Forderungen ausgelöst würde, dessen wahrer Grund jedoch die Opposition gegen die amerikanische Vietnampolitik wäre, undenkbar. In Japan – ich war soeben dort – gab es am 21. Oktober einen Generalstreik «gegen den amerikanischen Imperialismus». Ich behaupte nicht, daß er ein voller Erfolg gewesen war, aber er hat stattfinden können.

Die Franzosen sind zwar auch «gegen» den Vietnamkrieg, aber sie fühlen sich nicht betroffen. Sie wissen nicht, daß sie Gefahr laufen, durch die Ausweitung eines Krieges, der nur die Amerikaner interessiert, in einen weltweiten Konflikt hineingezogen zu werden. De Gaulle dagegen weiß es. Ich war sehr erstaunt über die Reaktion der Japaner auf seine Rede von Pnom Penh. Sie sagten: «De Gaulle hat Angst gehabt.» Damit meinten sie, er habe plötzlich die Gefahr ermessen, daß sein Land für etwas, was es nichts angeht, zerstört werden könnte. Es war tatsächlich eine Rede der Angst und in dieser Hinsicht eine gute Rede. Aber ein bloßer Alarmruf hilft nicht viel.

Wir müssen heute unseren Kampf in der Perspektive einer dauerhaften amerikanischen Hegemonie konzipieren. Die Welt wird nicht von zwei Großmächten beherrscht, sondern von einer einzigen. Und die friedliche Koexistenz kommt den Amerikanern zugute. Dank der friedlichen Koexistenz und dem chinesisch-sowjetischen Konflikt – wobei dieser zum großen Teil auf jene zurückzuführen ist – können die Amerikaner Vietnam in aller Ruhe bombardieren. Unbestreitbar hat das sozialistische Lager durch die Rivalitäten, die es spalten, und die von Chruschtschow begonnene Politik einen Rückschlag erlitten. So daß die Amerikaner heute freie Hand zu haben glauben und Präsident Johnson kürzlich in einer Rede verlauten ließ, er werde den Chinesen nicht gestatten, ihre atomare Aufrüstung über einen gewissen Punkt hinaus zu entwickeln. Diese bestürzende und zynische Drohung hätte nicht ausgesprochen werden können, wenn Johnson mit Sicherheit gewußt hätte, daß die Sowjetunion China zu Hilfe käme.

Diese augenblickliche Hegemonie der Vereinigten Staaten schließt indessen eine gewisse Verwundbarkeit nicht aus. Anstatt einer direkten Konfrontation mit dem sozialistischen Lager – das tief gespalten ist – kann die Lösung von einem Überdruß der amerikanischen Massen und einer Beunruhigung der führenden Kräfte Washingtons angesichts der wachsenden Mißbilligung der ganzen Welt und besonders aller ihrer Verbündeten kommen.

Glauben Sie, daß Gesten wie die des jungen Amerikaners David Mitchell, der sich unter Berufung auf die Nürnberger Gesetze geweigert hat, in Vietnam Kriegsdienst zu leisten, dazu beitragen können, das Gewissen der Amerikaner aufzurütteln?

Gerade aus der Geste von David Mitchell und einigen andern ist die Idee unseres «Tribunals» entstanden. Unsere Untersuchung, wenn sie auf die Schuld der Vereinigten Staaten erkennt, muß allen jungen Amerikanern, die Johnsons Politik bekämpfen, erlauben, sich nicht nur auf die Nürnberger Gesetze zu berufen, sondern auch auf das Urteil einer gewissen Anzahl freier Menschen, die keine Macht und keine Partei repräsentieren. Es ist viel besser, daß wir gar nichts repräsentieren. Was die Urteile von Nürnberg in den Augen der Neonazis entwertet, ist die Tatsache, daß sie von Siegern gefällt wurden, deren Recht sich auf die Gewalt stützte. Wir dagegen sind keine Vertreter irgendeiner Macht, und niemand wird sagen können, daß wir unser Gesetz Menschen aufzwingen, die wir unter unserem Stiefel haben. Wir sind unabhängig, weil wir schwach sind. Und unsere Position ist stark, weil wir nicht darauf aus sind, eine Handvoll Leute ins Gefängnis zu schicken, sondern weil wir in einem unseligen Augenblick unserer Geschichte der öffentlichen Meinung wieder vor Augen führen wollen, daß es objektiv und juristisch verbrecherische Arten der Politik geben kann.

30. November 1966

Brief an den Präsidenten der Republik

Donnerstag, 13. April 1967

Sehr geehrter Herr Präsident,

ich erlaube mir, Ihre Aufmerksamkeit auf folgende Tatsachen zu lenken:

Das im November letzten Jahres auf Initiative von Lord Russell konstituierte Tribunal beabsichtigt, für seine zweite Sitzungsperiode vom 26. April bis Anfang Mai in Paris zu tagen. Bisher deutete nichts darauf hin, daß die französische Regierung dagegen Einspruch erheben würde – zumal niemand den Sitzungen ohne Einladung wird beiwohnen können. Ein Vorfall jedoch läßt uns plötzlich vermuten, daß sich die Haltung der Behörden geändert hat.

Der Vorsitzende der Sitzungen ist Vladimir Dedijer, ein Jugoslawe, der in den letzten Monaten mehrmals für kurze Zeit nach Paris gereist war. Da er sich anläßlich der nächsten Sitzung für längere Zeit hier aufhalten möchte, hat er unsere Botschaft in England – wo er sich gegenwärtig befindet – um ein Aufenthaltsvisum gebeten. Doch dieses Visum ist ihm nicht nur verweigert worden, man hat außerdem auch sein Transitvisum eingezogen.

Herr Dedijer hat sich niemals in irgendeiner Weise in die inneren oder äußeren Angelegenheiten Frankreichs eingemischt; der Beweis dafür ist jenes Transitvisum, das ihm bisher immer bewilligt wurde. Wir haben also einigen Grund zu befürchten, daß der jetzigen Ablehnung seines Antrags der Wunsch zugrunde liegt, das Tribunal daran zu hindern, in Paris zu tagen.

Ich hoffe, sehr geehrter Herr Präsident, daß unsere Besorgnis unbegründet ist und daß wir die Entscheidungen der Regierung nicht auf direkte Weise über das Gebaren der Botschaften oder Konsulate erfahren. Und ich hoffe sehr, daß es sich um ein Mißverständnis handelt und daß man Herrn Dedijer ein Aufenthaltsvisum gewähren wird, ebenso wie den anderen Mitgliedern der Jury, die es benötigen sollten, sowie den Personen aus dem Ausland, die als Zeugen vor uns zu erscheinen wünschen. Für alle Fälle habe ich mir die Freiheit genommen, Ihnen diese Fakten zur Kenntnis zu bringen.

Mit vorzüglicher Hochachtung
Jean-Paul Sartre
Präsident des Russell-Tribunals

Antwort des Präsidenten der Republik

Paris, 19. April 1967

Mon cher maître,

in Ihrem Schreiben vom 13. April baten Sie mich, den Fall des Herrn Vladimir Dedijer und ganz allgemein, der Personen zu überprüfen, die in dieser oder jener Eigenschaft aufgerufen sind, an der Arbeit des «Russell-Tribunals» teilzunehmen.

Die Gründer des «Russell-Tribunals» beabsichtigen, die Politik der Vereinigten Staaten in Vietnam zu kritisieren. Es ist dies nichts, was die Regierung veranlassen könnte, ihre normale Versammlungs- und Redefreiheit zu beschneiden. Im übrigen wissen Sie, wie die Regierung über den Vietnamkrieg denkt und was ich selbst öffentlich unzweideutig dazu gesagt habe. Unabhängig von der Tatsache, daß Schrift und Wort in unserem Lande frei sind, kann also keine Rede davon sein, Einzelpersonen zu gängeln, deren Thesen sich überdies in diesem Punkt mit der offiziellen Position der Französischen Republik berühren.

Folglich handelt es sich weder um das Versammlungsrecht noch um die Redefreiheit, sondern um die Pflicht – die für Frankreich um so gebieterischer ist, als es in der Sache die bewußte Stellung bezogen hat –, darauf zu achten, daß ein Staat, mit dem es befreundet ist und der trotz allen Meinungsverschiedenheiten sein traditioneller Freund bleibt, auf seinem Territorium nicht Gegenstand eines Verfahrens wird, das außerhalb des internationalen Rechts und der internationalen Gepflogenheiten steht.

Dies scheint bei der Aktion, die Lord Russell und seine Freunde unternehmen, in dem Augenblick der Fall zu sein, in dem sie ihren Untersuchungen einen justitiellen Anschein und ihren Schlußfolgerungen den Charakter eines Urteils zu geben beabsichtigen. Ihnen brauche ich gewiß nicht zu sagen, daß alle Gerichtsbarkeit in ihrem Prinzip wie in ihrer Ausübung ausschließlich Sache des Staates ist. Ohne auf die Beweggründe einzugehen, die Lord Russell und seine Freunde leiten, muß ich feststellen, daß sie mit keiner internationalen Vollmacht ausgestattet und mit keinem internationalen Mandat betraut sind und folglich keinen gerichtlichen Akt zu vollziehen vermögen.

Aus diesem Grund ist die Regierung gehalten, zu unterbinden, daß auf unserem Territorium eine Versammlung abgehalten wird, die ihrer Form nach das Gegenteil dessen wäre, dem Achtung zu verschaffen sie gehalten ist.

Ich möchte noch hinzufügen, daß, insofern gewisse um Lord Russell gescharte Personen ein moralisches Ansehen haben, ich nicht der Meinung bin, daß sie mangels eines öffentlichen Richteramts ihren Warnungen größeres Gewicht verleihen, wenn sie eine für den Anlaß geborgte Robe anlegen.

Mit vorzüglicher Hochachtung.

C. de Gaulle

Sartre an de Gaulle

Interview mit *Le Nouvel Observateur* vom 26. April 1967

Ich habe tatsächlich wegen des jugoslawischen Historikers Vladimir Dedijer an de Gaulle geschrieben. Der Grund: Vladimir Dedijer ist eines der Mitglieder des «Tribunals», das auf Initiative von Lord Bertrand Russell gegründet wurde und das ihn zum Präsidenten der Sitzungen gewählt hat. Ich selbst bin «Exekutivpräsident», aber wenn wir zusammentreten, wird Dedijer die Arbeitssitzungen leiten, und wir anderen sind lediglich Geschworene an seiner Seite.

Vladimir Dedijer hat sich im Laufe der letzten Monate mehrmals nach London begeben, um Bertrand Russell und andere Mitglieder des Tribunals zu treffen. Ein französisches Transitvisum gestattete ihm, jeweils für vierundzwanzig Stunden in Paris Station zu machen. Bei seiner letzten Reise vor etwa zehn Tagen hat er bei der französischen Botschaft in London diesmal ein Aufenthaltsvisum beantragt, um an der ersten, für den 26. April in Paris vorgesehenen Sitzung des Tribunals teilnehmen zu können. Dieses Aufenthaltsvisum wurde ihm nicht nur verweigert, man hat ihm auch sein Transitvisum entzogen. Anders gesagt, er wurde in Frankreich zur «unerwünschten» Person.

Das war schlimm, weil das Tribunal ohne seinen Sitzungspräsidenten nicht zusammentreten konnte und weil diese Entscheidung den indirekten Zusagen widersprach, die uns gegeben worden waren. Wir hatten vier «Sondierungsgespräche» mit der Regierung nahestehenden Persönlichkeiten geführt, und man hatte uns jedesmal zu verstehen gegeben, daß wir ohne Schwierigkeiten in Frankreich tagen könnten. Eines der Mitglieder des Tribunals hat sich diese halbamtliche Genehmigung. zwei Tage vor der Einziehung von Dedijers Visum sogar bestätigen lassen.

Daraufhin bat mich das Tribunal, General de Gaulle einen Brief zu schreiben – natürlich in seinem Namen und nicht in eigener Person. Das habe ich getan. Ich sagte im Kern: «Bisher deutete nichts darauf hin, daß die Regierung dagegen Einspruch erheben würde, daß das Tribunal in Frankreich tagt, aber der Vorfall in London scheint zu zeigen, daß die Behörden ihre Meinung geändert haben; ich kann mir nicht vorstellen, daß wir über diese Änderung durch das Gebaren der Konsulate informiert werden, und wage zu hoffen, daß man nicht nur Dedijer, sondern allen Personen Visa gewähren wird, die aufgefordert werden, an dem Tribunal teilzunehmen oder als Zeugen vor ihm zu erscheinen.» Außerdem betonte ich, daß Dedijer sich niemals in irgendeiner Weise in die französischen Angelegenheiten eingemischt habe.

Vierundzwanzig Stunden später erhielt ich den Brief, den Sie gelesen haben. De Gaulle nennt mich *mon cher maître*. Um ganz deutlich zu machen, glaube ich, daß er sich an den Schriftsteller zu wenden gedenkt und nicht an den Präsidenten des Tribunals, das er nicht anerkennen will. *Maître* bin ich nur für die Kellner, die wisssen, daß ich schreibe: in Wirklichkeit antwortet de Gaulle sehr wohl dem Vertreter des Tribunals.

Sein Brief ist übrigens so wenig «privat», daß ihm zwei Tage später ein Brief des Polizeipräsidenten folgte, der die Worte de Gaulles aufgreift: «Wie Sie wissen, ist die Regierung der Ansicht, daß das Zusammentreten einer Organisation mit dem Titel ‹Internationales Tribunal gegen die Kriegsverbrechen in Vietnam› eine Demonstration darstellt, die außerhalb des internationalen Rechts und der internationalen Gepflogenheiten steht...» Und der Polizeipräsident informiert mich, daß die Zusammenkünfte, die wir geplant hatten, verboten sind. Deswegen betrachte ich den Brief de Gaulles – der übrigens inzwischen von der Regierung veröffentlicht worden ist – als einen öffentlichen Brief, auf den ich öffentlich antworten muß.

Er besteht, wie häufig seine Reden, aus zwei Teilen: de Gaulle beginnt mit «aber ja, natürlich» und schließt sodann «selbstverständlich nein».

Das «aber ja, natürlich» ist der Passus über die Tatsache, daß «Schrift und Wort in unserem Lande frei sind» und daß «keine Rede davon sein kann, Einzelpersonen zu gängeln, deren Thesen sich... mit der offiziellen Position der Französischen Republik berühren». Diese Beteuerung des Liberalismus beeindruckt mich um so weniger, als einige Vorfälle aus jüngster Zeit vielmehr beweisen, daß die Regierung die freien Demonstrationen gegen den Vietnamkrieg in Zukunft zu verbieten gedenkt.

Ein Beispiel: Das nationale Vietnamkomitee, das nichts mit dem Tribunal zu tun hat, hatte den Saal des Stadttheaters von Issy-les-Moulineaux gemietet, um dort mehrere Versammlungen abzuhalten. Aber es erhielt vom Präfekten des Departements Hauts-de-Seine einen Brief, in dem es hieß: «Wir sind gezwungen, diese Versammlungen zu verbieten, weil es weder normal noch legal wäre, wenn ein Treffen politischer Natur in einem Stadttheater stattfände.» Eine besonders komische Antwort, weil in diesem Theater und in vielen anderen schon zahlreiche politische Versammlungen stattgefunden haben. Die Tagungen des nationalen Vietnamkomitees konnten schließlich in Paris selbst im Pleyel-Saal abgehalten werden, aber die Entscheidung des Präfekten des Departements Hauts-de-Seine, die zum Verbot des «Russell-Tribunals» hinzukommt, verdeutlicht den Willen, die Entwicklung der Massenbewegungen gegen den Vietnamkrieg soweit wie möglich zu bremsen.

Diese ganz deutliche Veränderung in der Haltung der Regierung erklärt sich meiner Meinung nach durch zwei Gründe. Der erste ist, daß der amerikanische Druck immer stärker wird. Um nur das Tribunal zu erwähnen: es ist höchst wahrscheinlich, daß Vizepräsident Humphrey, als er vor vierzehn Tagen mit de Gaulle zusammentraf, betont hat, wie wichtig es für die Amerikaner sei, daß wir nicht in Frankreich tagen könnten. Und die Vereinigten Staaten haben trotz der Politik der «Unabhängigkeit» zahlreiche Möglichkeiten der Erpressung. Die französische Wirtschaft ist keineswegs immer weniger an die amerikanische Wirtschaft gebunden, wie man uns einreden will, sondern immer mehr. Die Amerikaner brauchten Frankreich zum Beispiel nur ihre großen Computer nicht mehr zu leihen, um unsere ganze Wirtschaft durcheinanderzubringen. Und sie haben noch zwanzig andere Mittel dazu.

Heute ist die Regierung durch die amerikanischen Pressionen um so verwundbarer – und das ist der zweite Grund für ihre Kehrtwendung –, als ihre Niederlage bei den letzten Wahlen sie keineswegs, wie einige Naive meinen, zu einer «Öffnung nach links» zwingt, sondern dazu, neue Unterstützung bei der Rechten zu suchen, bei den «Atlantikern». Das Tribunal zu verbieten ist eine Artigkeit an die Adresse von Lecanuet und Giscard, auf die de Gaulle mehr und mehr angewiesen sein wird.

De Gaulle bringt vor allem ein staatsmännisches Argument vor. Die Opposition gegen den Vietnamkrieg? Sich darum zu kümmern, ist Sache der Regierung – und sie kümmert sich darum. Lassen Sie sie nur machen, sie braucht Sie nicht. Aber diese Regierung hat immerhin Verpflichtungen gegenüber ihren Verbündeten und kann nicht einen von ihnen auf ihrem Territorium in einer Justizparodie verurteilen lassen.

Ich werde auf beide Punkte eingehen, auf das «Lassen Sie mich nur machen» und die «Justizparodie».

Der erste ist der wichtigere. Er bringt de Gaulles Auffassung von politischer Macht zum Ausdruck. Für ihn muß sich die Regierung nicht auf das Land stützen, sondern über ihm schweben, ohne es je direkt an den Aktionen zu beteiligen, die sie unternimmt. Ein Land aber beschränkt sich nicht auf seine Regierung. Verbal und in maßvollen Worten die Politik der Vereinigten Staaten tadeln und gleichzeitig den Massen verbieten, ihre Opposition gegen den Vietnamkrieg direkt zu demonstrieren, das ist zutiefst antidemokratisch.

Zur Zeit der OAS war es genau dasselbe. Die Regierung bekämpfte sie ganz allein mit ihren *barbouzes*, ließ jedoch gleichzeitig diejenigen niederknüppeln, die «OAS-Mörder» schrien. Sie hat sogar acht von ihnen bei der Metro Charonne umbringen lassen. Genau das ist der Gaullismus: das Staatsoberhaupt hat seine Ideen über Vietnam, es äußert sie gelegentlich in Reden – wobei es freilich hinzufügt, daß es im Augenblick außerstande sei, irgend etwas Wirksames zu tun –, aber es will um keinen Preis, daß sein Standpunkt popularisiert, von den Massen unterstützt wird, weil es das an sie binden würde, eine Sache, vor der ihm im Grunde am allermeisten graut.

Und nun kommt das formale Argument, auf das de Gaulle den zweiten Teil seiner Antwort stützt: Wir hätten uns «außerhalb des Rechts» als Tribunal konstituiert. Diesmal stößt man auf die gaullistische Auffassung der Gerichtsbarkeit: sie ist nur, das schreibt er in seinem Brief, «ausschließlich Sache des Staates». Zuerst existiert der Staat, dann gibt er sich Institutionen und wählt Männer aus, die sie in Gang halten. Damit wird der Richter zu einem Vertreter der Macht, und der Staat kann, wie wir in der Affäre Ben Barka und in vielen anderen gesehen haben, unmittelbaren Druck auf ihn ausüben. Das führt zu einer völligen Unterwerfung der Richterschaft unter den Staat.

Die wahre Justiz muß ihre Macht sowohl vom Staat wie von den Massen beziehen. So wurde sie übrigens zur Zeit der Französischen Revolution konzipiert: Das Schwurgericht ist geschaffen worden, um den Bürger an der Justiz zu beteiligen.

Aber darum handelt es sich ja gar nicht, da wir nicht den Anspruch erheben, auch wenn de Gaulle es zu glauben vorgibt, uns an die Stelle einer bereits bestehenden Gerichtsbarkeit zu setzen. Das wäre der Fall, wenn wir zusammentreten würden, um über einen privaten Bürger zu richten, der in unseren Augen irgendeines Verbrechens schuldig wäre, während es in der Tat Gerichte gibt, die über ihn richten.

Wir wollen etwas anderes. Zum einen legen wir keine Robe an, nicht einmal eine symbolische: Geschworene – das müßte de Gaulle wissen – tragen keine. Wir organisieren lediglich die Sitzungen eines Prozesses, der normalerweise vor einem internationalen Gerichtshof stattfinden müßte, den es jedoch nicht gibt. Bisher haben die westlichen Nationen alles darangesetzt, die Schaffung eines solchen Gerichtshofs zu verhindern, und sprechen heute unserer Organisation das Recht ab, dem Vietnamkrieg den Prozeß zu machen – ohne Richter und ohne Urteil.

Warum? Weil diese Nationen um keinen Preis wollen, daß die Politik unter dem Aspekt des Rechts, der Kriminalität betrachtet wird, was es den Völkern ermöglichen würde, die Handlungen ihrer Regierung nach anderen Kriterien als denen der Geschicklichkeit oder der Ungeschicklichkeit, der Effizienz oder der Ineffizienz zu beurteilen. Gewiß, es hat Nürnberg gegeben, aber nachdem man das Gesetz des Siegers auf den Besiegten angewandt hatte – diesmal ein gerechtes Gesetz –, beeilte man sich, den Gerichtshof aufzulösen, aus Furcht, eines Tages selber auf der Anklagebank sitzen zu müssen. Während des Algerienkriegs zum Beispiel hätte dieser Gerichtshof viel zu tun gehabt.

Warum wir uns selbst ernannt haben? Eben weil es niemand getan hat. Nur die Regierungen oder die Völker konnten es tun. Aber die Regierungen wollen sich die Möglichkeit offenhalten, Kriegsverbrechen zu begehen, ohne daß sie Gefahr laufen, verurteilt zu werden: also konnten sie keine internationale Institution schaffen, die befugt war, es zu tun. Und was die Völker betrifft, so ernennen sie keine Tribunale, außer im Fall einer Revolution, daher konnten sie uns nicht ernennen.

Im übrigen hatte das Tribunal nie die Absicht, Verurteilungen auszusprechen, und es wird auch keine aussprechen: es wird sich darauf beschränken, die Schlußfolgerungen darzulegen, zu denen es auf Grund der Zeugenaussagen und der Berichte der Expertenkommissionen, von denen einige bereits nach Nordvietnam gereist sind, gekommen sein wird. Die Schlußfolgerungen werden feststellen, ob diese oder jene von der amerikanischen Armee durchgeführte Aktion im Hinblick auf die bestehenden internationalen Gesetze ein Kriegsverbrechen ist oder nicht, und, sollte dies der Fall sein, präzisieren, mit welchen Strafen ähnliche Verbrechen in Nürnberg geahndet worden sind. Das Tribunal wird im übrigen nicht allein nach den in Nürnberg angewandten Gesetzen urteilen, da sie unzureichend sind. Es wird sich auch auf den Briand-Kellog-Pakt und die Genfer Konvention berufen, an die sich die Amerikaner in Vietnam nicht halten.

Selbst dann noch wird die Rechtsprechung unzulänglich sein. Was im Grunde nottäte, wäre, daß Juristen sich zusammensetzten und unabhängig von einem bestimmten Krieg internationale Gesetze ausarbeiteten, die im Augenblick erst ansatzweise bestehen, und daß ein ständiger internationaler Gerichtshof beauftragt wird, sie bei jeder Gelegenheit anzuwenden. Die Schlußfolgerungen, zu denen wir kommen werden, wären von keinerlei Interesse, wenn nur wenige Personen sie ziehen würden: sie müssen von den Massen bestätigt werden, die wir mit einem Höchstmaß an Ehrlichkeit einfach nur informiert haben werden.

Ich gebe Ihnen ein Beispiel: das der «Guave»-Bomben, jener kleinen Kugelbomben, die weder eine militärische Einrichtung noch eine Industrieanlage, noch ein Kunstwerk zerstören können, sondern einzig gegen Menschen gerichtet sind. Eine Kommission des Tribunals hat sich an Ort und Stelle begeben, um zu untersuchen, welchen Gebrauch die Amerikaner von ihnen machen und welche Wirkungen sie haben. Die Presse hatte bereits davon gesprochen, aber nur sehr vage. Ohne der Öffentlichkeit etwas zu enthüllen, was sie nicht wußte, wird das Tribunal ihr einen detaillierten und genauen Bericht vorlegen, der sie noch mehr überzeugen wird.

Unsere Absicht ist also, die Öffentlichkeit und gleichzeitig uns selbst zu informieren, und wir wünschen uns, daß die Menschen angesichts des Gebrauchs von Napalm und Kugelbomben ebenso empfinden und zu den gleichen Schlüssen kommen werden wie wir.

Sodann müßte man, um die Massen zu erreichen, die Berichte unserer Kommissionen weit verbreiten, und hier könnte die Presse eine große Rolle spielen. Ich weiß, daß einige Zeitungen, darunter auch der *Nouvel Observateur*, auf unserer Seite stehen werden. Aber ich weiß auch, daß die Mehrzahl der anderen ihnen nur wenige Zeilen widmen und dann rasch aufhören wird, darüber zu reden. Diese Informationskampagne werden wir also selber machen müssen. Wenn wir alle Zeugnisse und alle Expertenberichte gesammelt und unsere Schlüsse gezogen haben, werden wir ein Weißbuch veröffentlichen und gleichzeitig mit allen uns zur Verfügung stehenden Mitteln versuchen, Demonstrationen zu veranlassen, eine Mobilisierung der Gewerkschaften und der Studenten zu erreichen, und eine Unterschriftensammlung starten in der Hoffnung, daß unsere Schlußfolgerungen bestätigt werden. Wir werden in unserem Engagement bis zum

Äußersten gehen, erst dann wird die Aktion des Tribunals ihren wahren Sinn erhalten.

Aber, ich sage es noch einmal, wir treten nicht an die Stelle irgendeines bereits bestehenden Gerichtshofs und erheben nicht einmal den Anspruch, jenes internationale Tribunal zu sein, das existieren müßte. Wir sind «Einzelpersonen», wie de Gaulle sagt, die eine Initiative ergriffen haben und die sowohl sich selbst wie andere informieren, um die Regierungen daran zu erinnern, daß die Massen die Quelle jeder Gerichtsbarkeit sind. Und wenn im übrigen de Gaulle uns verbietet, uns an die Massen zu wenden, und gleichzeitig behauptet, in der Frage des Vietnamkriegs eine Position zu haben, die sich mit der unseren «berührt», dann genau deshalb, weil die Quelle seiner Macht nicht das Volk ist, weil er seine Autorität nicht von den Massen bezieht, wie es die letzten Wahlen – wo er in der Minderheit war – bewiesen haben.

De Gaulle tut so, als glaube er, daß wir nichts anderes tun können, als ein Zeugnis abzulegen, das auf Grund unseres «moralischen Ansehens» Gewicht gewinnen würde. Das ist ein Witz. Wir können uns nicht wie er mit einer Proklamation zufriedengeben, die den Abzug der amerikanischen Truppen und die Organisation einer Konsultation unter Vietnamesen empfiehlt. Wir müssen Druck ausüben, damit man klar und deutlich erklärt, daß es in diesem Krieg nur einen gibt, der angegriffen wurde, nämlich Ho Tschi Minh.

Welche wirksame Politik könnte eine Regierung gegen den Vietnamkrieg betreiben, die sich nicht mit Worten zufriedengibt und wirklich handeln möchte?

Zuerst müßte sich diese Regierung entschlossen auf die Seite Ho Tschi Minhs und der FNL stellen, indem sie die Präliminarien anerkennt, die für sie die Voraussetzung für jede Verhandlung sind und lediglich die Genfer Vereinbarungen zusammenfassen.

Sodann müßte diese Regierung die Regierungen der anderen Länder dazu bringen, dieselbe Position einzunehmen und mit ihr eine gemeinsame Aktion durchzuführen. So wie es in England, in Deutschland und Italien heute aussieht, wird das schwierig sein, ich weiß es, aber vergessen Sie nicht, daß eine Regierung nur dann stark ist, wenn sie sich auf die Massen stützt. Wenn eine französische Regierung der Linken, von den Massen unterstützt, sich deutlich gegen die Aktion der Amerikaner in Vietnam ausspräche, würden ganz sicher die Massen der Nachbarländer «angesteckt» werden und wirkungsvoller auf ihre Regierung einwirken können. Da es gegenwärtig keine wahre Demokratie in Europa gibt, verhandelt man von Regierung zu Regierung. In einem wirklich demokratischen System dienen die Massen als Mittler zwischen einer Regierung und der anderen.

Glauben Sie denn, daß die europäischen Massen, insbesondere die französischen, heute gegen den Vietnamkrieg mobilisiert werden können?

Weit mehr, als ich dachte. Ich habe den Eindruck, daß die öffentliche Meinung sich geändert hat. Gewiß, diese Veränderung ist zum Teil de Gaulle zu verdanken. Aber die Leute glaubten, de Gaulle würde in seiner Verurteilung konsequent sein, und sie haben ihn ernst genommen, während er nur versucht, sich als Vorkämpfer der Dritten Welt aufzuspielen. Wenn heute eine Regierung der Linken die Massen mobilisieren wollte, würde ihr das meiner Meinung nach gelingen. Sehen Sie sich Großbritannien an: Sogar unter Wilson haben große Demonstrationen stattgefunden; sehen Sie sich Japan an: Trotz dem amerikanischen Einfluß hat es einen Generalstreik gegeben; er ist zwar nicht hundertprozentig geglückt, aber immerhin hat er stattgefunden. In Frankreich sind wir heute noch nicht soweit, aber die Menschen fangen an sich zu rühren.

Ich möchte noch folgendes betonen: Beim Verbot unserer Sitzung beruft sich de Gaulle unter anderem auf die *traditionelle Freundschaft*, die uns mit den Vereinigten Staaten verbindet. Das bedeutet im Klartext, wie ich Ihnen vorhin sagte, daß von dem Moment an, wo es darum geht, von einem moralischen Gesichtspunkt aus zu urteilen, die Regierungen nicht mehr mitspielen. Es gibt ein allgemeines Bemühen, den Begriff der Moral in der Politik abzuschaffen.

Das erstaunt mich um so mehr, als in allen sozialistischen Ländern, in die ich gereist bin, seit Beginn der Entstalinisierung das erste Problem, das man sich stellte, lautete: Wie kann man in den Marxismus (und infolgedessen in die Politik) das Element der Moral wieder einführen. Es ist offensichtlich, daß man sich im Westen nirgendwo dieses Problem stellt und daß die Politik hier rein utilitaristisch und eigennützig ist.

Hat sich schon ein anderes Land bereit erklärt, Sie aufzunehmen?

Nein. Mehrere Länder haben uns bereits untersagt, auf ihrem Territorium zu tagen, und ich fürchte, daß wir noch weitere Absagen bekommen: Einige Regierungen wären nur allzu glücklich, sich auf de Gaulle berufen zu können, um ihre eigene Absage zu rechtfertigen. Vielleicht werden wir am Ende auf einem Schiff tagen müssen, das in exterritorialen Gewässern ankert, wie die englischen Piratensender. Eines jedenfalls steht fest, nämlich daß wir tagen werden.

Paradoxerweise begründen gerade die Schwierigkeiten, die man uns macht, die Legitimität unseres Tribunals, und außerdem beweisen sie eines: daß man *Angst* vor uns hat. Gewiß nicht vor Bertrand Russell, der vierundneunzig Jahre alt ist, auch nicht vor mir, der ich zweiundsechzig bin, auch nicht vor unseren Freunden. Wären wir bloß ein Dutzend intellektuelle Trottel, die sich lächerlicherweise zu Richtern aufwerfen wollen, würde man uns seelenruhig gewähren lassen.

Warum hat man Angst vor uns? Weil wir ein Problem stellen, das keine westliche Regierung gestellt sehen will: das Problem des Kriegsverbrechens, das, ich sage es noch einmal, begehen zu können alle sich vorbehalten wollen.

26. April 1967

Russell-Tribunal
Eröffnungsrede

Unser Tribunal ist auf Initiative von Lord Bertrand Russell zusammengetreten, um zu entscheiden, ob die Anklagen auf «Kriegsverbrechen», die im Zusammenhang mit dem vietnamesischen Konflikt gegen die Regierung der Vereinigten Staaten sowie gegen die von Südkorea, Neuseeland und Australien erhoben werden, gerechtfertigt sind. In dieser Eröffnungssitzung ist ihm daran gelegen, seine Entstehung, seine Funktion, seine Ziele und seine Grenzen aufzuzeigen; ohne Umschweife wird es klären, was man die Frage seiner Legitimität genannt hat.

1945 verzeichnete man ein in der Geschichte absolut neues Faktum: das Zusammentreten des ersten Internationalen Gerichtshofs in Nürnberg, der aufgefordert war, über die von einer kriegführenden Macht begangenen Verbrechen zu richten. Bis zu diesem Zeitpunkt hatte es zwar einige internationale Vereinbarungen gegeben, so den Briand-Kellog-Pakt, der darauf abzielte, das *jus ad bellum* einzuschränken; da jedoch kein Organ geschaffen worden war, das seine Anwendung hätte durchsetzen können, wurden die Beziehungen zwischen den Mächten weiterhin durch das Gesetz des Dschungels geregelt. Es konnte gar nicht anders sein: die Nationen, die ihren Reichtum auf der Eroberung großer Kolonialreiche errichtet hatten, hätten es nicht geduldet, daß man über ihr Gebaren in Afrika und Asien zu Gericht saß. Ab 1939 stürzte Hitlers Raserei die Welt in so große Gefahr, daß die Alliierten entsetzt beschlossen, im Fall ihres Sieges über die Angriffs- und Eroberungskriege, die Mißhandlung von Gefangenen, die Folter, die rassistischen Praktiken des «Völkermords» zu richten und sie zu verurteilen, ohne zu erkennen, daß sie damit über sich selbst und ihre Praktiken in den Kolonien das Urteil sprachen.

Aus diesem Grunde, das heißt, weil er zum einen die Naziverbrechen ahndete und zum anderen in universellerer Weise den Weg zu einer echten Rechtsprechung öffnete, die es erlaubt, Kriegsverbrechen, wo immer sie begangen werden und wer immer ihr Urheber sein mag, anzuprangern und zu verurteilen, bleibt der Nürnberger Gerichtshof die Manifestation dieses grundsätzlichen Wandels: die Ersetzung des *jus ad bellum* durch das *jus contra bellum*.

Unglücklicherweise war dieser Gerichtshof nicht frei von schweren Mängeln, wie es jedesmal der Fall ist, wenn auf Grund historischer Notwendigkeiten ein neues Organ geschaffen wird. Man hat ihm vorgeworfen, ein simples Diktat der Sieger über die Besiegten und, was auf dasselbe hinausläuft, nicht wirklich international gewesen zu sein: eine Gruppe von Nationen richtete über eine andere. Wäre es besser gewesen, die Richter unter den Bürgern neutraler Staaten zu suchen? Ich weiß es nicht. Sicher aber ist, daß seine Entscheidungen, sosehr sie unter ethischem Gesichtspunkt gerechtfertigt waren, bei weitem nicht alle Deutschen überzeugt haben. Und das bedeutet, daß die Legitimität der Richter und ihrer Urteile bis heute umstritten ist. Und so konnte man erklären, daß bei anderem Kriegsverlauf ein Gericht der Achsenmächte die Alliierten wegen der Bombardierung von Dresden oder Hiroschima verurteilt hätte.

Es wäre jedoch nicht schwierig gewesen, diese Legitimität zu begründen. Es hätte ausgereicht, daß die zur Aburteilung der Nazis geschaffene Organisation ihre Arbeit weitergeführt hätte oder daß die Vereinten Nationen die Konsequenzen daraus gezogen und sie durch ein Votum ihrer Generalversammlung zu einem ständigen Gerichtshof gemacht hätten, der befugt gewesen wäre, alle Anklagen auf Kriegsverbrechen zur Kenntnis zu nehmen und zu richten, selbst wenn der Angeklagte die Regierung eines der Länder sein sollte, die durch ihre Richter das Urteil von Nürnberg gefällt hatten. So hat sich die ursprüngliche Idee der Universalität verflüchtigt. Man weiß, was geschah: Kaum war der letzte deutsche Schuldige verurteilt, zerstreute sich das Gericht in alle Richtungen, und man hörte nie wieder von ihm.

Sind wir nun wirklich ganz ohne Makel? Hat es seit 1945 keine Kriegsverbrechen mehr gegeben? Hat man nie wieder auf Gewalt, auf Aggression zurückgegriffen? Hat es niemals Praktiken des «Völkermords» gegeben? Hat kein großes Land versucht, die Souveränität einer kleinen Nation gewaltsam zu brechen? Bestand nirgendwo Anlaß, ein neues Oradour oder Auschwitz anzuprangern? Sie kennen die Wahrheit: In diesen letzten zwanzig Jahren ist der Kampf der Dritten Welt um die Befreiung das große historische Faktum. Die Kolonialreiche sind zusammengebrochen, an ihrer Stelle haben sich souveräne Nationen behauptet oder an eine alte und traditionelle, vom Kolonialismus zerstörte Unabhängigkeit angeknüpft. Das alles vollzog sich nicht ohne Leiden, Schweiß und Blut. Ein Gerichtshof wie der von Nürnberg ist zu einer ständigen Notwendigkeit geworden. Vor der

Verurteilung der Nazis war der Krieg ohne Gesetz, ich sagte es bereits. Das Nürnberger Gericht ist ohne Zweifel, das ist die zwiespältige Wirklichkeit, aus dem Recht des Stärkeren hervorgegangen, aber gleichzeitig eröffnet es eine Zukunft, indem es einen Präzedenzfall schafft, den Keim einer Tradition. Niemand kann den alten Zustand wiederherstellen und ein kleines armes Land zum Gegenstand einer Aggression machen, ohne daß man an dieses Gericht zurückdenkt und sich sagt: *das*, genau das hat es verurteilt. So haben die hastigen und unvollständigen Vorkehrungen der Alliierten von 1945, die später vernachlässigt wurden, im internationalen Leben eine Lücke hinterlassen. Eine Institution, die nun schmerzlich fehlt, war gegründet worden, hatte sich in ihrer Permanenz und Allgemeingültigkeit behauptet und unabänderliche Rechte und Pflichten definiert und war dann wieder verschwunden und hatte eine Lücke zurückgelassen, die man ausfüllen *muß* und die niemand ausfüllt.

Die Macht hat in der Tat zwei Quellen. Die erste ist der Staat mit seinen Institutionen. Doch in dieser Zeit der Gewalt müßten die meisten Regierungen, die eine derartige Initiative ergriffen, fürchten, daß sie sich eines Tages gegen sie wenden und sie sich selbst auf der Anklagebank wiederfinden können. Außerdem sind die Vereinigten Staaten für viele ein mächtiger Bundesgenosse: Wer wagte da, die Wiedererstehung eines Gerichts zu fordern, dessen erster Schritt zweifellos wäre, eine Untersuchung des vietnamesischen Konflikts anzuordnen?

Die andere Quelle der Macht ist das Volk, wenn es in einer revolutionären Periode seine Institutionen verändert. Aber auch wenn der Kampf unerbittlich bleibt, wie könnten sich die Massen, durch Grenzen getrennt, vereinen und den verschiedenen Regierungen eine Institution aufzwingen, die ein wahres *Volksgericht* wäre?

Das Russell-Tribunal ist aus dieser widersprüchlichen Feststellung entstanden: Das Urteil von Nürnberg hat die Existenz einer Institution notwendig gemacht, die Kriegsverbrechen untersucht und sie gegebenenfalls verurteilt; weder die Regierungen noch die Völker sind heute imstande, eine solche Institution zu schaffen. Wir sind uns vollkommen bewußt, daß wir von niemandem ein Mandat erhalten haben, aber wenn wir die Initiative zu dieser Sitzung ergriffen haben, so deshalb, weil wir auch wissen, daß uns niemand ein Mandat geben *konnte*. Gewiß ist unser Tribunal keine Institution. Aber es setzt sich auch nicht an die Stelle einer instituierten Macht: Es ist vielmehr aus einem Mangel und einem Appell entstanden. Wir wurden nicht von Regierungen ausgewählt und mit tatsächlichen Vollmachten ausgestattet: Aber wir haben soeben gesehen, daß auch die Machtbefugnisse in Nürnberg nicht ausgereicht haben, den Richtern eine unanfechtbare Legitimität zu geben... Das Russell-Tribunal ist im Gegenteil der Meinung, daß seine Legitimität sich gerade aus seiner vollkommenen Machtlosigkeit und aus seiner Universalität herleitet.

Wir sind machtlos: Das ist die Garantie unserer Unabhängigkeit. Niemand hilft uns, ausgenommen die Antivietnamkomitees, die, wie wir selbst, Zusammenschlüsse von Privatpersonen sind. Da wir weder eine Regierung noch eine Partei vertreten, können wir auch keine Anordnungen empfangen: Wir untersuchen die Tatsachen «nach bestem Wissen und Gewissen», wie man sagt, oder, wenn man lieber will, in voller Geistesfreiheit. Niemand von uns kann heute sagen, welche Wendung die Beratungen nehmen und ob wir auf die Anklagen mit Ja oder Nein antworten werden oder ob wir sie unbeantwortet lassen, da wir sie vielleicht für begründet, aber für unzureichend bewiesen halten. Sicher ist auf jeden Fall, daß unsere Machtlosigkeit, selbst wenn wir von den vorgelegten Beweisen überzeugt sein sollten, uns verbietet, ein Urteil zu sprechen. Denn was könnte eine Verurteilung, und sei es die leichteste, bedeuten, wenn wir nicht die Mittel haben, sie vollstrecken zu lassen? Daher beschränken wir uns darauf, gegebenenfalls zu erklären: Dieser oder jener Akt fällt tatsächlich unter die Zuständigkeit der Rechtsprechung von Nürnberg; ihr zufolge ist er also ein Kriegsverbrechen und müßte, würde das Gesetz angewandt, diese oder jene Strafe verlangen. In diesem Fall werden wir nach Möglichkeit die Verantwortlichen nennen. Auf diese Weise wird das Russell-Tribunal, in seiner Untersuchung wie in seinen Beschlüssen, keine andere Aufgabe haben, als allen die Notwendigkeit einer internationalen Institution deutlich zu machen, die zu ersetzen es weder die Mittel noch den Anspruch hat und deren Ziel es wäre, das in Nürnberg totgeborene *jus contra bellum* wieder zum Leben zu erwekken und das Recht des Dschungels durch ethische und juristische Regeln zu ersetzen.

Gerade aus der Tatsache, daß wir einfache Staatsbürger sind, konnten wir, indem wir uns international kooptierten, unserem Tribunal eine universellere Struktur geben, als sie in Nürnberg vorhanden war. Ich meine nicht nur, daß hier eine größere Zahl von Ländern vertreten ist: so gesehen wären noch einige Lücken zu füllen. Doch während die Deutschen 1945 nur auf der Anklagebank saßen oder allenfalls als

Belastungszeugen auftraten, sind hier mehrere Geschworene Bürger der Vereinigten Staaten; das heißt, sie kommen aus dem Land, über dessen Politik verhandelt wird, und haben folglich ihre eigene Art, diese Politik zu verstehen, und, wie immer ihre Bewertung ausfallen mag, eine enge Beziehung zu ihrem Vaterland, seinen Institutionen und Traditionen, wovon die Schlußfolgerungen des Tribunals nicht unbeeinflußt bleiben werden.

Doch wie groß unser Wille zur Unparteilichkeit und Universalität auch sein mag, wir sind uns sehr bewußt, daß er nicht ausreicht, unser Unternehmen zu legitimieren. Was wir in Wahrheit wollen, ist, daß seine Legitimität rückschauend oder, wenn man lieber will, nachträglich bestätigt wird. In Wirklichkeit arbeiten wir weder für uns selbst noch zu unserer Erbauung, und wir behaupten nicht, daß unsere Entscheidungen wie ein Blitz einschlagen werden. In Wahrheit hoffen wir, dank der Zusammenarbeit mit der Presse eine ständige Verbindung zwischen uns und den Massen aufrechtzuerhalten, die in allen Teilen der Welt die Tragödie Vietnams schmerzhaft erleben. Wir hoffen, daß sie sich informieren, wie wir uns informieren, mit uns die Berichte, Dokumente, die Zeugenaussagen entdecken, sie bewerten und sich Tag für Tag mit uns ihre Meinung darüber bilden. Wir wollen, daß die Schlußfolgerungen, welche es auch sein mögen, von ihnen selbst gezogen werden, von allen und zur gleichen Zeit wie von uns; vielleicht schon früher. Diese Sitzung ist ein gemeinsames Unternehmen, dessen letztes Ziel nach dem Wort eines Philosophen eine «gewordene Wahrheit» sein muß. Ja, wenn die Massen unser Urteil bestätigen, dann wird es Wahrheit werden, und im gleichen Augenblick, in dem wir hinter denjenigen zurücktreten, die sich zu den Hüterinnen und zur mächtigen Stütze dieser Wahrheit machen, werden wir wissen, daß wir legitimiert waren und daß das Volk, indem es uns seine Zustimmung zeigt, eine viel weiterreichende Forderung stellt: nämlich daß ein echtes «Tribunal gegen Kriegsverbrechen» als ständige Einrichtung geschaffen wird, daß heißt, daß diese Verbrechen überall und jederzeit angezeigt und bestraft werden können.

Diese letzten Bemerkungen erlauben mir, auf eine Kritik zu antworten, die, sicherlich ohne böse Absicht, eine Pariser Zeitung gegen uns erhoben hat: «Was für ein seltsames Gericht: es gibt Geschworene und keinen Richter!» Das ist wahr: wir sind nur Geschworene, wir haben nicht die Macht, irgend jemanden zu verurteilen oder freizusprechen. Folglich gibt es auch keine Staatsanwaltschaft. Strenggenommen gibt es nicht einmal eine Anklageschrift. Herr Matarasso, der Präsident der juristischen Kommission, wird Ihnen statt dessen eine Liste der Beschwerden vortragen; und die Geschworenen werden am Schluß der Tagung darüber zu befinden haben, ob diese Beschwerden berechtigt sind oder nicht. Doch Richter gibt es überall: es sind die Völker, insbesondere das amerikanische Volk. Und für sie arbeiten wir.

2. Mai 1967

Kommuniqué des Präsidenten des Internationalen Tribunals, Jean-Paul Sartre

Antwort an Dean Rusk

Das Tribunal hat Dean Rusk ersucht, einen Sprecher der amerikanischen Regierung zu beauftragen, den Standpunkt der Vereinigten Staaten vor den Geschworenen darzulegen. Es hat präzisiert, daß es bereit sei, gleichgültig wann und wie bald, gleichgültig zu welcher Aussage, den Zeugen anzuhören, sofern er nur vom amerikanischen Außenministerium benannt worden ist. Dean Rusk hat uns nicht direkt geantwortet, aber er hat gegenüber Journalisten erklärt, er denke nicht daran, «mit einem vierundneunzig Jahre alten Engländer Jojo zu spielen». Sollte dieser alte Engländer Lord Russell, der berühmteste englische Denker, und der seriöse Mann, der sich weigert, mit ihm seine Zeit zu verlieren, ein mittelmäßiger amerikanischer Beamter sein, dann wird ihm die Antwort, die ich ihm geben werde, den Witz nehmen. Ich weiß nicht, ob Dean Rusk mit Lord Russell, stünde er ihm gegenüber, «Jojo spielen» würde oder ob nicht vielmehr Lord Russell es wäre, der mit den kläglichen Argumenten, mit denen Herr Rusk die Presse zu amüsieren pflegt, seinen Scherz triebe. Im übrigen handelt es sich nicht um eine Frage des Alters, es sind hier sehr viele, die, ohne mit Lord Russell wetteifern zu wollen, die von Herrn Rusk gesetzte Altersgrenze nicht überschritten haben und glücklich wären, öffentlich mit ihm zu diskutieren. Und ich weiß nicht, ob er gestern, nach den Berichten von A. Béhar und J.-P. Vigier, das Gefühl gehabt hätte, Jojo zu spielen, wenn ich ihn vor Zeugen über die Anwendung von Explosivkugelbomben in Vietnam befragt hätte.

Gleichviel, ich hebe nur die Verlegenheit hervor, die diese derbe Antwort verrät. Herr Rusk hätte antworten können: Ich erkenne die Legitimität des Tribunals nicht an und schicke niemanden, der den Standpunkt der amerikanischen Regierung vertritt. Oder: Ich erkenne seine Legitimität an, und wir sind von unserem Recht so sehr überzeugt, daß ich auf der Stelle einen Sprecher nach Stockholm schicke. Oder schließlich: Ich erkenne die Legitimität der Geschworenen nicht an, aber wir haben so starke Argumente und so stichhaltige Beweise, daß ich mich nicht fürchte, ihnen die Gründe unserer Politik vorzutragen. Von alldem hat er nichts gesagt: Er hat sich eine erbärmliche Ausrede ausgesucht. Wir meinen, daß diese Peinlichkeit und diese Ausflucht nur ihn selbst lächerlich machen und den Vereinigten Staaten nicht zur Ehre gereichen. Sollte sich die amerikanische Regierung zu ihrer Verteidigung auf die Mittelmäßigkeit dieses armen Mannes und seine armselige Verteidigung beschränken, dann liefert sie nur den Beweis dafür, daß es höchste Zeit ist, ihre Politik völlig unparteiisch, aber ohne Nachsicht zu untersuchen. Das ist das beste Mittel, diese Leute, die von ihrer eigenen Propaganda noch benebelt sind, zu entgiften.

4. Mai 1967

Zwölf Menschen ohne Zorn

Interview mit *Le Nouvel Observateur* vom 24. Mai 1967

Das «Internationale Tribunal gegen die Kriegsverbrechen in Vietnam», gegründet von dem englischen Philosophen Bertrand Russell, hat seine erste Tagung vom 2. bis zum 12. Mai in Stockholm abgehalten. Es hat die beiden Fragen, die es sich gestellt hatte, einstimmig bejaht: Sind die Amerikaner schuldig, in Vietnam Angriffshandlungen begangen zu haben? Greifen sie zu «terroristischen» Bombardierungen, um den Widerstand der Bevölkerung zu brechen? Ich berichte hier, wie es zu dieser Einstimmigkeit gekommen ist.

Es ist nicht wahr, daß über die Arbeit des »Russell-Tribunals» geschwiegen wurde. Die meisten Zeitungen haben einen Artikel über die Eröffnungssitzung gebracht, sodann einige Einzelheiten über die Zeugenaussagen berichtet und schließlich unsere Schlußfolgerungen veröffentlicht. Sogar das französische Fernsehen hat in seinen Nachrichtensendungen ein paar Worte darüber gesagt. Alle jedoch sind am Wesentlichen vorbeigegangen, an dem Drama, das sich über eine Woche lang in Stockholm abgespielt hat, einem Drama, das nicht nur von den Mitgliedern des Tribunals erlebt wurde, sondern von allen, die unsere Debatten verfolgten, die amerikanischen Journalisten inbegriffen. Und die Art, wie wir zu unseren Schlußfolgerungen gelangt sind, halte ich letztlich für ebenso wichtig wie diese Schlußfolgerungen selbst.

Innerhalb des Tribunals war dieses Drama natürlich am spürbarsten. Wir waren ein Dutzend Menschen, die sich kaum oder gar nicht kannten und absolut nicht wußten, zu welchem Schluß sie kommen würden. Im Prinzip standen alle der Politik der Vereinigten Staaten feindlich gegenüber, aber das reichte nicht aus, um das endgültige Urteil eines jeden von uns über die präzisen Punkte vorauszusehen, die wir zu untersuchen hatten. Ich persönlich war nicht von Anfang an zu erklären bereit, daß die Bombardierung der Zivilbevölkerung systematisch und bewußt geschieht. Ich wußte zwar, daß Zivilisten getötet worden waren, aber das passiert in jedem Krieg, und ich hätte zu dem Schluß kommen können: die Amerikaner sind zu fahrlässig, ergreifen nicht genügend Vorsichtsmaßnahmen, setzen sich über die «Schlampereien» bei ihren Operationen gegen militärische Ziele hinweg – was ich verurteilt hätte. Tatsächlich aber habe ich im Verlauf der Anhörungen nach und nach etwas ganz anderes entdeckt. Ich habe erfahren – ich gestehe, daß ich es nicht wußte –, daß die Amerikaner in Nordvietnam terroristische Razzien mit «psychosozialem» Ziel (wie es im strategischen Jargon heißt) durchführen, das heißt, die einzig dazu dienen, die Moral der Bevölkerung zu untergraben. Wichtig war für mich der Übergang von der vagen, an sich schon unerträglichen Vorstellung: «In Vietnam werden Kinder, Frauen und alte Menschen getötet» zu der präzisen und grauenhaften Vorstellung: «Man tut es absichtlich.»

Laurent Schwartz hat auf der Pressekonferenz vom letzten Freitag deutlich gezeigt, daß jedes Mitglied des Tribunals eine große Verantwortung übernimmt, wenn es eine solche Schlußfolgerung öffentlich teilt: es läuft nämlich Gefahr, sowohl das Tribunal wie sich selber lächerlich zu machen, wenn ihm von seiten der amerikanischen Regierung überzeugende Dementis entgegengehalten würden. Daß dies niemanden von uns abgeschreckt hat, daß der Weg, den ich in diesen zehn Tagen zurücklegte, derselbe war wie der aller anderen, daß am letzten Tag Einstimmigkeit über unsere Schlußfolgerungen erzielt worden ist, eben das scheint mir am bezeichnendsten zu sein.

Diese Einstimmigkeit war in keiner Weise vorherzusehen. Wir waren so wenig darauf gefaßt, daß wir noch am Tag vorher in nichtöffentlicher Sitzung sehr lange darüber diskutiert haben, in welcher Form wir unsere Schlußfolgerungen präsentieren sollten: sollte man einfach sagen, sie seien «mit einer Mehrheit von soundso viel Stimmen» angenommen worden, oder sollte man der Minderheit Gelegenheit geben, ihren Standpunkt gesondert darzulegen? Einige von uns verlangten sogar, jeder Geschworene müsse seine Entscheidung individuell begründen können.

Die Diskussion war sehr heftig, und der internationale Charakter des Tribunals machte die Einigung nicht gerade leichter, da die Verfahrensregeln von Land zu Land verschieden sind. Die französischen Geschworenen entscheiden zum Beispiel mehrheitlich, während die amerikanischen es nur einstimmig tun können. In diesen Formfragen haben wir uns gespalten. Sie gewannen bei allen unseren Arbeiten sogar ein so großes Gewicht, daß wir nie Gelegenheit hatten, den Kern des Problems miteinander zu besprechen. So merkwürdig es klingen mag, bis zum letzten Augenblick wußte keiner von uns, zu welchem Ergebnis die Mehrheit der anderen kommen würde. Wie konnte ich wissen, was in diesen zehn Tagen im Kopf eines pazifistischen und gewaltlosen Amerikaners wie Dave Dellinger vorgegangen war oder in dem eines anderen Amerikaners wie Oglesby, in dem eines Pakistani wie Mahmud Ali Kasuri, eines Filippinos wie Amado Hernandez, eines Engländers wie Isaak Deutscher oder anderer, die mir anfangs ziemlich zurückhaltend vorgekommen waren? Wir alle waren mit unserer besonderen Sehweise hergekommen, unvermeidlich geprägt von den besonderen Traditionen und Problemen unseres Herkunftslandes. Das war übrigens der Grund, warum jeder so peinlich darauf bedacht war, seine Rechte zu wahren.

In der letzten Nacht also haben wir sehr lange diskutiert, und ich muß gestehen, daß wir kaum vorankamen. Da hatte ich eine Idee – an jenem Tag leitete ich die Sitzung –, und ich sagte: «Um die Dinge zu vereinfachen, könnte man ja vorab schon einmal feststellen, wer die Absicht hat, auf die beiden Fragen, die wir uns gestellt haben – Gibt es eine amerikanische Aggression? Gibt es eine bewußte Bombardierung der Zivilbevölkerung? –, mit Ja zu antworten, unter dem Vorbehalt, daß wir danach eine redaktionelle Form finden, mit der jeder einverstanden ist?»

Wir haben abgestimmt, und die Einstimmigkeit war da. Sie hat uns alle überrascht und vor allem sehr bewegt, weil sie mit einem Schlag das Problem der «Legitimität» des Tribunals löste. Ich hatte es vorher gesagt: wir werden unsere Existenzberechtigung bei der Arbeit beweisen. Wenn das Tribunal gelang, hatte es das Recht, zu tagen; sollte es scheitern, dann hatte es dazu kein Recht.

Es ist gelungen, nicht nur, weil alle seine Mitglieder überzeugt worden sind, sondern weil alle, die seine Arbeit verfolgt, an den Sitzungen teilgenommen, die Zeugen gehört haben, ebenfalls überzeugt worden sind. Es ist gelungen, weil ihm kein einziges Dementi der amerikanischen Regierung entgegengehalten worden ist. Im Gegenteil, das Pentagon war gezwungen, den Einsatz von gegen Menschen gerichteten Splitterbomben in Nordvietnam zuzugeben, was es bisher noch nie getan hatte.

Eine englische Zeitung schrieb, es habe innerhalb des Tribunals – wie in Washington, nur auf umgekehrten Positionen – «Falken» und «Tauben» gegeben, «Harte» und «Weiche»? Gab es wirklich eine solche Spaltung?

Sie existierte nicht. Ich zum Beispiel wurde als ein «Harter» bezeichnet und Vladimir Dedijer als ein «Weicher». Darauf antworte ich ganz einfach, daß meine Beziehungen zu Dedijer, die zuerst unpersönlich waren, da ich ihn nicht kannte, sich sehr schnell in echte Freundschaft verwandelt haben, die noch verstärkt wurde durch eine völlige Übereinstimmung in fast allen Diskussionspunkten. Vor allem aber ist die Unterscheidung zwischen «Harten» und «Weichen» sinnlos. Wer ist ein «Harter»? Jemand, der beschließt, alles im voraus zu verurteilen, ohne die Zeugen gehört zu haben? Dann bin ich ein «Weicher», und alle anderen waren es ebenso. Um so beeindruckender ist unsere Einstimmigkeit.

Unser Hauptanliegen war nicht nur, die Informationen zu sammeln, sondern sie auch zu sichten und zu kontrollieren.

Wir haben uns nicht mit den Dokumenten zufriedengegeben, die uns von den Nordvietnamesen zur Verfügung gestellt wurden. Wir haben sie an Ort und Stelle, wo immer wir es konnten, von unseren eigenen Kommissionen nachprüfen lassen. Die Vietnamesen sagten uns zum Beispiel, daß etwa hundert Krankenhäuser von den Amerikanern bombardiert worden seien. Eine unserer Untersuchungskommissionen hat sich an Ort und Stelle begeben und konnte in 8 Provinzen 35 der Fälle verifizieren, die uns genannt worden waren. Was sie sahen, entsprach jedesmal den Beschreibungen der vietnamesischen Berichte.

Ebenso war es mit den Explosivkugelbomben. Der Nachweis, den Jean-Pierre Vigier über ihre Unwirksamkeit gegen militärische Ziele geführt hat, ließ sich nicht widerlegen und stützte sich auf Feststellungen, die an Ort und Stelle getroffen worden waren: zum Beispiel kann eine Kugel nicht tiefer als 10 bis 20 Zentimeter in einen Sandsack eindringen, was diese Waffen – anders als das Pentagon behauptet – sogar gegen Flakposten unwirksam macht. Sie können nur dazu dienen, aufs Geratewohl und in sehr großem Umkreis Menschen zu töten.

Ein japanischer Ermittler erklärte uns, er habe Karten von amerikanischen Piloten gesehen, auf denen bestimmte Ziele mit einem Kreuz versehen waren: eines davon befand sich in der Nähe einer Kirche, die bombardiert worden war. Wir haben diesen Teil seiner Aussage weggelassen, weil wir nicht in Erfahrung bringen konnten, ob diese Kreuze «Bombenziel» oder im Gegenteil «Achtung: Kirche» bedeuteten.

Wir haben auch die gefilmten Aussagen amerikanischer Gefangener in Vietnam weggelassen. Der Ton war so schlecht, daß man uns hätte beschuldigen können – eine Zeitung hat es übrigens auch getan –, wir hätten den Streifen «manipuliert». Einmal hat man uns vorgeschlagen, uns von den Vietnamesen einen gefangenen Flieger schikken zu lassen. Das war natürlich ein nicht zu realisierender Vorschlag, denn man kann sich schwerlich einen Kriegsgefangenen vorstellen, der zwischen zwei Gendarmen in Schweden eintrifft und es genauso wieder verläßt. Aber nicht aus diesem Grund haben wir ihn verworfen, sondern weil das Tribunal nicht über Individuen zu urteilen hat, sondern darüber, ob eine bestimmte Politik eine Aggressionspolitik ist oder nicht, ob eine bestimmte Kriegsmethode gegen internationale Gesetze verstößt oder nicht.

Natürlich haben wir auch nordvietnamesische Zeugen gehört. Da gab es den Präsidenten des Hohen Gerichtshofs von Hanoi, Pham Van Bach, und den Obersten Ha Va Lau, Mitglied der nordvietnamesischen Untersuchungskommission über die Kriegsverbrechen. Es gab auch einfache Bürger – einen durch Napalm verbrannten Kaufmann, dem ein Ohr «geschmolzen» war und dem ein Arm am Körper klebte; ein junges Mädchen, in dessen Kopf eine Kugel steckte; ein grauenhaft verbranntes Kind – und viele andere, die gekommen waren, um zu berichten, was sie gesehen und erlitten hatten. Alle haben mit beeindruckender Würde, Mäßigung und Genauigkeit ausgesagt. Kein einziger hat versucht, das Tribunal in eine politische Versammlung zu verwandeln. Sie haben lediglich Tatsachen vorgebracht, und wenn sie auf eine unserer Fragen keine Antwort wußten, sagten sie freimütig: «Ich weiß es nicht.»

Warum gab es keine amerikanischen Zeugen, die für ihr Land gesprochen haben?

Amerikaner haben «gegen» ihr Land ausgesagt. Insbesondere der Historiker Gabriel Kolko, der sehr deutlich gezeigt hat, daß die amerikanische Aggression in Vietnam nicht erst mit der Entsendung eines Expeditionskorps begonnen hatte, sondern schon sehr viel früher, gleich nach dem Krieg, als sich die Politik amerikanischer Präsenz in Asien abzeichnete. Diese Aussage hat entscheidend zur Herstellung der Einstimmigkeit über den ersten Punkt der Diskussion beigetragen.

Daß wir keine Amerikaner gehört haben, die ihr Land verteidigten, liegt daran, daß keiner gekommen war. Zwei schwedische Rechtsanwälte haben dem Tribunal spontan geschrieben und sich bereit erklärt, die Sache der Vereinigten Staaten zu vertreten. Wir haben ihr Angebot ausgeschlagen. Aus folgendem Grund. Angenommen, sie hätten unsere Zeugenaussagen in der Luft zerfetzt: das wäre für die Vereinigten Staaten sehr schön gewesen, und wir hätten uns beugen müssen. Ein Risiko, daß wir alle von Anfang an akzeptierten. Angenommen jedoch, den beiden Rechtsanwälten wäre es nicht gelungen, uns zu überzeugen, sie hätten sich sogar angesichts der Übermacht der Beweise, die wir vorlegten, lächerlich gemacht: dann hätten die amerikanische Regierung und die Presse sofort gezetert, es sei ein abgekartetes Spiel gewesen und wir hätten absichtlich «Strohmänner» ausgewählt, die bereit waren, umzufallen.

Für uns ist es wesentlich, daß jeder, der vor dem Tribunal die amerikanische Position verteidigt, in irgendeiner Form die Vereinigten Staaten vertritt. Wir werden der amerikanischen Regierung unsere Bitte noch einmal vortragen. Aber Sie haben ja die klägliche Antwort gelesen, die Dean Rusk uns gegeben hat und die seine Beschränktheit beweist. Hätte er als Staatsmann gesprochen, dann hätte er drei Dinge sagen können. Entweder (eine natürlich undenkbare Antwort): «Dieses Tribunal ist legitim, und wir schicken jemanden zu unserer Verteidigung.» Oder: «Dieses Tribunal ist illegitim, und wir schicken niemanden.» Oder aber: «Dieses Tribunal ist zwar völlig illegitim, doch wegen der Publizität, die seine Sitzungen haben werden, schicken wir jemanden, der es daran hindert, den Leuten den Kopf mit Lügen vollzustopfen.» Wäre ein Wortführer der Vereinigten Staaten gekommen und hätte gesagt: «Ihr seid zwar ein Haufen Halunken, aber ihr könnt Schlimmes anrichten, und ich komme, um eure Lügen zunichte zu machen», dann hätten wir ihn akzeptiert. Die Tatsache, daß die Vereinigten Staaten niemanden geschickt haben und das Pentagon ein verlegenes Eingeständnis abgeben mußte, beweist, daß der amerikanischen Regierung nicht daran gelegen ist, ihre Sache öffentlich zu verteidigen.

Wie denken die amerikanischen Mitglieder des Tribunals über die Entwicklung der Situation in den Vereinigten Staaten?

Sie sind ziemlich pessimistisch. Alle haben mir gesagt, daß der Widerstand gegen den Krieg ständig wächst, aber daß gleichzeitig Meinungsumfragen darauf hindeuten, daß Johnsons Popularität nachläßt, sobald es so aussieht, als wolle er die militärischen Anstrengungen in Vietnam bremsen. Sie erklären das so: Johnson hat bereits die Unterstützung der «Tauben» und all derer verloren, die offen gegen den Krieg sind; diese Leute lassen sich von seinen scheinheiligen «Friedensinitiativen» nicht mehr täuschen und sind für ihn nicht wiederzugewinnen. Dagegen hat er jetzt die Unterstützung der «Falken» und der Rechten, aber die kann er nur behalten, wenn er nie «schwach wird». Das treibt ihn dazu, die Eskalation immer mehr zu beschleunigen, und macht die Situation in den Augen der Amerikaner, die ich getroffen habe, furchtbar gefährlich.

Meinen Sie, daß die Arbeit des Tribunals Einfluß auf die amerikanische Öffentlichkeit haben kann?

Im Augenblick meine ich, daß dieser Einfluß gleich Null ist, obwohl die *New York Times* relativ objektiv über bestimmte Aussagen berichtet hat. Aber wir werden die Zeugenaussagen und Dokumente, die wir in Stockholm zusammengetragen haben, als Buch herausgeben. Wir möchten eine vollständige Publikation daraus machen, die mindestens zwei dicke Oktavbände umfaßt; vor allem wollen wir Auszüge daraus als Taschenbuch veröffentlichen. Wir haben bereits Angebote mehrerer Verlage aus verschiedenen Ländern, sogar aus den Vereinigten Staaten. Ich bin sicher, daß alle Amerikaner, die dieses Buch kaufen, davon aufgerüttelt werden. Ich glaube sogar, daß viele es kaufen werden.

In Frankreich haben die Kommunisten eine gewisse Zurückhaltung gegenüber dem «Russell-Tribunal» an den Tag gelegt – warum? Hält die antichinesische Haltung der PC sie davon ab, es offener zu unterstützen?

Vielleicht hat es zu Beginn eine derartige Zurückhaltung gegeben, aber sie beruhte auf einem Mißverständnis, das sich zwangsläufig aufklären wird. Ich kenne nicht die politischen Ansichten aller Mitglieder des Tribunals, aber keines von ihnen hat zu irgendeinem Zeitpunkt durch sein Verhalten gezeigt, daß es pro- oder antichinesisch ist. Beispielsweise mußten wir nie jemanden um Mäßigung bitten, der unsere Debatten politisieren wollte. Das Problem hat sich nicht einmal gestellt.

Andererseits darf ich Sie darauf hinweisen, daß die «Zurückhaltung» der Kommunisten gar nicht so groß ist, denn Matarasso, ein

Mitglied der Partei, hat unsere juristische Kommission geleitet, und ein anderes Parteimitglied, Jean-Pierre Vigier, hat vor dem Tribunal eine der beeindruckendsten Aussagen gemacht.

Anfangs gab es ganz offenkundig ein gewisses Mißtrauen uns gegenüber. Es war legitim. Manche hatten Angst, daß unsere Versammlungen auf ein zehntägiges politisches Meeting hinauslaufen würden. Doch nach zwei Tagen war die Partei gewonnen. Die schwedische KP hat uns ihres vollen Einverständnisses versichert. Das offizielle Organ der italienischen KP, *L'Unità*, hat jeden Tag sehr ausführlich über unsere Sitzungen berichtet. Die türkische Arbeiterpartei hat uns ein Solidaritätstelegramm geschickt. Aus Polen, der Tschechoslowakei, Bulgarien und Rumänien hat man uns um Artikel und Interviews gebeten.

Vor einigen Tagen wurde gemeldet, Sie hätten eine Einladung, am sowjetischen Schriftstellerkongreß teilzunehmen, ausgeschlagen. Hat das politische Gründe?

Zunächst einmal ist das eine Fehlinformation. Ich habe eine Einladung nicht «ausgeschlagen». Ich habe den Sowjets lediglich gesagt, daß ich soeben mehrere Wochen lang meine Arbeit völlig habe ruhen lassen und zur Zeit nicht wieder wegfahren könne. Meine Entscheidung hatte keinerlei politische Hintergründe. Der Beweis ist, daß ich weiterhin einer der Vizepräsidenten der COMES bleibe, jener Organisation, in der Schriftsteller aus dem Osten und Westeuropa zusammengeschlossen sind. Die COMES ist zum Zeitpunkt der Sinjawski-Daniel-Affäre[1] stark verunsichert worden: angesichts der ernsten Lage hat sie heute beschlossen, ihre Kongresse wieder aufzunehmen, und ich habe die Absicht, daran teilzunehmen.

1 Die sowjetischen Schriftsteller Sinjawski und Daniel veröffentlichten von 1959 bis 1964 in Paris, London und Washington Erzählungen, die nicht durch die sowjetische Zensur gelaufen waren. Sie wurden 1965 verhaftet und 1966 zu sieben Jahren Arbeitslager unter verschärften Bedingungen verurteilt. 1967 wurden Alexander Ginsburg, Julij Galanskow, Alexej Dobrowolskij und Wera Laschkowa verhaftet und zu Zwangsarbeit verurteilt, weil sie ein illegales Weißbuch über den Prozeß gegen Sinjawski und Daniel zusammengestellt und verbreitet hatten. *Anm. d. Hg.*

Wann findet die nächste Sitzung des «Russell-Tribunals» statt?

Wahrscheinlich im Oktober. Wo? Das wissen wir noch nicht. Wir könnten wieder in Stockholm tagen, aber man sollte die schwedische Gastfreundschaft vielleicht nicht strapazieren. Die schwedische Regierung war dagegen, daß wir kommen; doch das Gesetz erlaubte ihr nicht, uns daran zu hindern; sie hat uns aus Achtung vor der Demokratie gewähren lassen, einer Achtung, vor der ich den Hut ziehe. In Frankreich war die Situation die gleiche, weniger jedoch die Achtung.

Im Verlauf unserer nächsten Sitzungsperiode werden wir drei Punkte untersuchen: Setzen die Amerikaner in Vietnam Waffen ein, die durch internationale Konventionen verboten sind, insbesondere chemische Waffen? Haben sie in bestimmten Fällen ihre Gefangenen mißhandelt? Begehen sie Dinge (Deportation der Bevölkerung in Lager, systematische Zerstörung des Ackerlandes usw.), derentwegen man sie des Völkermordes bezichtigen muß? Zu diesen drei Fragen habe ich noch keine Meinung. Erst im Oktober werde ich mir eine bilden können. Doch um die amerikanische Politik zu verurteilen, genügt es mir bereits, daß das Tribunal zwei Verbrechen festgestellt hat: das der Aggression und das des Terrors durch systematische Bombardierung der Zivilbevölkerung. Und wenn die Oktobersitzung genauso verläuft wie die soeben zu Ende gegangene, dann glaube ich, daß niemand mehr auf den Gedanken kommt, unsere «Legitimität» in Frage zu stellen.

24. Mai 1967

Von Nürnberg nach Stockholm

Das «Russell-Tribunal» wird von allen westlichen Regierungen für *illegal* gehalten. Als General de Gaulle ihm die Erlaubnis verweigerte, in Frankreich zu tagen, faßte er die allgemeine Meinung der «Mächte» in dem Satz zusammen: «Alle Gerichtsbarkeit ist ausschließlich Sache des Staates.» Dennoch hat dieses Organ – entstanden auf die Initiative eines einzigen Mannes, der zwar ein berühmter Philosoph, aber ein einfacher Staatsbürger ohne öffentliche Ämter ist – nach seiner Stockholmer Sitzung und nach seinen ersten Schlußfolgerungen nicht mehr nötig, seine *Legitimität* zu beweisen. Über diesen offenkundigen Widerspruch möchte ich hier mit Ihnen zusammen einige Überlegungen anstellen.

Am 10. Mai 1967, am Ende unserer ersten Sitzung, haben wir die Schlußfolgerungen des Tribunals vor den Journalisten verlesen: «1. Hat die Regierung der Vereinigten Staaten gegen Vietnam im Sinne des Völkerrechts Aggressionshandlungen begangen? Einstimmig *ja*. 2. Haben in großem Maßstab vorsätzliche und systematische Bombardierungen rein ziviler Ziele stattgefunden? Einstimmig *ja*.» Und als die letzten Worte ausgesprochen waren, als das Auditorium – einschließlich der Pressekorrespondenten – diese Schlußfolgerungen stehend mit zwanzigminütigem Applaus begrüßte, da begriffen wir, daß *etwas* geschehen war oder, wenn Sie so wollen, daß während jener zehn Tage, in denen wir unablässig Ermittler, Zeugen, Opfer gehört und befragt, Dokumente gesichtet und untersucht, materielle Beweisstücke geprüft, Projektionen von Fotos und Filmen beigewohnt hatten, die von unseren Untersuchungskommissionen im Verlauf ihrer Arbeit aufgenommen waren – daß während dieser zehn Tage unabhängig von uns ein nicht wieder rückgängig zu machender Prozeß stattgefunden hatte, der uns alle, Geschworene und Publikum, zu diesem Punkt geführt hatte, von dem es kein Zurück mehr gab, zu diesen Antworten – *von niemandem* gegeben auf *von niemandem* gestellte Fragen –, die sich dort plötzlich als eine wirkliche Bestimmung der historischen Objektivität erwiesen hatten.

Was war geschehen? Ganz einfach dies, daß das Ergebnis unseres Unternehmens, das uns nach und nach entgangen war, sich zu unserem Unternehmen zurückgewendet und es nachträglich legitimiert hatte und daß es uns gleichzeitig objektiv zu Geschworenen machte und von unseren Skrupeln und unserer subjektiven Befangenheit befreite, indem es uns als eine Versammlung beliebiger Menschen definierte, die auf der Stelle durch andere – ebenfalls beliebige – Menschen ersetzt werden konnten, die nichts anderes taten, als einfach von der menschlichen Fähigkeit Gebrauch zu machen, in Kenntnis der Sachlage ja oder nein zu sagen.

Tatsächlich kannten wir uns, als wir uns auf die Bitte von Lord Russell hin versammelten, kaum oder gar nicht. Diese Fremdheit – die Namen, die Werke waren natürlich allgemein bekannt – trennte uns in den ersten Stockholmer Tagen, als wir uns für eine bestimmte juristische Verfahrensweise entscheiden mußten. Wir kamen ja von überall her: von den Philippinen, aus Kuba, aus der Türkei, aus Pakistan, aus Japan, aus Westeuropa und sogar aus den Vereinigten Staaten: die kubanische Delegierte *vertrat nicht ihr Land*, da abgemacht war, daß wir überhaupt niemanden vertraten; allerdings war diese Revolutionsheldin völlig einverstanden mit dem revolutionären Prozeß, der ihr Land langsam und sicher veränderte, sie war nicht von Fidel entsandt oder ausgewählt, aber sie liebte Fidel, und Fidel vertraute ihr; ihr Urteil, wie es auch ausfallen mochte, verpflichtete ihr Land nicht, aber wir wußten, daß es selbst in diesen nördlichen Breiten so weit von der Karibik entfernt das Urteil der kubanischen Massen sein würde, die geschlossen hinter Castro stehen, kurz, daß es – obwohl ganz privat – eine kollektive Dimension haben würde. Dagegen waren die Delegierten von den Philippinen, aus Japan, aus Europa, aus den USA usw. teilweise unter großen Risiken und gegen den Willen ihrer Regierung gekommen. Bis hin zu ihrer Entscheidung, im Tribunal mitzuarbeiten und die gestellten Fragen zu beantworten, waren sie geprägt von den Widersprüchen ihrer Gesellschaften, deren Basis nach wie vor kapitalistisch und folglich durch Ausbeutung und Unterdrückung gekennzeichnet ist. Gewiß, sie hatten ihre Wahl getroffen und sich den Massen angeschlossen: aber jeder hatte das auf seine Weise getan, und selbst wenn sie einer politischen Gruppierung angehörten – die im übrigen weder willens noch in der Lage war, ihnen ein Mandat zu erteilen –, war alles, was man von ihnen sagen konnte, daß ihre Beurteilung der Debatten zum Teil vielleicht durch die Prinzipien, die Hauptziele und die Denkgewohnheiten dieser Gruppierung beeinflußt werden würde und daß sie anfangs nicht den Anspruch erheben konnten, für die Gesamtheit der arbeitenden Klassen ihrer Länder zu sprechen. Und auch wenn sich diese Länder abstrakt in ihren Grundstrukturen sehr ähnlich waren, so unterschieden sie sich doch stark voneinander durch ihre Geschichte und die konkrete Form ihrer Wirtschaft, das heißt durch ihre Produktionsverhältnisse, ihre menschlichen Konflikte, ihre Institutionen und ihre innen- und außenpolitischen Probleme. So waren jedem von uns die anderen auf zweierlei Weise fremd: die politische Gruppe, aus der er kam oder der er am nächsten stand, repräsentierte zwangsläufig nur einen Teil der arbeitenden Massen, und zwar *auf ihre Weise*; die dringenden Aufgaben, die Möglichkeiten, die Besonderheiten der wirtschaftlichen Entwicklung, die Kräfteverhältnisse, die sich daraus ergaben, und der besondere Aspekt des Klassenkampfs, kurz, die historische Entwicklung, die uns in unserer Eigentümlichkeit als gesellschaftliche Individuen hervorgebracht hatte, alles – einschließlich der Sprachbarriere – trug dazu bei, jeden von uns in eine Art nationale Subjektivität zurückzuwerfen – ganz zu schweigen von der persönlichen Subjektivität – und alle für alle zu Fremden zu machen. Was hatte zum Beispiel Dave Dellinger aus den Vereinigten Staaten, ein Pazifist und Gegner der Gewalt, mit dem philippinischen Dichter Hernandez gemein, der jahrelang im Gefängnis saß, weil er mit Waffengewalt gegen das Vordringen des amerikanischen Neokolonialismus auf den Philippinen gekämpft hatte? Was hatte er gemein mit jenem anderen Geschworenen aus seinem eigenen Land, Carmichael – der nicht nach Stockholm hatte kommen können, sich dort aber vertreten ließ –, einem erklärten Parteigänger der Gewalt als Antwort der schwarzen Bevölkerung auf die permanente Gewalt der weißen Rassisten? Was uns anfangs merkwürdigerweise am meisten trennte – und noch in der Nacht vor der Schlußabstimmung –, war der Überbau, besonders ein Teil davon: das Justizwesen. In jedem Land herrschten andere Regeln. Trotzdem mußten wir unsere eigenen aufstellen. Wofür sollten wir uns entscheiden? Um nur ein Beispiel zu nennen: die Vereinigten Staaten verlangen von ihren Geschworenen einstimmige Urteile, in Frankreich genügt die Mehrheit.

Über diesen letzten Punkt haben wir lange debattiert. Einige von uns plädierten für Einstimmigkeit; eine andere, größere Gruppe hielt es für ausreichend, daß sich eine Mehrheit ergab. Manche meinten, die Mitglieder der Minderheit sollten ihre Namen angeben und ihre Entscheidungen sogar öffentlich begründen dürfen. Ich erwähne diese Diskussion, die bisweilen sehr lebhaft wurde, weil sie eines deutlich zeigt: *wir mißtrauten einander*. Gewiß nicht *persönlich:* in Stockholm sind dauerhafte Freundschaften entstanden zwischen

Menschen, die sich vorher nie begegnet waren. Außerdem schätzten wir uns, weil wir unsere Vergangenheit kannten. Keiner zweifelte daran, daß jeder, wenn es soweit war, seine Entscheidung «nach bestem Wissen und Gewissen» treffen würde. Doch als Produkte verschiedener Länder und sogar verschiedener Kontinente konnte keiner von uns ahnen, welche Prozesse die endgültige Entscheidung der anderen in Gang setzen würde. Und jeder wollte, auch ohne schon zu wissen, wie sein eigenes Urteil ausfallen würde, sich selbst und diejenigen, die ihm ihr Vertrauen geschenkt hatten, vor einer nicht vorhersehbaren Entscheidung bewahren, die er nicht würde billigen können. Man hat in der westlichen Presse behauptet, es habe unter uns «Falken» und «Tauben» gegeben: das ist nicht wahr, wenn es bedeuten soll, daß für einige von uns die Entscheidung von vornherein festgestanden habe. Aber es ist wahr, daß die Geschworenen auf Grund einer falsch gedeuteten Geste, eines mißverstandenen Worts sich gegenseitig der «Härte» und der «Weichheit» verdächtigten und daß jeder eine freie, spontane Abstimmung wollte.

Wir sprachen unter uns nie über das eigentliche Problem; wir debattierten niemals, sei es hinter verschlossenen Türen, sei es in privaten Unterhaltungen, über die Schuld der Amerikaner oder über die niederschmetternden Zeugenaussagen, die wir gerade gehört hatten: diese Zurückhaltung beruhte nicht auf einer gemeinsamen Entscheidung, sondern eher auf einer Art ängstlicher Scheu. In unseren bisweilen sehr heftigen Diskussionen ging es ausschließlich um unseren juristischen Status. Und doch lebte das Tribunal intensiv: was uns in diesen langen Tagen unablässig quälte, was vor unseren Augen langsam Gestalt annahm und uns dann verfolgte, das war das, wovon wir nie sprachen, jene unwiderlegbaren und schrecklichen, in langer und geduldiger Arbeit gesammelten Beweise, an denen keiner von uns etwas ändern konnte und aus denen sich schließlich ganz von selber ein eigenständiger, scheußlicher, unerträglicher Tatbestand ergab: der Angriffskrieg, den die Regierung und die Streitkräfte der Vereinigten Staaten gegen Vietnam führten. Nach und nach zerbröckelte die Lügenfassade, die Präsident Johnson und sein Stab eilig errichtet hatten, um ihr eigenes Volk zu täuschen: die Geschichtsfälschungen sprangen in die Augen, und der armselige juristische Apparat, den man mühsam aufgebaut hatte, um zu beweisen, daß die amerikanische Politik nicht gegen die Charta der Vereinten Nationen verstieß, brach zusammen; was dagegen in aller Deutlichkeit sichtbar wurde, war die zynische Anwendung nackter Gewalt, waren die Terrorangriffe, die unbestreitbar gegen die Zivilbevölkerung gerichtet waren, war der Einsatz neuer Waffen, die gegen Soldaten oder militärische Ziele unwirksam und ausschließlich dazu konstruiert sind, die Bauern bei der Arbeit auf dem Feld dahinzuraffen, die Hartnäckigkeit, mit der Schulen, Krankenhäuser, Leprastationen und Kultstätten bombardiert wurden. Wir waren noch getrennt durch unsere subjektiven Diskussionen, als uns, unabhängig von unseren individuellen Meinungsverschiedenheiten, die *objektive Realität* schon geeint hatte – und wir wußten es nicht.

In der letzten Nacht hatten wir in der Frage der Verfahrensweise kaum Fortschritte gemacht: Mehrheit oder Einstimmigkeit? Wie sollten die Texte abgefaßt sein, über die abgestimmt werden würde? Und so weiter. Es schien unmöglich, zu einer Einigung zu kommen. Da hatte der, der an diesem Abend den Vorsitz führte, eine Idee. Er schlug vor, eine Stichprobe zu machen: «Unter dem Vorbehalt, daß wir eine redaktionelle Form finden, mit der jeder einverstanden ist, könnten wir schon einmal abstimmen, um festzustellen, wer von uns die Absicht hat, auf die Fragen, die uns gestellt sind, mit Ja zu antworten.» Daraufhin haben wir abgestimmt, und das Ergebnis war wie ein Schock, was man eine Überraschungsevidenz nennen könnte: wir erklärten einstimmig die amerikanische Regierung der beiden Kriegsverbrechen für schuldig, die ihr zur Last gelegt wurden. Ich sage, daß es sich um eine Überraschung handelte: und zwar deshalb, weil wir, eingeschlossen in den Teufelskreis der Subjektivität, an den anderen und an uns selbst gezweifelt hatten; die Erschütterung war sogar so tief, daß einigen Geschworenen Tränen in die Augen traten. Aber zugleich befreite uns diese Einstimmigkeit von der Subjektivität und ließ uns die Wahrheit dieses langen Reifungsprozesses erkennen: während wir uns für uneins hielten, reagierte jeder stillschweigend wie alle anderen; wir alle hatten über die Aussagen, die Berichte, die Dokumente ein und dieselbe Meinung gewonnen: unsere kollektive Einheit – so stark, daß man fast eine *Identität* darin sehen könnte – lag nicht in uns oder in dem kleinen Saal, in dem die Sitzungen hinter verschlossenen Türen stattfanden; sie war außerhalb unserer entstanden, im großen Saal des Tribunals, durch jenen Tatbestand, den die Untersucher und Zeugen geduldig rekonstruiert hatten und der nichts anderes war als der eigentliche Sinn dieses Kriegs und der verbrecherischen Politik der Vereinigten Staaten. Angesichts dieses Kriegs in seiner Nacktheit, angesichts der durch Argumente *ad usum internum* nur oberflächlich verschleierten zynischen Anwendung von Gewalt waren jene berühmten Unterschiede, die uns so große Sorgen gemacht hatten – nationale Geschichte, Kultur, politischer Horizont, die spezifischen Probleme der einzelnen Länder – nicht einen Augenblick lang ins Gewicht gefallen. Die Evidenz – zunächst eine Morgenröte, dann nach und nach eine lodernde Flamme – war so groß, daß sie uns zu auswechselbaren Menschen gemacht hatte. Fünfzehn Menschen, von denen jeder jeden anderen ersetzen konnte, die durch fünfzehn andere gleich wie und gleich wo gefundene Personen hätten ersetzt werden können. Man hatte nur zu *sehen* brauchen: wir waren gekommen, und wir hatten gesehen. Doch nein, unsere Aufgabe beschränkte sich nicht darauf. Nicht ausschließlich. Wir hatten zwei Fragen juristischer Art beantworten müssen. Die Empörung angesichts von Fotos zerstörter Krankenhäuser oder angesichts der Opfer – unter ihnen ein Kind, dessen Schenkel von Napalm zerfressen waren – war bei allen von uns gleich groß und wurde von allen mit gleicher Heftigkeit empfunden. Aber diese moralische Entrüstung zählte hier nicht: wir konnten Tag und Nacht nicht davon loskommen, aber nicht das war es, was man von uns verlangte. Vielmehr gab es internationale Gesetze, die bestimmte Handlungen bündig als Kriegsverbrechen definierten, und wir hatten zu entscheiden, ob das Vorgehen der amerikanischen Regierung und ihrer Streitkräfte zu dieser Kategorie gehörte oder nicht. Diese Gesetze existierten seit 1945: sie waren zum erstenmal in Nürnberg angewendet worden, niemand bestritt ihre Gültigkeit; mehr noch, man hatte sie, positiv formuliert, in die Charta der Vereinten Nationen aufgenommen: es handelte sich also um eine objektive Bestimmung; was die Natur und die Bedeutung des Vietnamkriegs anging, so erschienen sie uns ebenfalls in unabweisbarer Objektivität. Und in dem Augenblick dieser unerwarteten einstimmigen Entscheidung entdeckten wir, daß die Anwendung einer dieser Bestimmungen auf das andere, die juristische Bewertung des politischen und militärischen Vorgehens der USA, *durch uns*, aber sozusagen ohne uns stattgefunden hatte. Damit meine ich, daß die Ereignisse so eindringlich nach ihrer Bewertung riefen, daß keiner von uns erst sein Gewissen befragen mußte und daß unsere gemeinsame Antwort bei niemandem auf einer subjektiven Entscheidung beruhte: sie erschien jedem Geschworenen als eine Feststellung. Es gab *diese* Handlungen und *diese* Gesetze: und *diese* Handlungen fielen unter *diese* Gesetze. Als ob die Beziehung zwischen dem Statut von Nürnberg, das den Begriff «Kriegsverbrechen» definierte, und dem Vorgehen der Amerikaner in Vietnam vor der

Entstehung unseres Tribunals und unabhängig von ihm existiert hätte. Und als ob die Rolle der Geschworenen einzig darin bestanden hätte, sich zu *Vermittlern* zwischen dem Gesetz und der inkriminierten Aktivität zu machen. Damit die potentielle Anwendung des einen auf die andere Wirklichkeit wurde, genügte es, irgendwohin irgendwelche Menschen zusammenzurufen, die von dem einen wie von der anderen Kenntnis nahmen: der Beschluß würde *durch sie*, aber sozusagen ohne ihr Zutun zustande kommen: er war schon gefaßt, es genügte, daß sie es bemerkten und aussprachen. Jetzt begriffen wir den wahren Charakter unseres Tribunals: gewiß hatte Lord Russell den Anstoß zu seiner Konstituierung gegeben, und jeder von uns hatte es, indem er seinem Ruf folgte, letzten Endes auf sich genommen, sich selbst zum Geschworenen zu erklären. Aber wie Bertrand Russell es als erster geahnt hatte, handelte es sich nicht darum, eine Institution aus dem Boden zu stampfen, sondern darum, ein Organ für eine Funktion zu schaffen, die eines solchen Organs aufs dringendste bedurfte und es im voraus definiert hatte. Diese Handlungen *waren* geächtet, die Funktion der internationalen Gesetze *war* es, das Urteil über sie zu sprechen; was fehlte: Menschen, die befugt waren, es zu fällen. Durch Lord Russell *schuf sich die Funktion ihr Organ.* Als die Einstimmigkeit uns endlich von unseren geschwätzigen Subjektivitäten befreite, als wir *beliebige* Personen wurden, spürten wir, daß gleichzeitig das Tribunal seine Legitimität erlangt hatte. Als mich einige Zeit später auf einer Versammlung jemand fragte: «Warum haben gerade *Sie* beschlossen, das Tribunal zu konstituieren und seine Geschworenen zu werden?», konnte ich antworten: «Ganz einfach deshalb, weil gerade *Sie* es nicht getan haben.» Die Objektivität selbst enthielt eine Frage sowie ihre Antwort, dieser mußten lebendige Menschen nur noch ihr Affirmationsvermögen zur Verfügung stellen. Und da nur dieses Vermögen erforderlich war, traf uns der Vorwurf der Parteilichkeit nicht mehr, der uns *vor* unserer ersten Sitzung sehr oft und *danach* sehr viel seltener gemacht wurde. Gewiß meinten wir alle oder fast alle (einige Geschworene, die keine Marxisten waren, bedienten sich einer anderen Terminologie), daß der Imperialismus bekämpft werden müsse und daß er sich, wie Che Guevara sagte, «gegen die gesamte Menschheit» richte. Aber unsere politischen Überzeugungen spielten keine große Rolle. Es gibt Erscheinungsformen des Monopolkapitalismus, die verheerend sind und dennoch keine Verbrechen im juristischen Sinn des Wortes darstellen. Die amerikanischen Investitionen in französischen Unternehmen sind schädlich für Frankreich; sie gefährden seine Unabhängigkeit und setzen die Arbeiterklasse der Gefahr einer künstlichen Arbeitslosigkeit aus, die jeden Augenblick von einer in New York getroffenen Entscheidung ausgelöst werden kann, und nicht etwa von einer Krise auf dem französischen Arbeitsmarkt selbst. Man muß etwas gegen ihre Zunahme tun: in dieser Beziehung können die arbeitenden Klassen Verbündete sogar in gewissen Kreisen der nationalen Bourgeoisie finden, man kann die Regierung unter Druck setzen und sie dazu zwingen, im Namen der vollen Souveränität, die sie selber fordert, diesen Zufluß ausländischen Kapitals zu bremsen. Aber obwohl die Folgen dieser Investitionen tatsächlich unmenschlich sind, kann keine Rede davon sein, sie juristisch als Verbrechen zu definieren: zum einen, weil es sich eher um einen Prozeß als um eine Praxis handelt; zum anderen, weil es im bürgerlichen Frankreich kein Gesetz gibt, das sich darauf anwenden ließe. Im Vietnamkrieg dagegen gibt es Taten und Verantwortliche, gibt es Gesetze, die sich auf diese Taten beziehen. Unsere politische Position zählt daher ebensowenig wie unsere moralische Entrüstung; es gilt, ein juristisches Urteil zu fällen. Daß der Vietnamkrieg ungerecht ist, bezweifelt heute in Europa sogar innerhalb der Regierungen, die sich unter dem wirtschaftlichen Druck der Vereinigten Staaten zu deren Komplizen machen, fast niemand mehr: wir hatten lediglich zu entscheiden, ob das internationale Recht diesen Krieg verurteilte und welcher Art von Strafen die Verantwortlichen sich aussetzten. Damit in Stockholm ein Urteil gefällt werden konnte, war es daher keineswegs nötig, daß wie in unserm Fall alle Geschworenen zur Gruppe derjenigen gehörten, die aktiv gegen den Imperialismus kämpfen: es genügte, daß Geschworene kamen, hörten und sahen. Natürlich hätte ein erklärter Anhänger des Atlantikpakts aus politischen Gründen gezögert, Johnson und seine Komplizen zu verurteilen. Aber insgeheim, in seinem Herzen hätte er mit uns übereingestimmt. Umgekehrt genügte es nicht, diesen Krieg politisch und moralisch zu verurteilen, um daraus Antworten auf die gestellten Fragen herleiten zu können. Nehmen Sie meinen Fall: ich für meinen Teil war mir im großen und ganzen ziemlich sicher gewesen, daß ich die erste Frage mit Ja beantworten würde. Und zwar aus triftigen Gründen, die jedoch juristisch nicht zwingend waren: ich dachte ganz einfach – und ich denke es noch –, daß man einen Krieg, den ein Land Tausende von Kilometern von seinen Küsten entfernt mit Hilfe eines Expeditionskorps und mit Flugzeugen führt, deren Stützpunkte selbst schon in fremden Ländern liegen, nicht als *Vertei-*

digungskrieg bezeichnen kann. Bei meiner Ankunft in Stockholm wurde mir meine Unwissenheit bewußt: um entscheiden zu können, mußten wir die gesamte Geschichte Vietnams seit 1945 und die der amerikanischen Politik in Südostasien in demselben Zeitraum kennenlernen und diskutieren. Hinsichtlich der zweiten Frage dagegen hatte ich keine genauen Vorstellungen: ich wußte, daß jeden Tag Hunderte von Zivilisten als Opfer der amerikanischen Bombardierungen umkamen. Das allein reichte, daß ich diesen Krieg haßte. Aber die amerikanische Propaganda in Europa ist so erfolgreich, und die bürgerliche Presse macht sich so einmütig zu ihrer Komplizin, daß ich diese Massaker weniger bösem Willen als vielmehr einer verbrecherischen Gleichgültigkeit zuschrieb. Wenn ich bei dieser Ansicht geblieben wäre, hätte ich den zweiten Anklagepunkt mit Nein beantworten müssen. Meine Meinung in dieser Frage rührte ohne Zweifel von jener Ängstlichkeit her, von jenem bangen Bemühen, das Schlimmste nicht glauben zu müssen, das für das Kleinbürgertum, die Klasse, aus der ich stamme, charakeristisch ist. Damit ich meine Meinung änderte, bedurfte es des unerträglichen Lichts, das plötzlich von den Fakten ausging, vor allem von den Berichten der Experten über die Explosivkugelbombe. Alles nahm vor meinen Augen Gestalt an, erbarmungslos; alles verriet die verbrecherische Absicht. Meine Ängste und jener Geist träger Versöhnlichkeit – alles wurde hinweggefegt: da unten, das war die Hölle; eine vorgefertigte Hölle. Es mußte ausgesprochen werden: ich konnte urteilen.

Ich weiß, daß viele unserer Freunde sich die Frage nach dem Nutzen unseres Tribunals gestellt haben. Der Angriffskrieg, den die Vereinigten Staaten gegen Vietnam führen, ist, sagen sie, eine unmittelbare Folge der Asienpolitik der Vereinigten Staaten, die in der «Truman-Doktrin» genau zusammengefaßt ist, und diese Asienpolitik wiederum ist – wie die ständigen Interventionen der «Yankees» in Lateinamerika – der Ausdruck der Struktur jener Gesellschaft, die auf dem Monopolkapitalismus aufgebaut ist, der gezwungen ist, seine Produkte und sein Kapital unaufhörlich zu exportieren. Das ist eine Tatsache: es gilt, auf sie hinzuweisen, sie zu analysieren, ihre unannehmbaren Folgen aufzuzeigen und sie auf dem Boden der Tatsachen zu bekämpfen, indem man ihr zum Beispiel in allen Ländern, die den Atlantikpakt unterzeichnet haben, möglichst starke Volksbewegungen entgegensetzt, die auf ihre jeweiligen Regierungen Druck ausüben, damit diese, wenn die Zeit reif ist, gezwungen sind, aus der NATO auszutreten und damit den westlichen Block zu sprengen. Was bedarf es da der Hilfe von Juristen? Was scheren uns letztlich internationale Gesetze, deren Urheber in den meisten Fällen Regierungen waren, die trotz der von den bürgerlichen Demokratien errichteten Fassade ihre Völker nicht repräsentierten? Juristisch gesehen, sagen Sie, ist dieser Krieg ein Verbrechen? Na und? Was kümmert es uns, wenn der Zufall es will, daß bestimmte Aspekte dieses Krieges zu einigen Gipfelvereinbarungen in Widerspruch stehen? Die Reblaus ist nicht verbrecherisch: man bekämpft sie dennoch, weil sie schädlich ist. Die Tatsache, daß das amerikanische Vorgehen schädlich ist und uns an den Rand eines weltweiten Konflikts bringt, ist für uns ein hinreichender Grund, es zu bekämpfen. Geht Ihr Tribunal mit seinen Haarspaltereien im Grunde nicht von einem kleinbürgerlichen Legalismus aus?

Diese Einwände fließen mir um so leichter aus der Feder, als ich sie mir selbst gemacht hatte, als Lord Russell mich bat, Mitglied des Tribunals zu werden. Ich bin der Bitte dennoch gefolgt: die Einwände haben mich also nicht überzeugt. Heute überzeugen sie mich noch weniger. Und ich werde versuchen zu sagen, warum. Erstens ist es selbstverständlich, daß unsere Arbeit keine der gegenwärtigen Formen des Kampfes gegen den Imperialismus und den Angriffskrieg der Vereinigten Staaten gegen Vietnam ersetzen will. Ich würde sogar sagen, daß sie sie nicht einmal als ein Kampf anderer Art, aber von gleicher Wirksamkeit *ergänzen* will. Ich werde im folgenden noch das Ziel nennen, das wir anstreben oder, vielmehr, *das vermittels unserer Personen angestrebt wird.* Um aber zunächst an der Oberfläche zu bleiben: mir scheint, wir müßten – wenn es keine andere Rechtfertigung gäbe – diesen Vorwurf des «Legalismus» einfach hinnehmen. Denn schließlich, wenn der Kleinbürger legalistisch ist, warum soll man ihn dann nicht für den Kampf der Massen gegen den Imperialismus gewinnen, indem man ihm klarmacht, daß das Gesetz auf seiner Seite ist?

Aber nicht nur darum geht es. Es wird uns weiterführen, wenn wir kurz auf jene Bemerkung eingehen, politische Progaganda habe *niemals* Erfolg bei den Massen (es sei denn – und auch dann nicht unbedingt – in Fällen höchster Gefahr, wo sie unmittelbar bedroht sind), wenn sie nicht zu Anfang die ethische Dimension dessen aufdeckt, gegen das sie zum Kampf aufruft. Der Algerienkrieg war bei uns für Millionen von Franzosen, die dagegen protestierten, vor allem der schmutzige Krieg. Was wir heute auf den Fotos der Plakate gegen die Vietnampolitik der Vereinigten Staaten sehen, sind natürlich *Tatsa-*

chen. Aber diese Tatsachen sind sehr geeignet, uns zu einer moralischen Verurteilung zu führen: eine Mutter hält nach einem Bombenangriff ihr totes Kind in den Armen; ein andermal sind es sehr junge Vietnamesen, zu Skeletten abgemagert, auf Krücken gehend, traurige Opfer der Bombardierungen und der vom Aggressor aufgezwungenen Hungersnot. So etwas wühlt die öffentliche Meinung wirklich auf. Es gibt eine Moral der Massen, die einfach und revolutionär ist und die, vor jeder politischen Erziehung, verlangt, daß die Beziehungen zwischen den Menschen menschlich sind, und die Ausbeutung und Unterdrückung als etwas von Grund auf Böses verurteilt, noch bevor Organisationen entstehen, die die *Prozesse* bekämpfen, aus denen Ausbeutung und Unterdrückung hervorgegangen sind. Diese Moral *hat recht;* jedes beliebige Tun hat, was immer ihm zugrunde liegen mag, eine ethische Dimension, weil die Praxis, obwohl durch das Vorhergegangene bedingt, die Ethik selbst hervorbringt, insofern sie das Vorhergegangene dadurch in Frage stellt, daß sie es auf etwas hin überschreitet, was noch nicht ist. Die Praxis ist eine Tatsache, und sie ist mehr als das: sie ist menschlich in dem Maße, wie sie sich von den gegebenen Situationen losreißt, um die Geschichte zu machen, und gerade dadurch ist sie dem Urteil der Massen unterworfen, die sie aus der Tiefe ihres Elends danach bewerten, ob ihr Fernziel darin besteht, unsere Entfremdung zu verstärken oder die Befreiung des Menschen zu beschleunigen. Heutzutage, heißt es, ist Moral Politik. Völlig richtig, aber das wäre nicht denkbar, wenn nicht eigentlich Politik Moral wäre – zumindest für die arbeitenden Klassen. Mit anderen Worten, es gibt eine Ethik, und es sind die Massen, die über sie wachen; die Regierungen, wie sie auch sind, haben sich für ihr Handeln vor ihnen zu verantworten. Es ist klar, daß bei diesem südostasiatischen Konflikt der unglaubliche Heldenmut der Vietnamesen, die Hartnäckigkeit, mit der sie um die Wiedergewinnung ihrer Souveränität kämpfen, in den Augen der anderen Völker das Heraufkommen des befreiten Menschen ist. Von diesem Heraufkommen sind wir noch weit entfernt, aber der *Wert* der vietnamesischen Unabhängigkeit beruht unserer Meinung nach darauf, daß sie zugleich Symbol und Mahnung ist und in dieser finsteren und wirren Zeit einen Schritt darstellt, der uns ihm näherbringt: der Sieg Vietnams wird beweisen, daß der Mensch möglich ist. Mehr bedarf es nicht, um zu verstehen, daß umgekehrt das Unternehmen der Amerikaner radikal verurteilt werden muß: sollte es gelingen, so würde es beweisen, daß der Mensch ein Traum ist und daß es auf der Welt nur die *Sache* gibt, das heißt den Profit und seine Diener.

Diese ethische Dimension der Volksbewegungen ist entscheidend: Sie ist nicht etwa ein Aspekt des Überbaus, auf ihr beruht vielmehr die ursprüngliche Kraft dieser Bewegungen und ihr Zusammenhalt. Aber damit sie unerbittlich sei, muß sie sich in exakten Begriffen und präzisen Urteilen kundgeben können. Ich habe oft gehört, wie auf Versammlungen die Politik der USA als «verbrecherisch» bezeichnet wurde. An dem zustimmenden Murmeln konnte man erkennen, daß der Redner das Richtige getroffen hatte. Aber die Versammelten blieben unbefriedigt: sie hatten das dunkle Gefühl, diese zunächst geradezu freudig begrüßte Bezeichnung verliere ihre Kraft, sobald sie ihre Zwiespältigkeit erkennen lasse. So viele Dinge, die gar nichts miteinander zu tun haben, sind «verbrecherisch»: Gestern sagte mir ein Arzt: «Wenn Ihr Doktor Ihnen das Rauchen nicht verbietet, dann ist er ein Verbrecher!» Was hat dieser ein wenig zu nachsichtige Arzt mit General Westmoreland zu tun? Die Wörter nützen sich ab, sie verblassen: «verbrecherisch» – schön; aber die Teilnehmer einer Versammlung wollen mehr als eine vage moralische Kennzeichnung, die sich bei ihnen, da sie ungenau ist, in subjektives Unbehagen verwandelt: sie wollen, daß das vom Redner beiläufig ausgesprochene Urteil den Charakter einer *objektiven Bestimmung* annimmt und für immer bewahrt.

Genau diesem Ziel, sagte ich mir, bevor ich Lord Russell antwortete, *muß* das Tribunal dienen. Die Massen verabscheuen den Krieg, den die Amerikaner gegen dieses heldenhafte und arme kleine Volk führen; sie wollen wissen, ob dieser Krieg ein Verbrechen ist, ob allgemein gültige Gesetze ihn verurteilen. Nun, solche Gesetze existieren, und auf Grund dieser Gesetze werden wir die Tatsachen prüfen und die gestellten Fragen beantworten. Der Legalismus ist kleinbürgerlich, wenn die Gesetzgebung bürgerlich ist. Aber trotz ihrem Ursprung dienen die internationalen Gesetze nun einmal den Interessen der Völker. Das will ich hier kurz erklären. Vor dem Zweiten Weltkrieg herrschte in den internationalen Beziehungen das Gesetz des Dschungels. Zwar hatte es 1918 Bestrebungen gegeben, Wilhelm II. vor ein Gericht zu stellen. Aber es hatte genügt, daß Holland die Auslieferung verweigerte: die Alliierten vergaßen die Sache. Und wo übrigens waren die Gesetze, auf Grund deren ein Urteil hätte gefällt werden können? Es gab nicht ein einziges. Der Angriffskrieg war nirgends unter Strafe gestellt. Einen gewissen Fortschritt stellte später der Briand-Kellog-Pakt dar, aber da keine Institution vorgesehen war, die über seine Einhaltung wachen sollte, blieb dieses Abkommen toter

Buchstabe. Kein Wunder: die Kolonialmächte, deren Reichtum auf der Aggression, Massenmorden an der Zivilbevölkerung und planmäßiger Ausplünderung der kolonisierten Länder gründete, hätten es nicht geduldet, daß man ihr Vorgehen nach universellen Kriterien beurteilte. Dann kam Hitler, der die Unverschämtheit besaß, die Europäer mitten in Europa so zu behandeln, wie die Europäer in den Kolonien diejenigen behandelten, die sie als Eingeborene bezeichneten. Entsetzt beschlossen die Alliierten 1942, Gesetze zu schaffen, die es erlaubten, die Nazis zu verurteilen. Damit wurde plötzlich das Völkerrecht, das sich bisher darauf beschränkte, den Krieg zu reglementieren, aufgerufen, ihn zu *verbieten*. Das Statut des Nürnberger Gerichtshofs ist deshalb von historischer Bedeutung, weil das *jus ad bellum* in ein *jus contra bellum* verwandelt wird: die Aggression wird zu einem Kriegsverbrechen erklärt. Dieses Verbrechen ist strafbar, und in Nürnberg haben Richter es geahndet. Die Gesetze wurden so genau auf Hitlers Schandtaten zugeschnitten, daß die Alliierten gar nicht merkten, daß sie auch ihre eigenen verurteilten. Angriffs- und Eroberungskriege, Massenmorde an Zivilisten, standrechtliche Erschießungen, Mißhandlung von Gefangenen, Folter, Völkermord: all das wurde damals zu *Verbrechen* erklärt. Mit Recht: aber diese brisanten Bestimmungen hätten, nachdem sie es ermöglicht hatten, Göring auf die Anklagebank zu bringen, in der Folge dazu führen können, daß Salazar wegen seiner Angolapolitik oder – wer weiß? – ein französischer oder englischer Minister unter Anklage gestellt würde. Aus Angst hatten die alliierten Regierungen fortschrittliche Gesetze geschaffen, die, richtig angewandt, den Interessen der Unterdrückten dienten. Beim Nürnberger Gerichtshof durften nur von ihren Regierungen beauftragte Offiziere und hohe Beamte fungieren. Aber dieses eine Mal vertraten sie, ohne es zu wissen, nicht den von den herrschenden Klassen kontrollierten Staatsapparat: sie hielten Gericht *im Namen der Massen*, und zwar nicht nur über Nazis, sondern ein für allemal über alle Menschen, die sich wie die Nazis verhielten. Im Zusammenhang mit dem schwersten internationalen Verbrechen – der Aggression – sagte der Hauptankläger Jackson, der im Namen der Vereinigten Staaten sprach, sogar unvorsichtigerweise: «Obwohl diese Gesetze zum erstenmal auf die deutschen Aggressoren angewandt werden, können doch – wenn sie wirklich von Nutzen sein sollen – andere Anwendungsmöglichkeiten nicht ausgeschlossen werden; jede Aggression muß verurteilt werden, gleichviel, welcher Staat sich ihrer schuldig gemacht hat, die Staaten, die hier die Verhandlung führen, nicht ausgeschlossen.»

Es ist begreiflich, daß sich der Nürnberger Gerichtshof, nachdem er den letzten deutschen Schuldigen abgeurteilt hatte, in Luft auflöste und daß man nie wieder etwas von ihm gehört hat. Die deutsche Aggression war verurteilt, gut; um jedoch zu verhindern, daß einer der «Staaten, die die Verhandlung führten», verurteilt wurde, gab es kein anderes Mittel, als die einzige Institution aufzulösen, die geeignet war, über sie zu Gericht zu sitzen. Der Gerichtshof ist tot, liquidiert von denen, die ihn geschaffen hatten: das bedeutet, daß er – wenn er nicht ein gefügiges und ein wenig lächerliches Werkzeug der Großmächte werden sollte – nur als *Revolutionäres Tribunal* neu entstehen konnte, das von den Massen eingesetzt und auf Antrag der Völker über die Staatsoberhäupter zu Gericht sitzen würde. Doch was immer geschieht, man kann die Tatsache nicht aus der Welt schaffen, daß der Nürnberger Gerichtshof einmal existiert hat und daß die Massen, wenn ein kleines armes Land von einem reichen und mächtigen Staat angegriffen wird, sich sagen: genau *das* ist doch in Nürnberg als Kriegsverbrechen verurteilt worden. Es fehlt uns dringend eine Institution, die es einmal gegeben hat, die durch ihre Nachwirkungen und ihre Universalität Gültigkeit gewonnen hat, die unwiderruflich bestimmte Rechte und Pflichten festgelegt und die eine Lücke hinterlassen hat, die ausgefüllt werden *muß*. Aus einem Phantom ist dieser Gerichtshof zu einer Institution der Massen geworden oder vielmehr zu ihrem Bedürfnis. Nach ihm verlangen sie, wenn sie auf einer Versammlung oder vor einem Plakat jene dumpfe Unzufriedenheit verspüren, von der ich gesprochen habe.

Von ihm verlangen sie die Universalisierung und Objektivierung ihrer moralischen Empörung. Denn die Moral findet in diesem Fall ihre Krönung und ihre volle Verwirklichung in der *Rechtsprechung*. Das *jus contra bellum* bringt den Willen des Volkes, den Nationalismus und den Internationalismus der arbeitenden Klassen zum Ausdruck. Ohne sich dessen immer klar bewußt zu sein, fordern sie, daß es als *ihr* Recht in Erscheinung tritt, als das absolute Gesetz, das es ermöglicht, die amerikanischen Aggressoren objektiv zu verurteilen. Wenn die Regierungen die Legalität von Nürnberg beurlaubt haben, so deshalb, weil sie im Dienst der herrschenden Klassen stehen und weil diese zwar allenfalls die Kriege, die die anderen führen, zu mißbilligen bereit sind, sich aber das Recht vorbehalten, *ihre* Länder in *ihren* Krieg zu treiben, wenn ihnen das nützlich erscheint.

Das Russell-Tribunal entstand, weil danach verlangt wurde. Natürlich wartete man nicht bewußt darauf, vor allem erwartete man es nicht in der Form, die es nun angenommen hat. Es entstand einfach, weil man bei den Massen das Bedürfnis spürte, daß universelle und von allen Regierungen gebilligte Gesetze – die aber toter Buchstabe geblieben waren, weil sie nicht leben konnten, ohne revolutionär zu sein – nach einer genauen Untersuchung auf das Vorgehen der amerikanischen Regierung im Vietnamkonflikt angewandt würden. Es entstand, weil die Völker wollten, daß man zur Aufhellung jener finsteren und blutigen Ereignisse die exakten Begriffe – den der Aggression zum Beispiel – benutzte, die Gruppen von Juristen eindeutig zu definieren sich bemüht hatten. Niemand hat dem Tribunal ein Mandat gegeben. Wer hätte das auch tun sollen? Weder die mehr oder weniger mitschuldigen Regierungen, die allem anderen das Schweigen vorziehen, noch die Massen selbst, die durch ihre Grenzen getrennt sind und die Universalität, die man ihnen verweigert, erst ahnen. Das Tribunal ist vielmehr, weit davon entfernt, sich an die Stelle einer etablierten Institution zu setzen, aus diesem Vakuum und aus diesem Appell hervorgegangen. Denn wenn die internationalen Gesetze, wie wir gesehen haben, danach *verlangen*, auf die Politik der Regierung Johnson angewandt zu werden, geschieht das in Wirklichkeit auf Grund der Forderung der Völker. Am Ende unserer Stockholmer Sitzung erhielten wir unsere erste Legitimation: dadurch, daß wir durch unsere Einstimmigkeit beliebig und austauschbar geworden waren und jedermann uns ersetzen konnte, wurde uns klar, daß wir die wahren Vertreter der Massen geworden waren, das heißt, daß wir das unveräußerliche Recht des Urteilens wahrgenommen hatten, das allen Angehörigen eines Volkes zusteht und das die Grundlage jedes Rechtsspruchs darstellt. Wir – Menschen der Masse – haben *für die Masse* ein Urteil gesprochen und ohne jeden Zweifel *vor* ihrer Zustimmung. Aber unser Urteil hat noch nicht seine Wahrheit: wir müssen es jetzt mit seinen Motiven und seiner Begründung den Völkern vorlegen. Wenn sie es ratifizieren, wird es *ihr Urteil* werden und durch sie seine ganze Objektivität erlangen. Dann werden wir wissen, daß wir völlig legitimiert sind und daß die Massen, indem sie uns zustimmen, eine weiter reichende Forderung aufdecken: nämlich daß ein wirkliches Tribunal gegen Kriegsverbrechen geschaffen werde. Ein Tribunal, das aus den Massen hervorgeht und das ihren moralischen Forderungen eine juristische Dimension verleiht. Ein revolutionäres Tribunal.

3. Dezember 1967

Der Völkermord

Auf die sechste Frage, die ihm gestellt war: «Ist die Regierung der Vereinigten Staaten des Verbrechens des Völkermords am vietnamesischen Volk schuldig?», hat das «Internationale Tribunal gegen die Kriegsverbrechen», das vom 28. November bis zum 1. Dezember in Roskilde, Dänemark, tagte, einstimmig mit Ja geantwortet. Ich bin vom Tribunal beauftragt worden, die Gründe für diese Antwort zu redigieren.

I

Das *Wort* «Völkermord» existiert noch nicht lange: Der Rechtswissenschaftler Lemkin hat es zwischen den beiden Weltkriegen geprägt. Die *Sache* jedoch ist so alt wie die Menschheit, und bisher hat es keine Gesellschaft gegeben, die durch ihre Struktur davor bewahrt gewesen wäre, ein solches Verbrechen zu begehen. Tatsache bleibt, daß jeder Völkermord das Ergebnis der Geschichte ist und den Stempel der Gemeinschaft trägt, aus der er hervorgegangen ist. Der Fall von Völkermord, über den wir hier zu urteilen haben, ist eine Aktion der größten kapitalistischen Macht der heutigen Welt: Als solche muß sie hier begriffen werden, das heißt als Aktion, die sowohl die wirtschaftliche Basis dieser Macht, ihre politischen Ziele als auch die Widersprüche der derzeitigen Konjunktur zum Ausdruck bringt.

Vor allem müssen wir zu verstehen versuchen, was in dem Krieg, den die amerikanische Regierung gegen Vietnam führt, die *Absicht des Völkermords* ist. Artikel 2 der Genfer Konvention von 1948 definiert ja den Völkermord von der Absicht her. Die Konvention bezog sich dabei stillschweigend auf Ereignisse, die noch frisch in Erinnerung waren: Hitler hatte seinen entschiedenen Willen verkündet, die Juden auszurotten; für ihn war Völkermord ein *Mittel der Politik*, und er machte keinen Hehl daraus. Der Jude, wo immer er herkam, mußte umgebracht werden, nicht, weil er zu den Waffen gegriffen oder sich einer Widerstandsbewegung angeschlossen hatte, sondern einfach deshalb, *weil er Jude war*. Die amerikanische Regierung hat sich freilich gehütet, so klare Verlautbarungen von sich zu geben. Sie hat sogar behauptet, sie eilte ihren vom kommunistischen Norden angegriffenen Verbündeten in Südvietnam zu Hilfe. Ist es uns durch Prüfung der Fakten möglich, darin objektiv diese verschwiegene Absicht zu entdecken? Und können wir nach dieser Prüfung sagen, daß die Streitkräfte der USA in Vietnam die Vietnamesen nur deshalb töten, weil sie Vietnamesen sind? Das wird sich erst nach einem kurzen historischen Überblick feststellen lassen: denn die Strukturen der Kriegshandlungen verändern sich mit der gesellschaftlichen Basis. Zwischen 1860 und heute haben sich der Sinn der Kampfhandlungen sowie die militärischen Ziele tiefgreifend verändert, und am Ende dieses Wandlungsprozesses steht genau der «exemplarische» Krieg, den die Vereinigten Staaten in Vietnam führen. 1856: Konvention zum Schutz des Besitzes neutraler Mächte; 1864: in Genf versucht man, die Verwundeten zu schützen; 1899 und 1907 werden auf Konferenzen in Den Haag Versuche unternommen, die Austragung militärischer Konflikte zu reglementieren. Es ist kein Zufall, wenn Rechtswissenschaftler und Regierungen am Vorabend der beiden furchtbarsten Massaker, die die Menschen je gekannt haben, ihre Kontakte verstärken, um «den Krieg zu humanisieren». V. Dedijer hat in seinem Buch *On military conventions* sehr gut gezeigt, daß die kapitalistischen Gesellschaften zur gleichen Zeit im Begriff sind, das Monstrum des totalen Krieges zu gebären, der ihr wahres Wesen zum Ausdruck bringt. Die Ursachen dafür liegen auf der Hand:

1. Der Wettstreit zwischen Industrienationen, die sich um die neuen Märkte reißen, erzeugt jene ständige Feindseligkeit, die sich in der Theorie wie in der Praxis als sogenannter «bürgerlicher Nationalismus» äußert.

2. Die Entwicklung der Industrie, die am Ursprung dieser Antagonismen steht, bietet die Möglichkeit, sie durch die Herstellung immer gewaltigerer Mordmaschinen zugunsten eines der Konkurrenten zu lösen.

Das Ergebnis dieser Entwicklung macht es immer weniger möglich, zwischen Hinterland und Front, zwischen Zivilbevölkerung und Kriegsteilnehmern zu unterscheiden.

3. Überdies tauchen neue militärische Ziele in der Nähe der Städte auf, die *Fabriken*, die, auch wenn sie nicht für die Armee produzieren, zumindest teilweise das Wirtschaftspotential des Landes erhalten. Und die Zerstörung dieses Potentials ist ja gerade das Ziel des Konflikts und das Mittel, ihn zu gewinnen.

4. Aus diesem Grund werden alle mobilisiert: Der Bauer kämpft an der Front, der Arbeiter ist ein Soldat hinter der Linie, die Bäuerinnen

ersetzen ihre Männer auf dem Feld. In der *totalen* Mobilisierung einer Nation gegen die andere wird der Arbeiter tendenziell zum Kombattanten, weil letzten Endes die wirtschaftlich stärkere Macht die größten Aussichten hat, den Krieg zu gewinnen.

5. Schließlich hat die demokratische Entwicklung der bürgerlichen Länder zur Folge, daß sich die Massen für das politische Leben interessieren. Sie kontrollieren zwar nicht die Entscheidungen der Machthaber, werden sich jedoch nach und nach ihrer selbst bewußt. Wenn ein Konflikt ausbricht, stehen sie ihm nicht mehr gleichgültig gegenüber. Öffentlich diskutiert, von der Propaganda häufig entstellt, wird er zu einer moralischen Angelegenheit des gesamten Gemeinwesens: In jeder kriegführenden Nation sind auf Grund der Manipulation alle oder fast alle ihre Mitglieder Feinde sämtlicher Bürger der anderen Nation. Der Krieg totalisiert sich immer mehr.

6. Diese in vollem technologischem Wachstum begriffenen Gesellschaften weiten das Gebiet ihres Wettstreits ständig aus, indem sie die Kommunikationsmittel ausbauen. Das berühmte *one-world*-Modell der Amerikaner gab es schon Ende des 19. Jahrhunderts, als der argentinische Weizen die englischen Bauern zugrunde richtete. Der totale Krieg ist nicht mehr nur der Krieg aller Mitglieder einer nationalen Gemeinschaft gegen die Mitglieder einer anderen: er ist *auch* deshalb total, weil er die ganze Erde in Brand zu setzen droht.

Somit ist der Krieg zwischen (bürgerlichen) *Nationen* – der Europa seit 1900 bedrohte, aber erst 1914 ausbrach – nicht die *Erfindung* eines einzelnen Menschen oder einer Regierung, sondern einfach die Notwendigkeit einer totalitären Anstrengung, die sich seit Beginn des Jahrhunderts all denen aufdrängt, die die Politik mit anderen Mitteln fortsetzen wollen. Mit anderen Worten, die Alternative ist klar: kein Krieg oder diesen Krieg. *Diesen* Krieg haben unsere Väter geführt. Und die Regierungen – die ihn kommen sahen, ohne die Intelligenz oder den Mut zu haben, ihn zu vermeiden – haben vergeblich versucht, ihn zu humanisieren.

Dennoch taucht in diesem ersten weltweiten Konflikt die Absicht des Völkermords nur sporadisch auf. Zunächst geht es – wie in den vorausgegangenen Jahrhunderten – darum, die militärische Macht eines Landes zu brechen, auch wenn das weitere Ziel darin besteht, seine Wirtschaft zu zerschlagen. Aber selbst wenn es stimmt, daß man nicht mehr deutlich zwischen Zivilisten und Soldaten unterscheiden kann, so kommt es – gerade aus diesem Grund – doch selten vor, daß man, von einzelnen terroristischen Razzien abgesehen, die

Bevölkerung zur eigentlichen Zielscheibe macht. Zudem handelt es sich bei den kriegführenden Ländern um Industrienationen, die anfangs in einem gewissen Gleichgewicht zueinander stehen: Jede besitzt, was die mögliche Ausrottung betrifft, eine Abschreckungskraft, das heißt die Kraft, Vergeltung zu üben; das erklärt, warum man beim Massaker eine gewisse Vorsicht walten ließ.

II

Trotzdem hat es außerhalb Europas seit 1830 und im ganzen letzten Jahrhundert viele Völkermorde gegeben; einige davon waren der Ausdruck autoritärer politischer Strukturen, und die anderen – jene, von denen wir ausgehen müssen, um die Ursprünge des US-Imperialismus und die Natur des Vietnamkriegs zu verstehen – haben ihre Ursache in den inneren Strukturen der kapitalistischen Demokratien. Um Waren und Kapital exportieren zu können, gründeten die Großmächte – vor allem England und Frankreich – Kolonialreiche. Der Name, den die Franzosen ihren «Eroberungen» gaben – «überseeische Besitzungen» – macht deutlich, daß sie ihre Kolonien nur durch *Angriffs*kriege hatten erwerben können. Man sucht den Gegner in seiner Heimat auf, in Afrika, Asien, in unterentwickelten Gebieten, und statt einen «totalen» Krieg zu führen, der zu Beginn eine gewisse Gegenseitigkeit voraussetzen würde, nutzt man seine *absolute* militärische Überlegenheit aus und setzt nur ein Expeditionskorps ein. Dieses wird mit den regulären Truppen – falls es welche gibt – schnell fertig; da jedoch eine solche offene Aggression den Haß der Zivilbevölkerung hervorruft und diese eine Reservearmee von Aufständischen oder Soldaten ist, setzen sich die Kolonialtruppen mit Terror durch, das heißt mit immer neuen Massakern. Diese Massaker haben Völkermordcharakter: es geht darum, einen «Teil der (ethnischen, nationalen oder religiösen) Gruppe» auszurotten, um den überlebenden Teil zu terrorisieren und die einheimische Gesellschaft zu *zersetzen.* Als die Franzosen nach der blutigen Inbesitznahme Algeriens im letzten Jahrhundert der einheimischen Stammesgesellschaft, in der Grund und Boden allen gehörte, den *Code civil* aufzwangen, der die juristischen Regeln des bürgerlichen Eigentums enthält und vorschreibt, jedes Erbe zu teilen, zerstörten sie systematisch die ökonomische Basis des Landes, und der Grund und Boden ging schnell von diesen bäuerlichen Stämmen in die Hände der Kaufleute von Waren aus dem Mutterland über. Tatsächlich bedeutet die Kolonisierung nicht bloß Eroberung – wie es beispielsweise die Annexion Elsaß-Lothringens durch Deutschland war –, sondern zwangsläufig einen kulturellen Völkermord: Man kann nicht kolonisieren, ohne die besonderen Züge der einheimischen Gesellschaft systematisch zu beseitigen und ihren Mitgliedern gleichzeitig zu verwehren, sich in das Mutterland einzugliedern und aus seinen Vorrechten Nutzen zu ziehen. Der Kolonialismus ist ein System: Die Kolonie verkauft ihre Rohstoffe und Nahrungsmittel der Kolonialmacht zu Vorzugspreisen, die ihr dafür ihre Industriegüter zu Weltmarktpreisen verkauft. Dieses sonderbare Handelssystem kann sich nur dann etablieren, wenn dem kolonialen Subproletariat Arbeit zu Hungerlöhnen aufgezwungen wird. Das hat zwangsläufig zur Folge, daß die Kolonisierten ihren nationalen Charakter, ihre Kultur, ihre Sitten, manchmal sogar ihre Sprache verlieren und im Elend als Schatten dahinvegetieren, die alles fortwährend an ihr «Untermenschentum» erinnert.

Dennoch schützt sie ihr Wert als fast kostenlose Arbeitskraft in gewissem Maße vor dem Völkermord. Der Nürnberger Gerichtshof sollte gerade zusammentreten, als die Franzosen, um ein Exempel zu statuieren, in Sétif siebzigtausend Algerier ermordeten.[1] Damals kam keiner auf die Idee – so alltäglich waren solche Vorgänge –, deswegen über unsere Regierung zu Gericht zu sitzen wie über die Nazis. Diese «vorsätzliche Vernichtung eines Teils der nationalen Gruppe» konnte sich jedoch nicht ausweiten, ohne den Interessen der Siedler zuwiderzulaufen. Mit der völligen Ausrottung dieses Subproletariats hätten sie sich selber ruiniert. Weil die Franzosen die algerische Bevölkerung weder liquidieren noch integrieren konnten, haben sie den Algerienkrieg verloren.

III

Diese Hinweise machen begreiflich, daß sich die Struktur der Kolonialkriege seit Ende des Zweiten Weltkriegs verändert hat. Um diese Zeit nämlich haben sich die Kolonialvölker, aufgeklärt durch diesen Konflikt und seine Auswirkungen auf die «Kolonialreiche» sowie

1 Nach der Deportation des algerischen Unabhängigkeitskämpfers Messali Hadj kam es am 8. Mai 1945, dem Tag des Waffenstillstands, in Sétif und Guelma zu einem bewaffneten Aufstand gegen die französische Kolonialherrschaft, bei dem der Tod von 103 Europäern von den Franzosen mit dem Tod von 45 000 Algeriern gerächt wurde. *Anm. d. Hg.*

durch den Sieg Mao Tse-tungs, entschlossen, ihre nationale Unabhängigkeit zurückzugewinnen. Die Merkmale des Kampfes waren vorgezeichnet: die Kolonialherren hatten die Übermacht an Waffen, die Kolonisierten waren zahlenmäßig überlegen. (Sogar in Algerien – sowohl Ansiedlungs- wie Ausbeutungskolonie – war das Kräfteverhältnis 1 : 9.) Während der beiden Weltkriege hatten viele Einheimische das Militärhandwerk gelernt und waren bewährte Kämpfer geworden. Dennoch reichten, zumindest anfangs, die knappen und veralteten Waffen nicht aus, große Kampfverbände aufzustellen. Auch ihre Aktionen wurden von diesen objektiven Bedingungen diktiert: Terrorismus, Hinterhalte, Zermürbung des Gegners, folglich äußerste Beweglichkeit der Kampfgruppen, die überraschend zuschlagen und sofort wieder verschwinden mußten. Das war nur mit Unterstützung der gesamten Bevölkerung möglich. Daher die berühmte Symbiose zwischen Befreiungskämpfern und Volksmassen: Erstere organisieren überall im Land die Agrarreform, die politische Macht und das Bildungswesen; letztere unterstützen, ernähren und verbergen die Soldaten der Befreiungsarmee und geben ihr ihre jungen Männer, um die Verluste wettzumachen. Es ist kein Zufall, daß der Volkskrieg mit seinen Prinzipien, seiner Strategie und Taktik, mit seinen Theoretikern genau in dem Augenblick in Erscheinung tritt, da die Industriemächte mit der industriellen Produktion der Kernspaltung den totalen Krieg verabsolutieren. Es ist auch kein Zufall, daß er das Ende des Kolonialismus herbeiführt. Den Widerspruch, der in Algerien der FLN zum Sieg verholfen hat, finden wir zu jener Zeit fast überall: ja, der Volkskrieg trägt den klassischen Krieg zu Grabe (wie es gleichzeitig auch die Wasserstoffbombe tut). Gegen Partisanen, die von der ganzen Bevölkerung unterstützt werden, können die Kolonialarmeen nichts ausrichten. Sie haben nur noch ein Mittel, ihrer Aufreibung, die sie demoralisiert und mit einem Dien Bien Phu zu enden droht, zu entgehen, nämlich «dem Fisch das Wasser zu entziehen», das heißt die Zivilbevölkerung zu beseitigen. Tatsächlich lernen die Soldaten des Mutterlandes sehr bald, in diesen schweigsamen, dickköpfigen Bauern ihre schlimmsten Feinde zu sehen, die, obwohl nur einen Kilometer von einem Hinterhalt entfernt, nichts wissen, nichts gesehen haben. Und da die gesamte Bevölkerung die klassische Armee in Schach hält, ist die einzige Antiguerillastrategie, die sich auszahlen wird, die Vernichtung dieses Volkes, anders gesagt der Zivilisten, der Frauen und Kinder. Folter und Völkermord: das ist die Antwort der Mutterländer auf den Aufstand der Kolonisierten. Und diese Antwort taugt bekanntlich nichts, wenn sie nicht radikal und total ist: diese entschlossene, durch ihre Partisanenarmee geeinte, politisierte, zu allem bereite Bevölkerung wird sich nicht mehr wie in den schönen alten Zeiten des Kolonialismus durch «exemplarische» Massaker einschüchtern lassen. Im Gegenteil, das wird ihren Haß nur verstärken. Es geht also nicht mehr darum, ein Volk zu terrorisieren, sondern darum, es physisch zu *liquidieren*. Und da das nicht möglich ist, ohne gleichzeitig die koloniale Wirtschaft und damit das ganze Kolonialsystem zu liquidieren, geraten die Siedler in Panik, die Mutterländer haben es satt, Menschen und Geld in einen unlösbaren Konflikt zu stecken, die Massen des Mutterlandes lehnen sich gegen die Fortsetzung eines barbarischen Krieges auf, und aus den Kolonien werden souveräne Staaten.

IV

Es gibt jedoch Fälle, wo der Völkermord als Antwort auf den Volkskrieg nicht durch infrastrukturelle Widersprüche gebremst wird. Der totale Völkermord entpuppt sich dann als absolute Grundlage der Antiguerillastrategie. Unter Umständen kann er sich sogar als das über kurz oder lang zu erreichende Ziel anbieten. Genau das geschieht im Vietnamkrieg. Es handelt sich um eine neue Phase des imperialistischen Prozesses, die man gewöhnlich Neokolonialismus nennt, weil er sich als Aggression gegen ein ehemaliges Kolonialland definiert, das seine Unabhängigkeit bereits errungen hat und jetzt erneut der Kolonialherrschaft unterworfen werden soll. Zu Beginn sorgt man dafür – durch Finanzierung eines Putsches oder irgendeinen anderen üblen Streich –, daß die neuen Staatsführer nicht die Interessen der Massen, sondern die einer dünnen privilegierten Schicht und infolgedessen die des ausländischen Kapitals vertreten. In Vietnam wurde von den Vereinigten Staaten zu diesem Zweck Diem eingesetzt, unterhalten und mit Waffen versorgt; seine erklärte Absicht war die Mißachtung des Genfer Abkommens und die Errichtung eines selbständigen Staates südlich des 17. Breitengrades. Alles Folgende ergibt sich zwangsläufig aus diesen Prämissen: Man ist auf eine Polizei und eine Armee angewiesen, die überall Jagd auf die ehemaligen Widerstandskämpfer macht, denn da diese um ihren Sieg gebracht wurden, erklären sie sich gerade deshalb und *vor* jedem tatsächlichen Widerstand zu den Gegnern des neuen Regimes; kurz, im Süden provoziert die Herrschaft des Terrors einen neuen Aufstand und entfacht abermals den Volkskrieg. Haben die Vereinigten Staaten je gehofft, Diem könne die Revolte im Keim erstikken? Jedenfalls entsenden sie bald Experten und dann Truppen; und schon stecken sie bis zum Hals im Konflikt. Und es wiederholt sich fast bis ins kleinste das Modell des Kriegs, den Ho Tschi Minh gegen die Franzosen führte, auch wenn die amerikanische Regierung anfangs erklärt, sie entsende ihre Truppen nur aus Großmut und um ihre Verpflichtungen gegenüber einem Verbündeten zu erfüllen.

Das ist die Fassade. Geht man den Dingen jedoch auf den Grund, dann weisen diese beiden Konflikte einen wesentlichen Unterschied auf: Im Gegensatz zu den Franzosen haben die USA keine ökonomischen Interessen in Vietnam. Oder doch: Privatunternehmen haben einige Investitionen gemacht. Aber sie sind nicht so erheblich, daß man sie notfalls nicht opfern könnte, ohne die gesamte amerikanische Nation in Verlegenheit zu bringen oder die Monopole wirklich zu schädigen. Da die Regierung der Vereinigten Staaten den Krieg nicht aus Gründen *unmittelbarer* wirtschaftlicher Interessen führt, ist sie in keiner Weise daran gehindert, ihn durch die absolute Strategie, das heißt den Völkermord, zu beenden. Zwar reicht das nicht aus, um nachzuweisen, daß sie ihn plant, aber es genügt, um festzustellen, daß nichts sie daran hindert, ihn zu planen.

In der Tat hat dieser Konflikt, wie die Amerikaner selbst sagen, zwei Ziele. Kürzlich hat Dean Rusk erklärt: «Wir verteidigen uns selbst.» Nicht mehr unser Verbündeter Diem ist in Gefahr, auch nicht Ky, dem wir großmütig zu Hilfe gekommen sind: die *Vereinigten Staaten* sind in Saigon in Gefahr. Das bedeutet offenkundig, daß ihr erstes Ziel ein militärisches ist: Es geht darum, das kommunistische China als Haupthindernis ihres Expansionismus einzukreisen. Daher werden sie sich Südostasien nicht durch die Lappen gehen lassen. Sie haben ihren Leuten in Thailand zur Macht verholfen, sie kontrollieren in Laos zwei Drittel des Landes und drohen, in Kambodscha einzufallen. Aber diese Eroberungen werden zwecklos sein, wenn ihnen ein freies und geeintes Vietnam mit einunddreißig Millionen Einwohnern gegenübersteht. Darum sprechen die Militärchefs gern von «Schlüsselposition»; darum sagt Rusk mit unfreiwilliger Komik, daß die Streitkräfte der USA in Vietnam kämpfen, «um einen dritten Weltkrieg zu verhindern»; entweder ist dieser Satz blödsinnig, oder er bedeutet: «um ihn zu *gewinnen*». Kurz, das erste Ziel ist von der Notwendigkeit diktiert, eine *Verteidigungslinie am Pazifik* zu errichten. Eine Notwendigkeit, die sich im übrigen nur im Rahmen der allgemeinen Politik des Imperialismus ergibt.

Das zweite Ziel ist ökonomischer Art. General Westmoreland hat es Ende Oktober dieses Jahre so definiert: «Wir führen in Vietnam Krieg, um zu zeigen, daß sich der Guerillakrieg nicht bezahlt macht.» Es *wem* zu zeigen? Den Vietnamesen selber? Das wäre sehr verwunderlich: Muß man so viel Geld und Menschenleben aufs Spiel setzen, um eine Nation armer Bauern zu überzeugen, die Tausende Kilometer von San Francisco entfernt kämpft? Und welchen Sinn sollte es gehabt haben, sie *anzugreifen*, sie zum Kampf zu provozieren, um sie dann vernichten und ihnen die Vergeblichkeit ihres Kampfes vor Augen führen zu können, zumal die Interessen der Monopole kaum eine Rolle spielen? Westmorelands Satz – ebenso wie der oben zitierte Satz von Rusk – bedarf der Ergänzung. *Den anderen* will man beweisen, daß der Guerillakrieg sich nicht bezahlt macht. Allen ausgebeuteten und unterdrückten Nationen, die versucht sein könnten, das Joch der Yankees durch einen Volkskrieg abzuschütteln, der sich zunächst gegen ihre Marionettenregierung und die von einer nationalen Armee gestützten Compradores, sodann gegen die «Spezialeinheiten» der Vereinigten Staaten und schließlich gegen die GIs richten würde. Kurz, der Satz gilt in erster Linie Lateinamerika. Und des weiteren der ganzen Dritten Welt. Che Guevara, der sagte: «Wir brauchen zwei, drei, viele Vietnams», antwortet die amerikanische Regierung: «Ich werde sie alle vernichten wie Vietnam.» Mit anderen Worten, ihr Krieg hat vor allem *exemplarischen Wert* für drei, vielleicht vier Kontinente. Immerhin ist auch Griechenland eine Bauernnation: Dort hat man soeben eine Diktatur in den Sattel gehoben, eine Warnung kann nicht schaden: Unterwerfung oder radikale Liquidierung. Also richtet sich dieser exemplarische Völkermord an die gesamte Menschheit, mit dieser Warnung hoffen 6 % der Menschen ohne allzu großen Aufwand die übrigen 94 % unter ihre Kontrolle zu bringen. Natürlich wäre es besser – für die Propaganda –, wenn die Vietnamesen sich unterwerfen würden, bevor man sie vernichtet. Aber das ist gar nicht so sicher, und wenn man Vietnam von der Landkarte ausradiert hätte, wäre die Situation klarer: man könnte ja glauben, die Unterwerfung sei die Folge einer *vermeidbaren* Schwäche gewesen; aber wenn diese Bauern keinen Augenblick schwach werden und ihren Heldenmut mit einem *unvermeidlichen* Tod bezahlen, dann würden die künftigen Guerillakämpfer um so mehr entmutigt. An diesem Punkt unserer Ausführungen können wir zwei Tatsachen festhalten: Der Regierung der Vereinigten Staaten geht es um die Erhaltung eines Stützpunktes und um ein Exempel. Zur Erreichung ihres ersten Ziels *kann* sie, wenn sie nur auf den Widerstand der Vietnamesen selbst trifft, ein ganzes Volk liquidieren und die *pax americana* in einem verwüsteten Vietnam etablieren; um ihr zweites Ziel zu erreichen, *muß* sie diese Ausrottung – zumindest teilweise – realisieren.

V

Die Erklärungen der amerikanischen Staatsmänner zeigen nicht die gleiche Offenheit wie die von Hitler. Aber sie ist gar nicht nötig: die Fakten sprechen für sich; die Reden, die sie begleiten, *ad usum internum*, werden nur vom amerikanischen Volk für bare Münze genommen; die übrige Welt versteht sehr gut, was gemeint ist: die mitschuldigen Regierungen schweigen, die anderen prangern den Völkermord an, aber man braucht ihnen nur zu erwidern, daß davon nie die Rede gewesen sei und daß sie mit ihren unbewiesenen Anschuldigungen lediglich ihre Voreingenommenheit verraten. In Wirklichkeit, so sagt die amerikanische Regierung, haben wir den Vietnamesen – im Norden wie im Süden – immer nur folgende Alternative vorgeschlagen: Entweder ihr stellt eure Aggression ein, oder wir werden euch vernichten. Ich brauche wohl nicht mehr zu betonen, daß dieser Vorschlag absurd ist, *da die Aggression* von den Amerikanern ausgegangen ist und folglich allein die Amerikaner sie beenden können. Aber diese Absurdität ist nicht ohne Berechnung. Geschickt stellt man eine Forderung, auf die die Vietnamesen nicht eingehen können. So bleibt man der einzige, der über das Ende der Kämpfe entscheiden kann. Aber auch wenn es hieße, »ergebt euch, oder wir werden euch in die Steinzeit zurückbomben», bleibt doch die Tatsache bestehen, daß der zweite Punkt der Alternative *Völkermord* bedeutet. Man hat gesagt: Völkermord, ja – aber *unter bestimmten Bedingungen*. Ist das juristisch zulässig? Ist es überhaupt denkbar?

Wäre das Argument juristisch haltbar, dann würden die Vereinigten Staaten dem Vorwurf des Völkermords gerade noch entgehen. Aber wie Matarasso dargelegt hat, läßt das geltende Recht, das zwischen der Absicht und den Motiven unterscheidet, eine solche Ausflucht nicht zu: Völkermord – vor allem, wenn er seit Jahren praktiziert wird – kann sehr wohl Erpressung zum Motiv haben. Man kann durchaus erklären, man würde damit aufhören, wenn das Opfer sich unterwirft; zwar ist das ein Motiv, aber trotzdem bleibt die Tat – ohne jede Einschränkung – der Absicht nach Völkermord. Besonders dann, wenn – wie es der Fall ist – ein Teil der Gruppe vernichtet worden ist, damit man den Rest zur Unterwerfung zwingen kann.

Prüfen wir noch einmal, worin die Alternative besteht. Im Süden sieht die Wahl so aus: Man brennt die Dörfer nieder, man unterwirft die Bevölkerung massiven und bewußt mörderischen Bombardierungen, schießt das Vieh ab, vernichtet die Vegetation durch Entlaubungsmittel, vergiftet die Felder durch Chemikalien, knallt mit dem Maschinengewehr wild drauflos, mordet, vergewaltigt, plündert. Genau das ist Völkermord im strengsten Sinn des Wortes; anders gesagt: massenhafte Ausrottung. Und was bleibt als andere Wahl? Was muß das vietnamesische Volk tun, um diesem grauenhaften Tod zu entgehen? Es muß sich den Streitkräften der USA oder Saigons anschließen und sich in strategische Dörfer einsperren lassen oder in sogenannte «Dörfer des neuen Lebens», die sich nur dem Namen nach von ersteren unterscheiden, kurz, in Konzentrationslager. Wir kennen diese Lager aus zahlreichen Zeugnissen: Sie sind mit Stacheldraht umgeben, die elementarsten Bedürfnisse werden nicht befriedigt: Unterernährung, totaler Mangel an Hygiene; die Gefangenen sind in winzigen Zelten oder Verschlägen zusammengepfercht, wo sie ersticken; die sozialen Strukturen sind zerstört: die Männer sind von ihren Frauen, die Mütter von ihren Kindern getrennt, das bei den Vietnamesen geheiligte Familienleben existiert nicht mehr; da man die Haushalte auseinandergerissen hat, ist die Zahl der Geburten zurückgegangen; jede Möglichkeit religiöser oder kultureller Betätigung ist beseitigt. Sogar die Arbeit – die Arbeit zur *Reproduktion* des eigenen Lebens und des Lebens seiner Angehörigen – wird ihnen verweigert. Diese Unglücklichen sind weniger als Sklaven: selbst das Sklavendasein hat die Schwarzen in den Vereinigten Staaten nicht daran gehindert, eine eigene Kultur zu entwickeln. In Vietnam ist die Gruppe auf ein bloßes Agglomerat, auf das schlimmste Dahinvegetieren reduziert. Wenn sie aus dem Elend herauskommen will, müssen alle Bindungen, die sich zwischen diesen atomisierten und haßerfüllten Menschen wieder knüpfen, notwendig *politische* Dimensionen annehmen: man trifft sich heimlich, um Widerstand zu leisten: Der Feind bekommt Wind davon. Ergebnis: diese Lager werden zwei- oder dreimal durchkämmt; *selbst hier* gibt es keine Sicherheit, und die Kräfte der Zersplitterung sind unaufhörlich am Werk. Wird zufällig eine vaterlose Familie freigelassen, zum Beispiel Kinder mit einer älteren Schwester oder eine junge Mutter, dann stoßen sie unweigerlich zum Subproletariat der großen Städte. Die Schwester oder die Mutter, die keinen Broterwerb haben und ihre Angehörigen ernähren müssen, vollenden die Erniedrigung, indem sie sich dem Feind prostituieren. Was ich hier beschreibe und was nach Aussage von Duncan das Schicksal *eines Drittels* der südvietnamesischen Bevölkerung ist, bedeutet nichts anderes als eine andere Art von Völkermord, die in der Konvention von 1948 ebenfalls verurteilt wird: «Schwere Übergriffe auf die körperliche oder geistige Unversehrtheit der Angehörigen der Gruppe; vorsätzliche Unterwerfung der Gruppe unter Lebensbedingungen, die zu ihrer partiellen oder völligen physischen Vernichtung führen müssen; Maßnahmen, die darauf abzielen, Geburten innerhalb der Gruppe zu behindern; Deportation von Kindern...»

Mit anderen Worten, es stimmt nicht, daß die Vietnamesen zwischen Tod und Unterwerfung wählen können. Denn unter solchen Umständen wird auch die Unterwerfung zum Völkermord. Sagen wir lieber, sie haben nur die Wahl zwischen einem raschen und gewaltsamen Tod und einem langsamen Tod infolge körperlichen und geistigen Verfalls. Oder vielmehr: *es gibt gar keine Wahl,* keine Bedingung, die man erfüllen könnte: der Zufall einer «Operation», manchmal blinder Terror entscheiden über die Art des Völkermords, dem jeder zum Opfer fallen wird.

Sieht es im Norden anders aus?

Auf der einen Seite kann man auch dort von *Ausrottung* sprechen: nicht nur wegen der täglichen Gefahr, ums Leben zu kommen, sondern auch wegen der systematischen Zerstörung der wirtschaftlichen Basis: von den Deichen bis zu den Fabriken, bei denen «kein Stein auf dem andern bleiben darf». Wegen der vorsätzlichen Angriffe gegen die Zivilbevölkerung, besonders auf dem Land, der Zerstörung von Krankenhäusern, Schulen, Kultstätten; dem fortwährenden Versuch, die Errungenschaften von zwanzig Jahren Sozialismus zunichte zu machen. Geschieht das nur, um die Bevölkerung zu terrorisieren? Aber das läßt sich nur durch die tägliche Vernichtung immer größerer Teile der Gruppe erreichen. Und selbst in seinen psychosozialen Folgen ist dieser Terror *Völkermord*: wer weiß, ob er nicht insbesondere bei Kindern zu psychischen Schäden führt, die für lange, wenn nicht für immer ihre Gesundheit beeinträchtigen?

Die andere Möglichkeit ist Kapitulation. Das bedeutet, daß die Vietnamesen sich mit der Teilung ihres Landes abfinden und in Kauf nehmen, daß die Diktatur der Amerikaner direkt oder durch Mittelsmänner ihren Landsleuten aufgezwungen wird, das heißt ihren Familienangehörigen, von denen der Krieg sie getrennt hat. Könnte diese unerträgliche Demütigung dem Krieg ein Ende setzen? Das ist mehr als zweifelhaft: die FNL und die DRV haben, obwohl brüderlich verbunden, eine unterschiedliche Strategie und Taktik, weil ihre militärische Situation unterschiedlich ist. Würde die FNL den Kampf fortsetzen, dann würden die amerikanischen Bomber trotz der Kapitulation der DRV fortfahren, sie zu verwüsten. Sollte der Krieg jedoch aufhören, so wissen wir – aus offiziellen Verlautbarungen –, daß die Vereinigten Staaten sich sehr großzügig erweisen und Berge von Dollars für den Wiederaufbau der DRV spenden würden. Das heißt, sie würden durch private Investitionen oder bedingte Darlehen die gesamte ökonomische Basis des Sozialismus zerstören. Auch das ist Völkermord: man teilt ein souveränes Land in zwei Hälften; man besetzt die eine davon und herrscht durch Terror; man ruiniert den so teuer erkauften Aufbau im anderen Teil durch wirtschaftlichen Druck und hält ihn durch wohlberechnete Investitionen unter seinem Stiefel; die nationale Gruppe «Vietnam» ist zwar nicht *physisch* ausgerottet, trotzdem existiert sie nicht mehr: man hat sie ökonomisch, politisch und kulturell beseitigt.

Im Norden wie im Süden gibt es nur die Wahl zwischen zwei Formen der Vernichtung: kollektiver Tod oder Auflösung. Das wichtigste ist, daß die amerikanische Regierung den Widerstand der FNL und der DRV zu spüren bekommen hat: sie weiß, daß die Zerstörung, wenn sie nicht total ist, unwirksam bleiben wird: die Befreiungsfront ist stärker denn je; Nordvietnam ist nicht zu erschüttern. Darum kann die kalkulierte Ausrottung des vietnamesischen Volkes nicht das Ziel haben, es zur Kapitulation zu zwingen: man bietet ihm den Frieden der Tapfren an und weiß genau, daß es ihn nicht akzeptieren wird; und hinter dieser Scheinalternative verbirgt sich die wahre Absicht des Imperialismus: er plant, allmählich die höchste Stufe der Eskalation zu erreichen, das heißt den totalen Völkermord. Man könnte uns entgegenhalten, daß die Regierung der USA dieses Ziel sofort hätte erreichen und Vietnam durch einen Blitzkrieg von allen Vietnamesen säubern können. Doch abgesehen davon, daß eine solche Ausrottung die Aufstellung einer komplizierten Maschinerie erfordert hätte – zum Beispiel auch die Schaffung und uneingeschränkte Nutzung von Luftstützpunkten in Thailand, die die Strecke der Bomber um fünftausend Kilometer verkürzen würden –, war und bleibt das Hauptziel der «Eskalation» bis zum heutigen Tag, die bürgerliche Öffentlichkeit auf den Völkermord vorzubereiten. In dieser Hinsicht waren die Amerikaner nur allzu erfolgreich: die wiederholten systematischen Bombardierungen der Wohngebiete von Haiphong und Hanoi, die noch vor zwei Jahren heftige Proteste hervorgerufen hätten, stoßen heute nur noch auf allgemeine Gleichgültigkeit, die freilich mehr auf Tetanus als auf Apathie schließen läßt. Das Spiel ist gelungen: die Öffentlichkeit hält das, was in Wirklichkeit eine Vorbereitung der Geister auf den endgültigen Völkermord bedeutet, für langsam und beharrlich steigenden Druck. Ist dieser Völkermord möglich? Nein. Aber das hängt allein von den Vietnamesen ab, von ihrem Mut, von der großartigen Schlagkraft ihrer Organisationen. Und was die Regierung der Vereinigten Staaten betrifft, so kann niemand sie unter dem Vorwand von ihrem Verbrechen freisprechen, daß die Intelligenz und der Heroismus der Opfer seine Auswirkungen einschränken. Schlußfolgerung: angesichts eines Volkskriegs, wie ihn unsere Zeit als Antwort auf die imperialistische Aggression und als Kampf eines sich seiner Einheit bewußten Volks um Souveränität hervorgebracht hat, sind zwei Haltungen möglich: der Aggressor zieht sich zurück und schließt Frieden, weil er einsieht, daß er eine ganze Nation gegen sich hat; oder der Aggressor erkennt die Wirkungslosigkeit der klassischen Strategie und greift, wenn er dies ohne Beeinträchtigung seiner Interessen tun kann, zur nackten Ausrottung. Es gibt keine andere Wahl: aber diese Wahl zumindest ist immer *möglich*. Da die Streitkräfte der USA sich in Vietnam festsetzen, da sie die Bombardierungen und Massaker intensivieren, da sie versuchen, auch Laos zu unterjochen, und planen, in Kambodscha einzufallen, obwohl sie sich jederzeit zurückziehen können, besteht kein Zweifel daran, daß die Regierung der Vereinigten Staaten sich trotz ihrem scheinheiligen Leugnen für den Völkermord entschieden hat.

VI

Die Absicht geht aus den Tatsachen hervor. Und sie ist, wie Herr Aybar gesagt hat, zwangsläufig *wohlüberlegt*. Mag sein, daß in anderen Zeiten der Völkermord spontan geschah, im Affekt, im Verlauf von Stammes- oder Feudalfehden: der Völkermord im Rahmen der Antiguerillastrategie als Produkt unserer Zeit setzt eine Organisation, Stützpunkte und daher Komplizenschaften (er findet nur aus Entfernung statt) sowie entsprechende Haushaltsmittel voraus: man muß also über ihn nachgedacht und ihn *geplant* haben. Bedeutet das, daß seine Urheber sich ihres Vorhabens klar bewußt waren? Darüber können wir nicht entscheiden: man müßte die Verantwortlichen auf Herz und Nieren prüfen, und die puritanische Unaufrichtigkeit kann

Wunder wirken. Vielleicht haben sich manche Mitarbeiter des State Department so daran gewöhnt, sich selbst zu belügen, daß sie immer noch glauben, sie wollten das Beste für Vietnam. Nach den jüngsten Erklärungen ihrer Wortführer darf man jedoch vermuten, daß diese Pseudonaiven immer weniger werden: «Wir verteidigen uns; auch wenn die Saigoner Regierung uns dazu aufforderte, würden wir Vietnam nicht räumen...», usw. Jedenfalls brauchen wir uns um dieses psychologische Versteckspiel nicht zu kümmern. Die Wahrheit tritt *in Vietnam* offen zutage, im Rassismus der amerikanischen Soldaten. Gewiß, dieser Rassismus – gegen die Schwarzen, gegen die Asiaten, gegen die Mexikaner – ist ein Grundfaktor, der tiefe Wurzeln hat und, latent oder manifest, schon lange vor dem Vietnamkonflikt vorhanden war. Der Beweis ist, daß die Regierung der Vereinigten Staaten es abgelehnt hat, die Konvention gegen den Völkermord zu unterzeichnen: das heißt nicht, daß sie schon 1948 die Absicht hatte, Völker auszurotten, sondern – nach ihren eigenen Bekundungen – daß ein solches Engagement sich mit der Rechtsprechung zahlreicher Bundesstaaten nicht vertragen hätte. Anders gesagt – denn alles hängt miteinander zusammen –, die gegenwärtigen Führungskräfte meinen, in Vietnam freie Hand zu haben, weil ihre Vorgänger den gegen die Schwarzen gerichteten Rassismus der Weißen im Süden schonen wollten. Wie dem auch sei, seit 1965 kann sich der Rassismus der Yankee-Soldaten zwischen Saigon und dem 17. Breitengrad austoben: junge Amerikaner foltern, bedienen sich hemmungslos des «Feldtelefons», schießen auf wehrlose Frauen, nur um etwas vor die Flinte zu kriegen, treten verwundeten Vietnamesen in die Hoden und schneiden Toten die Ohren ab, um sie als Trophäen mit nach Hause zu nehmen. Die Offiziere treiben es noch schlimmer: ein General brüstete sich – vor einem Franzosen, der hier vor dem Tribunal ausgesagt hat –, er habe von seinem Hubschrauber aus Jagd auf die «Viets» gemacht und sie auf dem Reisfeld der Reihe nach abgeknallt. Wohlgemerkt handelte es sich dabei nicht um Kämpfer der FNL, die sich zu schützen wissen, sondern um Bauern, die ihre Reisfelder bestellten. In diesen verwirrten Köpfen werden «Vietkong» und Vietnamese immer mehr eins. Und es heißt gemeinhin: «Nur ein toter Vietnamese ist ein guter Vietnamese.» Oder umgekehrt, was jedoch auf dasselbe hinausläuft: «Jeder tote Vietnamese ist ein Vietkong.» Bauern wollen südlich des 17. Breitengrads ihren Reis ernten. Da tauchen amerikanische Soldaten auf, stecken ihre Häuser in Brand und wollen sie in ein strategisches Dorf abtransportieren. Die Bauern protestieren. Was können sie mit ihren nackten Händen gegen diese Marsmenschen anderes tun? Sie sagen: «Der Reis steht gut; wir wollen hierbleiben und unseren Reis essen.» Mehr nicht. Das genügt, um die jungen Yankees zur Raserei zu bringen: «Das haben euch die Vietkongs in den Kopf gesetzt. Sie haben euch beigebracht, wie ihr euch wehren sollt.» Diese Soldaten sind bereits so geistesgestört, daß sie den schwachen Protest, den ihre eigene Gewalt hervorgerufen hat, für «subversive» Gewalt halten. Der Grund dafür ist zweifellos Enttäuschung: sie kamen, um Vietnam zu retten, es von den kommunistischen Aggressoren zu befreien; bald jedoch müssen sie erfahren, daß die Vietnamesen sie nicht mögen; aus der kleidsamen Rolle von Befreiern fallen sie in die von Besatzern. Es ist gleichsam der Beginn einer Bewußtwerdung: man will nichts von uns wissen, wir haben hier nichts zu suchen. Viel weiter geht die Verunsicherung freilich nicht: sie geraten in Wut und sagen sich einfach, daß ein Vietnamese auf jeden Fall ein Verdächtiger ist. Und aus der Sicht der Neokolonialisten stimmt das auch: sie begreifen dunkel, daß in einem Volkskrieg die Zivilisten die einzigen *sichtbaren* Feinde sind. Und schon fangen sie an, sie zu hassen; der Rassismus tut ein übriges: mit grimmiger Freude entdecken sie, daß sie dazu da sind, diese Menschen, die man zu retten behauptete, umzubringen. Es gibt keinen einzigen, der nicht ein potentieller Kommunist ist: der Beweis dafür ist, daß sie die Yankees hassen. In diesen vernebelten und ferngesteuerten Seelen finden wir die Wahrheit des Vietnamkriegs: sie trifft sich mit den Erklärungen Hitlers. Hitler brachte die Juden um, weil sie Juden waren. Die US-Truppen foltern und morden in Vietnam Männer, Frauen und Kinder, *weil sie Vietnamesen sind.* So hat sich, ungeachtet der Lügen und Beschönigungen der Regierung, der Geist des Völkermords in den Köpfen dieser Soldaten eingenistet. Und das ist ihre Art, mit der Situation des Völkermords, in die die Regierung sie gestürzt hat, fertig zu werden. Der Zeuge Martinsen, ein junger Student von dreiundzwanzig Jahren, der zehn Monate lang Gefangene «verhört» hat und seither unter der Last seiner Erinnerungen leidet, hat uns berichtet: «Ich bin ein durchschnittlicher Amerikaner, ich bin wie alle Studenten, und jetzt bin ich ein Kriegsverbrecher.» Und er hatte recht, wenn er hinzufügte: «Jeder an meiner Stelle wäre so geworden.» Sein einziger Irrtum bestand darin, daß er seine erniedrigenden Verbrechen dem Krieg allgemein anlastete. Nein: verantwortlich dafür ist nicht der Krieg schlechthin, sondern *dieser* Krieg, den die größte Macht der Welt gegen ein armes Bauernvolk führt, ein Krieg, der von denen geschürt wird, die in ihm die einzig mögliche Beziehung zwischen einem überindustrialisierten und einem unterentwickelten Land sehen, das heißt eine Völkermordbeziehung, die sich über den Rassismus ausdrückt. Die einzige Beziehung – falls man ihn nicht abbricht und abzieht.

Der totale Krieg setzt ein gewisses Gleichgewicht der Kräfte voraus, eine gewisse Möglichkeit des Gegenschlags. Die früheren Kolonialkriege wurden ohne diese Gegenseitigkeit geführt, aber das Interesse der Kolonialherren hielt die Völkermorde in Grenzen. Der gegenwärtige Völkermord als letzte Konsequenz einer ungleichen Entwicklung der Gesellschaften ist der *totale* Krieg, der *von einer Seite und ohne die geringste Möglichkeit des Gegenschlags* bis zum Ende geführt wird.

Die amerikanische Regierung ist nicht schuldig, den modernen Völkermord erfunden oder auch nur unter anderen Möglichkeiten einer Antwort auf den Guerillakrieg ausgesucht zu haben. Zum Beispiel ist sie nicht schuldig, ihm aus strategischen oder ökonomischen Gründen den Vorrang gegeben zu haben. Tatsächlich bleibt der Völkermord die *einzig mögliche Reaktion* auf den Aufstand *eines ganzen Volkes* gegen seine Unterdrücker. Die amerikanische Regierung ist schuldig, eine Politik der Aggression und des Kriegs, die auf den totalen Völkermord abzielt, einer Politik des Friedens vorgezogen zu haben – der einzigen, die eine Alternative darstellt –, weil sie zwangsläufig eine erneute Überprüfung der Zielsetzungen erfordert hätte, die ihr die imperialistischen Monopole mittels ihrer *pressure groups* aufzwingen. Sie ist schuldig, den Krieg fortzusetzen und zu intensivieren, obwohl jedes ihrer Mitglieder auf Grund der Berichte der Militärs täglich deutlicher erkennt, daß der einzige Weg, den Krieg zu gewinnen, darin besteht, Vietnam von allen Vietnamesen zu «befreien». Sie ist schuldig, mit Hilfe von Listen, Winkelzügen und Lügen, obwohl diese einzigartige und unerträgliche Erfahrung sie eines Bessern hätte belehren müssen, von Minute zu Minute immer weiter auf einem Weg vorzustoßen, der zu einem Punkt führt, von dem es kein Zurück mehr gibt. Nach eigenem Eingeständnis ist sie schuldig, diesen *exemplarischen* Krieg bewußt zu führen, um den Völkermord zu einer Herausforderung und Bedrohung aller Völker zu machen. Wir haben gesehen, daß einer der Faktoren des totalen Krieges die ständig wachsende Zahl und Geschwindigkeit der Transportmittel ist: seit 1914 kann der Krieg nicht mehr lokal begrenzt bleiben, er muß sich auf die ganze Welt ausdehnen. Im Jahre 1967 verstärkt sich der

Prozeß, die Verbindungen der *one world*, dieses Universums, dem die Vereinigten Staaten ihre Hegemonie aufzwingen wollen, werden immer enger. Aus diesem Grund, dessen sich die amerikanische Regierung völlig bewußt ist, gilt der gegenwärtige Völkermord – als Antwort auf den Volkskrieg – in Vietnam nicht nur den Vietnamesen, sondern der ganzen Menschheit. Wenn ein Bauer auf seinem Reisfeld von einem Maschinengewehr niedergemäht wird, dann treffen diese Schüsse uns alle. So kämpfen die Vietnamesen für alle Menschen und die amerikanischen Truppen gegen alle Menschen. Nicht im übertragenen oder abstrakten Sinn. Und nicht nur, weil der Völkermord in *Vietnam* ein Verbrechen ist, das das Völkerrecht verurteilt, wo immer es geschieht; sondern weil die Erpressung durch Völkermord sich nach und nach auf die ganze Menschheit erstreckt, indem sie sich auf die Drohung mit dem Atomkrieg, das heißt der höchsten Form des totalen Kriegs, stützt, und weil dieses Verbrechen, das tagtäglich vor unseren Augen begangen wird, alle, die es nicht anprangern, zu Komplizen derer macht, die es begehen, und uns zu korrumpieren beginnt, um uns besser knechten zu können. In diesem Sinn kann sich der imperialistische Völkermord nur radikalisieren: denn die Gruppe, die man *in der vietnamesischen Nation* treffen und terrorisieren will, ist die gesamte Menschheit.

Dezember 1967

Verzeichnis der Abkürzungen

ALN	Armée de la Libération Nationale (Algerien)
APIC	Association du Personnel Indigène de la Colonie (1946 gegründete Gewerkschaft von Belgisch Kongo)
CEREA	Centre de Regroupement Africain
CFTC	Confédération Française des Travailleurs Chrétiens (Christlicher Gewerkschaftsbund)
CGT	Confédération Générale du Travail (Kommunistischer Gewerkschaftsbund)
COMES	Communauté Européenne des Ecrivains (Ost-West-Schriftstellerverband)
DRV	Demokratische Republik Vietnam (Nordvietnam)
FLN	Front de Libération Nationale (Algerien)
FNL	Front National de Libération (Südvietnam)
FO	Force Ouvrière (Sozialdemokratischer Gewerkschaftsbund)
MNC	Mouvement National Congolais (Lumumba)
MRP	Mouvement Républicain Populaire (Christdemokraten)
OAS	Organisation de l'Armée Secrète
PCF	Parti Communiste Français
PSA	Parti Solidaire Africain
PSU	Parti Socialiste Unifié
RPF	Rassemblement du Peuple Français (Gaullisten)
UNR	Union pour la République Nouvelle (Gaullisten)

Politische Chronologie Jean-Paul Sartre 1956–1967

1956	
27. Januar	*Le colonialisme est un système*: Rede auf einer Versammlung des *Comité d'Action des Intellectuels contre la poursuite de la guerre en Afrique du Nord*.
	Les Temps Modernes unterstützt die Wehrpflichtigen, die sich weigern, in Nordafrika zu kämpfen.
1957	Sartre protestiert mehrfach gegen Krieg und Folter in Algerien und trifft sich mit Raymond Aron, der sich ebenfalls für die Unabhängigkeit Algeriens einsetzt.
7.–16. April	*Une entreprise de démoralisation*, erste Fassung von *«Vous êtes formidables»*, deren Abdruck von *Le Monde* abgelehnt wird.
Mai	*«Vous êtes formidables»* in: *Les Temps Modernes* Nr. 135.
1. Juni	Sartre setzt sich in der Friedensbewegung für die Unabhängigkeit Algeriens ein.
Juli/August	*«Portrait du colonisé», précédé du «Portrait du colonisateur» par Albert Memmi* in: *Les Temps Modernes* Nr. 137–138.
10. Dezember	Sartre tritt als Entlastungszeuge beim Prozeß gegen Ben Sadok auf, der des Mordes am ehemaligen Vizepräsidenten der *Assemblée algérienne* angeklagt ist.
1958	
März	*Nous sommes tous des assassins* in: *Les Temps Modernes* Nr. 145.
6. März	Sartre veröffentlicht in *L'Express* einen Artikel über Henri Alleg, *La question*, der zur Beschlagnahme der Zeitschrift und am 27. März auch zur Beschlagnahme des am 17. Februar erschienenen Buches von Alleg führt. Seitdem werden Presseorgane, die gegen den Algerienkrieg protestieren, häufig beschlagnahmt, vor

	allem *Les Temps Modernes*. Sartres Text wird veröffentlicht in: *The Observer* vom 9. März (*Almost as mute as during occupation*), *Le Canard enchaîné* vom 12. März, *Témoignages et Documents* Nr. 2 und *Témoignages et Documents* Nr. 3, März/April.
11. April	Alleg, H., *La question*, Sartre, J.-P., *Une victoire*, La Cité, Lausanne.
17. April	Malraux, Martin du Gard, Mauriac und Sartre fordern die Regierung auf, die Anwendung der Folter in Algerien unzweideutig zu verurteilen.
22. Mai	*Le prétendant* in: *L'Express*.
28. Mai	Teilnahme an einer antigaullistischen Demonstration in Paris.
30. Mai	Pressekonferenz über die Verletzung der Menschenrechte in Algerien.
1. Juni	Teilnahme an einer Demonstration in Paris gegen de Gaulle.
11. September	*La constitution du mépris* in: *L'Express*.
23. September	Rede auf einer Versammlung gegen das Referendum über die Verfassung der V. Republik.
25. September	*Les grenouilles qui demandent un roi* in: *L'Express*.
1959	
2. Mai	*Entretien de Sartre avec Francis Jeanson* in: *Vérités pour...* (illegal).
24. September	Premiere von *Les séquestrés d'Altona*, die Sartre in Interviews als ein Stück gegen die Folter in Algerien interpretiert.
1960	
22. Februar–20. März	Kuba-Reise.
	Vorwort zu Paul Nizan, *Aden Arabie*.
31. März	Teilnahme am Empfang von Chruschtschow in der sowjetischen Botschaft.
Mai	*Critique de la raison dialectique*.
13. Mai	Treffen mit Tito in Belgrad.
10.–12. Juni	Sartre setzt sich auf dem *Congrès national pour la paix* für einen Verhandlungsfrieden mit Algerien ein.

17. Juni	Sartre tritt als Entlastungszeuge im Prozeß gegen Georges Arnaud auf, der wegen eines Artikels angeklagt ist, den er in *Paris-Presse* vom 20. April über eine illegale Pressekonferenz des von der Polizei gesuchten Francis Jeanson geschrieben hat.
Juli / August	*Jeunesse et guerre d'Algérie,* Interview mit K. S. Karol in: *Vérité-Liberté* Nr. 3, zu dessen Herausgeberkomitee er gehört. Das Interview führt zur Beschlagnahme dieser Nummer und zur Überwachung seiner Hauptredakteure.
August / November	Brasilien-Reise.
August	Sartre unterzeichnet das «Manifest der 121».
20. September	Verlesung der *Lettre au tribunal militaire* während des Prozesses gegen das *Réseau Jeanson.*
23. September	Ein Abgeordneter der Nationalversammlung verlangt in einer schriftlichen Anfrage die strafrechtliche Verfolgung Sartres.
Oktober	*Les Temps Modernes* wird zum wiederholten Mal beschlagnahmt.
	Kriegsveteranen demonstrieren auf den Champs Élysées gegen die Unabhängigkeit Algeriens und rufen «*Fusillez Sartre!*»
November	Nach seiner Rückkehr aus Brasilien verlangt Sartre, ebenso wie andere Unterzeichner des «Manifests der 121», angeklagt zu werden. Er wird von der Polizei verhört, aber nicht angeklagt.
1. Dezember	Auf einer Pressekonferenz verlangt Sartre erneut, angeklagt zu werden, und fordert die Linke dazu auf, bei dem Referendum über die französische Algerienpolitik mit «Nein» zu stimmen.
1961	
4. Januar	*L'analyse du référendum,* Interview mit *L'Express.*
Februar	Interview mit der trotzkistischen Zeitschrift *La Voie communiste* Nr. 20.
20. April	*L'assaut contre Castro,* Interview mit *L'Express.*

18. Mai	*Comment faire face au terrorisme*, Interview mit Gilles Martinet in: *France-Observateur*.
Juni	Um einem Attentat zu entgehen, bringt Sartre seine Mutter, mit der er zusammenwohnt, in einem Hotel unter und zieht selbst zu Simone de Beauvoir.
19. Juli	Bombenanschlag auf das Haus, in dem Sartre wohnt, 42, Rue Bonaparte.
September	Vorwort zu Frantz Fanon, *Les damnés de la terre*.
1. November	Teilnahme an einer Schweigedemonstration aus Protest gegen die mörderische Repression der Demonstration von Algeriern vom 17. Oktober, bei der eine große Zahl von Demonstranten getötet worden war.
18. November	Teilnahme an einer Demonstration gegen den Algerienkrieg und an der anschließenden Pressekonferenz.
13. Dezember	Teilnahme an einer Versammlung gegen den Algerienkrieg in Rom.
19. Dezember	Teilnahme an einer Demonstration gegen die OAS in Paris.
1962	
7. Januar	Zweites Bombenattentat auf die Rue Bonaparte, bei dem ein Teil von Sartres unveröffentlichten Manuskripten zerstört wird oder verschwindet. Erklärung zugunsten des Abbé R. Davezies, der wegen Unterstützung der FLN angeklagt ist.
Januar / Februar	Interview mit der *Tribune étudiante*, dem Organ der PSU-Studenten, Nr. 5–6.
1. Februar	*Répondre à la violence par la violence?*, Diskussion zwischen Sartre, Laurent Schwartz, Serge Mallet, Gilles Martinet u. a. in: *France-Observateur*. Diese Diskussion findet anläßlich der Gründung der *Ligue pour le Rassemblement antifasciste* durch Sartre, Laurent Schwartz und Jean-Pierre Vigier statt.
11. Februar	Teilnahme an der Gründungssitzung der *Front d'Action et de Coordination des Universitaires et Intellectuels pour un Rassemblement anti-*

	fasciste (FAC), bei der sich Sartre für eine Aktionseinheit mit der KPF im Kampf gegen die OAS einsetzt.
13. Februar	Teilnahme an einer Demonstration aus Protest gegen die Massaker in der Metro Charonne.
12. März	Teilnahme an einer Versammlung gegen den Algerienkrieg in Brüssel und Interview im belgischen Fernsehen.
15. März	Versammlung der FAC gegen den Algerienkrieg in Paris.
31. März	Interview mit *Quick*.
April	*Les somnambules* in: *Les Temps Modernes* Nr. 191.
Juni/Juli	*Bilan et perspectives de la lutte antifasciste*, Interview mit *La Voie communiste* Nr. 29.
1.–24. Juni	Reise in die Sowjetunion und Treffen mit Chruschtschow.
1963	
21. Januar	Teilnahme an einer Pressekonferenz zur Gründung eines Komitees, das die vollständige Rehabilitierung all derer fordern soll, die wegen Unterstützung der FLN strafrechtlich verfolgt wurden.
27. April	*Nel sangue di Grimau l'unità della Spagna*, Protest gegen die Hinrichtung von Grimau durch das Francoregime in: *Rinascità*.
Juli/September	Vorwort zu *La pensée politique de Patrice Lumumba*.
August/September	Reise in die Sowjetunion und erneutes Treffen mit Chruschtschow.
29. November	Aussage im Prozeß gegen die *Organisation de la jeunesse anticolonialiste de la Martinique* (OJAM).
1964	
18. April	Interview über *Les mots* in: *Le Monde*. Sartres Satz: «Angesichts eines verhungernden Kindes hat *La nausée* kein Gewicht» erregt Skandal.
22. Oktober	Sartre lehnt die Annahme des Nobelpreises ab.
19. November	*L'alibi*, Interview für die erste Nummer des neugegründeten *Nouvel Observateur*.

1965

1. April	*Pourquoi je refuse d'aller aux États-Unis: Il n'y a plus de dialogue possible,* Interview mit *Le Nouvel Observateur* über Sartres Absage einer geplanten Vortragsreise in die USA aus Protest gegen den Vietnamkrieg.
18. April	Solidaritätsbotschaft an eine Demonstration gegen den Vietnamkrieg in Bologna.
5. Mai	Solidaritätstelegramm zu einem *Teach-in* gegen den Vietnamkrieg in Boston.
17. Juni	*Refusons le chantage,* Interview mit *Le Nouvel Observateur.*
24. Juni	*Achever la gauche ou la guérir?,* Interview mit *Le Nouvel Observateur.*
13./14. Juli	Teilnahme am Weltfriedenskongreß in Helsinki, wo er eine Resolution zum sofortigen Abzug der Amerikaner aus Vietnam einbringt.
	Sartre schreibt ein Gnadengesuch an Mikojan für den wegen «Parasitentums» deportierten jüdischen Dichter Brodski, dem stattgegeben wird.
4. Dezember	Aufruf zur Wahl Mitterrands bei den Präsidentschaftswahlen in: *Le Monde.*
8.–14. Dezember	*Le choc en retour,* Interview mit *Le Nouvel Observateur.*
17. Dezember	Unterzeichnung einer Klage bei der UNO-Menschenrechtskommission über die Verletzung der Menschenrechte in Algerien im Zusammenhang mit der Entmachtung Ben Bellas.
25. Dezember	Interview mit der ägyptischen Zeitung *Al Ahram.*

1966

Juli	Sartre ist bereit, den Vorsitz des Russell-Tribunals zu übernehmen.
	Solidaritätsbotschaft an das Pariser *American Committe to Stopwar* (PACS).
15. Oktober	Rede auf einer Großkundgebung gegen den Vietnamkrieg in Tokio.
9. November	Rede auf einer Konferenz über die Apartheid.
13.–15. November	Konstituierende Sitzung des Russell-Tribunals in London.

23. November	Rede auf der Kundgebung *Six heures du monde pour le Vietnam* in Paris.
1966	
30. November/ 6. Dezember	*Le crime,* Interview mit *Le Nouvel Observateur.*
1967	
2. Februar	Pressekonferenz über das Russell-Tribunal in Paris.
25. Februar– 30. März	Reise nach Ägypten und Israel.
29. März	Pressekonferenz in Tel Aviv.
15. April	*Arabové a Zidé,* Interview mit *Literarni Novini* (Prag). Auf deutsch: *Araber und Juden* in: *Neues Forum* (Wien) Juni/Juli.
13. April	*Lettre au Président de la République* in: *Le Monde* vom 25. April.
19. April	*Réponse du Président de la Republique*
26. April/3. Mai	*Sartre à de Gaulle,* Interview mit *Le Nouvel Observateur.*
2.–10. Mai	Erste Sitzung des Russell-Tribunals in Stockholm, bei der Sartre als Vorsitzender am 2. Mai die Eröffnungsrede hält.
10. Mai/16. Mai	*Discours inaugural* in: *Le Nouvel Observateur.*
19. Mai	Pressekonferenz über das Russell-Tribunal in Paris.
24. Mai/30. Mai	*Douze hommes sans colère,* Interview mit *Le Nouvel Observateur.*
30. Mai	Rede auf einer Versammlung gegen den Prozeß gegen Régis Debray in Bolivien in: *Le Monde* vom 1. Juni
	Aus Protest gegen den Prozeß gegen die sowjetischen Schriftsteller Sinjawski und Daniel lehnt Sartre eine Einladung zum 10. Sowjetischen Schriftstellerkongreß ab.
1. Juni	*Pour la vérité,* Vorwort zur Sondernummer von *Les Temps Modernes*: *Le conflit israélo-arabe.*
	Mitunterzeichnung eines Appells an die französische öffentliche Meinung, Israels Recht auf Souveränität und freien Zugang zu den interna-

	tionalen Gewässern (Öffnung des Golfs von Akaba) zu unterstützen. Die Witwe von Frantz Fanon verbietet daraufhin den Wiederabdruck von Sartres Vorwort zu *Les damnés de la terre.*
2. September	*Vogliono assassinare Debray. Dobbiamo impedirlo,* Interview mit *Paese Sera* gegen den Prozeß gegen Régis Debray in Bolivien.
11. Oktober	*Lettre à Régis Debray* in: *Le Monde.*
27. Oktober	Versammlung gegen den Vietnamkrieg in Brüssel.
20. November–1. Dezember	Zweite Sitzung des Russell-Tribunals in Roskilde bei Kopenhagen.
21. November	Protest gegen die Verurteilung von Régis Debray in: *Le Monde.*
6. Dezember / 12. Dezember	*Le génocide,* Interview mit *Le Nouvel Observateur.*
Dezember	*Le génocide* in: *Les Temps Modernes* Nr. 259.
	De Nuremberg à Stockholm in: *Tricontinental* Nr. 3.

Quellennachweis

Présence noire (Schwarze Präsenz) in: *Présence africaine* Nr. 1, November–Dezember 1947, 28–29; wiederabgedruckt in: Michel Contat/Michel Rybalka, *Les écrits de Sartre*, Gallimard, Paris 1970, 685–687. Deutsch von Eva Moldenhauer. *Erstübersetzung.*

Le colonialisme est un système (Der Kolonialismus ist ein System) in: *Colonialisme et guerre d'Algérie*, Centre des Intellectuels, und in: *Les Temps Modernes* Nr. 123, März–April 1956, 1371–1386; wiederabgedruckt in: Jean-Paul Sartre, *Situations, V*, Gallimard, Paris 1964, 25–48. Deutsch von Monika Kind. Zuerst erschienen in: Jean-Paul Sartre, *Kolonialismus und Neokolonialismus*, Rowohlt Taschenbuch Verlag, Reinbek 1968, 5–21.

Portrait du colonisé (Der Kolonisator und der Kolonisierte) in: *Les Temps Modernes* Nr. 137–138, Juli–August 1957, 289–293; wiederabgedruckt in: Jean-Paul Sartre, *Situations, V*, Gallimard, Paris 1964, 49–56, und in: Albert Memmi, *Portrait du colonisé.* Précédé de *Portrait du colonisateur*, Jean-Jacques Pauvert, Paris 1966. Deutsch von Monika Kind. Zuerst erschienen in: Jean-Paul Sartre, *Kolonialismus und Neokolonialismus*, Rowohlt Taschenbuch Verlag, Reinbek 1968, 23–28.

«Vous êtes formidables» («Ihr seid fabelhaft») in: *Les Temps Modernes* Nr. 135, Mai 1957, 1641–1647; wiederabgedruckt in: Jean-Paul Sartre, *Situations, V*, Gallimard, Paris 1964, 57–67. Deutsch von Monika Kind. Zuerst erschienen in: Jean-Paul Sartre, *Kolonialismus und Neokolonialismus*, Rowohlt Taschenbuch Verlag, Reinbek 1968, 29–36.

Nous sommes tous des assassins (Wir sind alle Mörder) in: *Les Temps Modernes* Nr. 145, März 1958, 1574–1576; wiederabgedruckt in: Jean-Paul Sartre, *Situations, V*, Gallimard, Paris 1964, 68–71. Deutsch von Eva Moldenhauer. *Erstübersetzung.*

Une victoire (Ein Sieg) in: *L'Express* vom 6. März 1958 (beschlagnahmt) und in: *Le Canard enchaîné* vom 12. März 1958 und in: Henri Alleg, *La question*/ Jean-Paul Sartre, *Une victoire*, La Cité, Lausanne 1958, 97–125, und in: *Témoignages et Documents* Nr. 2 und Nr. 3; wiederabgedruckt in: Jean-Paul Sartre, *Situations, V*, Gallimard, Paris 1964, 72–88. Deutsch von Monika Kind. Zuerst erschienen in: Jean-Paul Sartre, *Kolonialismus und Neokolonialismus*, Rowohlt Taschenbuch Verlag, Reinbek 1968, 37–48.

Le prétendant (Der Prätendent) in: *L'Express* vom 22. Mai 1958; wiederabgedruckt in: Jean-Paul Sartre, *Situations, V*, Gallimard, Paris 1964, 89–101. Deutsch von Eva Moldenhauer. *Erstübersetzung.*

La constitution du mépris (Die Verfassung der Verachtung) in: *L'Express* vom

11. September 1958 und in: *Témoignages et Documents* Nr. 7; wiederabgedruckt in: Jean-Paul Sartre, *Situations, V*, Gallimard, Paris 1964, 102–112. Deutsch von Eva Moldenhauer. *Erstübersetzung.*

Les grenouilles qui demandent un roi (Die Frösche, die einen König haben wollen) in: *L'Express* vom 25. September 1958; wiederabgedruckt in: Jean-Paul Sartre, *Situations, V*, Gallimard, Paris 1964, 113–144. Deutsch von Eva Moldenhauer. *Erstübersetzung.*

Entretien de Sartre avec Francis Jeanson (Über den Nationalismus der algerischen Befreiungsfront und der französischen Linken) in: *Vérités pour...* vom 2. Juni 1959; wiederabgedruckt in: Michel Contat/Michel Rybalka, *Les écrits de Sartre*, Gallimard, Paris 1970, 723–729. Deutsch von Traugott König. *Erstübersetzung.*

Déclaration sur le droit à l'insoumission dans la guerre d'Algérie (Erklärung über das Recht zum Ungehorsam im Algerienkrieg), übersetzt nach: Hervé Hamon/Patrick Rotman, *Les porteurs de valises. La résistance française à la guerre d'Algérie*, Albin Michel, Paris 1979, 391–394. Deutsch von Traugott König.

Lettre au tribunal militaire (Brief an das Militärgericht) in: *Le Monde* vom 22. September 1960. Deutsch von Eva Moldenhauer.

L'analyse du référendum (Analyse des Referendums) in: *L'Express* vom 4. Januar 1961; wiederabgedruckt in: Jean-Paul Sartre, *Situations, V*, Gallimard, Paris 1964, 145–159. Deutsch von Monika Kind. Zuerst erschienen in: Jean-Paul Sartre, *Kolonialismus und Neokolonialismus*, Rowohlt Taschenbuch Verlag, Reinbek 1968, 49–59.

Les somnambules (Die Schlafwandler) in: *Les Temps Modernes* Nr. 191, April 1962, 1397–1401; wiederabgedruckt in: Jean-Paul Sartre, *Situations, V*, Gallimard, Paris 1964, 160–166. Deutsch von Eva Moldenhauer. *Erstübersetzung.*

«Les damnés de la terre» («Die Verdammten dieser Erde» von Frantz Fanon) in: Frantz Fanon, *Les damnés de la terre*, Maspero, Paris 1961, 9–26 (*Préface*); wiederabgedruckt in: Jean-Paul Sartre, *Situations, V*, Gallimard, Paris 1964, 167–193. Deutsch von Traugott König. Zuerst erschienen in: Frantz Fanon, *Die Verdammten dieser Erde*, Suhrkamp Verlag, Frankfurt 1966, 7–25.

La pensée politique de Patrice Lumumba (Das politische Denken Patrice Lumumbas) in: *Présence africaine* Nr. 47, Juli–September 1963, 18–58; wiederabgedruckt in: Jean-Paul Sartre, *Situations, V*, Gallimard, Paris 1964, 194–253. Deutsch von Monika Kind. Zuerst erschienen in: Jean-Paul Sartre, *Kolonialismus und Neokolonialismus*, Rowohlt Taschenbuch Verlag, Reinbek 1968, 81–123.

«Il n'y a plus de dialogue possible» («Eine Diskussion ist nicht mehr möglich») in: *Le Nouvel Observateur* vom 1. April 1965; wiederabgedruckt in: Jean-Paul Sartre, *Situations, VIII*, Gallimard, Paris 1972, 9–19. Deutsch von

Traugott König. Zuerst erschienen als: Jean-Paul Sartre, *Warum ich nicht in die Vereinigten Staaten reise*, Voltaire Verlag, Berlin.

Un Américain écrit à Sartre (Ein Amerikaner widerspricht Sartre) und *Sartre répond* (Sartre antwortet) in: *Le Nouvel Observateur* vom 8. April 1965; wiederabgedruckt in: Jean-Paul Sartre, *Situations, VIII*, Gallimard, Paris 1972, 20–26. Deutsch von Eva Moldenhauer. *Erstübersetzung.*

Le crime (Das Verbrechen) in: *Le Nouvel Observateur* vom 30. November–6. Dezember 1966; wiederabgedruckt in: Jean-Paul Sartre, *Situations, VIII*, Gallimard, Paris 1972, 27–41. Deutsch von Eva Moldenhauer. Zuerst erschienen in: *konkret* Februar 1967. *Neuübersetzung.*

Lettre au Président de la République (Brief an den Präsidenten der Republik) in: *Le Monde* vom 25. April 1967; wiederabgedruckt in: Jean-Paul Sartre, *Situations, VIII*, Gallimard, Paris 1972, 42–43. Deutsch von Eva Moldenhauer. *Erstübersetzung.*

Réponse du Président de la République (Antwort des Präsidenten der Republik) in: *Le Monde* vom 25. April 1967; wiederabgedruckt in: Jean-Paul Sartre, *Situations, VIII*, Gallimard, Paris 1972, 43–45. Deutsch von Eva Moldenhauer. *Erstübersetzung.*

Sartre à de Gaulle (Sartre an de Gaulle) in: *Le Nouvel Observateur* 26. April–3. Mai 1967; wiederabgedruckt in: Jean-Paul Sartre, *Situations, VIII*, Gallimard, Paris 1972, 46–57. Deutsch von Eva Moldenhauer. *Erstübersetzung.*

Tribunal Russell. Discours inaugural (Russell-Tribunal. Eröffnungsrede) in: *Tribunal Russell: Le jugement de Stockholm*, Gallimard, Paris 1967; wiederabgedruckt in: Jean-Paul Sartre, *Situations, VIII*, Gallimard, Paris 1972, 70–77. Deutsch von Eva Moldenhauer. Zuerst erschienen in: Bertrand Russell/Jean-Paul Sartre, *Das Vietnam-Tribunal oder Amerika vor Gericht*, Rowohlt Taschenbuch Verlag, Reinbek 1968, 14–18. *Neuübersetzung.*

Réponse à Dean Rusk (Antwort an Dean Rusk) in: *Tribunal Russell: Le jugement de Stockholm*, Gallimard, Paris 1967. Deutsch von Eva Moldenhauer. Zuerst erschienen in: Bertrand Russell/Jean-Paul Sartre, *Das Vietnam-Tribunal oder Amerika vor Gericht*, Rowohlt Taschenbuch Verlag, Reinbek 1968, 105. *Neuübersetzung.*

«Douze hommes sans colère» («Zwölf Menschen ohne Zorn») in: *Le Nouvel Observateur* 24.–30. Mai 1967; wiederabgedruckt in: Jean-Paul Sartre, *Situations, VIII*, Gallimard, Paris 1972, 58–69. Deutsch von Eva Moldenhauer. *Erstübersetzung.*

De Nuremberg à Stockholm (Von Nürnberg nach Stockholm) in: *Tricontinental* Nr. 3, November–Dezember 1967, 7–19, und Nr. 1, Januar–Februar 1968, 7–19; wiederabgedruckt in: Jean-Paul Sartre, *Situations, VIII*, Gallimard, Paris 1972, 78–99. Deutsch von Eva Moldenhauer. Zuerst erschienen in: Bertrand Russell/Jean-Paul Sartre, *Das Vietnam-Tribunal II oder Die*

Verurteilung Amerikas, Rowohlt Taschenbuch Verlag, Reinbek 1969, 242–254. *Neuübersetzung.*
Le génocide (Der Völkermord) in: *Les Temps Modernes* Nr. 259, Dezember 1967, 953–971; wiederabgedruckt in: *Tribunal Russell 2: Le jugement final*, Gallimard, Paris 1968, 349–368, und in: Jean-Paul Sartre: *Situations, VIII*, Gallimard, Paris 1972, 100–124. Deutsch von Eva Moldenhauer. Zuerst erschienen in: Bertrand Russell / Jean-Paul Sartre, *Das Vietnam-Tribunal II oder Die Verurteilung Amerikas*, Rowohlt Taschenbuch Verlag, Reinbek 1969, 221–235. *Neuübersetzung.*

Bibliographie

Zum Algerienkrieg

Hamon, Hervé / Rotman, Patrick, *Les porteurs de valises. La résistance française à la guerre d'Algérie*, Albin Michel, Paris 1979.

a. Allgemein

Anonymus, *Jean-Paul Sartre «La gauche doit répondre ‹non› au référendum»* in: *Liberátion* vom 2. Dezember 1960.
Anonymus, *L'analyse du référendum* in: *L'Express* vom 4. Januar 1961.
Anonymus, *Œufs pourris contre Jean-Paul Sartre à Rome* in: *Le Figaro* vom 14. Dezember 1961.
Anonymus, *Involution* in: *Time* vom 5. Januar 1962.
Biéville, L. de, *Le colonialisme vu par Jean-Paul Sartre* in: *Christianisme du XXe siècle* vom 8. April 1965.
Dedet, Christian, *«Situations, V» par Jean-Paul Sartre* in: *Revue de Paris*, Oktober 1964.
Fatouros, A. A., *Sartre on colonialism* in: *World Politics* 17. Jg., Nr. 4, Juli 1965.
Hervé, Pierre, *Ce qui fait délirer Sartre* in: *Le nouveau Candide* vom 29. Dezember 1961.
Karol, K. S., *Sartre on violence* in: *The New Statesman* vom 25. Juni 1960.
Kravetz, Marc, *Sartre et la guerre d'Algérie* in: *Magazine littéraire* September 1975.
Matignon, Renaud, *Jeunesse de Sartre* in: *Mercure de France*, Oktober 1964.
Narbonne, Jacques, *Prétendant ou arbitre. Réponse à Jean-Paul Sartre* in: *Combat* vom 26. Mai 1958.

Roy, Claude, *Sartre et la politique* in: *Libération* vom 22. September 1964.
Simon, Pierre-Henri, *Histoire contemporaine: «Situations, V» de Jean-Paul Sartre* in: *Le Monde* vom 21. Oktober 1964.
Smith, Tony, *Idealism and people's war: Sartre on Algeria* in: *Political Theory* 1. Jg., November 1973, 426–449.

b. Zur Affäre Alleg

Anonymus, *Un opuscule de Jean-Paul Sartre sur le livre de Henri Alleg est saisi* in: *Le Figaro* vom 10. März 1958.
Karol, K. S., *The prisoner of Paris* in: *The New Statesman* 55. Jg., Nr. 1409, vom 15. März 1958.

c. Zum «Manifest der 121» und Sartres Brief an das Militärtribunal

Péju, Marcel, *Le procès du réseau Jeanson*, Maspero, Paris 1961.

Anonymus, *Sartre: une machine à guerre civile* in: *Paris-Match*, September 1960.
Anonymus, *M. Jean-Paul Sartre dresse une parallèle entre Cuba et l'Algérie* in: *Le Monde* vom 1. September 1960.
Anonymus, *Jean-Paul Sartre, Simone Signoret et cent autres risquent cinq ans de prison* in: *Paris-Presse* vom 8. September 1960.
Anonymus, *La lettre de M. Jean-Paul Sartre* in: *Le Figaro* vom 21. September 1960.
Anonymus, *M. Pierre Battesti, député de Seine-et-Marne* in: *Le Figaro* vom 23. September 1960.
Anonymus, *Dans une question écrite, un député réclame des poursuites contre M. J.-P. Sartre* in: *Le Monde* vom 24. September 1960.
Anonymus, *Au congrès de la presse démocratique. M. Terrenoire: Sartre a remplacé Maurras et prétend imposer une dialectique anarchique de suicide* in: *Le Monde* vom 25.–26. September 1960.
Anonymus, *Six associations d'anciens combattants manifesteront lundi place de l'Étoile pour protester contre les «121»* in: *Le Monde* vom 2.–3. Oktober 1960.
Anonymus, *Saisie de la revue «Les Temps Modernes»* in: *Le Monde* vom 2.–3. Oktober 1960.
Anonymus, *New points: France: «Intimidation» of the intellectuals* in: *Tribune* vom 7. Oktober 1960.
Anonymus, *M. J.-P. Sartre diffère son retour de Rio à Paris* in: *Le Figaro* vom 28. Oktober 1960.

Anonymus, *Jean-Paul Sartre et Simone de Beauvoir entendus par la police* in: *Le Figaro* vom 7. November 1960.
Anonymus, *Sursis d'interrogatoire pour Jean-Paul Sartre et Simone de Beauvoir* in: *Le Figaro* vom 30. November 1960.
Anonymus, *Une conférence de presse de M. Jean-Paul Sartre qui voudrait être inculpé* und *Relance d'une campagne* in: *Le Figaro* vom 2. Dezember 1960.
Anonymus, *M. Jean-Paul Sartre... rassembleur des forces démocratiques* in: *Le Figaro* vom 1. November 1961.
Anonymus, *Rue Bonaparte: Plastic au domicile de Jean-Paul Sartre* in: *Le Figaro* vom 8. Januar 1962.
Anonymus, *Jean-Paul Sartre dépose une plainte en tentative d'assassinat* in: *Le Figaro* vom 24. Januar 1962.
Anonymus, *Plastiqué Jean-Paul Sartre confirme sa plainte contre X... et tient pour responsables des attentats les 80 parlementaires de la «notion Salan»* in: *Le Figaro* vom 20. Februar 1962.
Anonymus, *Une conférence de presse en faveur des Français métropolitains non amnistiés pour leur aide au FLN* in: *Le Monde* vom 22. Januar 1963.
Fabre-Luce, Alfred, *Résurrection du civisme* in: *Le Monde* vom 12. Oktober 1960.
Florence, Yves, *Au jour le jour: La valise* in: *Le Monde* vom 23. September 1960.
Jeanson, Francis, *Lettre à Jean-Paul Sartre* in: *Les Temps Modernes* Nr. 169–170, April–Mai 1960.
Maulnier, Thierry, *Sur les traces de l'aspirant Maillot* in: *Le Figaro* vom 21. September 1960.
Maulnier, Thierry, *Réponse à Jean-Paul Sartre. «Les individualités pensantes»* in: *Le Figaro* vom 30. September 1960.
Merle, Robert, *Sur une lettre de Jean-Paul Sartre* in: *Les Lettres françaises* vom 6.–12. Oktober 1960.
Simon, Pierre-Henri, *La révolte des intellectuels* in: *Le Monde* vom 28. September 1960.

d. Zu Frantz Fanon

Erickson, John, *Sartre's african writings. Literature and revolution* in: *L'Esprit Créateur*, Herbst 1970.
Fanon, Josie, *A propos de Frantz Fanon, Sartre et le racisme et les Arabes* in: *El Moudjahid* vom 10. Juni 1967.
Memmi, Albert, *La vie impossible de Frantz Fanon* in: *Esprit*, September 1971.
Nursey-Bray, Paul, *Marxism and existentialism in the thought of Frantz Fanon* in: *Political Studies*, Juni 1972.

e. Zum Vietnamkrieg und Russell-Tribunal

Bertrand Russell/Jean-Paul Sartre, *Das Vietnam-Tribunal oder Amerika vor Gericht*, Rowohlt Taschenbuch Verlag, Reinbek 1968, rororo 1091.
Bertrand Russell/Jean-Paul Sartre, *Das Vietnam-Tribunal II oder Die Verurteilung Amerikas*, Rowohlt Taschenbuch Verlag, Reinbek 1969, rororo 1223–1224.

Anders, Günther/Bondy, François, *Das «Russell-Tribunal» im Für und Wider* in: *Merkur*, November 1967.
Anonymus, *Sartre annule ses conférences aux USA en raison de leur politique de violence au Vietnam* in: *Le Figaro* vom 19. März 1965.
Anonymus, *French conscience* in: *The Nation*, Oktober 1965.
Anonymus, *Sartre cancels US visit in protest* in: *The Christian Century* vom 31. März 1965.
Anonymus, *Sartre criticize US politics in Vietnam* in: *The New York Times Magazine* vom 2. April 1965.
Anonymus, *Jean-Paul Sartre président du «Tribunal international sur les crimes de guerre» de la fondation Russell* in: *Le Figaro* vom 16. November 1966.
Anonymus, *Sartre et Claude Bourdet: conférence de presse – les universitaires américains et la guerre au Vietnam* in: *Le Figaro* vom 10. Februar 1968.
Chauffier, Louis-Martin, *Autour des tribulations d'un tribunal. Les enfantillages de Sartre* in: *Le Figaro littéraire* vom 8. Mai 1967.
L. R., *Sartre n'est pas sérieux* in: *Le Figaro littéraire* vom 22. Mai 1967.
Rieger, M. F., *Jean-Paul Sartre vor dem Vietnam-Tribunal in Stockholm* in: *Werkhefte* 21. Jg., Nr. 7, 1967.
Schittecatte, Philippe, *Jean-Paul Sartre expose les principes du tribunal sur les crimes de guerre au Vietnam* in: *La Gauche* vom 4. November 1967.

Register